元華文創
頂尖文庫 EA045

臺灣政經史系列叢書07 陳天授主編

當代臺灣本土大眾文化
Collection of Contemporary Local and Mass Culture in Taiwan

雙源匯流與互動開展精選集
Convergence and Unfoldment of Intertwined Origins

第一冊

聚焦當代臺灣大眾文化的新視野與多面向呈現

順應當代大眾新文化思潮趨勢

形塑臺灣能成為一座不斷被發現的

深層多元文化島嶼

江燦騰 / 林慶文 著

T A I W A N

總　序

　　本書一共有四個精選集，是由臺北城市科技大學通識學報的四位編輯委員：江燦騰、林慶文、陳正茂、張憲堂分工合作而成的——兩冊版「當代臺灣本土大眾文化」——精選集彙編著作。

　　第一冊是江燦騰與林慶文兩位編輯委員合著而成，以「雙源匯流與互動開展」的論述主軸，組成第一精選集《新思維的當代臺灣大眾文化(江燦騰著)》與第二精選集《當代臺灣小說中的日常宗教書寫(林慶文著)》的各具特色的多樣性相關書寫。

　　第二冊是陳正茂與張憲堂兩位編輯委員合著而成，以「鄉情深知與影劇創新」的論述主軸，組成第三精選集《愛鄉土更要知鄉土(陳正茂著)》與第四精選集《我們時代的影劇生活文化(張憲堂著)》的各具特色的多樣性相關書寫。

　　此二冊的各自詮釋的進一步解說，此處不多提，因為在每一精選集的導讀全文中，都有非常詳盡的解說。總序的說明的主軸，應該從各精選集的最大共識的思維層面來著眼。例如，若有讀者問及為何現在要出版這本書？則我們的回答將是：本書在此時此地出版的主要目的，是基於不久前臺灣才剛歷經大選結果的強大政治衝擊，目前兩岸也在國際複雜形勢互動下迎來新局勢；近一年教育部頒定以東亞史為新視野的新歷史課綱也正在第一實施階段，此兩者的結合，預期將對當代臺灣社會新世代的歷史認知，產生新的知識效應的連鎖變化，同時也將對臺灣當代大眾文化的現有認知模式，帶來漸進式的深遠影響。

　　本書體認到這一新的巨大變化趨勢，所以，將本書內容的編寫，也同樣

重新放寬歷史視野——不再過於強調傳統東亞或傳統中國文化獨尊的意識形態，不再以聖殿崇拜為主流的知識解釋——更接地氣，更適應當代臺灣社會生活的新主流趨勢與核心價值。換言之，本書的編寫目的，是意在調整臺灣社會大眾長期已習以為常的認知角度，以便可以密切呼應當前這一波新轉型時代的浪潮，因而才提出關注當代臺灣多元大眾文化的多層次論述，並以「城市大眾文化」的新觀點來加以整合論述。

再者，城市生活原是現代人主要的生活方式，而現代大眾文化現象則反映市民普遍的生活面貌。因而近來「城市學」的討論逐漸興起，許多人文關懷者，雖屬不同專業領域，但是都關注地方人事物的歷史淵源、當前生活機能品質以及攸關將來發展的公共政策，可以說現代市民自覺有一項文化義務，就是扮演文化築城者的角色，互相效力。因為知識傳輸及出版技術的效率，可以廣泛有效聚焦議題討論，也讓我們看出時代觀念的變遷。

從現代世界思潮發展來看的話，早在二十世紀初期出現的「大眾文化」，專指工業化大城市社會大眾流行的娛樂與消費文化，極具市場導向與濃厚的商業色彩。如今當代大眾文化的發展趨勢，隨著全球化的國際互聯網，爆量高速視覺化資訊流通的大潮流，更在近三十來席捲全球消費文化市場，其勢幾乎無人可擋。傳播如此過度扁平化的超量高速知識潮流，不但導致實體著作市場的萎縮，取而代之的電子書，帶動大量出版與各類閱讀機具的盛行，出版順應市場趨勢與大眾閱讀習慣，連帶影響制約著作的書寫方式。

除了技術更新，在論述觀點的變遷方面，也因應多元文化住民而有所調整。我們現在讀到的英國史或美國史，相對來說，幾乎沒有西洋文明優越感的意識形態，比起從前的學院教材內容，呈現更多元的文化觀點，更具包容性，也更貼近大眾的生活方式，並且對以前的偏頗觀念，常常提出修正不忘反省。這是當前臺灣歷史文化教科書的作者，需要調整借鏡的新型論述方式。

緣此，本書的編寫構想，就是提供不同專業領域大眾思考交融的文化主題，同時，期許藉以提升視覺娛樂選擇外的大眾閱讀水平，在「當代臺灣鄉

土文化」與新「城市大眾文化」的知識會合處，構成全書的內容與關心文化的意圖。

我們對於曾大力促成本書的陳添壽教授、鄭任汶通識中心主任、侯坤宏博士、邱敏傑教授、秀威資訊的蔡登山先生和元華文創前任蔡佩玲總編輯和現任遇異凡總編輯及李欣芳主編，都致上最高的敬意與最深的感謝。

此外，在本書第一精選集中，還有清大講座教授楊儒賓先生所撰重要序文，楊教授更是長期擔任臺北城市科技大學通識學報的校外顧問，所以在此致上最大的禮敬。

目　次

第　一　輯
新思維的當代臺灣大眾文化

江燦騰◎著

在雙向互動中建立本土

　　本精選集〈總序〉問了一個問題：「為何現在要出版這本書？」這個問題大概是任何一本書出版前，作者或編者都該問的一個問題。本精選集作者江燦騰教授亦不例外。至於他的回答則是：回應當前臺灣的政治局勢，以及因應新世代的本土文化認知新潮湧現。然而，從比較長期的趨勢來看，眼前的局勢其實是三十年來所謂本土路線的延伸。所以本精選集放在這樣的背景下，自然有它的意義。

　　再者，所謂的「本土」在當前流行的語言中，往往和國族認同綁在一起，因而從目前的兩岸局勢與國際政治的運作邏輯來說，這種國族內涵的「本土」觀自然足以成說。

　　但就文化的視野來看，本土是和人的生活世界連結在一起的，沒有生活世界作支持的本土只會是抽象的意識形態的概念，即使這種意識形態多熱情，多麼可以召喚「虔誠信徒」，它仍是築基於空中之樓閣。因而，本書的作者江燦騰教授在此書中的想法，大概也都和落實真正的本土的想法有關。

　　如果我的臆測無誤的話，那麼，也許我們還可將眼前的政治局勢推到更深遠，也就是更深層的結構上考量。

　　臺灣的歷史斷點特多，斷裂的歷史難以累積文化的能量，也不易找到歷史的出路，這是臺灣人民無可避免的命運。但從殷憂啟聖、多難興邦的先民智慧來看，這種曲折的命運正是上天賦予臺灣人民特殊的歷史使命，問題是看我們如何轉化，化危機為轉機。

　　以我個人的理解以及我對江教授的理解，我們大概都很重視斷裂中的繼

承，都希望在衝突中能看到辯證的發展，也就是從加法甚至乘法的觀點，而不是以減法的心態，看待歷史的行程。

從較宏闊的觀點看，臺灣史上幾個重要的歷史拐點，尤其 1945 臺灣光復、1949 兩岸分治以及 1661 明鄭入臺，需要正視。這三個時間點雖然也含淚含血，歷史不可能清白無辜的。

但就歷史效應而言，它們有相當正面的歷史意義。即使 1683 年施琅入臺滅明，1895 年日本將臺灣收編為殖民地，這兩次侵犯到中華文明原則的事件那麼令人不快，但我們依然可以從異族的殖民統治中汲取正面的能量。

上述這幾個數字都是歷史的斷點，但也都牽涉到結構的因素。如何分辨歷史演變中的主線與歧路，上升的方向與下墜的曲線，趨吉避凶，迎向坦然，端看臺灣子民的智慧。

如果回到當前的政經局勢來看，最根源性的問題是兩岸的分裂與對峙，而這個結構的問題是 1949 年馬克思主義文明與中華文明衝突的產物。

兩岸分別發展七十年來，當然內部各有許多驚人的變化。但 1949 年 10 月 1 日的中共建制與 12 月 7 日的國府遷臺，這兩次事件發生時的意義如果仍在，那麼，我們可以說文明衝突的因素仍需花時間解決。

臺灣在這種不對等的兩岸關係中，發展出以往臺灣及以往大陸所不曾有的新的政治與文化形態，這是比中國還中國，比臺灣還臺灣的模式。

而這個模式可以說是自明鄭以來，也可以說是自趙宋以來，大中華地區歷史發展的方向。作為現實弱勢一方的臺灣在發展中華文明的政治文化方面，是有重要意義的，它並不弱勢。

如果我們能從結構面看眼前的兩岸局勢，有些心理的癥結自可化解，不畏浮雲遮望眼，只緣身在最高層。

江教授從最高層的觀點俯視兩岸局勢的演變，曾提出以在臺灣的中華民國為視座的觀察，他說這是從「雙源匯流到逆中心互動傳播」。

所謂「雙源匯流」，意指現實的臺灣文化、教育繼承了日治臺灣的殖民

現代化遺產以及 1949 年國府帶來的史無前例的大傳統中華文化遺產。

　　所謂「逆中心互動傳播」意指兩岸是在互動中互惠的，臺灣固受益於中國大陸的文化資源，但臺灣在現代化的轉型中，也影響了大陸。

　　筆者相信江教授的觀察是對的，雖然島內有些愛臺灣的朋友，愛臺灣的方式不太令人看得懂。

楊儒賓

清華大學講座教授

導　讀

　　本導讀是接續楊儒賓教授所提出相關臺灣本土性的大眾文化詮釋問題。因此，筆者必須指出，本精選集的原編寫構想，是意在提供不同專業領域大眾思考交融的文化主題，同時，期許藉以提升視覺娛樂選擇外的大眾閱讀水平。於是基於以下三個層面的考量來編寫精選集：

　　一、有別於目前市面上的有關大眾文化內容著作之外，還能具有詮釋理論的創新與運用實例，足以證明精選集的構想原創性之所在。

　　二、除了能具體充分呈現當代臺灣多元大眾文化中的戰後及解嚴後的本土佛教文化豐富內涵之外，還能包括李登輝前總統執政期間，由其筆者率先提倡的日本武士道精神文化，在當代臺灣蛻變成政治意識形態開展的前後過程，及其主體性認知的脆弱性討論。

　　三、提出新領域且具有社會批判性質的前衛主題論述，例如新出版的臺灣現代書法哲學基礎的歷史解析，以及討論國小杏壇的特殊主題小說或當代新竹市眷村文學的風城感懷錄。

　　因此，在多方考量之下，便決定從筆者已出版的十幾本專業書籍中，摘出堪稱精華的論述段落，再配合新的論述主軸與設定所要傳達意旨的相關取向，將全文的內容表白，都儘量淡化原先過於學術化表達的嚴肅語調，務求講得清楚明白又充滿新鮮感與趣味性。

　　其中最長的一篇，就是本精選集的第一篇〈**一個當代臺灣佛教文化史詮釋者的歷程告白**〉。為何第一篇的內容是要以筆者的相關學思歷程的自白，來關串全文呢？

　　主因就是唯有如此，才可以充分呈現多層面互相交織輝映的論述效果。既然本書是一本書寫當代臺灣多元大眾文化的書，而筆者又身為當代臺灣佛教大眾文化史家的一員，同樣也是戰後臺灣歷史生活體驗的社會大眾之一。

　　因此，由自己作為現實歷史的見證者與相關時代認知的經驗告白，好讓過去從未與我互相交流過的本書讀者，也能藉此透視與分享作為臺灣在地佛教大眾文化史家個人的學思歷程，應該也是一種互動式的經驗傳播方法。

　　至於第二篇，所以要討論〈**李登輝總統與當代臺灣武士道精神的真相探源**〉這個主題，是因對於當代臺灣多元大眾文化來說，「哈日族的大眾多元文化」，當然是不能缺席的。

　　可是，在本篇裡，我們並沒有提供有關日本漫畫、日本動漫、日本流行小說、日本電玩、日本服飾或日本電視劇等方面的文本介紹：一來市面上並不缺乏有關這分面的資訊介紹，二來本書也沒有辦法像包山包海那樣，針對每一類都分別介紹。所以，只能挑選其中之一的核心主題來詳細介紹。特別是，此一主題雖然人人都可能略為知道一些，卻不一定人人都有很清楚的深入理解。並且這一主題又是與曾經擔任過我們十二年總統的「李登輝主政時代」所盛行的日本武士道大眾文化有關。

　　接著的第三篇，主要是介紹〈**戰後臺灣佛教大眾文化裡的特殊現象與代表性人物**〉這個特殊主題。理由是，出現在戰後臺灣佛教大眾文化現象和具代表性的知名佛教人物，雖具有戰後臺灣時代的特殊性，卻不一定為外界或非專業的研究者所清楚了解。所以筆者特別選擇其中具代表性幾個個案或人物類型，分別加以扼要的說明。另一個原因是，本書的涉及面必須非常廣泛卻受限於篇幅不足的總量制約，所以才須針對某些特定主題，採取這種新型態的簡明介紹方式，使供給本書讀者的方便了解。

　　至於第四篇所要介紹的〈**現代臺灣本土書法哲學基礎問題的新詮釋**〉這個新主題，是因我們若提到書法的基本練習或書法欣賞這方面的經驗與認知這一話題，對於當代臺灣社會大眾來說，只要有在學校受過義務教育的，多

少都接觸到或了解到一些。可是若改從身體的動作來重新看當代的書法美學或其文字藝術設計方面的相關哲學基礎問題，就不是人人都知道了。

所以我們在本篇中要向大家介紹的，就是一本剛出現不久的現代臺灣本土書法哲學基礎問題的新詮釋著作，所以將會更令人充滿期待了解其新論述內容。

接下來的第五篇的主題是〈**解嚴後臺灣佛教大眾文化的多元發展與創新**〉。主要的理由在於：臺灣地區的佛教活動，在解嚴後非常蓬勃發展，堪稱戰後以來，最具重要意義的轉型期與創新的階段。

因此，有必要對這些新變革與新風貌——解嚴後迄今臺灣佛教在民俗節慶、文化藝術、女權思想、情慾概念，和新禪學的多元性新發展的各方面——所出現者分別加以論述。

本書的第六篇，是過去較少被介紹的主題：〈**李春霞風格獨樹一幟的臺灣「杏壇小說」問題**〉。我們認為，既然也是本選及作為新領域的當代臺灣多元大眾文化之一來介紹，就不會只在泛泛的介紹當代小說家之一的文學作品。

而是意在透過這本特殊的「杏壇小說」，來理解普遍存在當今臺灣國民小學校園中的日漸惡化問題。而這些問題，過去你可能只會新聞報導此類消息時，才會特別去關心，但事實上現在我們國小的全部學生與老師的人數之多，是各級學校之冠，因此本章課題，很值得大家關切。

本書的第七篇，〈**當代新竹市眷村文學的風城感懷錄**〉是新作品與新主題書寫，意在介紹新竹市眷村文學中兩本，外界一向罕知的回憶錄作品。更巧的是，此兩作者：牟建邦與鄧揚華，其實又是一對老夫婦，現仍居住在風城東區。彼等是從一九四九年因大陸變局的大時代動亂，就來到新竹市長期定居至今。

牟建邦原是陸軍上校退役，之後也在新竹市工業園區服務多年，現已退休在新竹市養老。其老妻揚華則是來新竹市後，先就讀新竹師範學校，之後

又先後擔任新竹市建功國小與東門國校教師，現在也退休在新竹市同一住宅養老。

可是，彼等由於都曾歷經大時代動盪苦難滄桑，又已流離異鄉達幾十年，彼等對於大陸山東故鄉的懷想憶念，乃至對於現居新竹市在地的濃烈生活情感，也不可能都沒有對於兩者，屢屢萌生午夜夢返大陸山東故鄉老家的歷歷昔日印象或湧起對於新竹市在地諸多生活往事的不同深切感懷。

也因此，這對老年夫妻，其實一直都有執筆隨時寫作與投稿報刊發表的習慣。之後，先是鄧揚華出版《聆風軒文集》的回憶錄，匯集多篇來新竹長期定居之後的各類文章；其後牟建邦也跟進出版了《回首來時路》這本深受好評的生平首部回憶錄。

特別是，由於牟建邦在《回首來時路》的回憶錄書寫內容，深受許多親友或舊識們的喜愛，回響相當熱烈，所以牟建邦一直有出版的二集的打算。但因牟建邦的年紀，已太過老邁，遲遲無法自行彙編出版，於是才委託筆者代為重新編輯。

筆者又基於此兩老的文筆各具特色，書中的各類主題的挑選與敘述，皆深含兩老對於風城長期感懷的深切情感，非常質樸耐讀，的確值得再三回味。於是才寫成此一長篇的介紹，以便分享本書讀者。

本書的第八篇〈**臺南市湛然寺傳承史及其與筆者的特殊因緣**〉。本篇主要是解說筆者與臺南市忠義路第一座正統中國傳統天臺宗弘法都市佛寺，有特殊的歷史因緣。此事在本精選集的第一篇內容，我也曾約略提及過。但是，那樣的簡單說明，是很難呈現此一特殊的歷史因緣全貌。所以，特納入本篇作為補充說明。

筆者並不曾結識臺南市忠義路上那座創建湛然寺的東北及僧侶釋慧峰長老本人，可是他以及他所建立的佛寺在臺歷史，所以能真正聞名全臺佛教界，不可否認，主要是筆者曾為其撰寫長篇佛教史的緣故。當然，更關鍵的因素，是筆者結識他的高徒，也是第二任住持，釋水月法師數十年——他是 1949 年

從河北流亡到上海，舉目無親，只好從軍，並跟隨在國共內戰中徹底失敗的國府軍隊來到臺灣，一直到 1966 年──才與筆者在軍中結識。

之後，1969 年筆者退伍，他則於隔年出家在臺南湛然寺。雙方曾中斷十多年未曾取得聯繫。他則一直到過世為止，都未離開湛然寺。等到筆者進入臺灣師範大學歷史系夜間部就讀時，雙方才又取得聯繫，並持續交流到他過世為止。

在他死後，筆者曾看完他遺留的所有文集。所以很清楚的知道有關他的出家緣故，以及他來到臺灣後，一直老死在臺灣南部一處寺院中這樣孤寂僧人生涯，都是源自 1949 年那場國共內戰後，大陸統治權易手，國府與大量逃亡潮突然出現在臺灣島上的大戰亂與大流離的慘痛時代悲劇有密切關聯。

例如從他生前所寫的多篇往事追憶之文，都一再提及他青年時代在河北省昌黎縣王氏一家的不幸遭遇，以及他如何在時代大局劇變下，孤身從北方南下，卻無法及時獲得適當安頓。走投無路之下，不得已才選擇從軍來臺長居的曲折歷程。而這些與他相關的時代苦難記憶以及對他所造成的長期心靈折磨狀況，只要去讀過他的那些文章，就清楚知道，甚至在他出家幾十年後的晚年，他依然無法完全釋懷，悵惘難已！

只是過去水月長老還在世時，筆者並未對他的弘法事跡，有所詳細介紹。但在事實上，水月法師本人對此是很在乎的。甚至可以說，他一向對於所有外界涉及與湛然寺本身相關作為的描述與評價的，他都相當在乎，還特別敏感。這當中其實有很深層的歷史因素與現實的心理因存在。

扼要來說，他是在理性而清楚地在捍衛著，他所出家的這個中國佛教傳統價值以及本身隸屬宗派的宗徒僧格。更詳細的理解，就必須根據他生前遺留的大量相關文獻資料，來加以細讀就能清楚筆者在此處所提的狀況，其實都是有根有據，毫不誇張的。

若是再就筆者個人所理解這一角度來說，由於筆者本身是研究臺灣佛教史的歷史學者，筆者也曾在臺灣佛教界出入多年，所以當筆者透過他生前所

發表的，大量這方面的文章內容時，筆者幾乎就可以清楚地知道，他個人為何對這方面的相關評論紀錄，會特別重視與敏感。

筆者在此還必須提及的是，水月長老在〈給雲庵(聖哲)住持的信──談病情及立遺囑瑣事(以下簡稱「遺囑」〉中，雖然宣稱，他既不是有高度道業成就的「高僧」，也稱不上知名度很大的「名僧」，湛然寺也只是保守的都市傳統小道場，沒有很大的社會影響力。可是，他在談到他個人出家以來，在佛教的認知與修持方面，他對於自己的晚年定論，是很肯定的自評為「明淨」兩字。

然而，這「無明」兩字，本質上就是佛教的教義核心與修持實踐至境。因為它就是完全從佛教歷來對治生命輪迴流轉主因「無明」，所要獲致的最終與最佳的實際修持效果，就是真正呈現神識「明淨」境界而已，不然你說，此外還能再苛求什麼？

而水月長老生前，之所以一直對於作為僧人操守的清譽維護、或者對於所屬道場的弘法活動內容安排與效果評估、乃至對於臺灣佛教整體的觀察與反思檢討，之所以真能做到在臺灣當代佛教界僧侶中少有的清楚歸納及條列，並且往往即時的就一一有所深刻回應。

再加上他從小喜歡數學，長大接觸佛教因明學，並深刻受其影響，直到出家後的數十年間，都是以邏輯的理性思維方式，來進行對其所見所聞的各種反思。所以，他沒有盲從任何權威的論斷。這只要看所留下的大量因明著作，就數量之多，所致力研究與教學的功夫之深或時間之久長，堪稱當代一人而已。所以，頗值得介紹給本書的讀者知道此人此事。

最後的第九篇〈**當代臺灣佛教史學論述及其思想詮釋衝突**〉，原是應大陸社科院世界宗教研究所前《世界教文化》雙月刊副主編鄭曉筠博士(現任世界宗教研究所首長)之邀，在 2013 年 4 月的該刊第 2 期，發表這篇當代臺灣本土佛教史學詮釋衝突的專論。

這是該刊的首次刊載：關於 1987 年以來臺灣本土佛教史學與思想變革詮

釋問題的探索問題，並透過該刊，向大陸各省與國際學界介紹。

　　筆者在此專文中，力主：當代臺灣本土的現代佛教史學研究環境，雖曾歷經長達 38 年(1949-1987)之久的戒嚴體制的壓抑，但是因其確能與現代性社會的發展接近同步，所以自解嚴以來的當代臺灣現代性佛教史學研究，雖無如胡適、或印順等這樣的研究巨人，但卻有區域性佛教現代史或斷代佛教社會文化史各類優秀的著作相繼出現。而其中的相互詮釋衝突，也相對激烈和多元化。所以讀者藉此，可以進一步理解筆者所詮釋的當代臺灣佛教大眾文化，其真相如何？

　　附錄之一和附錄之二，都是學術界的同行，對我治學風格與著作論述內容有重要評論者，所以在徵得原作者同意之後，納入本精選集的附錄部分，提供讀者的一些有用的補充資料說明。

　　附錄之一這篇：〈**當代臺灣漢傳佛教轉型史學的詮釋建構者：江燦騰的研究特色及其方法學的相關檢討**〉，是由前國史館修纂處長侯坤宏博士所寫的，也曾和筆者的前一篇〈當代臺灣佛教史學論述及其思想詮釋衝突〉之文，同時在大陸全國性核心期刊的《世界宗教文化》雙月刊 2013 年第 2 期(北京：2013-04)刊載過。這是由學術同道的正式評論筆者對於佛教在地轉學史學建構的深入精闢評論。

　　侯坤宏博士的主要評論意見如下：

　　　　江燦騰專研近現代中國漢傳佛教史，在臺灣現代佛教史領域尤有成效。依筆者多年觀察，江燦騰與臺灣現代佛教史這壹學門的確立密不可分，且其學術成就又與其學術性格極為相關。此外他在建構臺灣現代佛教史上，也有其特色。江燦騰對書籍編輯的重視、佛教史研究者對當代佛教的態度問題、佛教史研究的時代使命、有關「東亞研究視角」的檢討等問題，他都有不少涉獵，值得進一步論述。

　　附錄之二這篇：〈評江燦騰主編《戰後臺灣漢傳佛教史——從雙源匯流
到逆中心互動傳播的開展歷程》〉書評，是由臺南大學國語文教育學系邱敏
捷教授所寫的，曾刊載於國立成功大學的《成大宗教與文化學報》第十六期
2011 年 6 月 頁 335-341。邱教授的主要評論意見如下：

　　一、本書是本甫出版（2011 年 4 月初版）的大書，洋洋灑灑近
八百頁，總篇幅達五十萬餘言。該書由江燦騰主編，並由他本人與
侯坤宏、楊書濠合著，同時附有三篇資料說明，其作者分別是：釋
性廣、林蓉芝、釋法玄。所以，就其全書總篇幅來看，應是迄目前
為止，有關戰後臺灣佛教研究史各著述中，最有份量的一本巨著。

　　二、本書是專為《戰後臺灣漢傳佛教史》的特殊主題撰寫，並
提出「從雙源匯流到逆中心互動傳播的開展歷程」新詮釋概念。此舉
也堪稱是近百年來，有關本土宗教文化史論述中，具突破性的創舉。
因而有任教於臺灣師範大學東亞系的張崑將教授特為此一「逆中心
互動傳播」的嶄新詮釋概念所寫的〈導讀〉之文，也冠於全書篇幅之
首，以助讀者了解。

　　三、此外，全書的另一特色，就是能以近百張頗具代表性的各
類精彩歷史照片、除附上精要說明外、並分別由各階段不同主題的
畫面所建構成的豐富歷史圖像和時代特徵來巧妙配合，因而能清楚
地呈現出近代以來的臺灣本土漢傳佛教歷史的變革風貌，並讓讀者
在逐頁翻看時，宛若在穿越相關歷史時空隧道一樣，可以將古今臺
灣本土漢傳佛教歷史的變革風貌，很輕易地即深印於一己的腦海
中。因此，這一特色，也可謂是本書作者群獨具慧眼的另一項超水
準「圖文說史」之創意表現。

壹、一個當代臺灣佛教文化史詮釋者 的歷程告白

一、導言

　　本書既然是一本書寫當代臺灣多元大眾文化的書，身為當代臺灣佛教大眾文化史家的我，同樣也是戰後臺灣歷史生活體驗的社會大眾之一。因此由自己作為現實歷史的見證者與相關時代認知的經驗告白，好讓過去從未與我互相交流過的本書讀者，也能藉此透視與分享作為臺灣在地佛教大眾文化史家個人的學思歷程，應該也是一種互動式的經驗傳播方法吧？

　　不過，說來你可能不太相信，其實我生平從未夢想過，有一天會進臺大讀歷史研究所，還以撰寫臺灣近代佛教史的長篇論文，獲得臺大歷史所的文學博士了。當然更沒有想過，幾十年來，我能陸續以臺灣佛教文化史的研究出版多種著作。

　　之所以不曾有過這樣的奢想，是因為除了大學之後的正式學歷，我唯一曾讀畢業過的學校，就是桃園縣大溪國民小學。由於從小家貧，我才只讀完初一，就突然被迫輟學，並從此展開我長達十八年之久的，外出謀生之旅，其間備嘗艱辛，忍辱鬱志，惶惑無從。如此一來，導致我的初、高中的學業，只得靠工作之餘，孤獨且強毅的不斷激勵自己持續自修各門中學課程，並先後通過同等學力的考試，才勉強取得及格證書的。[1]所以，我沒有一般正常學

<hr>

[1]　我從初中高中一共六年的正規學校教育，我除了讀過大溪初中一年級之外，其餘的五年課程，我完

校教育中的各種考試經驗，或來自具有各科專長的教師之有效指導。

當然，我也因此，根本不會有任何一所中學母校可資記憶，更不可有與同校或同班同學一起在課堂內，互相學習及互相聯誼的珍貴機會。唯一的好處，就是專靠自己摸索學習，因而讀書可充分自由，思考不受任何既有教材的嚴格規範，完全可以隨心所欲，海闊天空，並且時時洋溢著無比的堅毅、活潑與自信。

所以，除了大學之後的正式學歷，我唯一曾讀畢業過的學校，就是桃園縣大溪國民小學了。

因此，有一次，當我翻開有關大溪國小的百年紀念集時，發現其中共列有日後曾獲博士學位的十位校友，而我是百年來唯一的臺大文學博士時，我簡直不敢置信。不過，我所就讀過的當年大溪國小的教學環境，的確是我日後萌生研究歷史專業的最初啟蒙處，但如今我已忘記是在哪間教室了。我只清楚地記著那間教室的後牆上，高掛著一長幅的中國歷代彩色年表，而從我第一眼看見它，就被完全吸引了。所以我立刻將其背熟下來，並牢牢記記住它，之後它便伴隨我過了大半生。

由於我在腦中已有一個中國歷代彩色年表的清楚記憶，便開始對於歷史科產生高度的興趣，所以我在讀國小時，只要是考歷史科，就一定考滿分，從無例外。特別是在國小的三年級時，我已能靠著勤查字典和再三苦讀，終於看完我好不容易才從一位親近鄰人處，借來的已老舊的五分冊版《三國演義》的全部內容。之後，幾乎在一夕間，我發現自己，居然成了村裡唯一讀過全本《三國演義》內容的新一代權威。

因為我親眼看到昔日不可一世的鄰居權威，在夜間大家乘涼，漫談《三國演義》時，我往往發現對方所說，有不少故事內容是與書中記載並不一致

全靠長期的自修才陸續讀完的，然後分別參加過軍中舉辦的「隨營教育」初中學力檢定及格與教育廳舉辦的高中同等學力檢定考試及格而取得證書的。

之處。於是我開始有自信敢於在他滔滔不絕的宣講告一段落之後，屢屢適時引《三國演義》中的相關記載，來當眾質疑對方「所言與書不合」。

而當對方還是繼續堅持所言無誤時，我便當場翻書印證自己所言無誤，使對方為之啞口無言，有時則會惱羞成怒，大聲叫我離開，不許再聽他的後續講述。我雖只得自行離去，但並不遺憾。

因我眼見對方在我的尖銳質疑下，脆弱地整個崩潰時，我內心大為興奮與快慰，也逐漸意識到自己不再是過去那個，經常被鄰人歧視和毫無自尊的無知幼童了。並且，自從有了這種自覺後，我便開始養成自動早起朗讀課文的習慣，記憶力也跟著日日規律的磨練迅速增強了，於是在同年級中，所謂課業優異的「天才」讚譽之聲，不久對我就成為理所當然了。

二、初一學業中輟與長期自學的開始

國小畢業後，我選擇升學，並有強烈自信，能考入好學校。可是由於家境清寒，雖仍如預期，以第五名的優異成績考進大溪初中，並獲母校大溪國小頒發一支「留美黃振榮博士紀念鋼筆」以為獎勵。但初中才讀一年級，就被迫輟學了。又由於學歷低和未成年，因此到社會上只能從事勞力或跑腿的基層工作。

此後，在社會上，為糊口謀生，奔波了十八年之久，自水泥工、雜貨店送貨員、照相館學徒、機關工友，到外國公司的中級技術員，所走過的每一步，都是崎嶇、坎坷的。

雖然在這樣絕望的情況下，我仍然不斷地閱讀自己喜好的書籍。我曾讀過曾國藩編的《經史百家雜抄》或像《史記菁華錄》、《文心雕龍》之類的中國古典名著。我在臺北市早期的牯嶺街，從舊書店的廉價古書堆中發現它們，立刻掏錢將其買下；但在閱讀時，只選自己能讀懂的，其餘就暫時擱下。

　　我不曾想過要請教別人（當時周遭也不可能有可以請教的人），但我認為別人能讀懂，一定是有方法可循，不然這些書不就成了無人能懂的天書？所以面對這些千百年來，無數古人已讀過的古典名著，雖然短時間內，可能還無法全懂或深入，但我一點也不擔心，深信只要時間夠，就一定可找到破解書中奧義的有效途徑。於是必要的治學方法書和實用的大型工具書，視需要立即添購，也隨之成了恆常的購書習慣。且此癖形成之後，雖歷數十年，仍一如往昔。

　　我也花錢買了大量翻譯的西洋歷史名著、長短篇小說集和哲學書籍，藉以來進修史學和文學方面的素養。法國小說家羅曼羅蘭和舊俄小說家托爾斯泰是我最喜愛的作家。而希臘悲劇的感人劇情和《柏拉圖對話錄》中對蘇格拉底的生動描述及其臨死泰然自若的莊嚴風範，都深深影響了我日後的治學思考和行事風格。

　　於是藉著報名文壇前輩穆中南先生辦的「寫作函授班」，讀了相關函授的文學資料三個月後，自覺練習文學的寫作技巧已略有增進了，於是就開始在每期的《文壇》月刊上，發表大量關於世界文學的評論和短篇散文創作。

　　但半年之後，發現自己以為已累積了很豐富、甚至可以取之不盡的腦中材料，當真正持續地將其用在每月的大量寫作和發表之下，居然很快耗光了。

　　當首次出現知識方面的不足感之後，對西洋文學的專業素養不夠的警訊，立刻接踵到來，令我為之震驚和心虛！當下我便在心裡告訴自己：「我還沒準備好，我還要有更多的準備，我還需要有更長期的淬鍊才行！」

　　於是我不顧穆中南先生的一再勸阻，自動終止了第一階段的文壇筆耕生涯，再度進入先前已有經驗的自行大量閱讀的日常作息。

　　此後，由於生活中，除了工作外，其餘時間就是用來讀書。因此常覺與古人為友，非常容易知心，也不會如現實生活中，常遭外界投射鄙夷或歧視的眼光。反之，每當一讀到書中有精妙見地時，心領神會之際，就宛如與千古知音，靈犀互通，再無生死之隔和時空之遙。

因此，讀書就是我長期孤寂生活中的最大安慰和最大樂趣。

日後（1992 年），我還曾把此時的一部分個人作品集結成書，取名《世界心靈的探索》，封面的副標題是則〈無悔齋青春讀書錄〉，交由當時由吳武夫先生所新創的東宗出版社刊行。

不過，很意外地，有一次，吳武夫先生，突然對我說：「⋯你雖很會讀書和很長於思辨，但你還未領略過擁抱真正美女的無比銷魂，也未嚐過飲高級美酒的難忘滋味！」我當時則回以：「這兩者都不是我人生中，所要追求的最高目標！所以，我對菸酒一概不沾。」這樣堅定的答覆。

三、胡適的死亡和李敖的崛起旋風

我的認知視野，出現巨大轉變，是在一九六二年。當年胡適在臺北市南港中研院院長任內，因心肌梗塞猝然逝世，並且由於牽涉到胡適對於中西文化觀點的強烈爭議，於是由年輕且親胡適學術觀點的臺大歷史所研究生李敖，在當時最具影響力的《文星》雜誌為胡適辯護，並因而導致與一群反胡適觀點的著名學者像葉青、鄭學稼、胡秋原、徐復觀等人，隨即提出針對性的反駁論述。

於是二戰後出現的第一次大規模的中西文化論戰，便在雙方的連續攻防中如火如荼地的持續進行著。可是，由於其間又牽涉到人身攻擊的誹謗訴訟，因而經常被臺灣報紙大量報導，並在社會大眾中產生熱烈議論的新聞現象。

而我當時，恰好正在臺北市公路局養路處的公路普查小組辦公室當工友，所以會經常聽到大家在熱烈談論此事。不久連我自己也被好奇心所驅使，開始經常閱讀這方面的新聞報導。因此，便從很偶然的對此相關新聞資訊接觸，逐漸深化為一種持久性的對於現代中西文化思潮的狂熱知識追尋。

我從上班的辦公室鄰近的重慶南路上許多書局的門市部，開始一本又一

本的買書與認真閱讀。每天利用上下班途中或下班後在寂靜無人的辦公室內過夜時，我都自己翻看書本與反覆思維學習心得。不久這樣閱讀效果，便開始顯著出現了。我開始逐漸蛻變成為現代有知識的文化人了。在此之前，我原是一個才從鄉下到臺北市辛苦謀生不久的失學者，同時也是一個原本根本不識中西文化論戰為何物的無知青年。但是，由於如上所述，我透過每天努力閱讀新聞和不斷地找人詢問，居然被此一中西文化論戰的相關問題意識所激發，於是我心靈中一扇通往五四文化之門，便為之開啟了。而我的一生求知最大的轉折點，也在這樣深刻影響下逐漸形成了。

四、我的初期佛教思想啟蒙與王峻嶺少校

在當代臺灣，我是少數研究中國近世佛教思想史的一個，同時我也是少數研究臺灣本土佛教大眾文化從傳統的形態走向現代社會的變遷與適應的專業學者之一。然而，我會從事這樣的學術研究，卻是一段奇異的因緣而起。如果不是因為和「王俊嶺少校」（水月法師的俗名）認識，也許我的一生可能只是信仰佛教而已，絕不可能日後會從事佛教學術的研究工作。

但為甚麼我和王少校的認識，會開啟了我日後研究佛教學術的契機呢？因為，那時的我，根本看不出，我有研究佛教學術的可能性。而且如上所述，一直到當兵為止，我正式學歷，只是初中一年肄業。而我對佛教的理解，也只是在桃園縣大溪鎮老家，鄰居有人每天早晚誦經的印象，以及鎮郊東南邊蓮座山觀音亭的禮拜觀音菩薩而已。

幼年時期，家中正廳，貼有南海觀音坐於竹林座上，浮於大海波濤中，善財、玉女分立兩邊蓮花上向觀音菩薩禮拜的畫像。這原是本省北部農家，習見的神畫和關公、土地公、媽祖等，是畫在一起的。

我每天早晚都要燒香，不但成了習慣，而且，的確感到心靈中，有種安

定和寧靜的力量。特別是，由於家庭變故，我有一段辛酸和淒苦的童年，當我感受不到家庭的溫暖和遭受鄰人、同學的歧視，心中彷徨無依時，我即到蓮座山觀音亭去禮拜、去聽山下的溪水波濤聲，而獲得苦悶的紓解。

當然像這種信仰方是，是樸素的、感性的、直覺的，雖仍具有生命力和實在的內容，卻于佛教義理的深奧知識，一無所知。

關於佛經的梵夾本，在當時，只被視為神桌上的供物，神聖的象徵而已。而其中的文字障礙和傳統信仰加諸其上的崇高、神聖性，使我只能對它膜拜，而不能做知性的理解。

但是，要跨越文字的障礙和進入抽象的哲理世界，而能優悠自在，談何容易？這個困難，相信許多開始研究佛教典籍的人，都會面臨到，我也是其中的一個。

王少校到底當時告訴了我甚麼樣的佛教義理呢？並沒有。

他告訴我，他在研究佛教的因明(佛教邏輯學)。但，甚麼是因明？ 我完全不知。我只知道，他提過陳大齊先生的名字和著作，可是我也不知誰是陳大齊，或他寫了甚麼樣的書。

說來有點不可思議，我當時和王少校的共同話題，其實是由一位我先前曾約略提過的，不論在當時以及在當代，都是很著名的臺大歷史研究生一李敖的筆墨官司談起的。

當年的李敖，以他的文章熱情和淵博的知識，的確讓社會上無數的人傾倒。特別是他在《文星雜誌》撰寫，並掀起激烈筆戰的系列文章，令我初次對中西文化的問題，有了極大的興趣和思考。

由於涉及許多五四運動以來的成名學者，而我卻毫無所知，於是透過王少校之口，我知道了梁漱溟、熊十力、湯用彤和方東美等學者的名字和著作的名稱，並趁著假日，到臺北市的書店，購買他們的著作。

其中，梁漱溟的《東西文化及其哲學》、熊十力的《佛家名相釋要》和湯用彤的《漢魏兩晉南北朝佛教史》，以及錢穆的《國史大綱》，便是我接

觸中國傳統文化和佛教史的啟蒙課本。王少校雖曾向我介紹了一些它們的背景，但閱讀它們和理解，則靠我自己摸索。

王少校對我的另一個影響是，當時他還勸我去聽大名鼎鼎的李炳南居士講《金剛經》，地點就在水湳機場附近一個大稻埕上。當時的聽眾，老少都有。我就站到圍在四周人群隊伍中，聽他坐著講。但我對其演講的內容，並不欣賞，只聽到一半，當他開始攻擊科學如何、如何時，我就離去。所以雖然當時李炳南居士的名氣甚大，佛教界無人不知，連王少校提及時，都對他深懷敬意。可是我仍然在聽講的次日，對王少校表示了我的失望。從此我就踏上自己漫長的自修佛學路途。

因此，總括來說，我日後從事臺灣本土佛教的大眾文化史研究，並無任何的師承可言，直到今日，依然如此。可是，若非當年這位王俊嶺少校，曾提供了一些相關的背景知識，則可以斷定：我少有可能接觸或深入地閱讀它們！這一因緣至關重要，它影響了我日後的整個治學方向。

五、自學左派社會主義與現代宗教思想

而我在公路局當工友五年與在空軍當兵三年的這八年間，另有一個意外的認知發展。就是我在當時能以合法掩護非法，讀到當時官方嚴厲管制的馬克思與毛澤東的部分相關著作。並且，日後繼續發展，因而最終使我成為一位典型歷史唯物論思維的中國近代佛教史學研究者與居於研究前緣的當代臺灣佛教大眾文化史學者。這當中的相關過程與真相是這樣的：

我們戰後出生的這一代，很少有人不知道，在二十世紀六十年代的臺灣社會，任何與《共產主義》或《馬列主義》有關的「紅色」書籍，都是出版品中的最大違禁品，不能接觸，不能閱讀，更不能談論，否則，憲警單位一定將你逮捕收押，相關出版品一律沒收銷毀。我因曾在公路局養路處當工友

五年之久，當然知道這一切敏感的政治禁忌所在。

可是，當時我看了李敖與鄭學稼在《文星》上筆戰內容之後，我首次知道鄭學稼的著作與任卓宣（葉青）的著作，都是官方樣板的反共著作。所以我立刻到重慶南路上的書店，去買這類書籍，以瞭解到底是怎樣一回事。所以，我藉此外衣掩護就可以合法的大量記住作者所引述的馬列主義或共產主義的經典名句。此外，我還意外讀到鄭學稼有五冊一套的《日本史》著作，我很狂熱地讀起來。

不過，在進大學之前，由於我始終無法讀到黑格爾的著作，只有他的學生費爾巴哈的《宗教本質演講錄》一書，成為我最愛的讀物；而我也逐漸發現這本書的內容，簡直是我自己寫的一樣，與我所長期思考的，居然太類似了。因此，這也決定了我日後的宗教學術研究方向。

六、關於我的大學歷史教育狀況

我曾在軍中參加「隨營」舉辦的簡易型中學教育，讀幾個月後，我就參加考試及格，取得一張初中畢業的同等學力證書。而有此證書之後，等到我從空軍的三年義務役退伍，雖一直在工廠作事，但我在三十一歲那年，我又報名教育廳辦的高中自修學力鑑定考試及格，再於同年考入臺灣師範大學歷史學系夜間部。五年學業成績，我始終保持全班第一。

特別是，系主任王家儉教授對我特別激賞，我進師大時，王家儉教授是系主任，他也是中研院近史所的研究員。他在郭廷以當所長時期，是唯一到臺大歷史所拿碩士學位的。他因研究清代的海防觀念，所以被近史所重視與受聘。而我是他生平最器重的學生之一。因他在我讀大一時，就知道我有雄厚的史學實力。我的一篇一萬多字的〈張學良與西安事變研究〉，令他大為激賞之餘，還交給他自己的兒子王俊中當範本閱讀。

　　我大三時，他主授「中國文化史」三小時必修課程，他主動讓出一小時，由我自編『中國佛教史講義』，替班上同學授課。可是，此舉也被系上的呂實強教授與林明德教授大為不滿，認為我恃寵而驕，不知尊師重道，讓王家儉教授很不以為然，卻也無可奈何。

　　值得安慰的是，王家儉教授的兒子王俊中，從南門國中，建中，直到臺大歷史系，都是朝他自己的父親治學之路前進。可是，到研究所之後，就主要是受我的佛教史學研究的影響，直到英年早逝之時，我都是影響他很大的學長。

　　其次是，我讀臺灣師大時，李國祁教授是文學院長。他是留德史學博士，有才氣，在中研院近史所與臺師大文學院，他都是一流的教授與學者。他與張朋園教授兩人，都是近史所的傑出史學家。但，在史語所的獨大下，他們沒有機會當選院士，這是不公平的。在我個人的評價中，李國祁教授本人，確有史學器識，雖常批評犀利，卻能容忍異己。

　　例如我在大三時，他是文學院長，有次他在課堂上講授近代史的太平天國建國與定都南京利弊問題，我曾舉手提出不同見解。他當場沒有立刻回答，可是課後，他馬上去交代系助教劉紀曜博士，要他轉告我，若有必要，他可以請假一天，專門和我一對一，澈底論辯出誰對？誰錯？我當然不好意思如此囂張，但很感謝他的好意。

　　之後，我有機會去他家拜訪。他告訴我他所遇到的文學院教師的種種口是心非，不分青紅皂白之難堪狀況，所以他要我不必對大學教師這一行，有太高的期望，那是根本不可能的。

　　他有一件事，影響我非常深遠。他是指他對林麗月講師的碩士論文，如何從頭改到尾的具體例子，說，這樣，研究生才可能真正學到東西。我以後，自己對指導的每位研究生，都是照著他的這個方法做。

　　但是，我當時仍不清楚在當今臺灣的歷史學界，太有獨立見解的歷史學者，其實是很不受歡迎的。因此在師大就讀時，就曾犯了一次講真話批評他

者的大忌諱。那是發生在一場由張朋園教授主持的研究生論文發表會上。而我當時批評的對象，就是在馬政府時代，曾一度任用的末代國史館館長呂芳上博士。他是我在讀師大歷史系時，由張朋園教授指導的博士候選人。

由於他的博士論文指導教授張朋園先生很激賞我，所以有一次，當呂芳上把博士論文的初步大綱提出報告時，其他的人都無意見，張朋園先生就指定我發言。我當場很坦率地提出：呂芳上的原來博士論文大綱，題目與內容，是矛盾的。欲圖探討的論文取向，是與時代事實背離的。張朋園教授同意我的相關評論，同時要求呂芳上立刻改題，並調整內容。現在大家所知道他的博士論文，原來並非如此。可是，從此我就成拒絕往來戶。

所以，我只好到臺大歷史所去攻讀，以免讓王家儉老師為難。畢業後，也不敢到中研院近史所謀職，以免自取其辱。日後張朋園教授在【思與言】的三十週年紀念時，問我：是否記得他？我忍住眼淚不掉，當然連連稱是。

七、在臺大歷史所從事宗教史研究

一九八四年，我因打破臺灣師範大學歷史系夜間部，二十幾年來的空前紀錄，考入了李敖先生曾讀過的臺大歷史研究所，既感興奮，又覺茫然。我於是前往請教當時以治荷蘭明清時期臺灣史聞名的曹永和教授，想聽取他對我未來走向的學術建議。

對此很有經驗的曹永和教授，在和我作了一次深度的懇談後，即根據（一）他的個人經驗、（二）現有的國際學界研究環境、（三）我個人所述的既有學術專長、以及（四）他年輕時的一段想作而迄今未作治學之夢：受方豪教授影響，想研究明清之際的東亞佛教交流史（之一），甚至想出家（之二）等綜合評估後，當場建議我在臺大就讀期間，可以從明清之際的東亞佛教交流史作為切入點。

　　他認為，如此一來，可使我原先的最強項──即對「佛教史」具有透視力和有豐富解讀經驗──都能因此，而整個移植到此一階段的研究和寫作來。

　　當時，我聽了曹永和教授的此一建議，立即返家後，經仔細思考，即決定接受此一建議，並迅速展開以自修古典日本語文，來代替學習古荷蘭語的補強工具計劃。同時，也盡其所能地展開對國際學界既有研究成果的蒐集和資料閱讀。

　　而後，在兩位著名學者：臺灣的張聖嚴博士和日本九州大學的荒木見梧教授的精闢著作中，領受到治此一領域佛教思想史的要訣和相關知識。兩者中，尤以荒木見梧教授對我的思考衝擊最大，並長期影響迄今。

　　但，上述兩者，都不擅長有關明清社會經濟史的知識，而我進臺大歷史研究所之後，立即發現：當時最強的教學陣容，就是徐泓教授和劉翠溶教授所教的明清社會經濟史課程。所以，我在所中當主力課程來專攻的，就是明清社會經濟史課程，並且收穫很大。於是，很順理成章，我還想將其運用到明清之際佛教交流史的研究上。

　　然而，欲將明清之際佛教交流史與明清社會經濟史課程的相結合，其實相當困難，在當時，也乏合適的指導師資。所以，只好將治學目標，逐漸設法，轉為有關明清之際大陸區佛教社會與明清社會經濟史相結合的嘗試。

　　但在臺灣從事明代東亞佛教交流史，如無長期的努力，以及一些外在的助緣，要想突破，而有高水準的表現，是相當困難的。所以此處我必須特別提到曾教過我「研究實習」課的孫同勛教授。

　　孫教授是當時中央研究院美國研究所的所長，是當時教研究歷史方法學方面的權威，由於我在上他的課時，一而再，再而三地發問，使他對我有極深刻的印象。因而期末繳交報告時，非常用心的批改我的論文，將原本一萬五千字的文章，改到三萬字之多。由於他對我詳盡的指正，使我豁然開竅，知道何為標準論文，這對於我的寫作有極大的助益。從此以後，我在論文及著述的分量上有極快速的成長。

因而，我在一九八九年十一月，便出版了生平的第一本著作《人間淨土的追尋——中國近世佛教思想研究》。自問世以後，此書即相當受到好評。

以後，每年我都有新書出版。而我個人研究經驗的累積，也逐漸在這些著作中反映出來。

八、參與東方宗教討論會

戰後臺灣地區有關各種宗教研究的活動和組織，真正曾促使年輕的宗教學者，在新模式討論會的實驗中，產生革命性變革的，據我所知，應是從 1983 年起開始成立、名為「東方宗教討論會」的會員所推動的。這是在解嚴之前由當時臺灣學界對一群對宗教研究有興趣的年輕教師和研究生，所發起的非正式組織。

此一組織自創立成立後，為了避免遭到來自外界的不必要干預，以及能長期維持宗教學術討論的中立性，始終未向政府正式立案，直到解嚴之後被另一新成立的「臺灣宗教學會」所合併時，依然如此。

而我是在臺灣師範大學歷史系夜間部就讀時，透過當時是在系上擔任助教的顏尚文先生的牽線，才正式加入這個組織的。但，為什麼當時會有「東方宗教討論會」這個組織的出現呢？

這是由於當時臺灣各大院校的老師及研究生，在研究臺灣地區的各種宗教時，往往會發現各學校或研究機構，不但有關宗教研究的參考書籍很不足，個別學者之間，也缺乏對不同宗教有高度認識的同道來請益或相互切磋；而當時正是臺灣社會在政治及其我方面激起各種變革運動的震撼時期，因而彼此都感到如果要在有關臺灣各種宗教的研究上有所突破，一定要結合現有的人力資源，不分宗教類別和研究專長，但一定要有一常態性的、長期的、並且是全然開放、多角度切磋的討論活動，才能使大家真正受益。因此，一個

名為「東方宗教討論會」的鬆散的宗教學術組織，就這樣成立了。

「東方宗教討論會」從成立之後，有十幾年間，其活動的方式，通常都是在每月的第三個星期六下午舉行（※此活動稱之為「月會」），大約進行三個小時，擔任發表者每人事先要印發新論文給參與者，讓大家事先閱讀和查資料，並邀請相關專家擔任講評，然後再進行開放但認真的學術辯論。除此之外，每年還有一次「年會」，進行一天或兩天的多篇論文討論。最後，還將該年度已討論過的優秀論文，加以選刊出版，學報的名稱叫《東方宗教研究》，前後發行多期，是國內外享有極高學術聲譽的刊物。

有關「東方宗教討論會」成立後的影響，當然還有許多方面可以提及。但此處只提一個事實發展，即「東方宗教討論會」最初成立的時候，雖可能只是作為一個研究宗教的「同仁團體」來運作。然而，由於當時在「東方宗教討論會」每月的「月會」進行討論時，其特色正如上面所提到的，每次都要結實地切磋三個小時才肯罷休，且都只討論一個主題；而且當時擔任報告的每一位作者，毫無例外，一定要事先交出完整的論文給大家閱讀，所以當時每次應邀擔任講評的或實際參與討論的眾會員，基本上都事先已讀過主講者的相關研究資料。

換言之，當時在講評者與作者之間，彼此對所要討論的問題都不陌生，並有能力進行深度的學術對話。所以，當時在每月進行的討論會上，不論報告者是否為教授或系主任，都無關緊要，大家當時唯一重視的是，報告者所提出的新研究論文，是否能在學術邏輯上嚴謹地成立？或其所使用的資料仍帶有瑕疵？以及此一新研究是否真的有其宗教學術上的一定貢獻等。

當時大家的共識是認為，每位來會的論文報告者，都必須接受來自各方的檢驗而毫無例外，且唯有經由像這樣的來自各種不同的角度的質疑或對話，才能進入所謂嚴格東方宗教學研究的學術殿堂，最後也才能判明此一報告者的此次研究，是否真正具有學術價值？而事實也的確證明，凡能經由像這樣的嚴厲學術磨練，不論對剛出道者或老練的東方宗教研究者，在研究經

驗的累積和相關學術認知辨識力的增長,都是很必要和很有助益的。

所以當代臺灣現存且活躍在第一線的重量級著名宗教學者,幾乎都有其一段當年參與「東方宗教討論會」的歷練和難忘的震撼經驗!

至於我個人,生平有關宗教史和近現佛教思想史的重要研究,以及因為過於鋒芒畢露而被揶揄為「殺手學者」,也都是從上述的定期的月會或年會的熱烈且認真的多元宗教學術交流中,才得以迅速地累積相關知識和高速大幅度的增進研究實務的各種經驗。

特別是在討論會後的會員們聚餐時,圍坐在餐桌邊和大家開放而無拘束的自由交談結果,其實際的收穫,可以說遠比任何課堂上的所聽到的講課內容,都更快洞悉當代臺灣本土各宗教的發展生態,以及研究宗教的珍貴文獻如何可以順利獲取等有用的田野經驗。

我就是因為參與這樣的討論活動和會後聚餐,才有幸而認識了多位當今已成重要學者的李豐楙教授、藍吉富先生、王見川先生和已故黃有興先生等,並因此和彼等而成為多年來長期互相論學的師友同道。

而我最初的幾篇原創性作品,也藉著參與月會或年會的討論並相繼發表於《東方宗教研究》的各期上,所以很快受到兩岸宗教史學界研究者的密切注意和被高度肯定。

可以說我日後能夠作為一位專業的宗教史研究學者和能擁有獨立研究的足夠能力,都是奠基於此時的難得經驗。

九、建立私人的專業宗教史研究資料庫

我是從臺大歷史所的碩二年級開始,每年都撰寫大量的宗教史論文和相關書評,並且在完成碩士學位之前,已相繼出版了兩本關於近代中國佛教思想研究的重要論文集。因此,同樣研究明末中國佛教史的聖嚴博士,私下曾

向國內著名的新文豐出版公司負責人高本釗募來半套共五十本的新文豐所出版的《新修大正藏》中國撰述部，作為對我這位後進治學小成的貴重獎勵。

以後，也有佛教內愛護我的善心人士，循此慣例，贈送多套大藏經給我，使我從此不須為缺乏某些藏經，到處搬借或影印，以致勞累不堪。

但其中特別值得一提的，是國內佛教史學界前輩藍吉富先生。藍先生在自己所出版的或所翻印的各種佛教著述或史料的大套書中，除極少數外，幾乎都是以半買半贈送般地超低價格，先行托運到我的竹北住家，而我總是等接到書後再視經濟狀況，分次寄還所欠的全部書款。我也好奇地曾試著問過藍先生：為何他會對我如此抬愛？而藍先生則仍維持他一貫的幽默說：「那些書在臺灣，別人都是買來擺著好看的，只有你會真正讀完它和去研究它，我不賣給你，要請誰來讀？」

之後，為了消化由藍先生處以超低價取得的大量佛教史料，我便自行從日本東京神保町千代田區的古書店用船運訂購了大批昂貴但重要的相關工具書或研究叢書，以便自己能夠建立起私用的小型宗教史研究珍藏資料庫。

如此一來，日後便可不畏任何國內圖書館對我下禁借宗教圖書的封鎖令。我當時主要考量的是，藉此才可以擁有有獨立自主性的研究參資料來源，不然就得放棄研究宗教史的素志或轉行從事非自願性的無奈研究了。

於是，經過長期的蒐集和採購，我終於擁有整整排滿三層樓牆壁的大量專業叢書了，足夠作各種宗教史研究之所需。接下來的就是，就是從東亞宗教史的研究視野，來探索各種可能的宗教史研究課題。

十、邂逅新文豐高本釗先生的學術因緣

邂逅新文豐的高本釗先生，不論對我或對高先生，都說得上是人生中最大的驚奇之一，且是在一種很奇妙的因緣下形成的。

　　因高先生是長期在臺北市開設大型的佛教書籍出版公司的負責人，常接觸國內外著名的佛教學者，許多上下游的出版同業、書店經銷商、甚至連整個佛教界的有名法師和居士大德，他也認識了不少。

　　可是，二十幾年前，他首次邂逅我之前，由於我當時仍是一個年紀稍大的臺大歷史所的研究生，既非佛教名人，也可能不曾買過高先生出版的書籍。因此，縱使他在臺北市的馬路上遇到了我，也不會知道我是誰。

　　可是，像我這樣區區的無名小子，居然會讓大名鼎鼎的聖嚴大法師，想要贈我一件空前的厚禮——高先生在新文豐所出的一整套《大正藏》。這是怎麼回事？簡直令高先生傻眼了。

　　另一方面，高先生與聖嚴法師，其實是很熟的，高先生也知道聖嚴法師是不亂花錢的；而且，在此之前，聖嚴法師只贈送南加大和私立東吳大學哲學系，各一套《大正藏》而已，卻從無贈個人之舉。如今為何他會有此異常之舉呢？

　　當然，聖嚴大法師之所以會告訴高先生，是因他向高先生勸募來轉贈我。

　　而高先生雖是真正要出錢且還得代人送書的大功德主，居然不知道所要贈書的對象是誰，可說有點令人啼笑皆非。

　　他當時唯一能知道的線索是，被指定贈書者，是一位叫「江燦騰」的臺大歷史所的研究生。但在知道我的名字之後，不久於聖嚴法師所舉辦的一次國際佛學會議的場合上，當高先生在報到長桌處，看到我胸前掛著「江燦騰」的名牌，並正要簽到時，立刻毫不考慮地拉住我的手，並再次確認地問我說：「你真的是『江燦騰』本人？」我笑著回說：「是！」

　　然後，高先生告訴我，他叫「高本釗」，是新文豐的老闆，正在找我。他接著又說，他要送一套聖嚴法師吩咐的《大正藏》給我，看我一共要幾本？

　　我當時回答說：「《大正藏》後半部，關於日本佛教的部分，可以不要。」

　　高先生則當場建議我，乾脆親自跟他到公司看看究竟；至於當天學術會議，就不要再參加了。我同意了，一路上，兩人就這樣談起來了。

到了公司後，高先生問我有無佛教史研究的存稿可出版？我說：「剛出一本，但還有幾篇。」高先生立刻要我再集成另一新本書，交新文豐出版。我照辦了。於是我的《中國現代佛教思想論集（一）》，就正式出版了。

此後，他又邀請我擔任《新文豐佛教文化叢書》的主編，雙方就此投緣和彼此信賴地交往至今。

十一、在飛利浦竹北廠撰寫碩士學位論文

1988 年春，我奉調改任臺灣飛利浦工業公司竹北廠的服務部門的專職全面品管訓練員，以提昇服務部門的作業員和技術人員的改善能力。並獲上級許可，於訓練課程之餘，特許在辦公室內，撰寫我在臺大歷史所的晚明佛教史研究的畢業論文。

這對長期苦於生活奔波和研究時間極端緊迫的個人來說，的確是生平一段最大解放和最快樂的寫作時光。於是宛若內在知識的火山爆發噴湧，毫不費力地，就可自然地向各主題揮灑和輕易駕馭，所以我當時在文中，往往充滿著流暢、青春和難以言喻的欣喜之情。

如今若有人問我關於碩士論文的整個主題構想，又是如何形成的呢？我的答案簡單明瞭，就是來自胡適的震撼性批評與世俗化的詮釋角度之擇取。最初的研究動機，是我讀到一篇以研究中國唐禪宗史聞名於世的胡適博士所寫的，他在 1928 年春天前往佛教的聖地之一的廬山旅遊時，曾大為慨歎起晚明的佛教改革事業：

> ……莊嚴偉大的寺廟已僅存破屋草庵了；深山勝地的名剎，已變作上海租界馬路上的下院了；憨山（1546-1623），蓮池（1535-1615）的中興事業也只是空費了一番手足，終不能挽回已成的敗局……。

中古宗教是過去的了。

因此，胡適博士的這段批評，正是我日後撰寫學位論文的導火線之一。我是藉其對昔盛今衰之嘲諷，重新來思考：（一）此一批評所引發的明代新佛教史的課題，若在今日的佛教史研究者眼裡，他將如何重新審視三百多年前活躍在晚明時期的佛教現象？（二）或者，到底在今昔之變的歷史現象中，能否有一較清晰的詮釋視角來掌握？

於是，在回顧晚近中國佛教史的研究中，就可以發現：以日本佛教學者為首的著作，如阿部肇一的《中國禪宗史之研究——政治社會史的考察》和牧田諦亮的《民眾與佛教》等，都已將視野，朝向社會廣大民眾階層如何接納佛教的實態研究。

而晚明的佛教信仰形態，在中國近世儒學思想高漲的環境中，如何調整與適應的問題，不只是佛教僧侶的巨大時代挑戰，也是民眾和儒家官僚，在生活中，或政策上，實際要面對的一個問題。

誠如牧田諦亮所言：中國二千年佛教史發展，考慮推動中國佛教史的因素，假如無法確實瞭解其僅由極少數的僧侶在指導，而實際靠幾近無數的庶民大眾以其信仰之力護持佛教的這一事實，真正的中國佛教史是無從成立的。[2]

總之，相對於出家僧侶，庶民佛教信仰，已逐漸獲得佛教學者的重視。

但是，這樣的研究，除了資料上的取捨外，其實已涉及世俗化的問題。

因為世俗化的轉劇，正是晚明佛教的主要課題。

不過，在探討晚明的叢林問題時，要舉實例的話，最好還是透過當時的佛教社會活動家，如憨山德清的佛教事業來追蹤。

此即我的學位論文，以他的改革個案，來分析的主因。

---

[2] 見牧田諦亮：〈謝肇淛之佛觀〉中國佛教史研究之一提言〉收在《東洋學術研究》，卷14，第5號〔東京：東洋哲學研究所，1975年〕，頁213。

因他的佛教生涯，涉及到甚多政治、經濟、外教、禪法自修、叢林改革和三教融合的問題等，是一理想的探討線索。

故選定他，可使問題單純化。

但，在另一方面，為了補充德清以外的改革類型和問題點，也有必要同時處理相關的佛教史料或其他明代人物類型，以作為對照，方可比較出其中的差異性。

正如近代語言學家所說，語言學家只懂一種語言，是類同不懂語言，故進行比較，也是近代宗教學研究上最悠久的傳統之一。而其中，我的學位論文所用的問題提示重要佛教文獻，是明末禪僧湛然圓澄，所撰的《慨古錄》之批評，以作為指引我的學位論文的問題點之用。因此，在論文完成後，畢業口試答辯之前，即已聽到有口試委員對論文的高度肯定和讚美，彼等並一再表示，拙文給彼等的印象是：學術論文居然也可寫得如此流暢和優美。

而我當時，其實是結合現代品管的邏輯思維，加上好心情，才能撰成此文的，所以特別有意義和值得紀念！

其後此論文再以書的形式，在新文豐出版公司出版，不但已故的傅偉勳教授讀到後，一再盛讚此書的非凡成就（有一次他甚至有點半開玩笑的建議說：若我願意再去他任教的天普大學攻讀博士學位，他可以考慮讓我取得兩個博士學位），並且在國內外學界的評價也不錯。

例如我把書寄給聖嚴法師之後，有一天清早，在竹北家中，我意外地接到他親自打來的長途電話，告訴我說：「此書是寫到骨子裡了！但，此後可能也找不到可討論的對手了！……」我聽後很受感動，也銘記在心。聖嚴法師也視我為當代臺灣佛教學者中最了解他的思想的學者之一（星雲法師也曾親口對我表示：我是比星雲還了解星雲的佛教學者）。

所以再考入臺大博士班之後，我便轉移研究視角，對近代兩岸漢傳佛教反傳統的新思想傳播與變革狀況，進行深掘與建構，以作為當代臺灣本土佛教發展的借鏡或導正之用。

十二、博士班時罹患癌症後迄今的宗教史研究

然而，我在一九九七年初，正當已邁向研究的最高峰時，一趟深冬季節的北大學術交流之旅，不慣北國深冬嚴寒的我，因此患了罕見的重感冒，回程時已是昏昏沉沉地搭機返臺，隨即經人介紹，到臺北長庚醫院檢查後，證實我已罹患了難治的「多發性骨髓癌」。之所以會生病，我認為是過去二十年來身體過度操勞的結果。

臺大校方得悉後，立刻接手，安排我轉診到臺大醫院的腫瘤科，由名醫陳耀昌教授負責主治，使病情顯著改善，並能存活迄今。

而很多人在得知我得了癌症之後，都在猜我會不會「害怕死亡」？或有沒有「驚慌失措」？沒想到我是相當自在的，某些病友甚至把我當成佛教「不動明王」的再現，紛紛前來請教。可見佛教在這時候，對我有極大的受用，讓我可以更自在的面對生死問題。

但是在此同時，我又認為當代臺灣本土的佛教學者，大都缺乏追求真相的勇氣，有的人且成為某些道場的附庸者；其實，學佛者本應該學習佛陀的理智，卻普遍過於盲從。

所以我才在臨畢業的最後一年，特地選擇以《殖民統治與宗教同化的困境——日據時期新佛教運動的轉型及其頓挫》，作為博士論文的主題，2000年夏天，我在臺大的博士論文，是探討日本殖民統治下的新佛教運動。全文有六十四萬字的巨大篇幅，在核心主題之一，我是詳盡解說過去臺灣社會大眾很少有人知道的，一位有臺灣佛教馬丁路德[3]之稱的佛教改革家林德林

---

[3] 此一稱呼，最早出自李添春，〈寺廟をたづねて〉，載《臺灣時報》1934 年 11 月，頁 62-64。另一被稱為「中國佛教的馬丁路德」的臺灣佛教僧侶，是戰後高雄佛光山的開創者釋星雲。見陸鏗，〈中國人在西方世界的驕傲——西來寺〉，收在《星雲大師與人生佛教》（香港：新亞洲出版社，1990 年），頁 119。但，陸鏗其實是誤比了。因馬丁路德的宗教改革，主要特徵之一，就是僧侶可結婚，而馬丁路德本人也的確從獨身的神父娶妻成為有家的牧師，可是星雲依然維持僧侶獨身的佛教制度，顯然與馬丁路德有異。

（1890-1951）。

　　我是藉著介紹有關他的新佛教事業及其所遭遇的困境，來反映日治五十年間的相關臺灣新佛教大眾文化的發展與蛻變歷程。

　　因他雖出身貧寒，卻是一個臺灣佛教史上少見的才華洋溢的非凡人物，不但飽讀書詩，能說能寫，並能注重圖書設備和廣納各種新知，以作為自我精進和弘法教化之用。他一生的佛教事業，主要是奉行日本曹洞宗著名的禪學思想家忽滑谷快天所提倡的正信佛教新禪學思想。

　　此一新佛教的信仰內涵，其特徵是強調神佛分離，奉釋迦佛為本尊，破除鬼神迷信，致力於宏揚日本曹洞宗祖師道元的正眼禪風，並以觀音大悲的普渡精神從事向社會弘法的救渡工作。而在日治大正後期（1922）所新建的臺中佛教會館，就是他推展此一新佛教運動的根據地。

　　因此，他在初期，即頗獲當時臺中都會區中產階級士紳的歡迎及熱烈贊助，使他的新佛教事業能多元發展，快速擴張。但，也因為這樣，他的佛教事業立刻招來當地保守的儒生團體之側目和嫉妒，導致後來雙方多年的激烈對立，平添不少的發展阻礙。再加上，他的個性又剛毅過人，勇於突破傳統，例如他以出家僧侶之身，卻敢於仿效日僧在弘法的道場內公開舉行本身的結婚典禮，雖遭到保守派僧侶的責難和儒生社群的強烈圍剿，仍不屈服。由此可以看出他敢於走在時代前端的膽識和決心。

　　只是如此一來，也使他成了當時爭議性最大的新派僧侶，並導致原有會館信徒的大量流失。特別是，戰後由於日本退出臺灣，又有大批逃難的大陸僧侶來臺，使得臺灣佛教再度面臨另一次重大的變革，即必須去日本化改用大陸佛教制度。因而他也開始遭到來臺大陸僧侶的批判。並且，在他於 1951 年過世以後，他的妻子和兒女也被迫遷離臺中佛教會館，然後全家改信基督教。所以，這又是臺灣佛教史上的爭論性課題之一，值得對其進一步瞭解。

　　可是，我從日本官方統治的殖民地的宗教政策角度來看，我認為其中最大的特徵，是希望改變臺灣傳統民間宗教信仰中的濃厚巫術化和過度功利主

義化傾向。因 1915 年，臺灣南部曾發生大規模利用宗教迷信進行抗日暴動。

這一事實，說明臺灣民眾雖然已經在日本高壓統治下，仍然未完全對日本統治當局馴服和信賴，遇有委屈或不平，仍隨時有被野心家利用宗教迷信來煽動並蘊釀大小規模民眾暴動的可能。為了避免再度發生類似的事件，所以才要進行改造運動。

另一方面，純從宗教信仰的內涵以及社會功能來看，臺灣傳統的宗教信仰，不論佛教還是民間宗教，都以儀式崇拜和靈驗信仰居絕大部份，缺少知識性和自主性，於是形成多神信仰和充滿巫術性格的功有限利主義傾向。

這當然和移民的新環境極其艱苦又不安全有關，但移民本來的家鄉信仰就具有上述這些特徵才是主要的。如此一來現代化的建設要進行時，和傳統宗教有關的意識形態或價值觀便會產生懷疑和反抗。例如清末要在臺灣北部進行採礦和築鐵路時，都遭到民眾因怕破壞風水而有所反抗的情形。

日本統治臺灣以後，由於瞭解民族間存在著巨大的習俗差異，如果為求快速認同而採取強烈的手段，雖可收一時的效果，卻可能萌生更大的不滿和造成更強烈的反抗，所以在初期儘量探取不干涉的手段。可是從統治的立場來看，對日本文化和國家的認同，是一定要解決的問題，否則臺灣的民眾是不會效忠和臣服的。

所以在殖民治臺的後半期，亦即從第一次世界大戰到第二次世界大戰結束這段期間，臺灣總督府便著手處理同化的問題，並且由慢而快，在最後 10 年遂行所謂皇民化運動，將改造的問題推到極端和全面的地步。這當然是反人性的，所以在戰後便被廢止了。

不過，日治時期臺灣佛教的改造運動，並不只涉及到殖民地統治技巧的層面而已，純就宗教的層面來看，如果要讓宗教現代化，一定要提升知識的水準和增強理性的成份，否則傳統宗教是無法成為現代社會的精神指導者的。

解除魔咒和增強人的自主性，其實是現代社會普遍性的要求，並不只是存在於殖民地統治地區，也因此縱使沒有日本統治當局在臺的推動，臺灣社

會的精英知識份子仍然會自行推動的。

問題在於當時的佛教現代化，在亞洲地區最早最佳的國家，正是臺灣殖民地的新統治者日本，所以關於臺灣傳統佛教的改運動在當時是有其必然性的。我們如果問：為什麼日本的佛教會領先亞洲其他國家？這是因為日本的佛教一直是統治精英和文化精英所領導和所贊助者的。

在德川幕府時期佛教僧侶甚至成了統治機器的一部份。明治維新以後，政權統一僧侶的政治權力被收回，神地道位被抬高在各宗教之上，神佛分離，初期一度實施廢佛毀釋聯合政策，使日本佛教受到空前的打擊。但是，日本佛教的精英，一方面發動輿論據理力爭，要求信仰自由平等，一方面向政府輸誠，除了捐款之外，還派僧侶隨軍出征。

在此同時，佛教各宗紛紛進行自我改造，不但辦理各級學校教育僧尼，提升彼等的知識份子水準，並且派遣優秀的留學僧，到西方高等學府接受現代專業的佛教學術訓練，學成之後，在知識層面上，不但領先亞洲各國，甚至可以在佛學研究上和西方世界的學者一爭長短。於是，不但開創了明治時代的新佛教，也開始向亞洲輸出，成為現代化佛教發展的先驅和指導者。

日本的地理位置是在亞洲的極東，近代以前，一直是大陸文化的接受者，日本佛教的各宗都是先由大陸和朝鮮傳入而後再自行發展的。但在明治維新之後，開始快速脫胎換骨，領先亞洲各國。這無疑是空前的大逆轉。可是，若非日本變成強國，先後戰勝滿清和俄羅斯，日本佛教勢力不會如此快影響朝鮮、大陸和臺灣。由於日本佛教的向亞洲輸出，是伴隨帝國主義的侵略而來，因此是具有宗教傳播和政治任務的雙重性格的。佔領區或殖民地的親善和教化，便是日本佛教僧侶必須去進行的任務。

如此一來，日本佛教僧侶所傳播的就不只限於現代化的佛教經驗，還要教導當地民眾認同日本或成為日本人。問題是，佛教的經驗可以在不同民族間互相傳播，並不代表連帶可以溝通和彌平與日本文化或其他文化之間的差異。這就構成全面改造時的重大障礙。

雖然如此，如果純就日本時期臺灣佛教的改造經驗來看，則是以現代的禪學觀念和現代的淨土思潮來進行佛教改造，的確有其時代意義的。這一改造的特徵是，釋尊的非超人化、淨土的社會化人間化、神佛分離和內涵提升。如此一來，佛教走上知識化、社會化、人間化、自主化，便成必然的結果。所以說，反對民間宗教的巫術化和功利主義化，是改造運動的最大特徵，就是這個意思。

1916 年，臺灣總督府落成，在臺北市舉辦首次博覽會，佛教徒和基督教徒因各自設攤演講並互相攻擊和批評，促成了臺灣佛教界的大團結和大覺省，於是在演講會之後，進一步形成新組織和新的教育機構，跨出了改造的第一步。

然後隨著第一次世界大戰的結束，民族自決和社會主義的思潮衝擊全球，臺灣本土的知識份子精英也順應潮流，糾合同志，發動輿論，奔走南北，號召群眾，灌輸新思潮，力爭島民的政治權益和文化的自主性。

臺灣總督府的主管宗教官僚丸井圭治郎，便在此新潮流新趨勢之下，串聯全島的臺灣佛教精英組成南瀛佛教會，展開新佛教觀念的講習和改造。由於初期參與講習的學員程度參差不齊，效果不佳，幾次以後，便改采精英主義政策。

所謂精英主義，就是要求參與講習的人，必須具備一定的知識基礎，這樣才有能力吸收較高水準的講習會內涵，這樣才不會僅停留在信仰面，並且有能力在講習之後將講習內容再傳播出去。這樣一來，參與的學員彼此水準相近，講習的效果顯著，等於快速培養了一批新的師資，可以在短期間內即發揮倍增的影響力。

不過，佛教的義理非常繁複深奧，加上當時流行的現代思潮具有社會主義的關懷和文化的批判性，所以講習會的精英主義雖然方向正確，但是真正要達到扎實及專業的水準，單靠聯合講習會的短期講習是不夠的。

真正的精英，還是要經過正規的學校訓練，特別是經過佛教中學林和佛

教大學的正規教育，才能夠達到應有的水準。所以日治後期出現的精英，像曾景來、李添春、林秋梧、高執德等，都是在日本的駒澤大學畢業的。

這些精英因為都受過日本的高等佛教教育，可以掌握臺灣佛教和日本佛教二者的差異，既對現代化的日本佛教有所瞭解，也知道臺灣老百姓的信仰層次，加上原本來自臺灣民間，所以可以回頭來批判或改造臺灣的本土佛教。

例如林秋梧原先就是臺灣文化協會的會員，出家後，又到日本去讀書，所以他具有濃厚的社會主義傾向，又受忽滑谷快天禪師的影響，所以他強烈批評禪淨雙修，反對西方極樂世界，排斥普渡，強調兩性平等；譯介朝鮮禪師知訥的《真心直說》，還受到朝鮮和日本方面學界的重視。 曾景來則是介紹阿含的佛陀，將原始佛教的新貌首次傳入臺灣。高執德是最優秀的學者，他有系統地詮釋佛教與社會的關係，並批判出家主義和朱子的排佛思想。林德林則主張神佛分離，提倡正信佛教。

當時的佛教思想，都強調人性化，強調此岸、人間的淨土，高舉理性之光，反對迷信。這是社會主義思潮衝擊傳統佛教思想的結果。人間佛教的根本動力，不論大陸或臺灣都是一樣的來自西方社會主義思想影響的結果。連太虛和印順的人間佛教思想也不例外。

這個運動在後期被大陸爆發的中日全面戰爭所扭曲了。

這本來是充滿理想、以理性和知識作後盾的宗教改革運動，和當時的各種社會文化啟蒙運動是相呼應的聯合，日本的佛教典範誠然指標性的作用很大，但並不是全然的照抄，而是有臺灣佛教本身的主體性和自主性的。

但是，中日在大陸爆發的全面戰爭，導致日本軍方的介入和強力干預，為了戰爭的需要，一切社會力和物質都被全面動員了。這時推行的是所謂皇民化運動，一切加速向日本看齊，做日本天皇的順民：為他效忠！為他奉獻！

臺灣佛教的改造運動，便成由日本佛教全面接管，並以日本佛教為典範，激底的加以改造。如此一來，主體性和自主性便完全喪失了。宗教純粹變成軍方的工具。寺廟的所有僧侶，都被迫接受動員的訓練，都要參與動員、奉

公和喊口號。

信仰本來是民眾的習俗和個人的精神寄託，雖然可以要求提升信仰內涵，但不能流於軍國主義的意識形態的灌輸，否則就是信仰破害，也是違反人性的。

結果，在戰爭期間快速日本化的臺灣佛教，因為蒙有軍國主義和皇民化的色彩，在戰後，日本退出臺灣時，便重新面臨被改造的下場——由日本化的佛教變回大陸形態的佛教面貌。

由於我是臺大歷史研究第一位在博士論文探討這個主題，所以我也在隔年因此獲頒「第二屆臺灣省文獻傑出貢獻獎」。連先前所獲頒的「第一屆臺灣宗教學術金典獎」，我一共得過兩次宗教史研究學術獎。至於由中研院史語所所頒發的「傅斯年紀念獎學金」，我則一共得過八次，是迄今為止的空前紀錄。於是國內著名天下文化出版社，特邀任職於《聯合報》的曹銘宗先生，為我撰寫個人傳記《工人博士：江燦騰的奮進人生》，於隔年出版，暢銷一時。

2006 年秋冬之際，我在罹癌滿十週年之後，於北京的中國社會科學院出版《新視野下的臺灣近現代佛教史》、在廣西師範大學出版社出版《晚明佛教改革史》共兩本佛教史研究的專著，並應邀在大陸著名的《南方周末人物報》先後發表批判當代大陸佛教畸形發展的病態和試圖提出解決之道的各項建議，在大陸各地的網頁上紛紛相繼轉載全文，並激起高度的連鎖回應。

十三、匯流與轉型：我們如何認識當代臺灣佛教大眾文化歷史源流？

(一)戰後日本投降並撤離臺灣後直接對臺灣本土佛教發展的相關影響

　　戰後日本的投降，並撤離臺灣後，直接對臺灣本土佛教發展的重要相關影響之一，就是要面臨如何能熟練運用中國語文，來代替原本熟練的日本語文，以作為新的講授佛教哲理和交流時相互表達的工具問題。而此事，對於本身是出生於日治時代、並曾深受日本語文教育和久已習慣於用日本語法來思考和表達的臺籍佛教界的知識分子，可以說絕大多數都有表達的困難。[4]

　　即以在日治末期已私下勤學北京話，中文表達上，也有相當程度的高執德（法號證光，臺南開元寺住持）來說，1947 年 5 月底，臺灣省佛教會公推他。代表臺灣佛教界出席在南京舉行的全國佛教大會時，也大感話語不通、事事要依賴他人。

　　其他更等而下之的，可以說幾乎往後的大半輩子，都困頓在不會流利地使用中國語文這一件事上。例如晚年才創辦「法光佛學研究所」的如學法師，不論家世和教育程度，都堪稱頂尖，卻因無法突破中國語文的表達障礙，而使生平所學無法一盡所長。這實在是臺灣佛教在戰後轉型過程，最令人遺憾

---

[4] 對於不知「光復後」臺灣佛教命運，即將如何降臨的「皇民化臺灣僧尼」來說，拋卻日式袈裟、法器和宗教儀軌，並不構成極大的困難。從使用日語和臺語的交談，改為只使用臺語交談，也不構成困難。何況日文佛教經典知識的閱讀或學習，和臺灣社會大多數的知識分子一樣，都是可以自由參考和運用的，並未遭到官方的任何禁制或歧視。只有是否能以僧尼身份而公然「娶妻和葷食」這一點，在日治時期已大為臺灣傳統儒生社群所強烈批判和抵制，大多數的臺灣本地佛教徒也同樣對一些曾受過日式化佛教高等教育的臺灣現代僧侶極為反感，所以彼等的追隨信徒，其實相當有限。但，這些人都是日治時代，臺灣新一代佛教知識份子中的菁英和後期「皇民化佛教練成」的在地擔綱者。所以，一旦官方宗教政策有所改變，那麼彼等或還俗另謀發展，或改以在家居士的身分繼續活躍於相關的佛教事務中，也都不會遭到真正的轉型困難。

的時代悲劇之一。

此外，因遭人誣陷，捲入「白色恐怖時期」是非圈，最後被逮捕和槍決(1955)的高執德，更是臺灣佛教界學術人才，無可彌補的損失。高執德應是臺灣佛教百年來最傑出的學者之一，在日本佛教駒澤大學受過最完整的佛學教育，師長中不乏世界級的佛教學者，卻在正要踏入學問高峰時，突遭橫逆，而宛若朝露般的消逝。

這一不幸的事件，震撼了同樣出身日治佛教界的本省精英，不少人轉而脫離佛教界或對佛教產生極度的失望。

雖然高執德生命晚期的女弟子之一葉阿月教授（現已退休，並因癌症而病逝），是日後畢業東京大學的臺籍第一位佛學博士，並長期任教於臺灣大學哲學系。

但根據我長期作田野調查的經驗，凡是經歷過那場「高執德事件」震撼的，雖在數十年後的今日，仍心懷屈鬱，也始終無法抹去那道不幸的陰影；或許，這也是在 1950 年代以前，那一代臺灣佛教學者的共業和悲哀。[5]

(二)被迫進行「去日本化」運動的相關問題

由於臺灣地區的原有佛教組織，從戰後初期(1945 年)至 1949 年仲夏間的開展，才和大陸的中國佛教會建立了隸屬上下關係，成為該組織之下的臺灣省籍的地方性會員組織。所以此一原為存民間社團性質的全國社佛教組織，在此之前，根本沒有足夠的時間和機會，來測試其第一屆大會通過的各種組織章程和運作的是否有效？亦即，此一龐雜的全國性組織，在其之前的各階

5　幾位原先曾在大陸受戒或在大陸參學過的本島教界長老，像：（一）月眉山派的開山祖師善慧法師；（二）法雲寺派的大將真常法師，於 1945 年圓寂；（三）觀音山凌雲寺派的開山祖本圓法師亦在 1947 年圓寂。加上（四）南臺灣佛教改革派的重鎮臺南開元寺的住持證光法師（高執德），在 1948 年，因接待具有中共身分的著名僧人巨贊（※1948 年來臺，1949 年在北平成為大陸佛教領導者之一）和曾於寺中私藏來自家鄉的左派農運人士，因此受牽累，後遭逮捕和被槍決(1955)慘死。更使在日治後期活躍一時的本島籍教界精英，或疏離佛教，或轉趨沉寂，才造成 1949 年以後，大陸僧侶可以在臺灣地區，逐漸占盡優勢的新形勢發展。

段組織領和實際運作，都一再顯示，事實上是存在著改革激進與傳統保守的大陣營互爭領導權的嚴重對立狀況。

所以，若非隨之而來的歷史劇變，迫使此一未經歷練和發生實際作用的全國性佛教新組織，各成員四處離散或改組，否則遠隔在東方大洋波濤的臺灣島上，為數不多又高度日式化的本地漢族佛教僧尼和傳統的本地齋教徒，是可以有其相對自主發展空間的——這只要觀察解嚴之後，當代的正常發展狀況，就可以證實我的上述論述，是有其歷史經驗性證據的。

因此，1949 年之前，並於境外的組織上級來直接支配等…。所以不論是要辦教育或是要辦佛教刊物，基本上都是島內實力派的佛教僧尼或齋堂主，互相會商和實行運作。

就此而言，就是取法日治時期，「**南瀛佛教會**」成立之初的運作模式和經驗。因當事者也近半是同一批人，只是彼等不再以日文表達，日本宗教主管也改為中國宗教主管。再者，有關現代佛學內容，彼等也可以無礙地大量譯成中文發表，並普獲贊同。因而，當時實際殘存的主要待決問題，其實只是一些已婚但為數不多的「高度日化臺僧知識份子們」——有關彼等將來，是否要以居士身份出現？或是乾脆還俗他去？——就此刻的情況來說，仍處於懸而未定的狀況。

反而是，當時比等在現實面所遭遇的重大困境，其實是各類的物價日趨飛漲，民眾生活極為艱難，無法提供多餘捐獻，所以導致各寺院善款收入的銳減，而這些才是真正嚴重地，會阻礙彼等進一步從事改革，或使其無法陸續舉辦各種佛教活動的最大難題。所以，當時臺灣本地的原有佛教組織核心成員們，每遇有開會和討論時，若提案或決議時，是會被指定為必須擔負較大出資的責任者，則其最通常的應付辦法，就是在事後藉故不予繳費或事先缺席，來藉以逃避(擔任佛教領導者)所須允諾的重大捐款壓力或藉以卸下所須承擔的沉重會務責任。

不過，儘管現實面的艱難情況，很不利於道場的經營或佛教組織的任何

運作，可是畢竟不是完全地絕望和根本動彈不得。

所以在此一時期，臺灣佛教組織和相關活動，雖基本上仍是屬於本島以內的區域性教界問題，但因仍關係著後來的開展至為重大，所以也先在此略加以說明，好讓讀者了解其相關開展或變化。

(三)關於日產寺院的處理問題

自從日本勢力撤出臺灣以後，原有的日本寺院和相關產業，大多為來臺的國民政府以「敵產」的名義加以沒收或占有。事實上，這些日產寺院，曾遍佈全臺各地都市的精華地帶，雖主要供在臺的日本佛教活動之用，但在臺的日本各派僧侶，或透過其在地相關組織的靈活運作、或透過在寺中開設的日化佛教教育的學習課程、以及透過親自參與彼等在臺灣各地寺院或佈教所之經常性舉辦的各類佛教活動，實際上也能促使臺籍僧侶和不少信徒們，見識到日本佛教現代化的布教風貌，以及日產佛寺的建築典雅和庭院之美。可是，如今這些既美麗又典雅的原日產寺院，若非已根本消失，就是已經面目全非，或已轉為他用了。

(四)關於由日本語文改為使用中國語文的困難問題

到日治後期為止，事實上，已有數十位的本島僧尼和居士，曾前往日本受過完整的高等佛教教育。特別是在日治後期的高度動員時代，[6]這批臺灣本土佛教界的少壯派精英，實際上已躍居教內的領導中心，也代表著日本化佛教在臺灣出現的新開展。

但是，日本佛教勢力在 1945 年，隨殖民統治結束，而相繼退出後。這批高度日本化的本島籍佛教界精英，便面臨必須立刻轉型的困難，特別是由日本語文改用中國語文的困難。從現存的當時資料來看，這些本島籍佛教界精

---

[6]　首先是一度曾在日治時期(1895-1945)大為開展的臺灣佛教，於日本統治的後期，因要配合日本軍部在中國大陸、乃至在整個東亞發動戰爭的需要，曾被高度地組織動員和急速地朝向日本化。

英，並非全然無法使用中文，只是白話文的表達極不流暢，讀起來相當彆扭。事實上，當時以北京話為藍本的國語，雖然也有許多人努力在學習，但能靈活運用的人很少。在這種情況下，他們一方面既失去日治時期和日本教界長期合作的優越社會地位，一方面又因在理念上無法認同 1949 年來臺的大陸僧侶之主張，於是頓然萎縮了原有的社會影響力。

(五)臺灣本土具重大兩岸佛教聲望的教內長老在初期相繼圓寂

所以，在其後的中央級新佛教組織中，在地臺僧菁英們相關的發言意見，較無平衡的作用，所以彼等**曾經歷被日本皇民化佛教改造的經驗**，便逐漸在 1949 年之後**被「污名化」的新佛教輿論**所淹沒，以致於其影響力大減迄今。[7]

十四、追溯 1949 年國共內戰後的大變局

二戰才剛結束不久，當交戰國雙方的老百姓都各自在忙於恢復其殘破的家園和設法重新開展其正常生活之際，當時仍身處大陸各地的「漢傳佛教」之老少僧侶們，卻仍須和抗戰時期一樣，被迫必須無奈地長期在國共激烈進行內戰中，渡過其在大動亂與狼狽流離互相交織下的騷動倉皇歲月。

因而，我們有必要追溯彼等 1949 年時，因大陸統治權的易主，而跟隨大批慌亂避難的各省難民潮，形成其一起渡海來臺開展新局的命運共同體，以及因之而出現的「雙源匯流」和其後「新漢傳中華佛教」的儼然形成。[8]

---

[7] 但是，接續的問題即為：光復之後臺灣僧尼與大陸僧尼是否就開始產生隔膜？我的回答是：此一問題，事實上，是在 1949 年以後，才新開展的問題。因為，在此之前，由於從 1945 年秋季的臺灣光復後起，至 1949 年初，都尚未有大批大陸僧侶隨政府逃難來臺，所以不可能產生彼此（大陸僧和臺灣僧）的隔膜問題。相反的，像臺灣僧侶中的開元寺住持釋證光，於 1947 年前往大陸參加全國佛教代表大會，以及 1948 年大陸僧侶巨贊和慈航兩法師來臺，彼此都受到熱烈的招待。因此，產生隔膜的背景，必須放在 1949 年以後的情勢變化來觀察。

[8] 更不用說，也根本不會有其在戰後所曾參與的相關在地轉型下的個人佛教事業之驚人締造或其所

　　不過，這是前所未見的有各級官方組織體系(儘管相當混亂)和大批武裝部隊(各種正規與雜牌合組成的敗戰撤離者)，從中引領和警衛著一批又一批，由對岸各港口紛紛乘船跨海東渡的空前大難民潮，相繼洶湧到臺澎金馬地區來長期定居；而此次的難民潮總體規模之龐大和彼等在其後所造成的實質整體影響之深遠，縱使將明鄭三代在臺經營與清代二百多年間漢人多次相繼東渡來臺的總人口合計，也未必能夠與之相比。

　　因而，在如此大混亂與大衝擊之下的 1949 年戰後臺灣本土「漢傳佛教」的新局，究竟又要如何進行其在往後歲月中的相關開展歷程、及其在地轉型與多元創新，就是我們以下各節所要加以說明的。

　　但在論述的之前，我們有必要將論述主軸的視野，轉為溯自日本戰敗於 1945 年退出臺灣統治區前後的相關狀況，加以回顧和解說其重要的歷程變革。換言之，在「雙源匯流」中，另一「日治臺灣流」的未來流向，或其未來的相關變化究竟如何，就是本章論述所要說明的重點。

　　此因正如先前所提過的那樣，其國境位於臺灣與大陸兩地的東北鄰新崛起強權的大日本帝國主者，在二戰之前，已曾一度在臺實施其近代帝國主義式的殖民統治，長達 50 年(1895-1945)之久。並且，在此帝國殖民統治期間，來自日本內地的佛教各宗派，也相繼在臺灣從事布教和紛紛成立道場；因而臺灣本土各地的寺廟，亦在此新殖民統治勢力支配之下，逐漸產生日本佛教化的新風貌。[9]

親歷的弘法傳播之曲折生涯。

[9]　日本本土，在近代以前，一直是大陸文化的接受者，所以，日本佛教的各宗都是先由大陸和朝鮮傳入而後再自行發展的。日本佛教，在德川幕府時期，僧侶甚至曾一度成為統治機器的一部份。但，明治維新以後，政權統一僧侶的政治權力被收回，神道地位被抬高在各宗教之上，神佛分離，初期一度實施「廢佛毀釋」政策，使日本佛教受到空前的打擊。但是，日本佛教的精英，一方面發動輿論據理力爭，要求信仰自由平等，一方面向政府輸誠，除了捐款之外，還派僧侶隨軍出征。在此同時，佛教各宗紛紛進行自我改造，不但辦理各級學校教育僧尼，提升彼等的知識份子水平，並且派遣優秀的留學僧，到西方高等學府接受現代專業的佛教學術訓練，學成之後，在知識層面上，不但領先亞洲各國，甚至可以在佛學研究上和西方世界的學者一爭長短。於是，不但開創了明治時代的新佛教，也開始向亞洲輸出，成為現代化佛教發展的先驅和指導者。這無疑是空前的

特別是中日爆發大陸戰爭後，日本在臺當局，為免臺民離心內附大陸祖國，便開始加緊實施「皇民化運動」(1937-1945)，並大舉組織和調訓臺籍僧尼、以及相關佛教人士，使得臺灣佛教，急速地日本化。

其中為數達二十人以上的臺籍僧尼精英，都是出生於日治時代，受過良好的日語教育和日本本土佛教高等教育的薰陶，在此一運動的期間，都紛紛躍居新的領導階層。而老一輩的臺灣本土「漢傳佛教」的精英，如善慧和本圓等等，則暫時退到第二線，或轉到海外去發展。

日本戰敗投降，將統治權交還中國政府（1945 年 10 月 25 日），在臺的各日本佛教宗派亦隨之撤離。留下的大批寺產，除部分因當初興建或改隸時，帶有臺人的資金和產權之外，大都由政府視同敵產，而加以接管，或轉為他用。

在都會區或駐軍附近的臺人寺廟，也往往充作臨時辦公處和居住的所在。此舉，連帶地，使正常的佛教活動，也大受影響。不少典雅美觀的日產佛寺，不但迅速頹敗，甚至遭到改建和變賣。因此，臺灣佛教面臨戰後第一階段的徬徨期和轉型期。這是日本撤離所產生的後遺症。

另一方面，1947 年 2 月 28 日爆發了所謂「228 事件」，牽連的人數甚多，引起臺籍民眾的驚慌，省籍對立的問題也急劇表面化。政府為了避免局勢持續惡化，並沖淡臺人因受日本長期統治的「日本化」之深刻影響，逐漸加強日本語文的管制，在教育和文化的意識形態上，積極鼓吹和強調祖國意識，期使臺人早日恢復中國文化和統治正當性的認同。在這種情況下，臺灣佛教界，也逐漸感受到新壓力。

不只如此，更嚴峻的高壓管制政策，也由於國府在戰後長達四年多的大

大逆轉。可是，若非日本變成強國，先後戰勝滿清和俄羅斯，日本佛教勢力不會如此快影響朝鮮、大陸和臺灣。由於日本佛教的向亞洲輸出，是伴隨帝國主義的侵略而來，因此是具有宗教傳播和政治任務的雙重性格的。佔領區或殖民地的親善和教化，便是日本佛教僧侶必須去進行的任務。因而，此一大趨勢影響下的日治臺灣佛教教，便不得不沾染此一兼有宗教傳播和政治任務的雙重性格的殖民化佛教色彩。

陸統治權爭奪的「國共內戰」中，連番失利，所以導致在 1949 年 5 月 20 日時，由當時警備總司令兼臺灣省主席的陳誠將軍(1898-1965)，正式下令，在臺、澎地區實施戒嚴，迄 1987 年由政府宣佈解嚴為止，一共實施了經歷長達三十八年(1949-1987)的「非法性」[10]之惡名昭彰的所謂「戒嚴體制」。

所以，在戒嚴時期，就宛如被軍事管制一樣，大多數的集會和遊行的權利橫遭凍結；因而，言論和出版的自由，都備受限制了。

雖然，解嚴之前，民眾到國外深造、經商或旅遊，已大大放寬了，但出入境的門禁仍管制極嚴，和大陸的交流不用說是絕對違法；實施共產的國家，同樣不得前往。在這種處處嚴禁的體制下，臺灣的佛教界自然不得不跟著政府的政策走。

亦即，如何配合政策或利用黨政軍關係，以爭取各種活動上的特權跟方便，便成了臺灣佛教界主要的考慮因素了。

也因此，我們在此可以肯定的說，自二戰後，迄正式解嚴為止(1945-1987)，臺灣本土佛教的歷史發展，基本上就在政治的長期威權體制下所展開的。[11]

但是，戰後臺灣佛教的高度發展，深受經濟繁榮和彼等能善利用各種大眾傳媒向社會進行跨地域弘法等這些因素的影響，遠較現實中政治管制的影響因素為更強大和深遠。[12]

---

[10] 根據 2010 年 8 月 12 日，《今日新聞網》記者康仁俊在臺北報導〈監院稱 38 年戒嚴令實施有瑕疵/綠委：慎重研議補救體制〉時，即曾提到說：「(前略)監察院昨日公布全國戒嚴令調查報告，發現民國 38 年底臺灣第 3 次宣布戒嚴時，因為代總統李宗仁當天已逃往美國，並沒有總統宣告令文，形式要件有瑕疵，使戒嚴時期因案遭軍事審判宣告沒收財產者，『有重新斟酌的餘地』」。
http://www.libertytimes.com.tw/2010/new/aug/12/today-p10.htm

[11] 儘管如此，整個臺灣近六十多年來，因政治環境有極大的變化，故各種性質的社會運動如風起雲湧般地相繼出現，只是純就佛教的發展腳步來說，卻是除少數的異議團體如「萬佛會」，主張臺獨和從事體制外的抗爭外，可以說是相當安分地，在體制內的規定中進行著；甚至稱得上是，跟執政時期的國民黨，最合作無間的臺灣宗教團體之一。

[12] 這些影響其實和是否曾進行傳或曾受界的因素無太大的關連性。因為現代臺灣佛教的蓬勃發展，是奠基於臺灣的工商業發達，奠基於大眾傳播工具的發達及其無遠弗屆的強大影響力。臺灣的社會

　　要促成戰後臺灣佛教快速發展所需的各種大量經濟來源，主要仍是靠信徒的捐獻，而信徒能大量捐助款項給寺院，需得本身經濟狀況，能相當寬裕才行。可是，這種經濟條件的轉變，其實是 1966 年以後才逐漸形成的。

　　從此以後，由於就業機會增多，人口的流動性大，都市化加深，心靈的疏離感也相對強烈。因此，吸收外地信徒，以形成大道場的宗教條件，才逐漸具足。從教會人口的統計數字來看，信徒的快速成長，也出現在此一時期。1972 年以後，因主客觀環境的變化，不但本土意識逐漸抬頭，外國教會的開展勢力亦隨之衰退，呈現長期的停滯現象，迄今仍無大改變。

　　因而，臺灣佛教的蓬勃發展是肇始於 1960 年代中期，就是利用了這一黃金時機，趁勢崛起的。基本上，就是結合觀光、娛樂和舞臺的效果，將佛教加以通俗化的現代包裝，然後以企業化的經營模式來管理，再利用各種促銷的手法，向宗教顧客們來大力推銷。所以，有大批新的佛教信仰人口，便隨著大眾傳播的影響而相繼出現了。

　　1971 年，臺灣退出聯合國，許多友邦也跟著和臺灣斷交，到 1978 年的美臺斷交，更是達到高峰。斷交是外交上的挫折，但同時也導致外國教會的在臺影響力大降，而所出現的空缺，正好由佛教來遞補。等到解嚴後，佛教組織開始多元化，更加有利於教勢的發展。

　　所以本我們以下的各節內容，主要就是介紹以上所述這一：從「跨海逃難與在地紮根：戰後近數十多年來臺灣現代本土『漢傳佛教』的轉型與創新」的相關過程。

在戰後由於偏安，致力於工商業的發展，所以民生所需日漸富裕，生活品質也日益提高。傳統的農村地緣關係，被流動的原子化的人際關係所取代。都市化的結果，人的疏離感增強，而故鄉的地域性信仰，每年的活動次數有限，且離居住地太遠，無法滿足日常生活的需求。於是新的娛樂需求和新的宗教市場，便逐漸形成了。

十五、「戒嚴體制」時期臺灣佛教大眾文化的前期逐漸教開展與後期快速變革

(一)外在大環境對戒嚴時期臺灣佛教大眾文化的重大催化作用概述

在戒嚴時期第二階段的臺灣佛教大眾文化開展，所以最具特色，不但因為所經歷的戒嚴體制為期甚長，相關的前後經貿環境也大為變化，其中還包括在前期就有西洋思潮的大量湧入、出口導向的國際貿易擴大、青年男女職工的高度就業力（有定期薪資收入和能夠累積儲蓄）和在地活躍和有中產階級生活需求的大批中小企業紛紛出現，陣容越來越強，而彼等所主導流行的社會影響力也日益顯著。[13]

所以，這些都是臺灣佛教經濟力的主要新來源，以及新一代佛教知識分子所吸收的現代思想養份和形成多元流行文化的國際視野之渠道，所以影響甚遠。

而後期則是由於臺灣已被迫退出在聯合國的「中國代表權(包括五個常任理事國代表之一)」的席次、隨後(1978)臺、美之間也正式斷交、以及強人蔣介石(死於一九七四)和蔣經國(死於 1989)兩父子又先後逝世[14]，所以其主導力大為消退。

(二)本地超過一千萬的新生人口，都出生和成長於此一時期

由於近七十一年（1949-2020）來，在臺灣地區所自然增加的一千五百多萬的新人口中，其年紀在六十歲以下者，已超過三分之二。

---

[13] 見于宗先、王金利，《臺灣人口變動與經濟發展》(臺北：聯經書局，2009)。石田浩，《臺灣經濟結構與開展》(臺北：自由思想學術基金會，2007)。

[14] 蔣經國是死於解嚴之後的一年多，所以一併敘述，以代表一個「時代的結束」。

這意味著，戰後的大量新人口，至少有過半數，是出現在 1949 年到 1987 年的所謂「戒嚴體制時期」[15]。

又由於彼等大多是缺乏殖民時期佛教經驗的新世代，故對戰後的新傳統，相對地，能接受的認同度，也相對提高——因此，臺灣佛教的第二階段開展和變革，就是按上述脈絡，而逐漸出現的。

(三)來自佛教內部的相應作為與臺灣本土佛教大眾信仰文化的傳播趨勢

1949 年大批逃難僧人來臺後，彼等要如何在臺定居和生活下去，即成了第一階段的問題。

此因當時海峽兩岸的混亂局勢，尚未穩定，所以從中央到地方，從社會到個人，都還一片茫然時，除了少數曾事先來臺購有寺產，如太虛派門下在臺北市善導寺、圓瑛派門下如白聖長老在臺北市十普寺之外，主要是靠慈航法師先前來臺辦教育（※1948 年秋來臺，在中壢圓光寺）所建立的一點人際關係，適時發揮了援手安頓的效果。

但 1949 年他和一群學生，卻在新竹被逮捕入獄（無戶籍者皆入獄），後經保釋，才轉到汐止彌勒內院安頓（他在 1954 年病逝於關房內）。

恰好 1950 年的韓戰爆發後，美國即逐漸改變政策。到了 1954 年 12 月〈中美協防條約〉簽字，臺灣在美國第七艦隊的協防之下，政局漸趨穩定。所以，第一階段是從流離失所的無依狀況，到逐漸安頓下來的艱難過渡時期。

因此，幾乎來臺的大陸僧侶，都在此一階段度過了一段可能是生平最痛苦難熬的慘澹歲月（當然有本身寺產者例外）。可是，之後，彼等的在臺開展，就漸入佳境了：

A. 大陸僧侶，先是在 1952 年的年底，藉著干預臺南大仙寺的傳戒期限

---

[15] 參考于宗先、王金利，《臺灣人口變動與經濟發展》(臺北：聯經出版社，2009)。

和方式，以及在 1953 年時，藉著「權宜地」改組，而形成了以江浙系佛教僧侶為權力核心的新中央佛教機構。於是在以後的數十年間（迄 1978 年解嚴），完全支配了全臺各寺院的傳戒方式，以及建立起以江浙僧侶為中心的強力領導。

而正是由於有此一作為及其所衍生的深刻影響，所以彼等才使日後臺灣地區的佛教信徒，普遍地對其所主張以出家僧侶為尊的強烈宗教認同心態，能成功且持久地維繫下來。[16]

B. 從 1949 年起到 1978 年 12 月美國前總統卡特宣布和中共建交以前，臺灣島上的宗教開展，是相當有利於西洋宗教在臺的各團體。

因為在此期間內，臺灣社會內部，雖然封閉，但對西洋的各方面倚賴極深，從流行式樣到文化的意識形態，都產生了高度的傾慕之心。

所以，當時西方在臺的宗教活動，不但廣受社會注目，彼等在校園或知識界的強大影響力，更是令其他的本土宗教團體大嘆不如。此所以道安法師會在其日記裡[17]，會將耶穌教徒和佛教徒的互相攻擊表面化，列入當時教界流行的主要話題之一。當然攻擊的主動性在對方而非佛教徒[18]。

C. 雖然如此，後來佛教界為了擴大影響力，也仿效基督教或天主教，在校園開展佛教組織，以國語演講輔以流利的臺語翻譯，巡迴各地布教，以擴

---

[16] 臺灣本土佛教的僧尼，由於經過多年的「大陸佛教重建」之洗禮，雖已改變「邊陲佛教」的地位，而彼等在心態上，仍留存有濃厚的「邊陲佛教」之遺習。因此，追慕民國時期的大陸高僧典範，乃成了臺灣佛教界習焉不察的「共識」。所以每年，在所謂民國佛教「四大師(太虛、虛雲、印光、弘一)的誕辰之時，臺灣佛教界都曾有各種類行的慶祝活動之舉行。

[17] 道安法師是來臺大陸僧侶中，少數具有高度學養，在面對教內問題時較能客觀分析的一位重量級長老。他在 1953 年 5 月 13 日的《日記》上指出，當時臺灣佛教界流行的話題有：一、「畢竟空」與「勝義有」的問題；二、佛教與耶穌教徒互相攻擊的表面化；三、佛教與儒家互不相容的問題；四、比丘與居士地位見解之爭裂痕問題；五、僧團派系不能調和問題；六、臺灣僧與大陸僧的隔膜問題。

[18] 據現存資料來看，當時來臺的佛教知識分子，例如佛學權威的印順法師、後起之秀的聖嚴法師（當時仍在軍中）、擅長通俗布教的煮雲法師、著名的淨土居士李炳南先生等，都因遭到耶穌教徒的傳單或語言攻擊，而被迫和對方展開護教的辯論。

張教勢。

D. 發行佛教刊物與電臺廣播：此一時期，佛教界也紛紛創辦各種佛教刊物，進行跨地域宣傳，以及利用電臺節目播音，以影響民眾對佛教皈依。這些作為都逐漸產生了巨大的效果[19]。

例如佛光山日後龐大的佛教事業，是從宜蘭發端，經過多年的南北奔馳，才在高屏溪中上游的麻竹園一帶，建立起臺灣佛教史上空前偉大的綜合性佛教基地。（※聖印、南亭、淨心等人的佛教事業崛起，有部分原因，是和彼等曾主持電臺弘法而擁有高知名度及社會影響力有關）。

因此，我們可以說，在佛教界的憂患意識刺激之下，少壯派的佛教精英，藉著吸取外教的經驗，以及善用大眾傳播工具的巨大影響力，嘗試新的開展途徑，才能使佛光山這一遠離大都會區的鄉下寺院，不必仰賴當地資源（雖有，但比重甚小），即開創受人矚目的佛教綜合事業。

E. 設立大專獎學金與促成佛教社團擴張：在此一階段中，臺灣佛教界以周宣德居士為首，結合佛教界的大德，為了能在大專院校內從事的社團組織與活動開展，也費盡心血。

不過，當時佛教採用的方式，是提供大量的佛教獎學金，讓大專學生申請。其條件，除了有學業和操行兩項成績的規定之外，還要寫佛學論文，或學佛的心得報告。

同時，也從臺大開始，在各大專院校，成立學生的佛學社團。兩者的結合，使專生接觸佛教，乃至成為信徒、或佛教學者的人數，日益增多。但是，在 1971 年以前，相對於天主教和基督教的校園優勢，佛教的社團影響力，只

---

[19] 此一媒體的運用，其後更為發達、多元和精緻化。所以，能吸引大量信徒的魅力，又來自何處呢？能熟練運用大眾傳播媒體的巨大影響力，幾乎是不可或缺的條件。所以在早期開展的階段，不論星雲法師或其他法師，都重視語言表達能力的培養，以及設法擴充本身擁有的傳播工具。因此，在臺灣，善於通俗演講又擁有傳播工具者，較容易崛起。即使本身是以禪修聞名，或以靈驗感召，都不能例外地，要設法取得大眾傳播工具的協助，而後才能形成「大師級」的偶像人物。可見魅力和知名度相關。

能說，略有起色。

　　F. 可是，臺灣在 1960 年代中期的經濟發展，逐漸有了起色，到 1970 年以後，更加持續穩定、繁榮。而此一生活上的條件改善，使臺灣民眾有信心來面對自己的生活需求。相對於此，西洋教會自從臺灣退出在聯合國所代表的「中國」席位之後，逐漸喪失其先前對臺灣民眾的巨大吸引力，再加上長期未注意本土化的問題，所以在面對本土化潮流的衝擊時，頗感吃力。[20]

　　以致在基督教方面，雖積極從事於對臺灣自決的本土意識宣導，但其宗教擴張的趨勢，仍大大地減緩。[21]

　　相反的，臺灣本土「漢傳佛教」這方面，在此一階段，不但更加運用大眾媒體造勢，以影響社會大眾。特別是在知識界的思想性教育方面，因為印順法師《妙雲集》的結集出版，以及一連串佛教大叢書的相繼問世，而使得臺灣佛教界的思想內涵，開始深層化，並有了新的追隨者和新詮釋者的現代論述出現。

　　這其實也是為因應 1970 年以後臺灣社會逐漸出現的巨大變化，針對時代需求的人間佛教理念或人間淨土的思想，開始成為佛教思想的主流。雖然這樣人間性的佛教思潮，遠在 1940 年代即出現，但被社會廣為熟悉和接受。則是 1980 年代以後的事了。

　　因此，總結以上所述，迄解嚴之前為止，臺灣佛教的開展趨勢來看，可以說，是都市地區重於農村地區，女性多於男性，較高的文化區興盛於較低的文化區。所以像這樣的佛教開展，其實是因都市民眾較強的疏離感，能吸收大眾媒體的佛教信息，以及時間和經濟都許可才形成的。

---

[20] 一九七一年以前，臺灣還未退出聯合國，臺美雙方簽有協防條約，臺灣在美國軍事和經濟的雙重援助下，不只維持了臺灣政經環境的長期穩定開展，在宗教開展上，也因教會代發美國光復後剩餘援外物質，以及以歐美文化意識形態為主導趨勢的長期影響，而使和這些條件相關的基督教和天主教，有相對優勢的開展。

[21] 假如留意電線桿標語的人，當不難發現近年來全臺電線桿的《聖經》標語突然增多起來，基本上即是一種宗教危機——信徒流失——的宣告。

十六、「解嚴」之後臺灣佛教大眾文化的快速開展與多元變革

　　1987 年時，臺灣地區因官方宣佈解嚴，並頒布《人民團體組織法》和開放到大陸探親及觀光，因而進入第三期的發展階段。其最顯著的發展變化，就是：

　　A. 具有中央主要領導權「中國佛教會」，由於官方正式通過立法院完成修法程序，開始允許多同屬中央級佛教組織的成立，所以其在中央所長期獨霸的原有優勢，頓時為之崩解：促使傳戒多元化和關於僧尼平權的強力訴求，都因之相繼出現，且其勢皆不可擋。

　　B. 此外，因兩岸恢復交流，所以臺灣佛教回流大陸，成了新的發展方向之一，也影響了臺灣本土佛教的發展。

　　C. 此一時期，有諸多禪修型和靈驗型的佛教，都延續前期的發展，更大行其道。因此，西藏密教、南傳佛教的禪法、臺灣本土新禪師或新興修行團體，都趁此趨勢，在臺灣社會紛紛擴張其影響力。

　　D. 特別是，其中的西藏各派流亡海外的各派僧侶，由於趁著達賴二次來臺訪問的有利時機，紛紛相繼來臺發展，開啟了第二波藏密佛教的傳入臺灣的高峰期。所以，西藏佛教的文化內容，也成了當代臺灣佛教文化的重要源流之一。

　　E. 而幾乎與藏傳佛教第二波傳入臺灣地區的同一期間，在當今東南亞國家所流傳的上座部的泰、緬的小乘佛教禪法，也由於受到國際佛教交流漸趨頻繁的影響、和印順導師提倡「人間佛教」思想的啟發，使臺灣的佛教學界、乃至僧尼和居士等，也逐漸重視研究彼等所傳授的原始佛教經典或早期的修行方式。所以，此時期，不只有《南傳大藏經》的全套中譯，更有不少緬甸、泰國和斯里蘭卡的禪師或僧侶，相繼來臺交流或傳法講習。

F. 但是，相對的，臺灣佛教思想的異化與衝突，也一再出現於此時。其中尤以印順法師等人的人間佛教思想為指導的社會關懷之實踐方向，逐漸為知識份子所接納，並在佛教婦女的戒律改革和環保方面，取得重大的發展。

G. 在臺灣佛教史學方面，在解嚴之後，由於本土意識抬頭，強烈激勵新一代的佛教史學者，撰寫大量的有關臺灣佛教史的研究論文和專書，多元開拓新的領域和進行從明清佛教史到當代臺灣佛教史開展的論述體系建構。

影響所及，當代臺灣的大專院校內以「臺灣佛教」或「臺灣佛教史」正式授課的情形，也逐漸增多。甚至連大陸學者也有多人，接受臺灣籍釋惠空法師之邀請，開始研究和撰寫有關臺灣佛教史或佛教人物志等的各種著作。

除此之外，最具佛教文化企圖心的現任「中國佛教會」理事長釋淨良長老、或中華佛寺協會的秘書長林蓉芝居士，也都在近年來，相繼舉辦有關臺灣佛教史上的多位高僧[22]、重要事件和思想變遷的學術研討會，陣容都不小，其反應也相當熱烈。

H. 在此同時，當代臺灣佛教的知識份子，對臺灣當代佛教界出現諸多弊端的批判現象，也相繼出現。因此，當前臺灣地區的佛教界，其實是，正處於變革期和批判反思期。

十七、有關戰後臺灣本土佛教與四大佛教事業道場相繼崛起現象問題

我們若要了解戰後的臺灣佛教發展狀況，除了上述的情況之外，有四個指標性的佛教事業導場：佛光山、慈濟、法鼓山、中臺山，雖然彼此的事業規模不一、發展的時間有先後、道場的事業重點也差異甚大，但也因此，正

---

[22] 例如 2009 年「兩岸民國高僧傳」的學術研討會即是此一主題的最佳例證。

可作為觀察的主要對象。[23]

　　而當代臺灣地區，這四大佛教事業道場勢力的興起，顯然與臺灣社會早期的經濟起飛，[24]以及 1960 年代臺灣國際政治形勢變化，形成密不可分的關係。

　　其中，星雲的佛光山勢力和證嚴的慈濟功德會，便是在這種時代背景下，嶄露頭角的。亦即隨著臺灣的政治解嚴，社會力奔放和經濟實力也再度提升，才使得佛教界找到發展的空間。

　　而起步較晚、但以推銷現代禪學，切入信仰市場的法鼓山與中臺山兩股勢力，也是趁著這股浪潮，才得以突出既有兩大道場的範圍，先後在北、中兩地，建立或擴充基地。

　　因此，我們首先要說明的，就是較早崛起南臺灣的佛光山勢力。此一目前已發展為大型跨國組織超大型佛教團體，在星雲的帶領下，幾乎於 1960 年代後期已經開始逐漸成形；而它的成功，又是由於遠離臺北政治圈的複雜權力關係，相對受到政治或中國佛教會的干擾較少，就是它得天獨厚的地方。

　　但，更重要的是，臺灣當時外在的社會因素，已出現有利於佛光山初期教勢的拓展，因其發展的時機，幾乎是與 1960 年代臺灣社會出現重大變化的脈動同步。所以，我們可以看到，正當星雲從宜蘭移居到高雄，逐漸站穩腳步之際，臺灣南部，正好陸續出現加工出口區；而在這段時光裏，臺灣的經濟形態，正好開始急遽轉型，所以導致農村年輕的勞動力，紛紛投入大都市邊緣的加工廠。

　　剛好這時，星雲的佛光山在高雄的大樹鄉出現。於是，許多離鄉背井的「田莊少年」，為要尋找精神上的慰藉和寄託，便在精於宣傳、擅長說教的星雲的引導下，成為佛光山初期的基本信眾，何況佛光山又是他們假日休閒

---

[23] 可參考江燦騰，〈崛起於當代臺灣地區的佛教四大事業道場及其轉型問題〉，《新視野下的臺灣近現代佛教史》（北京：中國社會科學出版社，2006），頁 384-407。

[24] 參考于宗先、王金利，《臺灣人口變動與經濟發展》（臺北：聯經出版社，2009）。

的好去處。

更重要的是，星雲不但具有全臺的知名度，他還首開風氣之先，在電視臺上製作第一個弘揚佛法的電視節目。星雲的作法相當新穎，他把人間佛教包裝成歡欣快樂、突破守舊形象的宗教，致使臺灣的佛教徒對自己的信仰感到驕傲，面對西方宗教的評比，再也不必退縮，讓人們對臺灣的佛教大大地改觀，這可說是星雲最重要的貢獻之一。

如果從擴展至今極其複雜、但又有條不紊的佛光山組織看來，星雲不折不扣是一位擅長組織規劃和經營策略的良才。自他立足的宜蘭雷音寺開始，經過十餘年的苦心照料，成績斐然；然後星雲大膽嘗試作跳躍式的擴張，把教勢一下子延伸到南臺灣的重鎮高雄。他接著又向全臺各縣市攻堅，使佛光山的寺院及道場，遍佈各地，除了佛光山大本山之外，規模較大的別院，計有五個，國內分院有三十多個，國外分院也有十來個，皈依佛光山的信眾，據稱已達一百萬人以上。

非但如此，星雲於 1992 年，在美國西來寺，成立國際佛光會以來，佛光山的觸角馬上伸展到全球五大洲，國內的佛光會，至今已成立 348 個，國外則有七十餘個，在 1997 年時，該會還特地把年會，安排在中共收回主權後的香港舉行。換言之，國際佛光會於 1997 年 11 月，正式登陸中共的管轄區，由此可見星雲領導下的佛光山組織，滲透以及擴張的能力，真可謂強韌無比。

在佛光山之外，另一支稍後在東臺灣發迹的佛教勢力，就是赫赫有名的慈濟功德會。這股力量的快速成長，其實主要歸功於下列一些因素：首先，慈濟的證嚴個人是一位說故事的天才，她能夠用既通俗又流利的國、臺語，運用簡單且生動的比喻，講解佛經，勸人向善。

在她許願替東部居民蓋一家不用先繳保證金，即可接受醫療的醫院後，這項深具時代意義的人道呼籲，立刻贏得廣大民眾的讚賞和支援，使她無意間掌握到畢生難逢的機會。

其次，她透過臺大醫學院的全力配合，讓慈濟醫院順利地落成，更成為

東部的醫療權威，連帶地，也令她一躍而爲臺灣民間的傳奇性人物，而她原已具有的個人魅力，從此就更加耀眼奪目。

而證嚴在建立世俗的權威地位之後，內部自然衍生出，類似直銷式的緊密組織，自上而下層層負責，一般捐款的信眾，爲最底層，每個月，都有專人到戶收款，平時便積少成多。

一旦證嚴爲特定事件發出呼籲，捐款的數額就更加可觀了。她全然以投入公益事業的經營手法，來領導遍及全臺的會員組織。

又因，證嚴堅持一生不受信徒供養，故而她對信眾損獻的錢財，處理得清清白白，讓人找不到她有操守上的缺憾。舉凡涉及大宗經費的使用：她都交由董事會來共同決定，如此，更加提升慈濟功德會的公信力，這就難怪慈濟的會員，得以從原先的 30 人，於 40 多年間，便激增到近四百萬人或更多。

人多好辦事，慈濟如今的會務，也從當初的濟貧賑災，擴充至慈善、教育、醫療、文化四大方面，於今在花蓮本會之外，國內分會共有四個，支會和辦事處則遍及全國，海外分會計有四個，聯絡處有 20 多個，會員據稱多達四百萬人。

除了佛光山和慈濟這兩大佛教勢力之外，聖嚴的法鼓山和惟覺的中臺山教勢，都因爲講禪和修禪造成社會轟動，而竄起於北臺灣。

工業化之後的臺灣社會，爲現代人的心靈所帶來的疏離感，迫使每日熙熙攘攘在都市裡求生活的上班族，對探討人的內心世界，感到有迫切的需要，而因禪學講求心法和解脫的技巧，相當符合都市人的需求；再加上，各種媒體的渲染，頓使學禪坐禪，變成既時髦又有智慧的商品。所以，政客、名人，都來加入打禪七的行列，禪學便因此有逐漸脫離佛學研究、自立門戶的味道。

現代人迷戀禪學的結果，便往往將禪當作是清除社會罪惡的萬靈丹，連許多的政府單位，過去都曾在經費和名義上，大力支持許多道場所舉辦的禪學活動，儼然把學禪視爲，改良社會風氣及輔導少年犯的教育工具。

因而，以禪修聞名的聖嚴法師，在原有的北投農禪寺之外，又於臺北縣

金山創立了巨型的新式綜合性佛教禪修與教育並行的道場。

目前，法鼓山的教勢發展迅速，除了原有的農禪寺、中華佛學研究所、美國紐約東初禪寺之外，目前已有四個分院，國內各縣市都設置了辦事處，臺北則有一個法緣會正在運作中，估計支援的信眾，約有三十萬名。

相形之下，惟覺所創辦的中臺禪寺——靈泉寺教團，如今的教勢規模，並不算大，迄 1996 年為止，總計已有 30 多個精舍，六百餘位出家的師父，尚有一所中臺佛學研究院，信眾部分，則人數仍不明確，但應不會超過法鼓山。

再者，若綜觀臺灣佛教的發展現勢，則以上四大教團的負責人，都是魅力型的領導者，但一個個年紀都不小，最年輕的證嚴都已是 80 多歲了。然而，弟子們，在他們師父魅力光芒四射之下，實在很難有出頭的機會。這四「巨頭」之中，除聖嚴本人在過世(2009)前，已匆促交棒給弟子果東比丘之外，只有星雲試過把大本山的宗長位子，交給弟子心平，可惜心平前幾年已告圓寂，所以這項努力，等於是功虧一簣。

其次，處在臺灣經濟長期未見好轉的情況下，超大型的道場如佛光山和慈濟功德會，它們面對事業的轉型，就特別困難，因為過去財源滾滾而來的景況，恐怕時機已不再複返。所以星雲另創大型新綜合性佛教文化觀光園區的佛紀念館，自開幕啟用以來，果然又招來大量的觀光客，再度掀起新一波財源滾滾而來的景況，堪稱是最賺錢的當代臺灣佛教觀光事業道場。

證嚴一向用宗教情操，來凝聚內部直銷機構式的組織，架構雖然緊密，可是這種情操，只有證嚴一個人才有那麼大的威力。所以一旦她不在了，慈濟的內部組織，是否能夠繼續維持而不崩解，的確令人懷疑。

此外，由於經濟現況不佳，各道場的募款能力，大幅下降，可是各教團，卻又爭相開辦佛教學院或大學。長此以往，則將造成佛教教育資源的重複浪費。

此一棘手的問題，倘若無法解決，那麼，這種趨勢的走向，肯定會把臺

灣的佛教推向一個臨界點。屆時若出現任一教團，因財力不堪負荷而崩盤，那麼最大受害者，也顯然必是整個佛教界都在內。

十八、戰後臺灣佛教大眾文化所以能全盛蓬勃發展的社會學視角分析

此處何以需要社會學視角的原因分析？因為從以上的四大佛教事業道場的蓬勃發展來看，臺灣佛教在戰後的發展，可以說是既快速又顯著，並且是民眾在生活上，都可以強烈地感受得到的具體事實。

特別是在 1987 年政府宣佈解除戒嚴以後，隨著各種社會運動的風起雲湧，臺灣佛教界舉辦的各種弘法活動和慈善救助事業，相對地顯得突出，並且深獲肯定，不像過去被視為遁世和迷信。

例如創辦佛教慈濟功德會和慈濟醫院的臺灣籍尼師證嚴，目前不但擁有超過四百萬人以上的贊助會員，她的書《證嚴法師靜思語》，自 1990 年 11 月起發行，到隔年的六月間即印行了 140 版，共售出了 28 萬冊之多。

除此之外，1991 年 7 月，她更獲頒當年「麥格塞塞獎」的「社區領導獎」，獲獎的理由，是因她「喚醒了臺灣現代社會對古代佛教教義所蘊含的同情與施捨心的再認識」。此一有「亞洲諾貝爾獎」之稱的獎項頒發，不只肯定證嚴法師的佛教慈善事業，同時也意味臺灣佛教在國際社會的被肯定。像這樣的非凡成就，本章擬從社會學的觀察視角，來嘗試說明其所以能如此發展的原因。

而根據目前學界的調查資料顯示，臺灣各種現有宗教的發展，不論本土的或外來的，在 1971 年到 1980 年之間，是一個關鍵性的轉型期。

1971 年以前，臺灣還未退出聯合國，臺美雙方簽有協防條約，臺灣在美國軍事和經濟的雙重援助下，不只維持了臺灣政經環境的長期穩定發展，在

宗教發展上，也因教會代發美國戰後剩餘援外物質，以及以歐美文化意識形態為主導趨勢的長期影響，而使和這些條件相關的基督教和天主教，有相對優勢的發展。[25]

從教會人口的統計數字來看，信徒的快速成長，也出現在此一時期。1972年以後，因主客觀環境的變化，不但本土意識逐漸抬頭，外國教會的發展勢力亦隨之衰退，呈現長期的停滯現象，迄今仍無大改變。

相對於此，臺灣佛教的快速成長，雖可溯源於 1966 年左右，但真正顯著發展，仍要到 1980 年以後。但，為什麼其間，會出現有十幾年之久的轉型期呢？

首先，臺灣地區所有佛寺的經濟來源，主要是靠信徒提供的大量金錢或物資的捐獻，而信徒能大量捐助款項給寺院，需得本身經濟要能寬裕才行。這種經濟條件的轉變，是 1966 年以後才逐漸形成的。

從此以後，由於就業機會增多，人口的流動性大，都市化加深，心靈的疏離感也相對強烈。因此，吸收外地信徒，以形成大道場的宗教條件，才逐漸具足。

例如星雲法師的佛光山，是遠在高屏溪中上游的大樹鄉，和大都會區的高雄市或臺北市，都距離相當遙遠，但是，他不仰賴當地信徒的經濟支援，反而設法讓包括臺灣全島各地的都會區民眾，來到偏僻的佛光山，參與精心設計的宗教活動並成為佛光山的忠實信徒。這當中的發展，也耗時多年才成功。

花蓮的慈濟功德會，創立的年代，也在 1960 年代中期，但真正的快速成長，要到花蓮慈濟醫院的興建以後。而這已經是 1968 年左右的事了。

像星雲法師的佛光山，要靠外地信徒協助，再加上多年努力才成功，證

---

[25] 道安法師是來臺大陸僧侶中，少數具有高度學養，在面對教內問題時較能客觀分析的一位重量級長老。他在 1953 年 5 月 13 日的《日記》上指出，當時臺灣佛教界流行的話題有：一、「畢竟空」與「勝義有」的問題；二、佛教與耶穌教徒互相攻擊的表面化；三、佛教與儒家互不相容的問題；四、比丘與居士地位見解之爭裂痕問題；五、僧團派系不能調和問題；六、臺灣僧與大陸僧的隔膜問題。

嚴法師的慈濟事業，也靠遍及臺灣全島、乃至海外的華人區的損款贊助，才能有今天的大規模發展。

但是，這種吸引大量信徒的魅力，又來自何處呢？能熟練運用大眾傳播媒體的鉅大影響力，幾乎是不可或缺的條件。[26]

所以在早期發展的階段，不論星雲法師或其他法師，都重視語言表達能力的培養，以及設法擴充本身擁有的傳播工具。因此，在臺灣，善於通俗演講又擁有傳播工具者，較容易崛起。即使本身是以禪修聞名，或以靈驗感召，都不能例外地，要設法取得大眾傳播工具的協助，而後才能形成「大師級」的偶像人物。可見魅力和知名度相關。

就發展趨勢看，臺灣佛教是都市重於農村，女性多於男性，較高的文化區盛於較低的文化區。這樣的佛教發展，是因都市民眾的較強疏離感，能吸收大眾媒體的佛教信息，以及時間和經濟都許可才形成的。

在出家眾方面，也是女性佔絕大多數，她們是臺灣佛教各寺院的主力幹部、經濟大臣和庶務專家。這也是亞洲佛教史上罕見的宗教現象，是臺灣地區特有的佛教文化所形成的結果。

由此，我們可以瞭解，為什麼大型的法會上、教師的夏令營上，慈濟委員等，都是女性多於男性。臺灣的佛教界，其實是表面以男性法師為主，而權在握是女性。

但，這難道和女性的教育水準提高、經濟能力佳和自主性的意識高漲無關嗎？答案是有關的。

臺灣的人口節育計劃，舉世聞名，但子女數減少的結果，使男性出家者阻力相對增大。臺灣實施九年國民義務教育，使女性出家人具備了吸收佛教知識的基本能力。普遍的各種就業機會，使得女信徒護持女性出家人變得較過去更容易。而女性的溫柔、細心和耐性，將佛教的大眾化形象及社會服務

---

[26] 見江燦騰，〈戰後臺灣佛教發展如何善用美媒體？——答大陸《南風窗》雜誌記者的訪問提綱〉，刊載《弘誓雙月刊》第130期(桃園：弘誓學院，2010年月)，第七章的說明全文。

的功能，大大地提昇起來。

以上提到佛教文化的特質，就是推動當代臺灣佛教蓬勃發展的背後原動力。

但是，從 1971 年以後，為何臺灣佛教的發展，最受到社會的注目呢？是不是其他宗教都不能有作為呢？

其實，在 1971 年以後的 10 年轉型期間，一貫道的勢力發展，更為快速驚人。特別是它利用了大專院校在外住宿生的伙食問題，將宗教信仰順利傳入大專生的生活圈內，從而培養了更多的高級宗教新血，為 1981 年以後急遽變動的臺灣社會，添加了一股新生的宗教力量。

戰後臺灣的佛教界人士，在大專院校內的從事發展，也是費盡心血，而時間要早得多。

不過，佛教採用的方式，是提供大量的佛教獎學金，讓大專學生申請。其條件除學業和操行成績的規定之外，還要寫佛學論文，或學佛的心得報告。

同時，也從臺大開始，在各大專院校，成立學生的佛學社團。兩者的結合，使大專生接觸佛教，乃至成為信徒或佛教學者的人數，日益增多。

但是，在 1971 年以前，相對於天主教和基督教的校園優勢，佛教的社團影響力，只能說略有起色。

後來，隨著臺灣的退出聯合國，臺日斷交，臺美斷交，政治強人相繼謝世，本土化的呼聲日益響亮。這時佛教和一貫道之類本土化色彩較強的宗教，便日漸活躍了。

促成臺灣佛教日漸發展的因素，除上述外，也必須注意到 1980 年以後的社會變遷。因 1970 年代外交中挫，並未造成臺灣經濟發展的崩潰，民眾依然有富裕的經濟生活；到 1980 年後，隨著社會運動的日趨頻繁，以及解嚴後各種團體組織管制的放鬆，於是在佛教界逐漸形成新理念的人間佛教運動，而使佛教的各種活動和思想，便深入地和社會大眾的生活內涵相結合，並開啟了新的佛教面貌。

　　由於解嚴之前，中國佛教會是唯一的中央領導組織，並受執政黨的幕後指揮，導致各地方的重要佛教道場，日漸和中央組織疏離。解嚴後，組織自由化，於是原先體制外的組織，變成合法化，並迅速發展為龐大的組織。

　　例如，國際佛光協會和慈濟功德會，都不受中國佛教會指揮，而如今勢力的發展，遠遠超過中國佛教會，使後者幾近瓦解。

　　另一方面，印順法師的卓越佛學著作，提供了知識份子接觸較人間化佛教思想的途徑，和佛光山星雲法師的注重服務面的人間佛教理念，形成互補的作用。透過佛教媒體的強力宣傳，使得佛教徒比較從前更能注意社會問題，因此關懷環境、淨化選舉等活動，也成了佛教徒的共識。[27]

　　綜合以上所論，戰後迄今臺灣本土「中還漢傳佛教」的現貌，就是由上述幾個階段的外在環境變遷和佛教界的多方努力，才能形成如此蓬勃的。

十九、臺灣齋教在戰後的日趨式微：趨向「出家受戒」和逐漸走向「空門化」

　　臺灣本土齋教的傳統三派，在戰後的 1949 年間，因有大批大陸出家僧侶曾逃難來臺和從此在臺長期定居下來，其後(1953)彼等藉著戒嚴體制的威勢，推行出家傳戒、以及強調出家僧侶為正信和純粹的佛教代表者，於是全臺的齋堂和「齋教徒」，即面臨被強烈批判為「非佛教」的尷尬窘境。

　　雖然有些臺灣的齋堂，也加入「中國佛教會」成為正式會員，會費的捐獻也極踴躍，可是來自佛教內的責難卻從未中止。因此，現在除少數老齋友，還在力撐外，臺灣全島的齋堂，可以說都極為式微，當然因此而改信或被接管的，更不在少數。

---

[27] 參考江燦騰，〈印順導師與當代臺灣人間淨土思想的大爭辯與新發展〉，收在《二十世紀臺灣佛教文化史研究》一書(北京：宗教文化出版社，2010)，頁 297-321。

　　另一方面，脫胎於先天派的一貫道，藉著結合儒家思想和入教的簡易化，在臺灣地區大大地盛行起來，成為僅次於佛教的大教派[28]。

　　雖然從傳統佛教的正統角度來看，有些學者和僧侶們，不認為臺灣的「齋教」是「佛教」，但「齋教徒」本身卻自認為是，並實際帶有很強的自我認同度；而在日治時代，由於官方沒有在法律上對臺灣本土「齋教」的歧視或差別待遇，所以在家型態的「齋教三派」，事實上也構成臺灣佛教的主要勢力之一。

　　並且，不少具有重大影響力的出家僧尼，其最初接觸佛教的機緣，都是先透過齋教人士的引進和指導，而後再轉型為正式受戒的僧尼的。

　　所以在日治時期，臺灣在家佛教的齋教三派和出家佛教兩者，是長期互補地相提攜和共處及共發展的。

　　可是，在戰後臺灣地區，在家型態的「齋教三派」，卻遭到以僧侶佛教為主流的各種組織勢力或特定教內人物的強烈批判和完全否定，加上「齋教」本身長期缺乏有力的領導轉型人才和有效的適應新情勢的方法，所以除少數的「齋堂」和「齋教人物」之外，其餘的皆紛紛自願的或被情勢所迫不得已的轉為「空門化」，亦即「齋堂」大量改為「佛寺」，「齋教徒」則大量落髮受戒，而成為正式的「僧尼」。

　　不過，筆者作為一位臺灣佛教史學者，卻屢次以相關的精確研究證據，為彼等「去污名化」而努力，並迅速獲得學術界的極大共鳴。所以「從齋姑到比丘尼」的歷史發展，已逐漸被學界廣為探討。

　　因此，如今回顧，你若問我，是否同意過去臺灣佛教界常說的，是因1949年，國民政府大舉遷臺，對具日本色彩的佛教文化加以壓制，特別是1952年

---

[28] 鑒於臺灣齋教在當代的式微現象和研究傳統齋教的重要性，臺南「德化堂」，這座臺灣現存最古老的龍華派齋堂之一，藉著慶祝創立一百六十年的紀念活動，邀請臺灣新生代的學界菁英:林朝成、江燦騰、王見川等，在臺南召開首屆的「臺灣齋教國際會議」大獲成功，連美、日的重要宗教學者，如酒井忠夫、歐大年等，都來函以推崇。臺灣道教研究權威李豐楙，也撰長文加以高度肯定。所以，大會的論文集，在出版後，也一直為各方學者所重視和參考。

起，從大仙寺一連串傳戒後，才真正重建了正統的大陸出家佛教制度？我的
答案是：正好相反，我認為是失敗的。

我知道這樣的答覆，將有人會表示不同的意見。所以我將我如此歷史判
定的相關論證邏輯，陳述如下：

其實，那些認為傳戒是成功的人，理由都相近。亦即彼等皆認為：因有
大仙寺的傳大陸戒，所以日本式的和尚結婚，才告消失。僧尼的清淨，是靠
這一傳戒的措施才維持下來的。

對於相信這一點而出家的人，受戒神聖是心理最大的安慰，也是賴以支
撐出家生涯的心理基礎。所以，他們會肯定傳戒是成功的，其背後真正的心
裡原因也是可以理解的。

可是，馬丁路德的改革基督教的成功，可以證明：神聖的維持，和是否
必須禁欲無關。而原先佛教基督教化，就是臺灣佛教精英的共識。這一路線
是對是錯，就信仰自由來看，也是任由各人決定的。並且，也不代表人格的
缺失和操守的蕩然無存。

但，在戒嚴體制下，代表性不足的在臺中國佛教會卻利用全國性佛教組
織被凍結的這一特殊背景，借助黨、政、軍、警的力量，完全掌握了臺灣佛
教的組織和傳戒的大權，要求凡屬佛教寺院必須加入為會員，而傳戒或辦理
出國手續，皆要先獲得中國佛教會的同意，否則便是非法。

如此一來，由白聖長老主導的保守勢力，借著這樣的特殊背景和特權，
長期掌控了臺灣戰後佛教發展的意識形態及其周邊的宗教利益，並成功地排
斥本土佛教精英，建立起以大陸逃難僧為核心的領導階層，而出家神聖、傳
戒為先的傳統觀念，便成了戰後臺灣佛教界的主流意識形態。於是經常性地
強調，所謂傳戒成功、重建大陸佛教的自我肯定或自我評價，便成了教界的
流行語。可是，其實質內涵，及其各項毛病，卻被大大忽略了。

首先，這個傳戒儀軌，其實是援用明清時代在江蘇寶華山所編輯和流傳
的作品，觀念保守，嚴重和時代的情境脫節。並且，由於傳戒者本身，對傳

統戒律缺乏深入研究，無法清楚和深入的對新戒子講解，於是宛如新兵集訓的規矩操練和教界上下封建權威的社交模式，便成了傳戒的重點。

而對新戒子來說，在受戒期間，每天背戒條、忍受操練和最後的在光頭上點香疤即成了領取結訓證書──戒牒之前的絕對任務。等到戒牒在手，以後就是自己當家了。至於戒條懂了沒有？和現代的社會脫節怎麼辦？那就只好再請教前輩，或者就靠自己的巧思來解決了。

像這樣的傳戒方式，無疑和新兵訓練的效果差不多，都是最基本的要求，離成熟的境界甚遠。要求新兵結訓就調派前線去作戰，人們必將以為不妥，可是新戒結訓受了三壇大戒之後，就可當家了，雖非戒規本意，卻是教界常見的現象。如果出了問題，試問：傳戒者的責任在哪裡？

另外，傳戒者本身就曾做出違反戒律的事，如一些身有殘疾、超齡、不足齡、精神異常者，也被允許受戒。為甚麼可以這樣？說穿了，就是有利可圖，信徒就是彼等捕獲的宗教之羊，因此傳戒和皈依一樣，最後都可衍生出巨大的經濟利益，可以有錢蓋大寺院，成為派系領導者，或躍升為教界名流之一。

由於有這樣的弊端存在，精通佛教戒律的印順老長，早在大仙寺傳戒時期，就為文指出：傳戒的精義，不在像新兵一樣集訓 30 天或 50 天，重要的是對佛教戒律接受的程度、以及之後對這個理想的繼續堅持。

傳戒其實就像黨員入黨宣誓，或像學生入學儀式一樣，重要的是後續的部份。但，戰後的傳戒者大多未把握此一精神，所以熱衷傳戒的結果，是表面成功，私底下問題一大堆。

傳統戒律和時代脫節，是教界人人知道的。但是，戒嚴時期的佛教會，長期藉傳戒所灌輸和藉組織控制的保守傳統觀念，已成為佛教徒腦中牢固的意識形態，因此會強烈地制約佛教界的任何形式變革。

可是，保守的意識形態，只是公開的這一面，另一面卻是各行其是。由於具有既能保持形象──因堅持傳統等於表明本身的安份和神聖──又不妨礙私下可靈活運用的這種雙面性，所以也不太需要去強烈反對，於是傳統戒

律就在這種雙面性的狀況，被維持了下來。

二十、解嚴以來我有提出哪些關於當代臺灣佛教大眾文化的詮釋理論？

(一)當代的臺灣人間佛教新思維與我

對於上述的發展大趨勢，我在探討當代臺灣佛教史與佛教新觀念史，有兩大重要學術新詮釋的提出。一是人間佛教的新思維問題，一是逆中心的互動傳播模式。不過，有關人間佛教的新思維問題，在此我僅作簡要說明：當代臺灣以人間佛教為中心的印順學相關研究，以及其與我個人研究取向直接相關的幾個重要發展層面。

首先，由於 1985 年時，在臺北的知識圈內，有東方宗教討論會的成立，我也有幸加入，成為當時臺灣新一代學者群中，正在尋求新的宗教學術方向的會員之一。此外，當時的臺灣佛教界，有聖嚴法師的禪修指導(先前的主要指導者南懷瑾，已因事逃離臺灣，所留下的空缺，就成為眾家禪師得以紛紛崛起的特殊有利時機或良好的宗教成長溫床)。

至於有關印順佛學的研究方面，則實際上是由佛教史學家兼佛教文獻出版家的藍吉富先生在主導，並影響許多新進的佛學研究者，包括我在內，連楊惠南教授在此前也已皈依了印順導師，所以要如何討論當時所謂印順思想的學術課題，自然也逐漸成為我們當時共同關心的當代新研究課題之一。

在此同時，藍吉富先生又為印順導師 80 歲誕辰的祝壽活動，而主編了《印順導師的思想與學問》一書（臺北：正聞，1985 年 5 月初版），接著印順導師彙集過去學者對他的批評文獻所編的《法海微波》（臺北：正聞，1986 年 6 月初版）一書，也在此一時間之後的不久出版，再加上當時，我也剛好接觸

到印順導師早期最重要的體系性舊著《印度之佛教》一書的重印本；而在當時我每月一次前往位於臺北市羅斯福路三段臺電大樓對面的文殊佛教文物中心，參與東方宗教討論會的每月一次的東方宗教討論會時，這三本書就正好同時都在文殊佛教文物中心展示和流通。

所以，我當時可以說，是在很特殊的良好機緣之下，才能同時接觸到當時臺灣一群堪稱最好的印順思想研究學者、又正好碰上關鍵性佛教史料的才集體出現不久、以及我當時又正在臺大歷史研究所這樣優秀學術培育環境裡接受最完整的現代學術研究的嚴格訓練，所以我才可以據以來從事新的當代臺灣佛教思想史領域的探索和再詮釋，並能迅速在臺灣當時的菁英文化圈內，爆發出強大的學術震撼力，於是也才有後來持續多年的學術影響力。

再者，由於過去曾長期住在臺中地區的山東籍李炳南老居士，在其公開宣揚傳統的佛教淨土思想時，都是從保守的宗教立場出發，對近代科學文明懷有很大的敵意，所以屢屢在其言說中，對近代科學文明的知識探索，多所批判和詆毀，但我當場聽了之後，卻深不以為然。

同時，我更厭惡他對傳統中國淨土詮釋的保守觀點和其所提出的帶有僵硬意識形態的儒家經典解說角度；在當時，又有藍吉富先生曾跟我說過，在臺中有人燒過印順導師的淨土著作，恰好我又曾在臺中水湳機場曾當過三年義務兵役，交遊廣闊，所以我稍一打聽，就立刻知道所謂在臺中地區燒過印順導師的淨土著作的佛教人士，不是別人，正是和李炳老有關的這一幫人。

於是在此種種因緣底下，我接受同為東方宗教討論會會員的道教學者李豐楙教授的建議：由我負責執筆，並在當年東方宗教討論會的年會論文報告中，正式提出當代臺灣淨土思想的新舊之爭的教界內，最勁爆的新學術課題。

當然，在此之前，我也研究過太虛的相關著作。但當我在閱讀印順導師所編著的《太虛大師年譜》一書時，卻有個特殊的現象，一直令我深覺詫異，即我長期以來，所接觸的臺灣佛教著作或期刊論文，都直接將印順導師視為太虛門下的四大法將之首，換句話說，印順導師是被教界人士普遍當作太虛

思想的直接繼承者和最佳的當代詮釋者；可是，我在《太虛大師年譜》一書的編輯說明中，卻讀到作為此書編者的印順導師本人，居然坦言說，他和太虛的思想立場是不一樣的。我起初以為這是印順導師的客套話，但是其後我在《太虛大師年譜》中，常常讀到印順導師在書中會提出他的批評性個人看法，並作出不少修正的不同解釋，這就更加深我對於印順導師與太虛之間其實是存在著彼此思想立場有不同取向的強烈印象，並形成不少我認為可以日後，再進一步加以探索的大問題。所以，在此後的研究歲月中，我常常獨自不停地想著：為何印順導師要一直強調他與太虛佛教思想有很大不同，其真正的背後原因何在？

直到後來，我又發現，在 1967 年時，印順導師本人曾為回應張曼濤在〈太虛大師在現代中國史上之地位及其價值〉而寫的長篇〈談入世與佛學〉之文。在我的印象中，這篇〈談入世與佛學〉之文，應是我所讀過印順導師全部著作中，最熱情洋溢和達到渾然忘我的一篇感人至深的大氣魄鴻文，所以我先後多次批讀此文，且每次都有新的不同體會，直到我確信此文就是了解印順導師生平佛教思想的核心入門文獻，於是有足夠的信心和能夠十足有效地從事相關佛教思想演進史的再詮釋與相關辨異之社會背景的深入解說。

但究竟要如何來精確表達印順導師的新淨土思想，仍是我心中持續思索的關鍵問題之一。不久之後，我就發現要根據印順導師《印度之佛教》的〈自序〉中談及與梁漱溟（1893–1988）的互動，以及書中的幾個表，**如印度佛教五期之演變、從世間到出世間等，**來掌握到印順導師佛教思想中與佛法和人間性相關的一些詮釋脈絡。於是，開始執筆，展開第一階段的相關論文書寫。

而我當時之所以能從明末佛教之研究銜接到臺灣佛教研究的相關發展脈絡，主要仍是放在淨土思想詮釋部分的新舊辯證討論上。

此因在此之前，當代臺灣佛教學者像藍吉富先生等人都已處理過相關淨土帶業往生或**消業往生等**問題。

所以，我自然都把他們的各種爭辯觀點，都融進來討論，並再進一步深

化和正式區別太虛與印順導師兩者淨土思想的不同之處，於是才有了 1986 年發表在東方宗教討論會的〈臺灣當代淨土思想的新動向〉一文。

三年之後，在 1989 年時，由於印順導師出版其《契理契機之人間佛教》（臺北：正聞，1989 年 8 月初版）一書，為佛教界解惑，也呼應當代臺灣佛教學界這三年來對他佛教淨土思想的探究，而其〈冰雪大地撒種的癡漢——〈臺灣當代淨土思想的新動向〉讀後〉一文，更是為回應我的文章而來。

所以，當代臺灣人間佛教思想的啟蒙源頭，不應直接追溯早期太虛、印順、慈航、大醒等法師的相關佛教論文之發表，而是必須放在我上述的當代臺灣人間淨土思想學術詮釋的相關爭辯史之發展脈絡來看，才是符合歷史的真實發生原貌。

(二)最新提出：從雙源匯流到逆中心互動傳播的詮釋理論

至於有關逆中心的互動傳播模式這一新概念的提出問題，我是在 2011 年編著《戰後臺灣漢傳佛教史：從雙源匯流到逆中心互動傳播的開展歷程》(臺北：五南，2011)一書所提出的。

當時我在編寫全書將近五十五萬字的相關圖文內容中，主要就是針對二戰後在臺灣本土佛教文化與社會關懷的發展及其實踐中，具有重要歷史意義的開展或在地轉型的相關歷程，提出最新綜合性研究成果的專業報告。

當時，我所謂「中華漢傳佛教」，是對「中國漢傳佛教」一詞的當代新界定，是具有超主權爭論作用的中性學術用語，也是基於當代兩岸政治局勢發展現實的相應真實治學理念之表現。而我所要從事新詮釋建構的在地轉型史觀之思維邏輯出發點和相關論述主軸線，就是由此新界定的中性學術用語來導引的。

因而，我所採取的詮釋史觀，就是以戰後臺灣本土「中華漢傳佛教」為探討的主要對象，盡全力說明它在 1949 年的雙源匯流之下，逐漸朝向；在地轉型與多元創新的高度發展新貌、及其所呈現出來的各種出色的社會表現為

例，來論述其中主要是和現代佛教區域性社會文化變革、及其思想特色的相關問題。

但是，何謂雙源匯流呢？此一雙源匯流的詮釋觀念，其實是參考楊儒賓教授的 2010 年國科會百年人文傳承大展計畫的〈摘要〉說明原始說明，其要點可摘錄如下：

一、在臺灣紀念中華民國百年，有極特殊的歷史背景。在一九四五年以前，臺灣在法理上不稱中華民國，它與中華民國是平行的發展線。

一九四九年以後，臺灣屬於中華民國，但做為原來中華民國地理主體的中國大陸卻另立政權，從國際的政治觀點看，中國這個概念分裂了，中華民國與國際政治認定的中國也是平行發展的兩條線，中華民國的實質內涵反而與『臺灣』高度重迭。百年的中華民國具有複雜曲折的內涵，其領土、人民、國際承認各方面都歷經急遽的變遷。這種複雜的結構是中國境內其他地區罕見的，這也是中華民國—臺灣最特殊的構造。

中華民國—臺灣的複雜內涵在百年人文學術的傳承上，反應得更加凸顯，臺灣的學術異于其他華人地區者，在於此島嶼的學術源頭不是單元的，它明顯的具有中、日兩國的源頭。

二、做為滿清帝國最早進入現代化的一個省，這個島嶼的成員基本上是由漢人與少數原住民組成的，其原始的學術表現不可能不奠立在以漢文化為主軸的基盤上展開；但身為最早被編入日本帝國的這塊殖民地，其殖民母國乃是近現代歐美地區外最早也是最成功仿效現代學術體制的國家，所以臺灣的現代性學術機制也不可能不受到日本強烈的塑構。

一八九五年臺灣被併入日本後，臺灣被迫參加了日本的現代化行程，這種殖民地現代化的規模極大，其變遷是結構性的，學術的現代化是其中極重要的一環。論及人文學科的現代化，一九二八年成立的臺北帝國大學是個指標性的事件，在此之前，帝國日本在語言調查、人種調查、風俗習慣調查方面雖已投進不少人力物力，但直到爭議中的臺北帝國大學成立後，整個現代

學術的機制才有明顯的座標作用。

三、到了一九四九年，隨著史無前例的大移民蜂擁而至，也隨著史無前例的大量文化學術機構渡海而來，學術生態丕變，臺灣學界不可能不重新接上一九四九年之前中國大陸的學術傳承。

四、而中國大陸的人文學術研究在十九世紀至二十世紀之交建構現代的學術機制時，通常也會參考日本的經驗，至少在草創時期，我們明顯的看到現代日本學制的影響。中國在十九世紀末後有股以日本為師的風潮，它給現代中國人文學術的傳承烙下極深的印痕。

然而，現代日本在打造現代性的國家、國民、學術時，它所憑藉的思想資源往往來自于傳來的中國文化，比如朱子學提供的概念系統，即以曲折的方式進入了現代學術術語之林。臺灣處在中、日兩大政治勢力交鋒的前緣，它的歷史命運很明顯的深深烙上中、日兩國文化的影響，但臺灣人文學界的兩個源頭卻遠比字面所示的要複雜。

五、雙源頭的概念之複雜遠不僅在源頭處的中、日兩詞語的文化內涵互文指涉，更在於一九四九年之後的中華民國—臺灣的人文學術發展迥異於以往的階段。

但是，除了上述「雙源匯流」之外，由於當代兩岸的佛教交流，已極為頻繁的互動，所以在本書中，我也首次採用了逆中心互動傳播新詮釋概念，模擬于當代臺商的大舉相繼西進，大展其源自臺灣經驗的經營長才，並不斷締造出驚人的業績成就。

因此，戰後臺灣本土「中華漢傳佛教」的相關論述史學詮釋的辯證開展，已從原先邊陲佛教的長期被動接受狀況，到當代已可以逐漸反轉過來，並明顯地已出現所謂逆中心互動傳播之兩岸新交流模式。

目前任教臺灣師大東亞系的張崑將教授，曾撰寫相關導言，將此一新詮釋理論，歸納為五個主要觀點如下。

一、所謂的雙源匯流，系以一九四九年為關鍵分割點，前此系指明清時

代由大陸傳入臺灣後，已逐漸在地化的中華漢傳佛教源流，我們可稱此為前源流或舊源流；而在一九四九年，隨著國民黨軍隊大舉跨海逃難到臺灣發展的中華漢傳佛教的一股大陸源流，我們可稱為新源流或後源流。

如果用海洋波浪的比喻來說，前源流有如風和日麗的浪波，後源流則有如狂風暴雨的海嘯。

以上兩股新舊源流在一九四九年後相互匯流和不斷辯證發展，逐漸構成戰後迄今臺灣本土「中華漢傳佛教」的新主體，而這個經過在地化轉型的新「中華漢傳佛教」，正逐漸以其邊陲的「逆中心互動傳播」之方式，注入與影響大陸中心的漢傳佛教之性格。由此，我們可從邊陲與中心的關係互動來進一步思考這個逆中心互動傳播所要呈現的新意義。

二、臺灣在日本殖民時代以前，向來都屬於地理與文化的邊陲，向來不從中心的角度思考，反而比較擅長從邊陲的角度來看中心。但是這個所謂的邊陲至少在近現代的東亞歷史經驗中，有兩個時代是讓邊陲有機會成為很有特色的邊陲而不再只是邊陲而已。

此即是日本殖民臺灣時以臺灣作為南進基地，從而使臺灣成為東亞環地帶的中心地理位置；同時，臺灣在 1949 年國民黨軍民撤退到臺灣之際，挾著各省菁英與文化，在同一時期來到臺灣，頓時讓臺灣一度從邊陲而成為中心，特別是在中國大陸歷經文革之際，臺灣儼然就是文化中國的代表者。

三、那麼，為何不說回心或回轉或互為主體性而說逆中心呢？江燦騰教授似有強調主體的逆反性，在這個逆反性中，一方面除有回心的作用，另方面更有在回心的過程中展現自己強烈的主體性。職是之故，此書提出所謂的逆中心互動傳播的詮釋方法論，指的是作為邊陲的臺灣，在近現代百年的獨特歷史發展中，已經迥異于原中心，同時也借著回反原中心的過程中展現自己的逆向性，可謂既向心卻又離心，既近鄉又情怯，展現其複雜的主體性。

四、而這樣的逆中心當然有其歷史氛圍與背景，正如我曾指出 1949 年的難民潮總體規模之龐大和彼等在其後所造成的實質整體影響之深遠，縱使將

明鄭三代在臺經營與清代二百多年間漢人多次相繼東渡來臺的總人口合計，也未必能夠與之相比。

這股龐大的難民潮是注入臺灣文化作為逆中心互動傳播的最大波動的起源，由此，我們看到戰後臺灣本土新「中華漢傳佛教」的在地轉型與多元創新開展，瞭解到漢傳佛教在臺灣解嚴前後的發展過程中，從被打壓到組織茁壯，迄今的四大道場相繼崛起與多元發展現象的形成，使「中華漢傳佛教」在臺灣有了新義，更展現其多元創新的意義。

五、因此，江燦騰教授所提的逆中心的互動傳播詮釋概念，觸發我們從邊陲思考中心的詮釋意義，至少有幾項特質：其一，就是因為地處邊陲，所以習慣從邊陲看中心，往往可以得到中心史觀所不易觀察到的視野或論點。其二，從邊陲與中心的關係思考中，促發我們聯想到誰不是中心或誰不是邊緣的問題，呈現既邊陲又中心的特質。

例如北京相對於中國各省是中心，但北京相對於世界權力中心的紐約，則又屬邊陲，因此邊陲與中心的關係是在雙向互動的過程中而被定位的。

二十一、本篇簡短結語

一、我在本篇的最大用意，是提出具有當代典範性的佛教實例和說明，來凸顯當代臺灣佛教多元大眾文化，所曾大放光彩過的各種璨然結晶，以及當中又具有時代意義的指標性作用之所在。

二、因而，本篇的全文內容，雖只是從個人的經驗與研究視野出發來貫串前後的論述線索，但其根本意旨的指涉對象，仍可以清楚看出本篇全文的弦外之音，固然是對前輩僧尼出家生涯事業的偉大成就，多方禮贊、或高度崇敬，但同時也可以看作其實是在，對其歷史作用提出無情的文化批判與進行深刻的歷史反思。

貳、李登輝總統與當代臺灣武士道精神的真相探源

一、導言

　　對於當代臺灣多元大眾文化來說，「哈日族的大眾多元文化」，當然是不能缺席的。可是，在本篇裡我們並沒有提供有關日本漫畫、日本動漫、日本流行小說、日本電玩、日本服飾或日本電視劇等方面的文本介紹：一來市面上並不缺乏有關這分面的資訊介紹，二來本書也沒有辦法像包山包海那樣，針對一類都分別介紹。所以，只能挑選其中之一的核心主題來詳細介紹。

　　特別是，此一主題雖然人人都可能略為知道一些，卻不一定人人都有很清楚的深入理解。並且這一主題又是與曾經擔任過我們十二年總統的「李登輝主政時代」所盛行的日本武士道大眾文化有關。所以我們以下的話題，就是有關李登輝總統與當代臺灣武士道精神文化的政治意識形態真相探討。

　　首先，我們將時序回溯到 1996 年 10 月，當時的李登輝尚在總統任內。他當天是主持「國統會」第 11 次委員會議時，並在當天首次提出，所謂「心靈改革理念」。可是，此論一出，立刻引爆來自各界的嚴厲批評。我們可以隔年，1997 年 2 月 22 日，董峰政在《自立早報》上，對他的「心靈改革理念」，所提出犀利至極的質疑為例。[1]

---

[1] 董峰政說：近年來執政黨面臨國內外的政治形勢，也做了大幅度的改革，舉凡廢除戒嚴法、終止動員勘亂時期、解除報禁黨禁、國會全面改選、憲政改革、總統直接民選，改革的過程雖驚濤駭浪，

　　但，李登輝總統當時，對此類的批評，一概沒有加以任何針對性的回應。並且，在他卸任之後，根據 2007 年 12 月 24 日中央社記者黃旭昇報導，他仍然於淡水的群策會中提到：

　　　　前總統李登輝今天在淡水群策會演講時提到，臺灣要建立成為具有主體性的國家，文化建設很重要，所以，臺灣民主改革的完成、新文化的建立，以及釐清與中國的關係，就是由「託古改制」轉移到「脫古改新」的「心靈改革。」「他是以「新時代臺灣人——我的脫古改新」為主題，為臺灣基督長老教會的牧師演講，闡述新時代的臺灣人的意義」。

　　但，事實上，上述這些，都不是李登輝前總統真正的本意，或者只是他表面上所表述的漂亮託辭而已。他其實真正在意的，是他在十二年任內與退任後迄今，一直都講在日本武士道精神。

　　如今歷史回溯，我們大多數人應該還記得，他曾公開表白：他在二十二

卻終能逐一克服困難，不必付出社會動亂的代價，而得到圓滿解決，奠定國家長治久安的基石，舉世稱之「寧靜革命」。正當臺灣躋身開發國家之林，邁入現代化國家之際，不容諱言：臺灣的社會也同時出現了一些重大的弊病。例如在經濟發展之過程中，一切以經濟掛帥，造成臺灣社會功利主義盛行，人民一味追求金錢，有所謂「笑貧不笑娼」，一切向錢看齊的偏差心態。臺灣因而有所謂「貪婪之島」、「賭博共和國」(Republic Of Casino)的惡名。目前最被人所詬病的黑道之國，全國地方議會代表，有黑社會背景者高達三分之一以上，比例之高令人咋舌，無怪乎社會上「槍聲」四起，臺灣「恐怖之島」之名，亦不脛而走。更有不法商人，為獲得利益不擇手段，濫墾山坡，濫伐樹林，水土保持破壞殆盡。國人普遍缺乏公德心，垃圾遍地都是，垃圾之戰時有耳聞，放眼望之，令人怵目驚心，「垃圾之島」亦變成臺灣另一個名稱。凡此種種都值得國人警惕，若不思以改善，將會腐蝕人心，動搖國本，國人多年辛勤耕耘的成果恐將付之一炬，臺灣將陷入萬劫不復之境地。李登輝總統目前雖然大力提倡「心靈改革」，但恐怕就像小和尚唸經「有口無心」。曾國藩曾說「風俗之厚薄，繫自一二人心之所嚮矣」，論語上也說：「子帥以正，孰敢不正」，正因為當政者，為鞏固其政權，無所不用其極，做了太多的壞榜樣——公然說謊、黑金掛勾、賄選買票……。是故當今臺灣風氣的敗壞、人性的墮落，領導人物是難辭其咎的。國民黨在臺灣執政幾十年來，一向本著「胸懷大陸，踐踏臺灣」的心態，導致人性扭曲、道德淪喪的結果。所以我們很難期待同是共犯結構的執政者，能帶來任何「心靈改革」的成效。見 1997 年 2 月 24 日《自立早報》。

歲以前，不但是日本人，一度擔任日本軍(未上戰場)的少尉，還上過日本一流
的國立京都帝國大學，所以自認是日本武士道精神的嫡傳者。

　　而其相關言論，最直接的證據就是，在 2011 年 7 月 2 日「李登輝基金會」
的網頁 (迄今仍存) 上，在一篇〈日本的教育與我〉長文中，李登輝前總統曾
有兩段如此提到：

　　　　二十年來，我在臺灣持續推動民主主義，改變了政治體制。後
　　來撰寫《武士道解題》一書之際，特別以「高貴者更應盡其本份」
　　(noblesse oblige)作為副題，我認為這句話正是掌握武士道的關鍵精
　　神，也是國家領導人應具備的心態。就此而言，我覺得民主主義與
　　武士道精神之間沒有任何矛盾。畢竟所謂民主主義，就是不能只思
　　考個人的事情，還必須傾聽國民聲音、為國家奉獻。這也正是武士
　　道精神所在。

　　　　最近，臺灣有一卷「臺灣民主化之路」的 DVD 在市面上流傳。
　　內容說明二十年來臺灣民主化過程中，我作為國民黨執政黨領導
　　人，傾聽臺灣國民聲音、尊重主流民意並且推動改革的狀況。在這
　　卷 DVD 之中，有人提出一個問題，那就是「推動臺灣民主化的李
　　登輝到底是什麼樣的人？」對此，臺灣大學歷史教授吳密察回答：
　　『李登輝先生屬於日本大正世代，接受徹底日本教育薰陶，養成了
　　重視忍耐、自制與秩序並且為公奮鬥的努力精神。他就是這樣的人。』
　　這樣的回答我基本上是同意的，因為日本教育最強調的就是"實踐躬
　　行"。排除這點，談日本教育就沒有意義了。一般人所謂「教育」，
　　都是指知識如何取得，以及建立思考習慣等等，但日本教育的優點
　　在於重視實踐，這也正是武士道精神最佳體現。也就是，就教育而

言，除了知識學習與思考，我認為實踐能力是最重要的。[2]

可是，經過深入研究後，我們卻可以發現，他所自認為的日本武士道精神的嫡傳者，其實只是：一種非正統的偏頗認知而已。

此因李登輝前總統人所自豪理解理的「武士道」精神嫡傳，本質上其實只是一種不具——昭和時代正統國家意識形態的——日本天皇崇拜與禮敬的——日本式「基督教武士道」罷了。

而在日本他的此類認知先驅者，像新渡戶稻造、內村鑑三、植村正久等人，就是這種「基督教武士道」的著名開創者。

臺灣的簡曉花教授曾特別寫一本書，討論這個議題，因在臺灣的南天書局出版，不敢直接指出批判對象，就是前總統李登輝先生本人。而我就毫不客氣，代替簡教授指出這一點。

我想，臺灣現在，還可以有這點學術自由批判的餘地吧？

＊

我們若重新回顧東亞的日本武士道精神文化史的國際研究，可以說是以新渡戶稻造（1862-1933），於 1899 年出版的英文著作《武士道》，為其開端。其書出版後，迅即風行世界各國，且歷久不衰。

可是，以日本武士道的精神文化研究或論述來說，戰後迄今在日本已推展到區分為：日本傳統的武士道文化、明治以來的皇軍武士道文化、近代日本基督教化的武士道文化、近代商道、或職工結合的現代日本企業體的武士道文化，以及日本女武士道等。

其中，尤以德川初期原三河武士的日本曹洞宗禪僧鈴木正三（1759-1655）的四民（士農工商）皆為職業正途的入世解脫論思想，更被廣泛推崇為締造

---

[2] 出處見：
https://presidentlee.tw/05a-%E6%97%A5%E6%9C%AC%E7%9A%84%E6%95%99%E8%82%B2%E8%88%87%E6%88%91/

日本近代資本主義思想的二大思想家之一（另一位為石田梅岩）。[3]這些都是值得注意的新發展。

儘管如此，近代日本學者中對於日本傳統武士道精神文化，從歷史社會學視角研究而取得至高學術成就和榮譽的，分別是原東京大學名教授丸山真男（1913-1996）的教學講義，[4]和目前仍在美國任教的日本留美新秀池上英子博士的英文武士道研究得獎名著 *the taming of the Samurai: honorific individualism and the making of Modern Japan*（哈佛博士論文改寫，日譯本為《名譽と順應：サホライ精神の歷史社會學》[5]）為最高峰。

本章即是參考上述研究的優點和觀點，再改以「在地的觀點」來考察當代臺灣地區，自解嚴（1987 年）以來有關臺灣武士道精神文化的變革史。

不過，本章雖是透過兩條交錯的考察線索，分別從：（一）政治意識形態史和（二）學術文化史的各自發展，來進行必要的相關文獻資料分析。

但在本章內容探索的進路中，筆者是以迄 2009 年 3 月初，撰述此論文之前，有關「日本武士道」綜合性的新思維──亦即以日本傳統「町人倫理」或近代「商人道」與傳統日本的「武士道」兩者，其各自發展和彼此交涉的歷史新變化──當作複線式地觀察基準；必要時，則再另增入「日本基督教武士道」的特殊發展線索，並以此新基準，作為當代臺灣關於日本武士道研究學術的最前衛進展。然後，再據以作回顧追索，並進行相關學術的批判與衡準。

本章之所以如此處理，是因為有感於當代臺灣社會的武士道精神文化（日本精神），自臺灣政治解嚴以來，曾被政治意識形態所操弄了相當歲月。但這種非常態的變形認知模式，如今似乎已該面臨反思和再超越的時期了。所以，筆者特意將上述思考，分別貫穿在本章以下各節內容的論述脈絡中。

---

[3]　山本七平，《日本資本主義の精神》（東京：光文社，1984）。

[4]　丸山真男，《丸山真男講義錄‧第 5 冊：日本政治思想史 1965》（東京：東京大學出版社，1999）。

[5]　池上英子著，森本醇譯，《名譽と順應──サムライ精神の歷史社會學》（東京：NTT 出版株式會社，2000）。

二、從戰後到解嚴：在臺灣的日本武士道精神大眾文化之研究

　　根據國家圖書館的現有館藏資料，我們可以發現，臺灣地區在日治後期，即有文學士永吉二郎所著的《日本武士道史》一書，[6]收藏於臺灣新竹州的圖書館。此書是一本以嚴謹史學論述而成的軍方教材，當中絕無軍國主義狂熱的意識形態。我們雖不知道二戰前臺灣籍學者中，有誰曾讀過此書？但是，可以確定的是，日本武士道的學術史發展，縱使在大東亞的戰爭狂熱期，也有其冷靜和充滿道德反思的一面。

　　可是，若回顧臺灣戰後關於日本「武士道」和「日本精神」的認知學術史相關文獻，卻發現從 1945 年到 1984 年之間，居然除了由洪炎秋和李迺揚所撰的兩篇扼要介紹短文之外，[7]並無任何臺灣本土學者的「武士道」研究論文或相關專書問世。

　　不過，可取的是，洪炎秋在 1955 年所發表的這篇〈日本武士道〉短文，篇幅雖不大，卻是相當夠水準的既簡明又精確的「日本武士道沿革史」說明。而且，這也是直到 1982 年，由臺灣的蘇癸珍翻譯新渡戶稻造的《武士道》全書前，最重要的一篇關於日本武士道史的脈絡性精要介紹文獻。而李迺揚 1958 年所寫的〈大和精神〉一文，雖後於洪炎秋之文數年，但內容平常，所以不多評論。[8]

　　1982 年，蘇癸珍由英文第 10 版，以中英對照全文對照出版新渡戶稻造的《武士道》。因為她不像其他人，是從日譯本轉譯的，她的譯本也沒有其他

6　永吉二郎，《日本武士道史》（東京：中文館書局，1932）。

7　洪炎秋，〈日本的武士道〉，收在《中日文化論集（二）》（臺北：中華文化出版事業委員會，1955），頁 1-18。李迺揚，〈大和精神〉，收在《中日文化論集（續篇二）》（臺北：中華文化出版事業委員會，1958）。

8　王博文曾批評其以「忠君愛國」美德論述武士道的不當。見王博文，「日本初期武士道之研究」（臺北：中國文化大學日本研究所碩士論文，1988），頁 125。

日譯本所補充的大量註解，可供讀者進一步參考，甚至連其翻譯的相關說明，也一片空白，故此書的臺灣閱讀者甚少，或完全不為人知。再者，此書雖早於北京商務印書館 1993 年所出版，由張俊彥譯自矢內原忠雄的日譯本第 14 版多年，但因後者曾譯有〈譯者前言〉、〈日譯者序〉和譯出原日譯本的新增補註解，所以大受好評，銷售量極大，單是 2006 年的第 9 刷，就印行二萬本，可見閱讀者之廣。[9]

因此，在臺灣高等學院研究所中的武士道精神文化研究論文方面，是直到 1985 年才開始有東吳大學日本研究所的劉梅琴，以「山鹿素行日本中朝主義」作為碩士論文。這應是戰後臺灣學界研究德川時期的武士道先驅性研究，故她也算得上是臺灣本土的第一位研究日本武士道精神文化的碩士。

劉梅琴是以民族文化主義者觀點，來論斷山鹿素行的思想性質、重大影響和受中華文化影響的早其淵源，例如她說：[10]

> 山鹿素行為德川時代開創武士道學派……《中朝事實》為研究日本古典歷史之著作，全以漢文書寫，不過……崇拜的對象卻由對中華聖人之崇拜，轉向為對日本本神聖之崇拜。
> ……而原本居日本思想界之領導地位之中華思想，從此也就一落千丈而為日本思想所支配了。

此種說法是解嚴之前愛國主義式的標準論述，既不違背歷史事實，也可不必顧慮有任何親日的政治指責。但也因此無法有突破性新見解被提出。可是，作為此領域研究的先驅性地位，應無疑義。

在劉梅琴之後，解嚴前一年（1986），淡江大學日本研究所劉長輝首開

9　目前海峽兩岸，先後共有七種日譯本，但因其內容差異不大，故雖可以看出此類書籍，在當代市場的需要量甚大，但做為武士道學術史的演進來看，實無進一步討論的價值和必要。

10　劉梅琴，「山鹿素行日本中朝主義」（臺北：東吳大學日本研究所碩士論文，1985），〈論文摘要〉。

風氣，以「山鹿素行與日本武士道道關係之研究」作為碩士論文，並得出如下觀點：

> ……山鹿素行是日本江戶初期思想、學術、教育、兵學各界的巨擘，同時也是日本「儒教古學派」與「武士道學派」的創始者……而其有關「武士道學」方面的思想與主張……於江戶期間廣為武士階層奉為圭臬……但很遺憾的，他的這項學說主張卻被後世的侵略主義者錯誤援用。也正因如此，更須研究其真相，藉以窺見其在日本近世、近代史上的重要性。[11]

劉長輝的此一觀點，可以說，已逐漸顯示臺灣年輕一代欲擺脫過去日本武士道精神文化與狂熱的日本軍國主義兩者是惡質負面形象的陰影，而改以德川時期作為「儒學武士道」正面形象代表的山鹿素行及其所主張的「實學武士道思想」，來呈現近代正統日本武士道精神文化的歷史形象。

此種論述的趨勢，到了隔年，由中國文化大學日本研究所的王博文延續，他的碩士論文以「日本初期武士道之研究」為題，提出以下觀點：

初期武士具有相當的獨立自立性與濃厚的進取，自私性格，……忠君與愛國亦非「武士道」的本質……江戶的時代受中國儒家正名思想影響而產生變質，明治時代……又改造為忠君愛國的國民道德，二次世界大戰時，日本更利用這種改造成忠君愛國的「武士道」以為軍國主義及侵略主義的工具，但這種忠君愛的「武士道」並非「武士道」的本質，而不過是一種虛像而已。[12]

---

[11] 劉長輝，「山鹿素行與日本武士道道關係之研究」（臺北：淡江大學日本研究所碩士論文，1986），〈論文提要〉。

[12] 王博文，「日本初期武士道之研究」（臺北：中國文化大學日本研究所碩士論文，1988），〈論文提要〉。

　　此論文是上溯初期日本武士道的基礎研究，但是王博文卻以此作為比較日後日本武士道發展，而得出明治時代以後的「忠君與愛國」的風尚，是經過改造的「武士道」，因此是屬於「非本質」和「虛像」的批判結論。

　　但是，迄 1989 年為止，臺灣高等學院中的武士道學位論文，都是出自日本研究所的研究生，相對於此，臺灣非日本研究所的研究生之所以不進行日本武士道的研究原因，應是「不能閱讀」日文學術書籍的「理解障礙」，為關鍵因素。

三、解嚴後作為「政治意識形態」來操作的臺灣武士道精神文化

　　對於臺灣地區解嚴以來日本武士道精神文化的理解和追索，除了上述學術研究史的考察之外，事實上它還可以從常態性和普遍性的「社會觀點」來切入。

　　但此種觀察，通常只會發現到社會大眾對「武士道」精神文化的刻板印象，亦即是「去脈絡化」的「化約式」認知方式與刻板印象，例如臺灣社會大眾，一般都會認為日本「武士道＝切腹謝罪」或「日本精神＝清廉守法」或「日製優質品＝好用可靠＝是日本精神表現」等。這樣的認知方式，其實就是類似「哈日族」的認知方式，並且是一種不涉及國族認同或不觸及對軍國主義「十五年戰爭時期（1930-1945）」的被迫害仇日情緒下的「常態式」認知角度。

　　不過，若回顧自 1987 年政治解嚴以來，與當代臺灣（1987-2009）「武士道精神文化」相關的發展線索，我們卻可以發現，先是有日本著名歷史小說司馬遼太郎（1923-1996），於 1993 年，因旅日作家陳舜臣受當時任總統李登輝之託，介紹其來臺三次參訪，並與年歲和早期經驗兩者皆相近的李登輝總

統對談「臺灣場所的悲哀」。[13]因而其書《街道漫步——臺灣紀行》中譯本於1995 年在臺發行時，作為前期日本人經驗回憶的李登輝總統，便開始透過司馬遼太郎在其書中介紹和描述，並以其作為日治時期臺灣「日本人」標準的象徵。

尤其突兀的是，當時作為參觀引導人的「老臺北」蔡焜燦，居然公開坦承他是視司馬遼太郎本人為其精神導師和同為日本皇軍時期的前輩長官。所以，他除被司馬遼太郎在書中稱其為所謂「老臺北」的角色扮演之外，更以「愛日派」自居，甚至於在司馬遼太郎過世之後，他還曾透過日本在臺有教團組織的新興宗教「生長之家」所屬的出版社「日本教文社」，出版《臺灣人と日本精神——日人よ胸を張りなさい（臺灣人和日本精神——日本人啊，請抬頭挺胸吧！）》，由長期旅日的激進臺灣主義者金美齡撰文大力推薦。[14]於是，透過金美齡的激進史觀之導引，以及蔡焜燦在臺出面當東道主的「慷慨招待」、再加上同屬在臺「愛日派」的臺籍南部大企業家許文龍個人的《日治臺灣史講義》內容及其肯定論之補強，因而便有 2001 年時，由日本漫畫家小林善紀來臺發表其《臺灣論》中譯本所引發的，以李登輝和許文龍共同作為「日本精神」象徵的驚人效應。[15]

2004 年李登輝更先後在日本和臺灣出版其《「武士道」解題——做人的根本》一書。[16]此外，根據臺灣《聯合報》駐日特派記者陳世昌在 2008 年 9月 24 日電的報導：李登輝前總統於 2008 年 9 月 23 日當天在日本琉球，除了

---

[13] 李永熾教授曾提到，日文原文稱為「場所的悲哀」。臺灣卻將之翻譯為「對談，生在臺灣的悲哀」。見李永熾等編，《臺灣主體性的建構》（臺北：群策會李登輝學校，2004），頁 15。

[14] 蔡焜燦，《臺灣人と日本精神——日本人よ胸を張りなさい》（東京：日本教文社，2000）。

[15] 黃昭堂等，《臺灣論風暴》（臺北：前衛出版社，2001）；陳光興、李朝津編，《反思《臺灣論》——臺日批判圈的內部對話》（臺北：臺灣社會研究季刊社，2001）；李壽林編，《三腳仔——《臺灣論》與皇民化批判》（臺北：海峽學術出版社，2001）；李登輝、小林善紀著，楊子瑩譯，《李登輝學校的教誨》（臺北：先覺出版社，2001）；濱崎紘一，《我啊：一個臺灣人日本兵簡茂松的人生》（臺北：圓神出版社，2001）；李壽林，《海峽時評「日本精神在臺灣」批判》（臺北：海峽學術出版社，2004）。

[16] 李登輝著，蕭志強譯，《「武士道」解題——做人的根本》（臺北：前衛出版社，2004）。

參與日本研究當代臺灣政局的一線學者井尻秀憲所著的《李登輝の實踐哲學》新書發表的宣傳活動之外，又因他的這本書中有一小段是談到陳水扁前總統夫婦因貪污弊案遭司法起訴偵辦之事，所以他也同時發表談話說「要是貪污瀆職，日本人都會『切腹自殺』謝罪」。

可是李登輝所認為的日本武士道傳統中的「切腹自殺謝罪」行為和道德標準的這種認知，其實是過於「化約」和「缺乏脈絡性」的，並不足取。事實上，在當代臺灣政治人物中，類似上述看法的普遍認知，也大有人在。其中，最具體的例子就是中華民國的資深外交官劉青雷，他於其撰寫的《切腹：日本商人之魂——探索日本成功的祕密》一書，所寫文宣的一段內容，不折不扣地正是類似這樣的認知觀點，他說：

> 從二次大戰後的一片廢墟，到傅高義所稱的「日本第一」，幾十年內，在商業領域內幾乎打遍天下無敵手，這種近乎神蹟的成就，究竟是如何做到的？本書作者（劉青雷）指指關鍵點：融入企業體內的武士道精神；切腹，正是體現武士道的極致。不論仇日、親日、恐日、媚日，要了解『大日本株式會社』，請從切腹制度開始。[17]

對於劉青雷的說法，曾擔任中華民國駐日本的「亞東關係協會會長」的資深外交官林金莖博士在替劉青雷之書作序時，仍以「獨到客觀的日本研究」稱之。林氏並提到臺灣與日本的普遍認知是：

歷史上，日本各朝武士，傳統的以「切腹」自決表示對其行為負責，表示對其主公的忠貞不疑。……無論古今中外，「切腹」均屬願以死表示負責之勇敢態度，此非貪瀆敷衍、自私苟且之徒所能作到。[18]

---

[17] 劉青雷，《切腹：日本商人之魂——探究日本成功的祕密》（臺北：遠流出版社，2000），封面說明。

[18] 劉青雷，《切腹：日本商人之魂——探究日本成功的祕密》，〈序〉，頁2。

　　林氏又為「切腹」不等於「軍國主」和「侵略」辯護，並引證和強調「日本不可能再度成為軍國主義國家」。此外他還批評臺灣的「哈日風」文化雖很盛行，但不論親日或仇日者，都對日本的了解「甚為不足」，對「日本歷史、文化、社會的詮釋，常陷於感情的成見之中」。[19]

　　雖然林氏是如此地以資深的日本專家，對日本的武士道倫理作了過於「化約」的解釋，也沒有察覺在日本的傳統倫理中，除了上層的「武士道」倫理之外，還有和商人企業經營關係最密切的「町人倫理」或「商人道」，以及和製造業或工藝發明關係最密切的「職人道」。

　　因此，基本上在臺灣對於日本武士道的精神文化的理解，除 2005 年時，由李登輝在詮釋新渡戶稻造的《武士道》思想時，[20]曾加入李氏所理解的基督教信仰內涵之外，其餘的《武士道》新翻譯者或研究者，在認知上，可以說都不出劉青雷和林金莖在其對《切腹：日本商人之魂──探索日本成功的祕密》一書內容和書名，所陳述「武士道即切腹負責」的相關認知水平。

　　可是，我們若對照司馬遼太郎來臺之後所出版的《街道漫步──臺灣紀行》一書時，很驚訝地讀到司馬遼太郎對其在地導覽者之一的「老臺北」蔡焜燦所說的「日本人好像不再有大和魂」的看法，並不以為然。司馬遼太郎在其書中有如下資料的引用和委婉的反駁：

　　　　聽那種口氣，好像在說，臺灣還有。……當聽到（《產經新聞社》臺北支局長）吉田信行先生說這話時，像我也差不多已經忘了有大和魂這個詞。……關於大和魂，我翻查了《廣辭苑》，其中引用曲亭馬琴的《椿說弓張月》裡的文章，抄錄如下：迫於事態不惜一死者，謂之大和魂，然多屬淺慮，實乃不學也。可見馬琴雖然珍惜這種氣節，卻也加以批判。…在薩摩，人們非常齒於受縛之屈辱，

---

[19] 劉青雷，《切腹：日本商人之魂──探究日本成功的祕密》，〈序〉，頁 4。
[20] 李登輝著，蕭志強譯，《「武士道」解題──做人的根本》，頁 12-45。

乃迅速選擇一死乃之。

以司馬遼太郎之對日本武士道之精通和淵博，仍不惜翻抄日本權威的古文獻相關資料，作為對「老臺北」蔡焜燦自恃還擁有日本「大和魂」的見解，可以說相當有力地加以糾正和反駁。

所以，蔡焜燦在司馬遼太郎於 1996 年死後，於其所撰寫的日文著作名稱，便使用了「日本精神」一詞，而不是使用「大和魂」一詞。[21]

至於李登輝他是在司馬遼太郎死後，才因與日本漫畫家小林善紀的對談，並將自己的武士道精神的來源，歸諸於青少年時代讀了新渡戶稻造所著《武士道》一書的深刻影響。[22]

順此思考邏輯，李登輝由於還考慮到在新渡戶稻造的《武士道》一書中，早已將「武士道」視為「大和魂」，而吉田松陰的獄中詩，更將日本《武士道》中的「大和魂」——對天皇所代表的國族絕對的效忠、犧牲和奉獻的思惟表達得淋漓盡致，所以李登輝在 2004 年開始註解新渡戶稻造的《武士道》一書時，便同時在書中寫道：

> 對於總統任內十二年的奮鬥，我自詡確實能一貫始終地朝理想奮鬥前進，內心最大的支柱，就是早年日本教育打下的「大和魂」精神，也就是「武士道」精神。[23]

這種詮釋其實是過於化約和缺乏歷史脈絡性的認知模式。事實上，縱使在武士道精神和行為誕生原發祥地的日本本土，雖曾有最善於鼓勵殉死的武

---

[21] 蔡焜燦的日文書，我買到一本有簽名的。原書名是《臺灣人と日本精神——日本人よ胸を張りなさい》（東京：日本教文社，2000）。

[22] 見李登輝、小林善紀著，楊子瑩譯，《李登輝學校的教誨》（臺北：先覺出版社，2001），頁 66。

[23] 李登輝著，蕭志強譯，《「武士道」解題——做人的根本》，頁 77。

士道名著《葉隱聞書》，[24]在德川幕府時期問世，並影響深遠。但弔詭的是，在德川幕府時期，也因其過於主張和鼓勵武士須勇於為藩主殉死，而被長期下令禁止閱讀。可見，在傳統上，它是被認為不宜作為傳統各藩武士平時必讀的標準讀物。

此後《葉隱聞書》極力宣揚的過激殉死精神，雖先是在 1906 年被解禁，[25]但並不風行於皇軍中，作為基本教材。直到 1930 年之後，因所謂「大東亞十五年戰爭期」（1930-1945）的迫切需要，才被極力推廣為皇軍精神訓練的重要教材，並將其與傳統日本武士刀的練製工藝之復興以及在皇軍中普遍推廣以配帶「武士刀」來取代「西洋式軍刀」的風氣相結合；於是在這種氛圍之下，戰爭時期的日本皇軍即因此培養了傳統日本武士倫理中「視死如歸」和「絕對服從」的武士道狂熱的殉死精神，並在「大東亞十五年戰爭期」中出色地，為以天皇作「國體」象徵的對外侵略戰爭而壯烈犧牲。對於此種狂熱行為，曾有日本的退伍軍人供稱：

> 日本軍人對命令的絕對服從，是基於對權威的服從心理。日本軍人的信念，並非以自身的是非觀念來判斷，而是以上級的命令權威作為服從的基準。[26]

不過，根據戰後撰寫《皇軍興亡記》一書作者的觀察指出：

> 自指揮官的觀點而言，日本軍人最有用的性質是視死如歸，⋯⋯這是武士倫理的遺風。⋯⋯在戰爭初期，雖然幾十年的道德灌輸，

24　此書臺灣現在已有中譯本。見山本常朝口述、田代陣基筆錄、李冬君譯，《葉隱聞書》（臺北：遠流出版社，1994）。

25　1906 年時，此書手稿正式公開出版發行。連為本書寫出版書序的新渡戶稻造本人，也在這時，才看到全書。參看葉隱研究會編，《葉隱：東西文化の視点から》（福岡：九州大學出版會，1993）。

26　Meirion & Susie Harries 著，葉延燊譯，《日本皇軍興亡記》（臺北：金禾出版社，1994），頁 251.

以及把日本國粹觀念印在官方教條上，日本人對於精神觀念，並不如在某些時候所描述的那樣粗糙、簡單而沒有彈性。……當日本的物資力量逐漸耗竭時，精神的力量更為緊張，就是這種人類的本性征服了戰鬥精神，只有誓死如歸這一點還保留著。

所以如果我們對照蔡焜燦和李登輝兩人開始受教育的年代，已進入所謂軍國主義最高漲的「十五年戰爭期間」，就不難了解彼等在青年時期所受「皇軍精神教育」所抱持的「日本精神」信念之深刻影響了。

可是，李、蔡兩人的觀點並不正確，因為池上英子博士的英文武士道研究得獎名著 *The Taming of the Samurai：Honorific Individualism and the Making of Modern Japan* （哈佛博士論文改寫）森本醇的日譯本，取名為《名譽と順應：サホライ精神の歴史社會學》、本山本七平的《日本資本主義の精神》、森島通夫《なぜ日本は「成功」したか（日本為何成功？）》、李文的《武士階層與日本近代化》和劉金才的《町人倫理思想研究——日本近代化動因新論》等書已相繼出版，[27]讀者不難了解國際或當代東亞學者對於日本武士道精神文化的歷史發展與理念內涵，早已不是上述當代臺灣政治人物所解的特殊時期的異樣武士道「意識形態」的相關內涵了。

---

[27] 池上英子著，森本醇譯，《名譽と順應——サムライ精神の歴史社會學》（東京：NTT 出版株式會社，2000）；山本七平，《日本資本主義の精神》（東京：光文社，1984）；李文，《武士階級與日本近代化》（石家莊：河北人民出版社，2003）；劉金才，《町人倫理思想研究——日本近代化動因新論》（北京：北京大學出版社，2001）。

四、解嚴之後臺灣學院式的武士道精神大眾文化史研究概況

相對於上一節的討論內容，本節重新針對臺灣高等學府內的專業武士道精神文化，進行必要的研究學術史之追蹤考察。

首先，必須注意的是，自臺灣政治解嚴之後，曾有留日六年（1973-1979）經驗的林景淵，在臺日正式斷交的震撼後，開始重新反省過去的中日關係。他是先從臺灣廣泛傳播新的日本流行青少年文化現象和 1979 年美國社會學者傅高義（Ezra F. Vogel）教授出版的巨著《日本第一》（*Japan as No.1*）風行臺灣各地的狂熱趨勢，得到極為深刻難忘的個人經驗和感觸。於是，不同於他的前輩學者如林水逢或梁容若等只是就中日的文化比較來談，林景淵則是結合中日的文化比較和商業武士道的各類出版資訊蒐集和試圖重組新體系的呈現模式，而有 1989 年《武士道與中國文化：中日文化譚片》一書的出版，並被列為臺北錦冠出版社「經典叢書」的第一種。

不過就林景淵本人來說，其新版書才剛出第二版，他就已了解臺灣讀者迫切需要此類書籍的市場風向何在？所以在隔年（1990），他的同類型新書《武士道與日本傳統精神——日本武士道之研究》，即改由發行量較大的自立晚報社文化出版部，於當年 8 月正式出版發行。

此書〈序論〉中，他又再綜合並擴大其對中國和臺灣兩地近代學者關於中日武士道的各種見解，如新渡戶稻造、奈良本辰也、梁啟超、顧頡剛、戴季陶、余又蓀、劉澤華、洪炎秋、龔鵬程、山本七平等人的不同定義和觀察。但其重點，基本上仍是在呈現中日武士道的差異和日本武士道的特色及優點。所以，除此之外的課題，他便一概興趣缺乏，或沒有再繼續探索。[28]

---

[28] 此處只是單就此書出版之後的初期而言，因為他的譯書中，即有 1987 年由《經濟日報》的《美日企業經營經驗談》一書。可是，這並非他自行研究的，而是翻譯現成的相關著作。

　　因此，林景淵雖是兩岸學者中，首次引述日本山本七平的《日本資本主義の精神》[29]和森島通夫在《なぜ日本は『成功』したか（日本為何成功？）》[30]對日本武士道與商人道的差異和互動觀察的說明。[31]

　　但，此一引述的用意，在其書中，充其量也只是在回應當時臺灣社會所矚目的美國學者傅高義在其《日本第一》一書所指出的：日本的今日的成功是與日本「特殊組織架構、政策綱領已即有意識的計畫」有最大關連。所以，他雖在引述森島通夫對江戶末期武士、商人、農民三者的相互影響，也曾特別指出「武士道」在今日日本的存在方式。然而，林景淵在〈序論〉的最後，仍只是這樣簡單地提及下列的話語而已，他說：

　　　　對於開發中國家而言，現代化龍頭老大的日本，乃日最後的借鏡。那麼，「武士道」不也是可以幫助我們追尋日本現代化過程的蜘絲馬跡嗎？[32]

　　因此，林景淵的以上論述，雖能算是進一步對日本武士道的去污名化，作了有力的訴求，但這也是泡沫經濟時代，社會普遍的認知，並無特殊之處。

　　不過，由於他於〈序論〉之後，在其全書的主體部分，他又能有系統取材日本相關的武士道著述內容，再改編寫成類似一本圖文並茂的日本武士道的導覽手冊；並能在〈結語〉中，廣引清末和民國初期的中國學者，如：黃遵憲、劉大杰、羅牧、戴季陶等人的過去評論，證明日本武士道的「實踐性」遠勝中國，以證明他的說法，其來有自，並非空穴來風。故全書在 1990 年才刊行初版，1993 年時第二刷也已正式出版，可見此書依然相當受歡迎。

---

[29]　山本七平，《日本資本主義の精神》（東京：光文社，1984）。

[30]　森島通夫，《なぜ日本は「成功」したか》（tbs britannica，1984）。

[31]　林景淵，《武士道與日本傳統精神──日本武士道之研究》（臺北：自立晚報社文化出版部，1990），頁 12-13。

[32]　林景淵，《武士道與日本傳統精神──日本武士道之研究》，頁 13。

諷刺的是，林景淵這本肯定傳統日本武士道的書，其後雖沒有被李登輝寫《「武士道」解題——做人的根本》時，列為參考書之一，連簡曉花博士在其《新渡戶稻造研究——「武士道」とその後》一書的參考書目，[33]也同樣不存在。但在對岸大陸的學界，此書卻獲得極高度的共鳴。大陸研究日本史的資深學者萬峰，甚至撰寫長篇書評在專業的歷史期刊發表和讚揚。[34]

但是，從書評的內容來判斷，林景淵書關於武士道資料的完整性和相關說明的新鮮度，才是其被肯定的主要部分。所以，大陸學界參考了此書資料的線索之後，在短期內就超越了此書的論述內容；其後，相關研究也迅速展開。[35]

不過，此處我們的論述主線，在此必須再轉回和林景淵同年（1990）出版的另一本和日本近代武士道發展有絕大關係的專著，即山口宗之日文原著、馬安東中譯的《吉田松陰》一書。[36]此書是以傅偉勳和韋政通主編「世界哲學家叢書」系列專書之一出版的。

所以，在臺灣的讀者，除研究「日本近代武士道史」或「明治維新史」的學者，才會知道吉田松陰對明治維新之後，天皇絕對崇拜和為以天皇意志及思想作為「大和魂」與「國體」為象徵的特殊概念發展，是關鍵性的主導原動力，否則是不會將其和日後「皇軍」的狂熱效忠「精神」，加以直接關聯，來合併思維。

因此，此書的存在，對臺灣武士道精神文化的擴大傳播，並未有明顯的助益或效應出現。但，這不妨礙它以一本優秀的吉田松陰著作，繼續列入臺灣的出版市場上的好書林和圖書館中有用的相關參考書之林。

---

[33] 簡曉花，《新渡戶稻造研究——「武士道」とその後》（臺北：南天書局，2006）。

[34] 萬峰，〈臺灣學者的武士道觀——評介林景淵著《武士道與日本傳統精神》〉，《世界歷史》1994.3: 102-107。

[35] 2001年劉金才出版北大博士論文改寫的《町人倫理思想研究——日本近代化动因新論》一書和2003年由同校李文出版北大博士論文改寫的《武士階級與日本近代化》一書，分別代表了新視角研究的兩個高峰。

[36] 山口宗之著、馬安東譯，《吉田松陰》(臺北：東大出版社，1990)。

五、臺灣學院內十年（1991-2000）的日本武士道精神大眾文化的新聞熱

　　除了林景淵和山口宗之的兩本武士道的專書後，在學院中對日本武士道精神文化探討，似乎陷入了令人不解的「十年冬眠期」（1991-2000）。而這一段時期，也是李登輝兩次當選總統的活躍主政期和兩岸關係急遽變化的一段關鍵期。

　　儘管有 1995 年的所謂「馬關條約簽約百年紀念」的各種活動，以及日本著名的歷史小說家司馬遼太郎的訪臺，及李登輝與其對談時所發出的「生為臺灣人的悲哀」之巨大震撼，並因此轉為舉揚日治時代肯定論和主張當代臺灣仍擁有戰前所遺留下來的「日本精神」、反而戰後的日本卻失去、故須取法當代臺灣以李登輝等所代表的戰前「日本精神」經驗的「返本論」之出現。

　　所以，臺灣高等學院中的武士道研究，似乎在擇取適當的研究視角時，遭到了拿捏分際不易的尷尬窘境，才會乾脆不去碰觸此一議題？但是，這也反映出臺灣學院中，研究者「主體性」的蒼白和研究者「自主性」的軟弱。

　　然而，2000 年是臺灣政局石破天驚的大地震之年，中國國民黨因總統大選慘敗而黯然下臺，而民主進步黨的陳水扁，則是此後，連任二屆共八年「戰後世代當家期」的第一位民選總統。

　　2001 年中出版的專書[37]，是各種不同立場的集體呈現和互相批判。但，其中有關日軍中臺籍「慰安婦」的問題，居然成為最後、也最關鍵的聚焦處，可以說，完全喪失其應有社會關懷的比例，及其成熟認知的平衡考量。這當中，雖不乏臺灣戰前和戰後數代的知識精英社群，介入此一爭論，但其表現

---

[37] 如：李登輝、小林善紀合著，楊子嬅譯《李登輝學校的教誨》；小林善紀，《臺灣論》；李壽林編，《三腳仔——「臺灣論」與皇民化批判》；黃昭堂等著，《臺灣論風暴》；陳光興、李朝津合編，《反思「臺灣論」——臺日批判圈的內部對話》；小林善紀，《第二波「臺灣論」》。

的專業性，完全不是原先其應有的更高水平。[38]

另一方面，由於小林善紀《臺灣論》所刮起的殖民地時期「日本武士道」優越論、或戰前「日本精神」在戰後臺灣依然殘留的問題旋風，促使淡江大學日本研究所在職班的高錦泉，在 2001 年時以「明治時期日本軍隊之精神教育」為碩士論文。他是從之前劉長輝的《山鹿素行與日本武士道關係之研究》，轉為封建武士道制度瓦解之後的明治時期「日本皇軍」「精神教育」的探索。

但是，此一議題在臺灣並無太大的開創性意義，因為早在 1994 年就已出版由葉延燊中譯的梅瑞翁（Meirion）和蘇西·哈瑞斯（Susie）合著的《日本皇軍興亡記》（*Soldiers of the Sun—The Rise and Fall of the Imperial Japanese Army*）同書的前兩部：第一部〈皇軍的建立，1868-1890〉、第二部〈戰時的皇軍，1890-1918〉，有明治時期「皇軍」的「精神教育」說明。[39]但是，高錦泉的研究，除了資料更豐富、細節更多之外，還提出如下的觀點：

> 日本之武人，自古以來堅守武士之道德，稱之為武士道。……但明治政府竟將應消滅之該武士道精神，灌輸於新成立之軍隊軍人。……因而武士道精神……乃造成明治、大正、昭和時期，許多日本軍人為對天皇盡忠而犧牲生命。
>
> 此乃因明治時期對軍人灌輸為天皇盡忠，視死如歸之武士道精神，係《葉隱》之「獻身之道德」，而非江戶時代之「士道」，因

---

[38] 其中，少數例外的一群，是由《臺灣社會研究季刊》社邀請來的幾位日本學者，彼等不但各撰有收在《超越小林善紀《臺灣論》》一書的優秀論文，對於相關問題，也都各有獨到的解析和相關知識背景的「脈絡性」說明，所以其適時所提供的日本國內學術圈認知狀況和態度，頗能及時化解當時臺灣學術圈對小林善紀的《臺灣論》在日本巨大負面效應的過度憂慮。

[39] 梅瑞翁（Meirion）、蘇西·哈瑞斯（Susie）合著，葉延燊中譯，《日本皇軍興亡記》（臺北：金禾出版社，1994），頁 5-106。另外，Helen Hardacre 原著、李明駿譯，《神道與國家，1868-1988》（臺北：金禾出版社，1995），此書對明治時期軍人精神教育，也有詳論。

此，為國捐軀之軍人，實乃因明治政府此種精神教育所至。[40]

　　從以上引文最後一段來看，顯然是與歷史實情部分不符的錯誤解讀，因為《葉隱聞書》的從禁書到開放成為「皇軍」中的「精神教育」教材，雖是肇端在日俄戰爭之後的 1906 年，但正如我們前面已提過的，那種鼓勵「狂死」的《葉隱聞書》要到昭和時代的「十五年戰爭時期」，才普遍成為軍中大力推廣的「精神教育」教材。

　　相對於臺灣高等學院中日本研究所的研究取向，以國際學界視野為取向、以東亞思想史的交涉為中心的「德川時期武士道」的相關思想研究，從 2002 年起也在臺灣大學歷史研究所出現。

　　換言之，繼日本研究所系統的劉梅琴和劉長輝之後，重新探討此相關課題的，是以歷史學的進路出發，並把研究從東亞儒學研究的比較觀點，作為擴大和深化探討議題的重點，其代表性的人物和相關著作，就是臺大歷史所出身的張崑將及其博士論文。

　　張崑將的博士學位論文「日本德川時代純忠與至孝思維的典型──以陽明學與兵學為中心」，是此領域最具代表性的力作。但此論文的重點，並非直接討論武士道的制度和相關倫理，而是以「日本德川時期的儒學思想」、但帶有「韋伯、貝拉和丸山真男的問題意識」；亦即，其中探討「日本近代化成功的傳統因素為何？」的思維線索，構成了各種層次和不同表達方式的國際學術對話。

　　所以，此一思維線索和問題意識，在展開探索時，一定會針對德川時期、明治維新和戰後日本復興的歷史發展，尋求其內在的相關性；反之，惡名昭彰的負面「十五年戰爭期」，因已屬全面的軍事動員時期，是非常態性的發展，所以討論時，雖會涉及但只是附帶性的，而不當成主體來處理。

---

[40] 高錦泉，「明治時期日本軍隊之精神教育」（臺北：淡江大學日本研究所在職班碩士論文，2001），〈論文提要〉。

特別是在張崑將博士的論文脈絡裡，在一定程度上，其實是受來自丸山真男在其名著《日本近代政治思想史研究》的觀點之啟發。之後張崑將以其博士論文改寫，作為「東亞文明研究叢書」第 10 種，由國立臺灣大學出版中心出版。

因此，這是以日本「兵學家」和「陽明學者」的諸家思想，作為研究的切入點，大量吸收和補強日本學者丸山真男在其《日本近代政治思想史研究》一書所提出的前驅性重要相關觀點；亦即德川時期的忠孝觀念和武士道的思想，是被視為日本傳統精神的成熟期和啟發其後明治時期「近代化」作用甚大的思想根源。

可是，從世界學術史來看，張崑將的此一著作，雖也是在馬克斯·韋伯關於「近代資本主義精神」問題意識影響下，以及在貝拉的《德川宗教》一書關於日本近代化動因的著名研究之後，又一次在思想層面上，做了有力地擴大探討。但不可諱言的是，因此書尚缺乏對德川時代「町人倫理」和「武士道」互動的探討，所以是屬於帶有相當片面性的殘缺研究性質。

但是，若考慮到丸山真男在其重要相關著作《丸山真男講義錄·第 5 冊——日本政治思想史》（1965）中雖對德川時代傳統武士道倫理的社會思想史變革和《丸山真男講義錄·第 6 冊——日本政治思想史》（1966）中對近代日本基督教思想和活動以及江戶時期儒學菁英知識份子的思想和意識形態的深刻分析，卻是直到 1999-2001 才先後出版；而連最關心此議題的臺灣歷史學者的筆者本人，也是遲至 2008 年秋冬之際才能夠讀此書，並據以傳達給學術摯友張崑將，使其知悉。由此看來，張崑將在 2004 年出版其重要著作《德川日本「忠」「孝」概念的形成與發展——以兵學與陽明學為中心》一書所呈現的片面性，毋寧是一種常態性的學術新發展。

因此，2004 年淡江大學日本研究所碩士在職班的賴素絹，以「山岡鐵舟及其武士道思想研究」作為主題時，所得出的論斷如下：

　　……本論文主要是以明治中期至後期，與勝海舟、高橋泥舟同
稱為「幕末三舟」之山岡鐵舟的武士道論為研究對象，探討其思想
的整體現象為目標。……本論文在考察山岡鐵舟所扮演的歷史角色
的同時，也想借此學習今日日本人所喪失的身心智慧，亦即禮節與
至誠。再則付予昔日孕育自日本土壤中之「山岡鐵舟之無私無欲」
的精神於現今社會的新義。[41]

　　但是，這樣的言論，其實是 2001 年以來，臺灣社會和知識圈，在認知上
最紛歧的，因為儘管賴素綢選擇的是明治中期至後期的山岡鐵舟的武士道，
其人也的確有值得肯定之處，但是否能擴充為上述引文中所顯示的過度主觀
性期待之效應？很令人質疑。

六、當代臺灣武士道精神大眾文化研究的最新發展及其反思

　　解嚴以來臺灣武士道精神文化的變革與開展，除上述有關的探討之外，
另有兩項最新的發展值得注意。

　　首先，是張崑將於 2006 年時發表〈電光影裡斬春風：武士道與禪學〉，
是在分析武士道在許多實踐工夫與理念上，往往取自禪學或佛教精神。[42]該文
雖是吸收了禪僧釋悟庵[43]與日本近代著名武士道文化思想史學者相良亨的論
述精華，[44]而更出色的闡釋其多角度的傑出禪劍一如新觀察，發表後，大受兩

---

[41] 賴素綢，「山岡鐵周及其武士道思想研究」（臺北：淡江大學日本研究所碩士在職班碩士論文，
　　2004），〈論文提要〉。

[42] 張崑將，〈電光影裡斬春風：武士道與禪學〉，《法鼓人文學報》3（2006.12）：23-54。

[43] 釋悟庵，《禪と武士》（東京：光融館，1907）。

[44] 相良亨，《日本人の生死觀》（東京：ぺりかん社，1998，新版三刷）。

岸學界的嘉評。受此鼓舞，張崑將又於 2009 年 5 月，於美國發表其德川傳統
武士道倫理的探討的新作〈18 世紀日本武士倫理的爭議：以赤穗事件為探討
核心〉。

　　此文中，張崑將認為日本武士道有其深厚的文化傳統，它不僅是形塑日
本近世的重要文化，更是近代國家宗教倫理的象徵，更擴及到日本所殖民的
東亞區域，傾慕者有之，批判者亦有之。傳統日本武士道特別講求為主盡忠
效死，帶有非理性的宗教色彩，故難免有諸多倫理上的爭議。所以張崑將是
從德川時代的相關學者，對發生在 1703 年的赤穗武士為主君復仇事件，所引
起的「義」與「不義」之爭論，來窺探武士道在日本的多元面貌。

　　張崑將在此一深入研究中發現，當時討論這一事件有日本德川時代的幾
位儒學者，如古文辭學派的荻生徂徠、太宰春臺，朱子學者的室鳩巢、林鳳
岡、佐藤直方，以及兵學者的松宮觀山、伊勢貞丈等，幾乎各有立場，提出
各自對武士道的「義理」看法，所以他在文中，便扣緊他們個人所涉及到如
儒家「士道」與日本「武士道」的倫理性爭議課題，除微觀分析此一復仇事
件所呈現的武士道之多元面貌，更擬宏觀從一中日比較視野審視此一事件的
特殊性，從而檢討有些著作對「武士道」的誤解。[45]

　　雖然，在當代臺灣學者中，也有林景淵早於 2009 年 2 月 15 日，應邀參
與中日合辦在北京大學召開的「東亞『武士道研究』國際研討會」，並發表
〈日本武士之制度與倫理〉一文，但其內容只有簡單的資料歸納而已，所以
張崑將的上述研究，還是屬於同類論文中較具代表性的一篇，值得肯定。

　　其次的另一項研究是，在當代臺灣高等學院中有關日本武士道精神文化
的最新研究，事實上因還曾涉及「武士道」和「商人道」交涉史的最新研究
發展問題，所以此處，必須先以此一領域研究的「先驅者簡曉花博士」對此

---

[45] 張崑將，"Controversies over the Samurai Ethics in the Eighteenth-Century Japan: Centered upon the Akō Event" Rutgers 大學與本校人文社會高等研究院主辦「東亞儒學：互動與創新國際學術研討會」（An International Conference on East Asian Confucianisms: Interactions and Innovations），2009 年 5 月 1-2 日

研究成果的檢討，來展開此一主題研究現況，及其後續發展的完整歷程探索。

　　簡曉花為日本東北大學文學博士，她是繼李登輝於 2004 年出版其中文版的《「武士道」解題──做人的根本》一書之後，在 2006 年發行其以日文書寫的《新渡戶稻造研究──「武士道」とその後》，在新渡戶稻造著《武士道》的相關精神背景上，簡曉花是順著日本著名的文化史學家石田一良在《日本思想史概論》的歸納分類，指出：自幼由日本武士家庭出身，年長後又成為著名與活耀的基督教（新教）崇信者的新渡戶稻造，和其「札幌農學校」的同學內村鑑三等，是同屬當時日本三大基督教信仰俱樂部領導者之一的「札幌掛」，新島襄之下的小崎弘道和海老名彈正等，是屬於「熊本掛」，至於以植村正久為肇始的，則被稱為是「橫濱掛」。[46]

　　於是，簡曉花將日本基督教思想家內村鑑三，本於自己基督教的信仰理念，於 1891 年，因他不向明治天皇的〈教育敕語〉敬禮而引爆輿論嘩然和眾多嚴厲責難的「不敬事件」，作為當時日本已面基督教崇信者在理念堅持和存續發展的危機時期。她在書中認為：舊武士家庭出身的基督教崇信者新渡戶稻造，之所以要撰寫《武士道》一書，其原因之一，就是試圖對此一當時日本基督教信仰倫理，所面臨的重大非難社會壓力，藉著對比西方的宗教倫理和傳統武士道倫理的融合性詮釋，來緩和或化解此一重大危機的動機而來。[47]但是這種觀點並無太強的證據力，可以確立新渡戶稻造本人，當時之所要撰寫《武士道》一書動機之一，是和先前爆發的內村鑑三「不敬事件」有關。

　　因為內村鑑三本人，對於傳統的日本武士道倫理，其實是持肯定態度的，並不認為和其基督教的信仰倫理互相牴觸。他只是不願以身為基督徒的信仰立場，將明治天皇的「教育敕語」，也視同基督徒敬禮上帝那樣，在公開場合對其禮敬。所以「不敬事件」的關鍵點，其實是日本的國家最高神（明治

---

[46] 簡曉花，《新渡戶稻造研究──「武士道」とその後》，頁 2。

[47] 簡曉花，《新渡戶稻造研究──「武士道」とその後》，頁 2-4。

天皇）和基督教上帝是否同樣崇高和同樣神聖的「禮儀之爭」而已。

　　因此，從 1899 年所刊行英文版的《武士道》全書內容來看，不論是有意或無意，新渡戶稻造可以說完全避開了與「不敬事件」的關鍵點——日本的國家最高神（明治天皇）和基督教上帝是否同樣崇高、神聖的敏感現實問題。

　　但是，相對於李登輝在其《「武士道」解題——做人的根本》一書中，大談來自本身基督教信仰的「愛」與「公義」理念，而不觸及在他成長教育中——當時的日本，是舉國一致都須禮敬天皇、視天皇為日本「國體」象徵和以之作為日本國民倫理的依據或「日本精神」根源——的絕對天皇崇拜的問題。所以在李登輝之後才展開對新渡戶稻造的《武士道》「思想」探索的簡曉花，在其參考了當代日本學者，如：松隈俊子、武田清子、鶴見俊輔、鵜沼裕子、角谷晉次、船津明生等，關於日本武士與基督教的大量相關研究之後，她選擇以植村正久和武士道的相關事跡，作為切入點，用以對比和意圖藉植村正久之口，來批判新渡戶稻造所詮釋的「武士道」觀點之不確。這其實也等於間接批判了李登輝所詮釋的「新渡戶稻造＋李登輝＝日本武道倫理和基督教倫理同等、但各有特色」的融合性折中思維。

　　然而，自另一角度來說，也由於簡曉花並不直接摘述、或轉引在她之前李登輝於其《「武士道」解題——做人的根本》一書所談及的李氏個人經驗，和其對臺灣當代政治臧否的爭論性議題，所以簡曉花其後又從東西洋思維思想作用的糾葛層面，來探討新渡戶稻造後期的思想，並以新渡戶稻造在其 1927 年的著作《西洋事情と思想》為依據，論斷出新渡戶稻造的《武士道》一書，「既在新渡戶稻造個人的思想展開上，具核心課題鑿啟延展之意義，且在日基督教史上亦具有向國家主義臣服之重大意義」。[48]

---

[48] 簡曉花，《新渡戶稻造研究——「武士道」とその後》，頁 60。

七、相關研究建議

(一)研究基督教「武士道」的侷限性與研究「商人道」的先驅性

根據以上所述，我們可以斷定簡曉花博士迄今為止的有關《武士道》一書的研究或與新渡戶稻造個人相關的學術論述，其實都是「非關日本傳統武士道歷史的脈絡性」深入探討，並且她對當代臺灣學術界其他關於武士道的研究現況，也了解得相當有限──這只要從她論述的內容來觀察，往往是以過於直線的狹窄觀點來陳述，就能明顯地查覺其所面臨的侷限性。

最具體的例子是，她在未收入《新渡戶稻造研究──「武士道」とその後》一書的另一篇相關論文〈新渡戶稻造之武士道與商人道〉中，雖能於臺灣學術圈開風氣之先，探討由新渡戶稻造個人所代表的傳統日本「武士道」與「商人道」互動的轉變史，並得出如下的結論：

1868 年明治維新後，原本與商業活動無緣之武士階級，失去了昔日之俸祿及地位，因此，其生存方式以及其所講究之武士道亦隨之遭受嚴苛考驗；然而，新渡戶家族卻是當中少數成功轉型經商之武士家族。

在新渡戶氏之問題意識中，武士道與商人道二者聯繫之問題，不但前後三十年一貫存在，且歷經長期摸索之結果，新渡戶至終肯定了武士道運用於商業之效果，其主張以重義知恥之武士道精神行商，並提出了一種結合了武士道的日本之商人道以及其普遍性，而該主張可謂日本具人格主義、國際主義色彩的商業倫理主張之先驅。[49]

問題是，在現實田野上的發展狀況，並非如新渡戶稻造所理解，和其主觀上所期盼的發展進路。所以，這篇論文最大意義，是引燃了筆者和張崑將

---

[49] 簡曉花，〈新渡戶稻造之武士道與商人道〉，《教育暨外國語學報》2（2005.12）：27-41。

博士，順著簡曉花博士在論文中所提出的有關新渡戶稻造對於日本「武士道」和「商人道」的兩者互動問題，分別展開對國際學界、特別是針對日本學者的現有研究成果，快速但有系統地閱讀和吸收，因而才有以下所衍生的新發展。

(二)當代臺灣「武士道」與「商人道」交涉史的肇始探索

張崑將博士的研究現況之所以值得注意和我們肯定，是由於張崑將在此之前，雖已是臺灣地區少數研究日本德川時代儒學「忠」「孝」思想與「兵學家」的武士道思想有成的專業學者，但在其研究的武士道分類上，並未觸及日本近代的「基督教武士道」和「武士道與商人道」的學術課題。

但由於他透過和筆者交換彼此對於新渡戶稻造的《武士道》一書內容解讀、李登輝的《「武士道」解題——做人的根本》著作和簡曉花的《新渡戶稻造研究——「武士道」とその後》論集及其〈新渡戶稻造之武士道與商人道〉論文的不同評論觀點，從此張與筆者都認為，除了必須以日本近代「基督教的武士道」倫理，來理解新渡戶稻造和李登輝的「武士道」相關詮釋的思想背景之外，彼此也同意，今後唯有回歸日本歷史的脈絡性長期發展和演變的本質性探討，才不會與國際學界的研究現況脫節。

尤其是針對岸中國大陸的學界，以北京大學為首的日本近代化研究，目前已能對於「武士階層與日本近代化」和「町人倫理思想研究」兩議題，都擺脫向來的仇日史觀，並在接受多位的日本專家的指導和協助之下，於是有相當出色的學術成果出現。所以臺灣學界，在此議題上，也必須立刻相對有所提升才行，否則臺灣會成為被邊緣化的相關學術區塊。

基於上述這樣的考量，張崑將於 2009 年 3 月 7 日，首先在臺灣大學召開小型的「東亞視野中的武士道與文化」國際會議，發表其最新論文〈從前近代到近代的武士道與商人道之轉變〉，使得臺灣自解嚴以來，李登輝前總統以政治意識形態操作和個人虛榮心議題操作下的爭論性化約武士道倫理詮釋，重新回歸到純學術的多元認知探討。可以預見，此一問題仍有很大的開

展性。

　　至於筆者方面，則是根據丸山真男在其《丸山真男講義錄・第 5 冊──日本政治思想史 1965》中，對德川時代傳統武士道倫理的社會思想史變革，和《丸山真男講義錄・第 6 冊──日本政治思想史 1966》中、對近代日本基督教思想和活動以及江戶時期儒學菁英知識份子的思想和意識形態的深刻分析，以之作為檢驗臺灣自解嚴以來對於日本武士道精神文化或「大和魂」過於化約的理解是否有當的基準，並以論文的表達形式，同樣在「東亞視野中的武士道與文化」小型國際會議上發表，藉以傳達臺灣歷史學者最新在地的「武士道」、「大和魂」或「日本精神」之社會文化史觀察資訊，使來自臺灣境外的非臺灣籍學者，能有所理解和得以適時回應。

參、戰後臺灣佛教大眾文化裡的特殊現象與代表性人物

一、導言

出現在戰後臺灣佛教大眾文化現象和具代表性的知名佛教人物，雖具有戰後臺灣時代的特殊性，卻不一定為外界或非專業的研究者所清楚了解。所以本章特別選擇其中具代表性幾個案或人物類型，分別加以扼要的說明。

此外，本章之所以會如此說明，另一個原因，為本書的涉及面必須非常廣泛卻受限篇幅的不足，所以才須針對某些特定主題採取種這新型態的簡明介紹方式，以供本書讀者的方便了解。

二、火燒菩薩頭：受戒僧尼的圖騰

在戰後臺灣的出家佛教界，每當有僧尼的傳戒大典舉行時，最後壓軸的，就是在新受戒者的光頭上燒「戒疤」，燒完「戒疤」後，頂著紅腫但「疤痕」宛然的光頭，便可自由活動。再等領取「戒牒」——受戒證明書，即可告別離去，或返回常住。

可是，未親臨戒場，觀看戒師如何為新受戒者燒「戒疤」的人，不太能體會其中的痛楚，以及基於佛教傳統，而不得不接受的微妙宗教心理。

一般來說，燒「戒疤」都選擇在夜晚舉行。這可能是避免白天天熱，剛

燒過「戒疤」的紅腫頭皮，較不會發炎之故。

按照戒場的規定，要接受燒「戒疤」的人，一律要不斷地唸著「南無本師釋迦牟尼佛」的佛號。而據當事者說，如此稱念，可以增強接受燒「戒疤」的意願，並可減低排斥或害怕痛楚的心理。

可是，香珠燒出頭上疤時，的確疼痛難當，這時，只見每個等著燒「戒疤」者，在大殿內外，零零落落地坐著，將「具」【一塊二尺多的襯墊布】展開，披在肩上，宛若上理髮廳時，所用的圍巾一樣。

而負責執行燒「戒疤」的戒師，首要的工作，就是先用剃刀，徹底刮光頭皮，不留一絲髮根，以免打印【作記號】和燒「戒疤」時出任何意外。所以，這時新受戒者的頭皮，不但光亮，甚至刮得血跡隱然。

接著，在打上印記的地方，塗上一層棗泥，並把長約一公分成圓錐體的「香珠」【用易燃的香料製成】，固定在棗泥上。「香珠」的數目，過去在大陸戒場，有用七粒、九粒、十二粒或更多者。

一九五三年，在臺南大仙寺傳戒時，已減為三粒。但堅持只用一粒，或用三粒以上的情形，也不能說沒有，不過應屬例外。

「香珠」燒到頭皮時，會產生劇痛和收縮的感覺，為了避免發炎和消腫，通常會預先準備削薄的西瓜皮，等燒了「戒疤」之後，將其鋪在「戒疤」的周圍。有時，為了防止燒時因害怕或劇痛而身體亂動，會有人幫忙按住受戒者肩膀，以方便戒師點火。

在戒師用香點燃鞭炮的方式，一一點燃弓「香珠」之後，易燃易熄的「香珠」，很快就會燒到頭皮，接著就燒出清楚的「疤洞」。

戒疤辨別真假僧，有待商榷。為了減低隨之而來的劇痛和頭皮的收縮，以及調整不能適應的心理，這時戒場中的嚴格紀律就得暫停了，讓這些新受戒者自由散步活動，或隨意找人聊天。

因為此時的新受戒者在肉體上和精神上，都面臨劇烈的變化，急需調整，不妥善處理的話，很可能會留下極大的創傷，嚴重者甚至有可能會發瘋、中

毒【頭皮發炎】或死亡。

事實上，臺灣佛教界對僧尼的行為約束，到此也可以說告一段落了。等到「戒牒」領到手，就像學生從學校畢業一樣，校中訓導人員再也管不著了。

從此，有的人可以選擇回到原來剃度的寺院，也有不少人從此遠走高飛或自立門戶。而負責傳戒的中國佛教會，在戒嚴時期，還可以藉政府的權威管一管受戒後的僧尼，但解嚴後，則除了自律外，誰也管不著了。

至於燒戒疤本身，到底有無必要？原先在印度出現的佛教僧團，從未聽說有燒「戒疤」的需要或規定；以後傳到西域、中國、朝鮮、日本、越南、緬甸等地，也都沒有。

事實上，中國本土是到宋元以後，才逐漸流行此一習俗的。

弔詭的是，長期以來，一般佛教徒在認定真正受過戒的僧侶時，不是看他有無「戒牒」，也很少了解對方是否真的知戒、守戒，而是看他的頭皮上有無「戒疤」。可以說「戒疤」簡直等同於受戒僧尼的圖騰，有非此不可的趨勢。

傳戒陋規不人道，大幅改善。由於社會的認知方式，是如此的根深柢固，過去在大陸負責傳戒的道場，就以「跪沙彌、打比丘、火燒菩薩頭「三個步驟作為教訓；或更確切地說，以凌辱和苛責手段，來馴服新出家者。

依據真華法師在《參學瑣記》一書中的描述，其中還包括恐嚇和毒打在內。可以說，戒場中充斥著許多不合理的黑暗面，因此在大陸時期，有些不甘受辱的新戒者，在領到「戒牒」後，即持刀或棍棒，找原先凌辱他的戒師復仇。

所幸，這些黑幕和不人道的方式，由於政局的變異，無法在臺灣一成不變地實施。從一九五三年起，大陸時期的戒場陋習，在臺灣地區的戒場傳戒時，已被大幅度的改善，如今，只剩燒「戒疤」，還在苟延地殘喘著。

三、戰後臺灣流行肉身菩薩的迷思

　　戰後臺灣流行所謂「肉身菩薩」的特殊信仰。以最著名慈航法師的情況來看，所謂「肉身菩薩」，其實是指一個僧侶在死後未立刻進行火化，改以坐缸兩個大水缸上下覆蓋，內裝有木炭、生石灰等，將屍體安置其中，或其他方式處理；經若干時日後，開缸驗看，若已腐爛，即予火化或土葬；若未腐爛，全身雖縮水乾癟，但大致完好，即表示已成全身舍利或肉身成道。於是請專人加以多層的塗汞防腐處理和纏綿紗布恢復脫水前的原貌，最表層則貼上晶亮的金箔，然後就「像菩薩一樣」被信徒膜拜。

　　所以，基本上，這只是一種佛教聖物崇拜的變貌。在佛教的早期，主要是因佛陀入滅火化後遺留下來的靈骨結晶：舍利，曾在阿育王統治全印時，廣建寺塔供養，故形成以寺塔為信仰中心的佛教習俗。

　　可是，若非佛陀生前已是大覺悟者，提出足以影響人類精神文明的的偉大宗教哲理，則縱使是佛陀靈骨，又有何值得後代人類珍視之處？

　　以臺灣來說，一九五五年十一月，由日本佛教協會送還部分唐玄奘大師的頭骨，是轟動朝野的大事。為了要安置幾片頭骨，還由蔣中正總統及夫人親自到日月潭觀察地點和指示圖樣，然後於一九六四年建成莊嚴巍峨的玄奘寺。可是，初期的熱潮一過，幾十年來該寺，既未成佛學研究中心，也不具有宗教的影響力。

　　至於所謂的肉身菩薩，坊間有一部臺灣肉身菩薩傳奇，共舉了從一九五九年以後在臺出現的六位肉身菩薩。即慈航法師汐止，一九五九年、清嚴法師新店，一九七六年、瀛妙法師北投，一九八三年普照法師燕巢，一九八二年甘珠活佛新店和一九七八年以密法讓人獲得舍利的的智敏、慧華二位密教上師。

　　事實上，即以最先因坐缸成「肉身菩薩」的慈航法師來說，當年雖轟動

一時，但是新鮮感沒幾年就消退了，反而他來臺後辦教育和協助逃難來臺的僧侶，迄今仍在教界獲得很高評價。

四、戰後臺灣僧侶流行閉關的真諦

戰後，臺灣佛教界頗流行閉關。由於一般人不明此種修行方式的底細，往往一聽有人要閉關，就崇拜得不得了。久而久之，不問有無大精進，只要能製造新聞，打響知名度，並招來許多皈依或願贊助的信徒，也就算達到目標了。

其實，這根本扭曲了原先閉關的作用。

一般而言，所謂閉關，是指離群隱居，閉門靜修之意。比較形式化的閉關，則設有專用的關房。入關前，請名人送入，並貼封條在進出口的門戶上，以示決心和沒有欺騙；在關房外，則另有專人護關即代為料理生活所需和對外連絡之類。可見這是作為遠離塵囂、剋期精進的意思。

但，這樣的離群自修，也不是人人可行，而是需要一些基本條件的。

例如在沒有人切磋和指導下，是否有能力解決疑難？假若能，自然沒有問題；假若不能，則閉關反受其害。所以過去禪宗的判定原則是：不破初關不住山，不透重關不閉關。意思是說：要住在山上獨自修行的第一條件，是已達到禪宗三關初關、重關、牢關的第一進階初關；而若要實行閉關精進，則先須突破第二進階重關才行。由此可知，沒一定的經驗和程度，妄想靠閉關的盲修瞎練，就想有大成就，是行不通的。

反觀戰後臺灣佛教界的流行閉關，不論是修禪、修淨土，或閱藏研經，絕大多數缺乏這些條件，了不起是在關房內讀了一些書，或寫了幾本著作。例如聖嚴法師未赴日留學前，曾在高雄縣美濃鎮的朝元寺閉關六年，努力讀書和寫作，不過是靠一些楊白衣送他的日文佛學著作，以及對律藏中的資料

作了稍具水準的編寫罷了，離真正的學術研究仍有相當距離；所以出關後，即有赴日深造的打算。而他還是閉關最有成就者，其他人就更不必說了。

另外，因閉關而死在裡面的，如慈航法師；或帶一身病出來的，如慧峰法師和煮雲法師等，可以說是得不償失。至於不閉關也能有大成就的印順法師，在任何時刻、任何環境，他都可以治學和精進的。

五、人間佛教與向前神學

在戰後當代臺灣的宗教思想中，有兩個極重要的觀念，分別是來自佛教界的人間佛教思想，和來自基督教長老教會的向前神學思想。

什麼是人間佛教呢？這是近代以來，中國佛教特有的思想名詞，即在六道眾生中，以人類為優先，並以人類生活的所在——人間為改善的重點；亦即重視當下的解脫主體——人類及生活環境。至於死後的往生和臨終關懷，則是較其次的。

不用說，這樣的佛教思想，是受到清末民初以來，社會主義思想和反宗教運動浪潮衝擊下的一種反應，其中世俗化的傾向是很明顯的。

印順法師是詮釋此一佛教思想的主要奠基人。但他為了避免此種思想的過度世俗化，所以主張以初期大乘的菩薩思想來作依據，即一方面信守佛法精神，一方面又積極入世從事教化和社會服務。也因此，他對臺灣某些道場的過度世俗化，是不以為然的，有所批判的。目前臺大的楊惠南教授和生命關懷協會的昭慧尼師，是此種人間佛教思想最具代表性的弘揚者。

至於向前神學呢？據基督教長老教會的董芳苑牧師所作的詮釋，他認為向前神學是有別於向上神學。所謂向上神學，在他看來，是逃避塵世的責任，而以進天國為最優先。向前神學則不然，因向前即是直接面對社會和人群，如不解決所面對的社會和人群的問題，即是不負責的向上逃避，他是不以為

然的。因此，他主張：先向前，後向上。他認為，基督教長老教會所以積極
介入臺灣的政治運動和社會改革，理論的依據，就是此種向前神學。

而其實，以上的兩種宗教思想，若非臺灣退出聯合國，以及中日、中美
外交的挫折，此種思想不會在臺灣的社會快速蔓延的。思想與環境互動，兩
者密不可分。這是我們不該忘記的！

六、當代臺灣佛教的社會關懷

戰後臺灣當代佛教的社會關懷，近幾年來和傳統相比，有極大的革新和
進步。就整個亞洲佛教來看，也有先驅的地位。

一九九五在高雄宏法寺舉辦的【佛教與社會關懷學術研討會】，主題環
繞生命、生態、環保、空間文化和建築等領域，結合學界現有的精英，加以
探討。這些探討不只有理論的層次，同時也深入綜合了臺灣佛教界和社會的
實際共同經驗，因此具有極大的現實性與開創性的意義。

本來，傳統佛教重視的是放生和老年安養。日據時代，佛教已注意到受
刑人出獄後的照顧、民眾的醫療、職業技能的培養和現代化知識的灌輸等。
像今日猶存的臺南家專和臺北泰北中學，都是這一潮流下的產物，也的確造
福過不少人。

但是，從戰後，迄一九八六年左右，臺灣佛教界雖已朝觀光化和慈善救
助企業化邁向一大步，但基本上的傳統心態，是不變的。甚至對於日趨頻繁
的社會運動和政治反對運動，採取疏離和批判的保守態度。這要到解嚴以後，
佛教界才較具自主性的反省與作為。

近年來，僧人參政或參選的問題，屢屢被提出討論。器官移植和死後捐
贈的號召，也每能引起很大的回響。

環境汙染和原住民的關懷，在佛教刊物上出現，再不是稀奇的事了。

　　近幾年來年，更陸續有學者投入探討佛教與生態的關係，以及性與婚姻的爭辯等，使佛教界的批判意識終於較全面性的覺醒和展開行動，並且研討的主題論文集也相繼問世，真是值得慶幸！

七、戰後臺灣首次在大仙寺傳戒秘辛

　　一九五三年春，戰後臺灣佛教史上的一場傳戒革命爆發了，對日後幾十年來臺灣佛教發展，產生深遠的影響。

　　這場戰後在臺灣的首次傳戒，地點在臺南縣白河的大仙寺。原先寺方是想私下傳戒，並允許寄戒繳報名費，即可獲受戒證書。結果，被人向甫在臺成立的中國佛教會告密，寺方發現事態嚴重，才匆忙申請加入中國佛教會，並接受指導傳戒。

　　其實，出身南臺灣佛教「大崗山派」的開參法師，是一個注重禪修和勞動的苦行僧，大仙寺在他領導之下，宛若唐代叢林制度的再現，被戰後來臺的大陸僧侶，視為百丈遺風。可是，「大崗山派」自日據初期開創以來，道場勢力雖已遍及南部各縣市，卻從未自行傳戒，因此累積太多未受大戒的僧尼。所以他想在大仙寺改建完成時，自行傳一次戒，卻因沒經驗，而被人告密了。

　　中國佛教會原是一九四九年逃難來臺的外省僧侶們，臨時協調組成的，並無法律的正當性。可是，在戒嚴體制下，大仙寺只得立刻屈服。負責指導開堂傳戒的白聖法師，日後即成了中國佛教會的實際掌權者，也握有南部七縣市「大崗山派」的佛教勢力，影響迄今。

　　大仙寺的傳戒有哪些變革呢？一、頭上的「香疤」，從十二個，減少為三個。二、禁止傳戒時，無理打罵。三、寄戒的方式，改為錢照收，但要到繳費者家中去講戒規和發證書。四、以後由中國佛教會決定：何寺舉辦傳戒

活動成為定規，迄解嚴後才改變。

不過佛學大師印順法師曾說，受戒其實就像是黨員入黨的宣誓而已，傳戒以後的守戒才是最重要的。

八、戰後臺灣第一位和尚博士釋印順導師

臺灣佛教界的學術水準之提高，雖自日治時代即已開始，但早期從未有得碩士學位以上者，直到葉阿月教授才改變，她是在一九七二年，以唯識思想之研究獲東京大學的博士學位。

葉氏是臺南市人，原就讀私立靜宜英專。畢業後，赴日本私立駒澤大學就讀，然後再轉入東大攻博士學位，前後歷十二年之久，才得此學位。葉氏回臺大，任教臺大哲學系，近年來已退休。

在葉阿月博士之外，印順法師以《中國禪宗史》一書，由日本大正大學頒授文學博士學位，這也是臺灣有史以來第一位博士和尚。

事實上，印順法師完全沒有料到有此一博士學位的頒授。他是因病住院，在療養中，恰值一九六九年在《中央日報副刊》上，發生了一場關於六祖壇經是誰寫的大爭辯。國學大師錢穆和留日還俗的楊鴻飛，是兩個主要的對手，其他還有大批搖旗吶喊的佛教學者，也紛紛撰文加入討論。

由於辯論未能分勝負，引起病中的印順法師的注意。他收集各方資料，包括日本出版的禪宗史資料，詳細分析後，以全新的角度，寫出了一部禪學由印度式轉為中國式的研究專著，即中國禪宗史。

此書甫一出版，立刻被各方視為經典之作，經留日臺灣學生和日本學者的合力推薦，終於獲頒文學博士學位。這也是臺灣佛教界，獲得國際學界評價最高的一本書。

可是，由於時值臺灣退出聯合國，以及和日本斷交，佛教界立刻掀起批

判印順法師得日本博士學位的大風波，認為他有損清譽，以及嘲笑日本學位容易取得。印順法師憤而辭去海潮音社長，以示抗議。

等到聖嚴法師於一九七五年得日本立正大學博士學位，並被邀請參加國建會時，博士學位才又煥發光彩，令人羨慕。從此，再無人批評佛教界，得博士學位的不當了。

九、戰前和尚出身的戰後臺大教授李添春

李登輝先生在日據時期原留學日本京都大學，戰後再轉學臺大繼續課業。當時在臺大農經系任教，並擔任李登輝畢業論文指導教授及媒人的，就是少年時曾當過和尚的李添春。

李添春可以說是日據時期最幸運的和尚了。因為他的一生，若非曾出家為僧，將不可能從失學少年，被保送日本深造，日後還成了臺大教授。

李添春是高雄美濃的客家人，從小家貧多病，幾度生命垂危，所以他的父親向觀音菩薩許願：若能治好病，將給菩薩當弟子。於是，病癒之後，他在父命之下，從吃早齋到吃長齋，乃至到基隆靈泉寺出家當沙彌十五歲，都和這一因緣有關。

十八歲那年，李父過世，李添春返鄉為父超渡，卻在教一些年輕人誦經時，被他日後的妻子陳完妹在供桌下踩腳示愛而產生了情愫。但是他因家貧無法成家，一度返俗，在酒店工作了兩個月。

正好這時曹洞宗在臺北市要成立第一所和尚學校，即臺灣佛教中學林日後的泰北中學，所以他又被召回到學校念書，使一生完全改觀。

李添春未完成小學教育即輟學，日語也初學即放棄。可是，他在靈泉寺的師父德融和尚曾留日，語文佳即在中學林任職，所以在自己師父的調教和幫忙之下，終於克服語文困難，成了中學林的第一屆畢業生，並有機會到日

本繼續深造。

李添春在日本曹洞宗辦的駒澤大學畢業後,將臺灣的佛教學研究,帶入新的水準。曾受臺灣總督府委託,主編過南瀛佛教,並寫了許多論文。李添春還因德融和尚與日本官方交情很好,使他得以成為增田福太郎宗教調查的助手,並正式進入臺北帝國大學任職,一度還追隨同校的奧田彧教授到海南島作農業調查。所以,戰後不久,他即因此而升為臺大農經系的副教授和教授,學農經的李登輝也因此成了他的學生。

戰後,李添春仍是臺灣和日本佛教界聯繫的主要關鍵人物之一,他的一生是和佛教界分不開的。

十、戰後臺灣佛教界首位當選十大傑出青年的張曼濤

一九六九年,第七屆十大傑出青年選拔,學術界一共選出三位代表,三十七歲的張曼濤由國民黨中央黨部第五組推薦,代表人文社會學科,以研究佛教思想的傑出表現當選。這也是戰後迄今,唯一的一次由佛教學者當選。

張曼濤是湖南南嶽佛學院出身的僧侶,在大陸曾追隨虛雲禪師習禪,養成自信和豪放的性格。

張曼濤喜歡文藝創作和讀雜書,頗有文名。由於來臺初期,正值臺南開元寺住持高證光被槍決不久,所以一度應該寺之請,擔任教務主任之職。胡適於一九五八年四月,來臺擔任中研院院長後,常強烈批判佛教,影響所及,臺灣佛教界也轉而重視學術研究。張曼濤於是北上,先在臺北松山寺協助道安法師辦學術活動和出版刊物,一九六一年五月,更在道安的鼓勵和協助之下赴日留學。

他由禪學大師鈴木大拙介紹到京都的大谷大學深造,前後一共六年,完

成碩士學位和修畢博士課程。

其實他在赴日第四年，即步上當時留日僧還俗娶妻的後塵。根據聖嚴法師的說法，張氏生平不拘小節，不拒女色，酒量驚人，金錢觀念含糊。但張氏一九六七年在中副為文，批評林語堂的論色即是空一文的看法，引起中國文化學院創辦人張其昀的注意。同年張曼濤在日本的中外日報為文批判中共迫害宗教，更引起中央黨部的注意。所以，才有應聘執教中國文化學院和由黨部推薦入選十大傑出青年之舉。

張氏生平最大貢獻，是編輯一百冊的現代佛教學術叢刊。但才出版不久，他即因飲酒過度死於日本。

十一、戰後臺灣佛教大護法張清揚

張清揚，又叫張晶英，是孫立人將軍的元配，也是戰後臺灣佛教的大護法。她對大陸來臺僧侶的大量財務贊助，以及對佛教文化的熱心推展，是促成戰後臺灣佛教復興的關鍵因素之一，值得推崇。

年輕時貌美如花、體弱多病的張清揚，出身湖南富家，在南京匯文高中就讀時，與當時正在南京擔任黨校新軍和憲警幹部訓練的孫立人相識。

十七歲時，才高中畢業，就在上海和正於軍界崛起的孫立人大隊長結婚。婚後的張清揚，極得孫立人寵愛，因母親信佛，以及本身體弱多病，所以在大陸時她已勤於出入佛教道場，也和當時京滬的著名僧侶都有交情。

一九四八年，國民黨在大陸的戰局不利，孫立人奉命到臺灣來招募新軍，以支援大陸戰事及防衛臺灣安全。到一九五五年下臺為止，孫立人一直是臺灣舉足輕重的軍事強人。

此一特殊的權勢背景，對隨夫來臺卻適應不良的張清揚來說，正好藉關懷逃難來臺的大陸僧侶和處於困境中的佛教事業，來排解在異鄉的疏離感，

並且和信基督教的蔣夫人宋美齡，形成一基一佛互別苗頭的有趣角力。

宋美齡九次勸她改信基督教，她都婉拒了，不過在爭奪圓山的臺灣神社社址上，她敗了給宋美齡。

但是，她出一千萬臺幣，協助李子寬購下臺北善導寺，供大陸來臺僧侶弘法之用。對於生活困難的大批逃難來臺的大陸僧侶，她邀高級將官的女眷，共同捐款辦活動，使彼等可以安頓生活。

除此之外，她出錢協助張少齊開佛教書店，也捐錢幫助東初法師創辦人生雜誌和蓋中華佛教文化館。

最重要的是，她最先響應蔡念生的建議，並捐鉅資購紙和從日本購回原版大正藏一部，使得臺灣首度有大批大正藏的影印出版。

十二、戰後臺灣尼姑王釋如學尼師

釋如學禪師俗名張繡月，是新竹名醫張忠之女。出家前，畢業於新竹舊制的高等女校；出家後，則赴日本東京的駒澤大學深造，並拜在禪學大師澤木興道的門下。駒大畢業後，她進京都的白毫女叢林，習日本尼眾規矩一年半，所以，她是日據時期臺灣佛教界少見的女性高級知識分子。已故的佛學專家楊白衣博士，因此在戰後常稱她為：臺灣真正的尼姑王！

她和著名的女畫家陳進，同為新竹地方出身的名女人，只是一在佛門深造，一在藝壇精進罷了。而陳進生平最重要的佛教系列作品，就是為如學禪師的臺北法光寺道場所畫的，可見兩人的交情之深。

不過，如學禪師另有許多軼事流傳。例如她十九歲一九三二年在新竹近郊的一同寺出家，所拜的師父是她小學的同班同學玄深尼師。

而玄深因大商人出身的祖母出錢讓她到齋堂去修行，所以早在十一歲即發願出家，並拜在日治時代臺灣四大法派之一的法雲寺派（大本山在苗栗大

湖地區）的覺力法師門下，自家齋堂也變更為新竹市郊區的一同寺。

　　法雲寺派的開派祖師覺力，在得悉如學禪師出家時，一個月有四次親自下山，從苗栗趕來新竹，觀察和測試如學的佛學程度。因她的來歷非比尋常，對教派發展關係甚大的緣故。

　　可是，如學禪師雖在日本受過佛教的高等教育，卻因正逢太平洋戰爭爆發，回臺後，便不能有大作為。戰後，又因改用中國語文，對精日本語文教育的她，再構成極大轉型困難。

　　一九五九年八七水災，她攜徒到臺北市另謀發展，並改營精緻的素食料理，才有了轉機。甚至包括她晚年籌建的法光佛教文化研究所在內，也要賴此經濟來源支持。可見，縱使號稱臺灣尼姑王，也有時不我予的際遇，如學禪師的例子，可為證明。

肆、現代臺灣本土書法哲學基礎問題的新詮釋

一、導言

　　林慶文博士的新書《書法哲學基礎問題》（以下簡稱「本書」），是在 2019 年 4 月，才在臺北市著名的蕙風堂筆墨有限公司出版，平裝。書的封面非常純白素淨，右上側是直排典雅的書名與作者的纖細黑色字體，卻具有強烈聚焦效用的極簡主義現代藝術的美感。

　　但，本書並非傳統漢字書法哲學的新詮釋，也不是書法藝術哲學的形式與風格的思想探討，而是根源性地從——手寫軀體姿勢變化與現實環境或自然景觀之間，所存在的書法美學的根源性產生及其歷史變革中，——各類書法形式的再現或複製設計的相關基礎認知問題，來展開體系性結構的多層次新詮釋。本書無疑的，可稱它是當代臺灣地區歷來的此種類型的具原創性新作品。

　　本書的相關全部內容，主要是包括四大類主題歸納：

壹、傳統筆法的現代詮釋。其各篇主題有：(a).〈筆法與身體經驗歷程—書法與身體美學初探〉、(b).〈線條象形及其表現形式〉、(c)〈漢字書寫基礎課程—「字」的完成及其應用〉、(d).〈書寫的意志—關於自我的書寫及其可能〉。

貳、書法與空間精神。其各篇主題有：(a).〈對米芾《吳江舟中詩卷》所作關於「水上書寫」的猜想〉、(b).〈招牌的隱喻：走讀城市的街道

文字〉。

參、書法與當代文字的書寫觀念。其各篇主題有：(a).〈看見書寫的條件〉、(b).〈在複製的時代看書法臨摹的作用〉。

肆、書法與文化主題。其各篇主題有：(a).〈神聖的書寫—寫經的宗教與審美蘄向〉、(b).〈竹林七賢：文化主題的形成與運用〉。

以上這些內容，都是近年來，本書作者陸續發表於其所任教學校的各期年刊通識學報上相關論文，此次才改以體系性彙編出版的新原創性專著。

另外，在本書圖示(頁 44、159、315、316)中，是在呈現幾件本書作者個人的書法實例，大概是：以隸、草為主，隸書多取隸意結字，參酌楊淮表、石門頌一路的古隸，不刻意依傍一家；草書則嘗試結合米芾的靈動與于右任的醇厚，在碑帖風格看似對立中，用發勁速度輕重快慢等節奏流暢的互補寫法來呈現。

這也意味著本書作者個人有相當的書法素養，並非只是透過閱讀書法典籍中的相關概念，來理解其所論述的書法哲學的知識而已。

至於書後附錄本書作者幾項有關書寫的專利發明，也可見其探索各種書法研究的可能性之所以。

而以上就是全書內容的體系架構與附錄等參考資料。至於全書內容的相關理念分析，則可以在本文以下各節，持續地分別加以簡潔的陳述，以及進行必要的相關學術思維及其研究法之檢視、或者針對其所涵蘊的現代書法意識形態，也同樣進行歷史性進程的必要反思。

二、現代性書法哲學問題的相關解析

不過，在進行上述相關學術思維、研究法，或其現代書法意識形態的歷程反思之前，仍有必要先檢視：在本書出版之前的當代學界既有論述業績(如

對於傳統書法藝術的鑑賞、歷史發展、或其書法藝術哲學的研究專書及論文集等)，究竟又是如何的狀況呢？

否則本文的相關論斷，就會只流於無憑無據的主觀臆測，也可能會招自學界質疑本文有何根據，是可以確認本書的論述，的確已具有高度原創性的呢？

因而，針對於此一可能招致來自學界質疑的相關回應，本文認為，其實是可先根據本書作者在其序(二)所引述的，由葉碧苓所整理與分析的〈五十年來臺灣博碩士「書法」論文之研究動向〉一文[1]，即可大致了解到如下的情形：

一、從 1965 年傅申所作的〈宋代文人之書畫評鑑〉一文開始，至 2010 年為止，所累計的總數雖已達 803 篇。並且，當中還不包括只登錄在畢業學校，或未登錄至臺灣博碩士論文知識加值系統的篇目在內。所以此估計總數，當尚有遺漏。

二、儘管如此，我們若檢視這篇研究，可以看出，此文作者葉碧苓，雖是先將全書主題分為七大類型，但若整合其主要趨勢則可以見出是為兩大類，其第一類是傳統風格流派的典範研究；第二則是電腦軟體及產業應用的開發。由此可見手寫藝術與機器軟體複製呈現，是同時存在的當代現象。

三、因而，各類藝術創作在現代主義精神的發揚下，常有創新的焦慮，同樣的在手寫的書法藝術方面，亦不能倖免。但相較於其他藝術類型，還是比較偏於延續傳統的選擇。

故而，前述兩條研究路線，其實還可以依照其使用工具，區分為手寫與電腦軟體應用。換言之，只有如此討論，才能大致符合臺灣書法傳承文化與產業發展脈絡。

再者，由於當代對書寫的認知，既已因為工具不同而產生相應的各種變化，可據以推知，其影響在大腦作用方式和身體記憶，當然也會有所不同。

這是根源於人類本能在於適應環境變遷所致，因而當今書寫方式改變自

---

[1] 葉碧苓，〈五十年來臺灣博碩士「書法」論文之研究動向〉，(《書畫藝術學刊》，10 期，2011)。

然亦屬大規模人類行為變化所致，故而我們研究者，亦應該從不同領域提出各種新看法。

尤其文字書法藝術。是文化概念與情感表述的根本基礎。但其核心與生成原理的哲學。我們對其相關認知看法又是什麼？

在現有著作中，我們若檢視本書(序二)中所提及的，只有少數如：

一、董友知所著的《書法理論與書法百家》一書中，有關「書法的哲學觀點」一章，是純套用唯物辯證法來詮釋。

二、其餘的相關著作，如：卞雲和著的《書法哲學》、周鷹著的《書法審美哲學》、劉孟嘉著的《書法哲學：哲學視角下的中日書法思想演變研究》、以及吳立敏、蔡孟宸、蕭元朴等人所編著的《書法與當代哲學／美學學術研討會論文集》等，所論內容，則又多屬一般書法學通論與歷代思想影響比附研究。

三、甚至連比較晚近出現的陳慧玲的博士論文，《鑑賞書法的哲學觀點之研究－以《莊子》與六朝書論為重心》[2]，也只是以時代思想影響下書風的論述，其討論方式，就是先確定其論文主題所設定擬探討的時代範圍，接著就是進行對其時代特色及其影響的必要相關研究而已。

四、不過，此類著作中，也有例外。如本書作者所參考過的孫曉雲等研究，就頗能以書法研究作為核心又兼顧歷史變化的較佳探討模式。

所以，本書作者從此一新討論模式，進一步修正成為更整全的新詮釋方法：此即指涉書法書寫方式與身體動作姿態相互間，所呈現的各類型動態書法哲學藝術的新陳述觀點。

＊

除上述狀況的檢視之外，也必須注意到，對於相關研究史的學術史檢討，其實還有另一類不同於上述的討論視野，是無法對其有所忽略的。此即採取

---

[2]　陳慧玲，《鑑賞書法的哲學觀點之研究—以《莊子》與六朝書論為重心》，(臺北:文化大學，哲學系博士論文，2014)。

透過長時段的歷史進程，來對臺灣整體文化與思想變遷發展從事其必要的考察。亦即本書讀者，若想真正理解本書的論述方式及其相關的詮釋角度，則除非放在臺灣書寫文字發展的脈絡來理解，否則是很容易導致對全書內容上的誤讀。

此因，臺灣歷史上曾出現的相關文字書寫，若撇開 17 世紀荷蘭聯合東印度公司在臺灣南部的傳教士以羅馬拼音教導當地西拉雅族所留下的「新港文書」不算之外，則從明鄭時期到當代臺灣社會(1661-12019)的主要書寫工具，其實是漢字文化的傳承。當然其間曾經日本殖民時期。然而，日本語法雖不同於漢語，但是在書寫上，日語拼寫文字、書道，受漢字書法影響之深，則是明顯的事實。

所以，我們如果把臺灣文化透過書法來觀察，可以發現相應於政權轉移間，文化傳承迂迴多元的辯證過程，則此類相關既有著作或論述，便可以揭示如：

一、麥鳳秋所著的《臺灣地區三百年書法風格之遞嬗》(1661-1945 年)[3]、《四十年來臺灣地區美術發展研究—書法研究》(1949-1989 年)[4]兩書，通論涵蓋臺灣書法史時間較長。

二、李郁周所論的《臺灣書家書事論集》一文[5]匯集百年來臺灣書法相關論述，其中如〈二十世紀前期新竹書壇概觀〉，考鏡清代至日本殖民時期書壇風格面貌，對長期研究新竹宗教者而言，是相當熟悉的內容。

三、黃華源所論〈清末到日治（1885-1945）社會變遷下的臺灣書法發展考察〉一文[6]，以近代「社會變遷」的歷史動力與速度勝於以往，鎖定清末到

3　麥鳳秋，《臺灣地區三百年來書法風格之遞嬗》，(臺北:中國文化大學碩士論文，1988)。

4　麥鳳秋，《四十年來臺灣地區美術發展研究—書法研究》，(臺中市：省美術館，1996 年)。

5　李郁周，《臺灣書家書事論集》，(臺北:蕙風堂筆墨有限公司，2002)。

6　黃華源，〈清末到日治(1885-1945)社會變遷下的臺灣書法發展考察〉，(書畫藝術學刊，10 期 2011)。書後附表(表一) 國家圖書館臺灣博士論文系統 2010 年 5 月前引得臺灣書法研究相關論文;(表二) 清末到日治（1885-1945）社會變遷下的臺灣書法發展考察相關記事係年。

近代書法發展的社會變化，例舉清代傳統文人書信酬酢，日治時期轉為毛筆
在明信片上書畫，許多新興事物，例如書法競賽、展覽、學生作品展、甚至
函授書法，都是清代未有。

四、葉碧苓所論〈日治時期臺灣公學校書法教育之研究〉一文[7]，指出日
本殖民時期的書法教育兼具「同化」和「近代化」的目標，當時臺灣公學校
書法教育，雖然初等教育階段未一直獨立設科，但是有專業師資、完整的課
程設計、授課要旨與教科書，其實已具備獨立學科的特徵。這種教學規劃超
前當時中國與光復後臺灣的小學書法教育。

五、〔日〕香取潤哉所論〈臺灣日治時期的日人書家活動與足跡─以山
本竟山的書法成就與對臺灣影響為例〉一文[8]，考察日治時期的書法面貌，有
臺灣總督府「官方」推動的書法教育制度化；民間文人的「私人」交流。

尤其臺日書畫家的交流與相互影響，以日治時期來臺八年的山本竟山
（1863 1934）為主軸，其人為日本「明治書聖」日下部鳴鶴（1838-1922）與
清朝金石、歷史地理學者楊守敬（1840 1915）的高徒，活躍於日本明治末期
至昭和初期的關西書壇泰斗，1904 年應臺灣總督府聘來臺提倡書法活動，留
下碑刻書蹟，對臺灣書壇影響很大。

從書法教育觀點來看，山本竟山其人書法造詣，得於清、日兩國文化傳
承，再宣講於清朝割讓的日本殖民地，此一事實雖很諷刺，但其理無他，此
即通常都是文化程度高者，相對較能能吸納多元文化精華。

可見唯有先能釐清臺灣書法的發展特色，才較有可能會吸收其他文化的
相關知識，以便進一步運用在其人才教育上及產業發展的相關規劃上。

舉例言之，書寫內容與閱讀、理解、溝通能力有關，是技術合作、創新
發展之必需；書法線條造型是審美基礎，也是相關工業設計、文化產業從事

---

[7]　葉碧苓，〈日治時期臺灣公學校書法教育之研究〉，(國立臺灣師範大學歷史研究所，碩士論文 1999)。

[8]　〔日〕香取潤哉，〈臺灣日治時期的日人書家活動與足跡──以山本竟山的書法成就與對臺灣影響
　　為例〉，收入《二十世紀臺灣書法發展回顧 學術研討論會論文集》，(國立臺灣藝術大學・國立歷
　　史博物館，2010)。

者必備能力。

因而，本書作者取向，就是根據上述的這些歷史認知，才能在異於一般對個別書法家風格影響、區域書風流派、書法社團教育等論述之外，更能紮根於基礎問題與書法入門的緣由。

亦即顯示，唯有了解上述這些道理，才能對傳統書法知識可以有所掌握，同時對現代技術應用層面的開發也較能進行。譬如對於機器書寫與感測器（Sensor）開發等都是。此即意味者，古代書所論，其語雖多真切，但其相關書法實踐也要時間歷程，才能有效達成。

至於其中的相關譬喻及一些境界體會語，則要回到操作說明來理解，才有助於書法推廣——此即本書作者，大概嘗試溝通當前臺灣書法研究的這兩大趨勢，因而，昭然可見其用心寄託之所在。

*

再者，我們若想以當代新出現的新聞事件為例來詮釋，其實也可藉以看出本書作者的論述構造方式，在事實上是可以毫無困難地，將其作為相互對話的指涉對象來對待處理。

例如在此之前，當筆者在觀看 CNN 製作的網路系列視頻「Great Big Story」時，曾無意中發現，其中一則介紹〈為什麼世界一流的數學家要囤積粉筆〉的報導[9]，赫然提到：

一、美國國家數學科學研究所所長 David Eisenbud，在一次訪問東京大學時，意外發現羽衣文具株式會社（Hagoromo Bungu）出產的粉筆，書寫時讓人感到相當滑順，有助於推理過程順暢而愉悅。

二、這品牌在美國數學界傳開後，許多數學家甚至認為這款粉筆能幫助運算自動完成，使推理更完美。

三、當 2015 年傳說製造商將停產時，結果引起哥倫比亞大學、史丹佛大

---

[9] CNN「Great Big Story」系列"Why the World's Best Mathematicians Are Hoarding Chalk"

學幾位數學教授當中，甚至有人預估退休時間，而提前囤積達 15 年的用量[10]。

四、而這些傳聞，經過友人輾轉求證在柏克萊攻讀數學的臺灣學生，也得到證實，因為這名學生當時手上也有兩盒。

不過，更引引起筆者個人關注的，其實是：這些數學家運算時，因為書寫材質所引發一連串身體動作的效益反應。

或許我們因此該接著追問，為什麼是書寫，而不是鍵盤輸入？

答案之一，是這可能與書寫這項古老的優雅無關。畢竟強調創造，是要對古老抱持敵意才行。

答案之二，或許是存於傳統書寫過程中，從推理中逐步展開，演示從無到有的創造力。

因此，相較於一目了然的 PPT，傳統的書寫行為，箇中確實有其奧妙，這也的確得到許多數學、物理學界習慣粉筆黑板書寫者的認同。

我們須知，在當代歐洲地區，相當重視研發學校教育新方法的芬蘭，於 2014 年的課程改革中修改了書寫課程，提高書面印刷與數位資訊認知的地位，伴隨書寫方式變革與觀念的議題在國外早已引起多方跨領域的討論。

因為工具與文字紀錄方式直接與文化內容相關，工具本身不是中性的介面。

目前正在大英圖書館展出有關書寫的主題，「書寫：留下你的印記」(Writing: Making Your Mark)，是透過大約 40 多種書寫系統，並記錄了 5000 年來人類文字書寫的演變。可以看出，文字在對抗時間的記憶方式上，所使用材質與文化內涵的關係。

還有，在 2011 年時，美國好萊塢名導演馬丁・史柯西斯（Martin Scorsese）拍攝一部 3D 作品——《雨果的冒險》(*Hugo*)，用目前最新的技術手法，介紹法國電影史上重要的實驗與實踐者喬治・梅里埃（Marie-Georges-Jean

---

[10] https://www.ettoday.net/dalemon/post/43437#ixzz5nyZqMHmI Follow us: @ETtodaynet on Twitter | ETtoday on Facebook

Méliès）。除了向他致敬，主要用意也在提醒世人影像保存的重要。

「時間對老電影很無情」，這是裡頭一句重要臺詞。當中還有修復一架寫字機器人的主要情節。目的是讓它恢復書寫功能，重新執筆繪製並簽名梅里埃傳世經典「月球之旅」的手繪稿。

這個機器人書寫的靈感，來自瑞士鐘錶匠皮耶・賈桂-道茲(Pierre aquet-Droz)1774年的作品(Mechanism of the writer, automaton)，所以影像保存與恢復書寫功能，暗喻人類對抗時間與記憶的努力，也就是文化生命延續的強大意志力。

反觀我們居住的東亞地區，以書法漢字而言，使用時間綿延之長，影響範圍之廣，在形塑其文化內涵之地位，實屬人類重要資產，應該與其他學科及文化跨域研究。

因為書法是一門綜合性學問，可以聯結反映多元智能學習風格(multiple intelligences learning styles)，所以常看到附會音樂、舞蹈等技藝的論述。

*

但，歷代書論、書蹟之多，學習者雖常起望洋之嘆。但若就其論述的立意與全書詮釋的體系性內容，則林慶文博士此次新出的這本專書《書法哲學基礎問題》，則是第一次接地氣與當代臺灣現代社會時潮的文化意識形態相呼應。

雖然，筆者初讀其書的內容時，常深感作者在其全書的行文用語修辭方面，時而細密，時而纏繞；行文引用，則文白夾雜，及常呈複雜句翻譯之拗口語法。但綜合其全書內容的主要立意，明顯是著重在深化傳統書寫觀點，並進一步將書法作為吸納與結合其他學問的基礎，以扣問的態度，來看待當前的書寫現象。

例如，此書中的各篇標題和其寓意，都導向問題核心，即：書法如何可能？

而我們若從其書名內容看，則是兼顧人的書寫能力及一切表現形式，頗

有索緒爾（Saussure）《普通語言學課程》的意味——但其論點，又不依從結構主義的形式，且其行文預設的方法，接近現象學對意識的直觀；又把書寫的時間歷程，與心理意識合起來看，凸顯其書寫意識的特殊性質——從模仿的本能到創造的風格體驗，都舉傳統實例或說法與現代觀點對照，一一縷析——因而各篇看似獨立，而彼此間，則實息息相關。

而由上述論述方式與全書構想的命題看來，本書作者的論思出發點，可說是意在告訴我們讀者：

一、如果文字是人類精神的寄託，那麼其中表現書法哲學的問題意識，自然也是同樣在透過書法，來迂迴的探討我們生活其間所承襲、並歷經現今時代思潮衝擊後所顯現的當前人文思想處境，又是怎樣的構造型態或是否能多元創新？

二、亦即，就我們當代臺灣地區的情況來說，在各類型的文字生產技術與圖像資訊氾濫的世界潮流下，傳統原有漢字文化表現形態，如今處於各類新產業發展下，使得新漢字表現形態方面，也不得不跟隨著各種資訊硬體製造的先進技術及設備的不斷更新，而陸續出現形形色色的各種型態轉換現象。

三、同樣的，傳統漢字手寫書法藝術。雖也逐漸有趨向式微現象。但在面對如此大環境的轉變之下，當代臺灣地區的手寫書法藝術，在學術研究相應的認知情況又如何？這是值得我們思考的一項新課題。

此因，我們若溯源探索，不難發現，自古以來人類書法文字的生產方式，就是人以單手偏用執筆而書的身體運動。此即所謂千古不易的筆法。

四、事實上，人類身體生理與工學原理的兩者運作一致，是不分古今的，因而我們每當談書法哲學時，就必須也兼顧筆法這項歷來特別珍秘的功夫。也就是說，書法哲學必須「想法」與「寫法」一起探討？

尤其本書的詮釋理路，又時採取從意識及意志出發，然後才透過身體運動及工具使用而形成文字。因而，文字書寫即是思想的內容表達、以及其間人的動作結合人的視覺審美作用的而產出。所以綜觀這段歷程，也是從自覺

的結合時間與空間範疇的體會才形成的，而非只靠歷史性的自行發展來形成。

亦即，當我們寫出與古代字帖上非常相似的字形時，就在經歷一段與原來作者非常相近的身體動作。

五、所以，文字的不同形體，是不同時期採用的記憶方式。對書法技術的理解要透過運動方式的體會，而非字形上的描摹。因為兩者的身體用力方式不同，從而影響筆下字形的審美判斷。

三、結論

從以上這些詮釋方法，我們都可以見到本書作者的書寫體會。而以上這些觀點，原先在歷代書論中，多只散見，或只隱晦提示而已。

因此，本書作者嘗試將其條貫而明朗，又能以人存在的先天範疇，及其時空觀念去理會。然後，逐次談到，書寫的心理意識及時間歷程、運筆時的空間開展等。而此一書法藝術的意識空間，並非物理想像，而是在運動中體會。亦即在日常生活的環境場所實際體驗而萌生，並非單靠主觀想像而成。

例如，本書中的一篇，〈對米芾《吳江舟中詩卷》所作關於「水上書寫」的猜想〉，即是藉米芾書畫船及《吳江舟中詩卷》，來論證其書法風格與其水上生活的經驗種種。

尤其是在論述中提及，當水上船艙空間的移動時，相較於陸上書齋，則顯見更有呈現水的波動搖晃狀態，卻也因此助長其筆勢的動感體會。

作者藉著此一〈吳江舟中詩卷〉的內容與筆法，來清楚試圖再現其能充分反映記錄當時書寫空間的狀態與真實事件，因而得以凸顯其間所蘊涵自然動態書寫的空間意義。

其實水上、陸上的書寫差異，這些觀點，早在 2003 年，傅申一篇〈董其

昌書畫船——水上行旅與鑑賞、創作關係研究〉[11]中，就已提及。但本書作者
卻能特別提到其移動間書寫時，人的身體重心之平衡、運筆時在書寫介面上
下的作用力與反作力，因此，發揮比傅申一文更深入。

　　而且本書作者的新貢獻之處，是能獨到地挑選出，以影響董其昌深遠而
時代居前的米芾為主，專注〈吳江舟中詩卷〉所反映的動態書寫空間與身體
運動的相互關係，堪稱是主題明確，具有研究上後出的實際優勢，並在「水
上書寫」主題研究上取得往前溯源與內容深化的作用。

　　對比古代生活，本書的另一篇〈招牌的隱喻：走讀城市的街道文字〉，
則是以城市招牌書法及其文字樣貌變遷，說明現代生活的實境或自然物的景
觀等。這些在各時代都是曾引起各種主題詩歌創作或文字書寫靈感的來源。
但在當代則已被各類形形色色的商品製造物所取代。

　　可以說，從現代各類建築到一切日常用品，甚至在蛋殼上的保存期限，
也都有文字線條的作用。但，也可以認為這是，從人類使用文字開始，已經
預見現代生活的樣貌，文字在空間中已不只是「被造物」而已，反過來，卻是
對居住者、行人閱讀時，也同時產生相關的宰制的作用。

　　當然，這是伴隨消費意識而來的日常生活複製。這些觀點大概隱藏呼應
海德格（Martin Heidegger）有關棲居（dwelling）的思想，都別具批評反省的
用心。

　　本書整體架構就是從書法看人的存在狀態，依身體、心理及環境互動展
開。但是身體如何保持非工具目的，不像現代工廠作業線的機器人。

　　這就要在心理層面保有奧秘的所在，而不是被編碼的程式運算控制。這
也是當前 AI 與機器人開發的關鍵和矛盾，因為沒有孤獨感的機器人，雖有助
於生產效率，但孤獨感卻是創造力的來源，而書法藝術哲學創造力的來源，
帶有宗教存而不論的況味。

---

[11] 傅申，〈董其昌書畫船——水上行旅與鑑賞、創作關係研究〉，（國立臺灣大學美術史研究集刊, 15
　　期, 2003）。

　　本書作者所採取這種的觀察視野，其實來自本書作者先前在其博士論文中，對臺灣宗教小說敘述上「世界觀」的理解方式。另外，本書中還涉及書寫運筆細微的體驗語。這大概要有實際操作經驗者，才比較能體會？

　　例如，本文前面提到 CNN 製作報導的〈為什麼世界一流的數學家要囤積粉筆〉。其理由即可以參考《書法哲學基礎問題》第三篇〈筆法與身體經驗歷程—書法與身體美學初探〉。可見，本書的詮釋內容，是多元、豐富、又可以進行理論與現實事件相對照的。

伍、解嚴後臺灣佛教大眾文化的多元發展與創新

一、導言

臺灣地區的佛教活動，在解嚴後非常蓬勃發展，堪稱戰後以來，最具重要意義的轉型期與創新的階段。

因此有必要對這些新變革與新風貌——解嚴後迄今臺灣佛教在民俗節慶、文化藝術、女權思想、情慾概念，和新禪學的多元性新發展的各方面——所出現者分別加以論述。

二、解嚴後臺灣佛教與民俗節慶活動的變革

在當代臺灣宗教的各種節目中最受民眾重視，或和民眾生活最親近的，應該是農曆元月的春節、元宵、三月媽祖繞境、五月端午節、七月中元普度、八月中秋節這幾個傳統節日了。

但解嚴後，不少政治人物，為了選舉能夠獲勝的現實考量，不但自己以造型百變地，以新扮裝姿態，來取悅選民大眾，更藉著新年的大型跨年晚會、元宵的大型燈會，以及各種雖光耀於美麗夜空，但，卻耗費大筆，來自珍貴政府經費，所舉辦的，大型絢爛煙火秀等。

像這些活動，雖是在解嚴之後，變大、變新，但作為社會文化史的實質

創新來看，意義並不大。因其作品是粗糙的，缺乏藝術性之美的精緻呈現，連煙火秀也無法和亞洲近鄰較專業的煙火秀相比。

至於三月的媽祖繞境，雖極熱鬧瘋狂，甚至於各重要媽祖廟，也開始標榜使用多少數量的黃金，來精心打造自己本廟的「金身媽祖」，不論此種作法，對於吸引更多信徒有多大用處，都不是此處討論的重點。

就好像根據電腦繪圖，以及用雷射刀製作出來的，任何宗教的仿古名器，都不能當作新創的藝術品來看一樣。

所以，在此先只討論其中的一種，即農曆的七月十五日，道教的「中元普度」或佛教的「盂蘭盆法會」了。

(一)從道教中元普度的鬼月禁忌到佛教作為慈悲吉祥月的悅納

雖然在解嚴後的當代臺灣，到了農曆七月，即一般所稱的「鬼月」，還是存有不少傳統的各式各樣的禁忌，但情況已大有改善。並且，新崛起的基隆市地區，其長達一個月的大型「老大公」熱鬧祭祀活動，如今已逐漸享譽全臺，正如宜蘭縣頭城著名的「搶孤（爭奪祭鬼禮品）」活動一樣。但這些，和現代性有意義的觀念之改變，關係較少，故此處，仍可省略不談。

事實上，與其說臺灣民眾之所以重視此節日，是基於對此一農曆七月，源自道教的「中元普度」節日，或源自對佛教「盂蘭盆會」的宗教節日，有很深刻的理解，因而才衍生出對此節日的重視；毋寧說是，是和傳說七月為「鬼月」，為了款待「好兄弟」，而在七月一五日以豐盛祭品，供奉的習尚有關。

所以，與其說，臺灣民眾重視，佛教節日的「盂蘭盆會」，不如說，臺灣民眾重視的，是混合佛道和民間仰的「中元普度」了。

因而，一般說來，臺灣民眾對此一宗教節日中的慶祝行為，不論多麼熱烈，實際上，只是傳統宗教習俗的延續或遵循，而沒有深入的歷史理解，和深刻的宗教心理反省。

　　於是，每年當農曆七月一日開始，人們便在言談和行動中，充滿了關於「鬼」→「好兄弟」的種種禁忌。例如：熱戀中的男女，或提前在六月舉行婚禮，不然就延到八月，以避免在七月舉行，而娶到了所謂「鬼婆」。搬家或開新店營業，也儘量避開七月。

　　因而，論到實際，人們其實是在惶恐和戒慎的心理下，戰戰兢兢地度過了充滿「好兄弟」氣氛的七月。而在七月半這天晚上，是月亮最圓滿、最光亮的時刻，人們便以款待遠方來訪的親友一樣，設盛宴以供饗之。請試著回味一下「好兄弟」的這一稱呼，不是彷彿因怕得罪了對方，才勉強自己裝出微笑的臉和發出誠摯的友誼之聲嗎？

　　其實，「盂蘭盆」是梵名 Ullumbana 的音譯，是梵語 avalvmbana（倒懸）的轉訛語，比喻亡者的痛苦，有如倒懸，痛苦至極。而佛教的「盂蘭盆會」印度習俗，早在道教的「中元普度」出現之前，已從中亞傳入。

　　西晉時，西域的僧侶竺法護其人，譯出《佛說盂蘭盆經》，將目蓮（按即目犍蓮 Maudgalyaana，為佛陀十大弟子之一，以神通聞名，晚年在王舍城行乞時，被敵對的婆羅門教徒害死）救母的故事，引介到中國來。

　　但，「盂蘭盆」的宗教習俗，在印度本土起源甚早。印度兩大史詩中的《摩訶婆羅多》已多處提到有關「盂蘭盆」的宗教行為。

　　另外，在《摩奴法典》和《摩訶婆羅多》二書裡，也提到 purra（子息）的語源說明，強調男兒必須拯救梵(trayate)於地獄(pum)的父親之涵義。

　　因印度古來，即相信無子嗣者，死後必墮入惡處，所以婆羅門教徒，在二十歲修業圓滿後，必須回家娶妻生子，以祭祀祖先之亡靈。

　　因此，我們可以說「盂蘭盆」在宗教上最原始的意義，是為人子嗣者，擔負起祭祀血親亡靈的宗教行為。換言之，即是孝道倫理的宗教行為之深刻表現；而非對「無緣鬼魂的崇拜」。

　　後來，佛教徒將此宗教習俗，改換成佛教信仰的宗教內涵。此即《佛說盂蘭盆經》中所說「目蓮救母」的故事。其實目蓮救母的故事，在經文中只

是做為一個引線，目的在說明聲聞弟子的大神通之無用，而必須藉著，供養在七月一五日「結夏安居」後精進的僧眾才有效。

這也是戰後臺灣佛教僧尼，常在每年四月一五日至七月一五日，進行「結夏安居」的由來。並且，之後，又有大規模供養僧侶的大型活動之舉辦，與會者有多達幾萬人之多，可見其盛況。

至於進一步，和道教的「中元普度」結合，更是無可避免的趨勢。此可從宋代以後，三教合一，或三教同源的思想，愈來愈盛行一事，即不難理解。

(二)臺灣慈濟功德會創辦人證嚴尼師的新解

在臺灣的出家僧尼中，證嚴尼師，是最能掌握到「盂蘭盆會」的現代意義的。她曾在臺中新民工商的一場演講中，提出一個「七月原是吉祥月」的新看法，她從「普度」要孝順父母，講到要注重環保、珍惜自然資源，以及改善個人不良習慣，很精闢地表達了她對鄉土文化和社會救濟的關懷。

她以積極、向善的意義，取代了原先充滿禁忌和感性的宗教文化觀。這的確是有建設性的新祭祀概念之提倡。

事實上，當代臺灣已不再是過去戰後初期那樣物資缺乏的社會了，就應該從更同情的角度，來發掘其在，臺灣現代社會生活中的意義。

而戰後能有證嚴尼師其人，特別針對當代臺灣的現行「盂蘭盆會」的活動方式，提出上述，有正面意義的新詮釋，可以說，是對當代臺灣社會民眾，一個很重要的新啟發，所以作為其後繼者，更應進一步，去發揚它才對。

佛教界在裏，其實還有，更大規模，和意義更為重要的藝術活動及文物展覽。此即由陳清香教授所推動的，「第二屆當代佛藝創作展」、香港比丘尼宏勳，耗時一〇年的「大陸佛教藝術攝影展」、以及佛光山舉辦的「中國敦煌古代科學技術展覽」。

三、戰後臺灣佛教藝術創作方面最大的突破——「第二屆當代佛藝創作展」

一九九一年的「第二屆當代佛藝創作展」，是臺灣戰後以來，在佛教藝術創作方面最大的突破。

在過去，佛教藝術是藝壇較罕致力的領域。究其原因，可能係創作佛藝，必須兼顧傳統佛教的既定儀軌，另方面又必須能掌握，佛法具象化的宗教神韻，因此一般藝術家，不敢輕易嘗試創作。

長期以來，除少數傳統的藝匠外，幾乎看不到新一代的藝術家致力於此。但臺灣近年來，拜經濟長期繁榮之賜，佛教的各項弘法活動日趨熱絡，佛教人口也迅速增多，加上佛書的銷售極其發達，因此民眾從單純的信仰層次，提升到精緻佛教藝術的欣賞，亦逐漸可能。

陳清香教授即在這一新發展趨勢之下，基於本身對佛教藝術的專業訓練和愛好，極力鼓動青年藝術家，從事佛教藝術創作。一九九〇年曾在，京華藝術中心展出第一屆；但當時展出的作品，傳統派和革新派的居多，新潮流派則幾乎沒有，和第二屆比起來，遜色甚多。可是創作風氣的突破，終於踏出第一步了。

於是到了一九九一年的「第二屆當代佛藝創作展」時，便開始綻放了燦爛的光彩。參加「第二屆當代佛藝創作展」的作品，可分成繪畫、雕塑、書法和工藝四個項目。其中以雕塑的成就較顯著。

臺灣的佛像雕塑，根據陳清香教授的分類，可分傳統派、創新派、新潮派等三大系統。其中傳統派下，還有唐山系、工整系之分。創新派則又可分為學徒派及學院派。新潮流派則融和現代抽象筆法為之。在此次參展品中，李松林的木雕觀音像，是傳統派唐山系手法的代表作，沈靜優雅的蓮座觀音木雕像，技法之老練、流暢，可謂已臻爐火純青的境地。在創新派的作品中，

則詹文魁的石雕佛像，已逐漸由唐宋的傳統石雕造型，轉為現代的風貌；同時在功能上，也由殿堂的供奉，變為生活起居的藝術品鑑賞。這一發展，和臺灣佛教強調「人間化」的思想，是想應的。

至於楊英風的塑像，此次基本上，仍以北魏雲岡的石佛為基準，銅塑的善財禮觀音像，具有北朝晚期的，秀骨清相之作風。而楊氏的弟子，如朱銘、陳漢青，則以直線抽象來表達形相，但由於和傳統的細緻流暢略有不同，一般鑑賞者還是，有點不太習慣。而楊英風及其弟子的作品，通常都被歸入新潮流一派。

如果從市場需求和創作趨勢來看，可能「創新派」的發展潛力，會較「新潮流派」要大。這是值得我們，注意的一個觀察點。。

四、解嚴以來臺灣佛教兩性平權運動與女性新禪學家的出現及其特殊創新意義

解嚴以來，臺灣佛教兩性平權運動與與女性新禪學家的出現，雖直到二十一世紀初，才躍上歷史舞臺，但其發展歷程卻為時甚久：

(一)戰後「臺灣佛教兩性平權運動」的發展歷程

一九四九年之後，大量大陸逃難來臺的出家僧侶，以白聖法師等為首，透過匆促在臺恢復組織和活動的「中國佛教會」所主導的，傳授戒律活動與頒發受戒証明，成功地，以大陸「江蘇省寶華山式的佛教傳戒制」度為基調，在臺順利地，重塑出家女性比丘尼的清淨神聖形象，並成為戰後臺灣社會，最能接受與認同的主流。

彼等從此，就代替，類似臺灣傳統「齋姑」，在「齋堂」的功能和角色那樣，擔負起全臺灣佛教，大大小小各佛寺內，各種日常性事物的處理。

　　例如，彼等須妥善應對來寺功德主，或信眾們宗教需求等 所以彼等其實是，寺中事務處理重要負責人。也就是說，彼等在寺院中，是各種雜務或大小庶務的，主要的擔綱者，同時也是，寺中男性比丘的重要助理。正如家庭主婦，在一般家庭中，無可代替的地位一樣。可是，其實質地位並不高。

　　其背後真正原因是，儘管戰後，臺灣佛教出家女性比丘尼的清淨神聖形象，已被社會或佛教信徒認可，但由於受到傳統印度佛教戒律中，「男尊女卑」的落伍意識形態的深層影響。所以從戰後初期，到解嚴前，臺灣佛教的出家女性寺內地位，相對於寺內出家男性來說，仍甚卑微。

　　儘管在事實上，她們的總人數，要多於出家男性的三至四倍之多，並且彼等，在出家資歷、佛教專業知識、教育程度，和辦事經驗等各方面，除少數例外，一般來說，若與出家男性相比，是毫不遜色的，甚至於，尤有過之者。

　　但是，傳統宗教意識形態之積習難改，所以在相對的成熟條件不具備時，就是有心要改變，也不易成功。此種情況的改變，正如解嚴後政局劇變一樣。

　　亦即，臺灣佛教兩性平權運動，在解嚴後的新發展和最後能成功，除有昭慧尼及其眾多追隨者的堅毅努力之外，不可諱言，是亦步亦趨地，繼之前臺灣社會婦運的成功，而展開的，故曾受惠於之前婦運的經驗和成果，也是無庸置疑的。

　　我們須知，臺灣社會在解嚴前後，在婦運團體所出現爭取新兩平權運動中，曾分別針對現代女權新思潮、兩性平等新概念，在教育、立法、公共輿論三方面，提出強烈訴求；再結合相關社會運動的急劇催化，不久，即大有斬獲，並大幅度地，改善或提升臺灣社會兩性不平權的非正常狀況。

　　從此以後，這一重大成就，就成為已通過立法，和可以透過教育傳播的臺灣現代主流思想和生活模式的重要內涵。

　　於是，受惠於此社會改革成功的影響，以改革急先鋒的昭慧比丘尼為首，戰後新一代的臺灣的佛教女性們，也相繼提出彼等對傳統佛教戒律中「男尊

女卑」的落伍觀念強烈的質疑和絕不妥協的凌厲批判。

　　而彼等之所以能以出色精研的新佛教戒律專業知識為依據——主要是吸收一代佛學大師印順的原有相關知識精華——作為與其出家男性對手論辯時，才得以致勝的強大利器。

　　因此，在歷經一場，激烈的相互論辯，與對抗後，當代臺灣佛教，兩性平權的改革運動，終於渡過其驚濤駭浪般的爭議階段，逐漸走出開放的坦途。

(二)新禪法與女性禪學家的出現及其重大創新意義

　　在二十一世紀開始的階段，曾歷經解嚴之後的多年努力，以及同樣在印順法師的人間佛教思想的影響之下，首度有臺灣本土的女性禪學思想家性廣比丘尼著《人間佛教禪法及其當代實踐》（臺北：法界出版社，二〇〇〇年）一書，來提倡人間佛教禪法。

　　此書內容和主要概念，因頗能注重禪修的思想正確性，和不忘處處關懷周遭環境及其與社會互動的悲憫心之培養。所以一此書出版，即普受教內識者的接受與稱頌，一時間流傳甚廣。

　　性廣尼也自書出版之後，不但經常應邀到其它他佛教道場，去開班傳授人間佛教禪法的正確修行次第，也曾應邀到部份臺灣的大專院校，去講授她本人詮釋和首創的人間佛教禪法。

　　而她的新禪學體系，雖在核心觀念上，得力於印順的啟蒙和奠基，卻非僅止於原樣的轉述，而是經過重新詮釋和添補新知的，所以就此一創新的意義來講，是超越了當代的，所謂禪學思想的任何流派。

　　對於此一新佛教文化現象，吾人若回顧整個東亞漢民族，近一千多年來，的佛教傳播史上，可以說皆屬男性禪學思想家的天下。換言之，在過去從無有一位佛教比丘尼，夠得上被稱為，所謂「人間禪法之禪學家」者。

　　因此，她的此一新禪學思想書的問世，可說具有臺灣佛教女性新禪學家出現的里程碑意義。

五、當代臺灣佛教界對於性觀念解放的回應

2000 年 1 月 12 日，臺灣商周出版社出版了當代臺灣著名學者、前臺大哲學系教授楊惠南的一本新書，書名非比尋常，叫作《愛與信仰——臺灣同志佛教徒之平權運動與深層生態學》，根據楊惠南自己的說法，「一九九七年～二〇〇一年，作者（楊惠南）參加中央研究院社會學研究所瞿海源所長，召集的整合型研究計畫『新興宗教現象及相關問題研究計畫』，完成〈童梵精舍‧梵志園研究〉研究報告，隨後，又完成〈「黃門」或「不能男」在律典中的種植問題〉，在華文世界裡，是第一篇討論同性戀的戒律問題的作品。」

這當中，最後一句話，「在華文世界裡，是第一篇討論同性戀的戒律問題的作品」，其實是很重要的突破。不過，此處所說的「突破」，是指臺灣解嚴後，佛教學者在涉及現實上，極為敏感的戒律與情慾的研究課題時，已不像過去那樣避之惟恐不及，反而是大張旗鼓地，公開出書，告知天下。

而楊惠南本人，最近從臺大哲學系退修之後，向外界坦承，他就是一個資深的男同性戀者；而據著名的佛教史學家藍吉富，告訴本書作者，楊惠南甚至於，為其男同志之愛，寫下許多動人詩篇。

以上這些現象，都是解嚴之前，難以想像的。在解嚴後，就逐漸可以，公開化和被接受了。

不過，這並非個案，也不是因為，楊惠南本人，既是臺大教授，又非出家僧侶，才得以如此。而是，只佛教界在此問題討論的心態上，基本上已朝開放發展，並且被接受度很高。例如連出家女性的佛教知識份子，也同樣會觸及這類在過去可以說是極為忌諱或儘量避開的超敏感話題。

像二〇〇二年二月發行的佛教重要刊物，第五十五期《弘誓雙月刊》，就有關於〈通姦除罪化與婚姻穩定性——一個非道德性角度的分析〉（作者昭慧尼）、〈情欲解放，怎麼解放？——節欲、縱欲與離欲〉（作者昭慧尼）、

〈靈修：一條美麗而險惡的幽徑——掀開錢、權、性糾結不清的神聖帷幕〉
（作者昭慧尼、性廣尼）的多篇相關論述。

　　可見，解嚴後，風氣大開，連像與情慾或通姦之類的超敏感話題，在臺
灣佛教出家的佛教知識份子，不但可以和當代臺灣社會的脈動幾乎同步，甚
至於可就其身為專業宗教師的知識優勢，能對相關議題的論述分析，提供其
宗教學觀點的更深層或更具啟發性的洞見。這也是，解嚴後，值得重視的一
種有意義的新發展。

六、當代臺灣佛教界對於性觀念解放的溯源

　　但是，以上所述，在解嚴後，關於情慾糾葛，或對性觀念的討論持開放
態度的有意義之新發展，其實還涉及更廣闊的宗教層面，或社會層面的變革
與挑戰的問題。所以，此處仍須，從更大層面的相關變革，進行對當代臺灣
佛教界，對於性觀念解放的，溯源之說明。

　　臺灣佛教在戰後，會出現的大轉變，當然在初期，主要是由於日本政治
和宗教勢力的退出，由國民政府接替管轄所致。因一九四九年大陸統治權的
易主，國民政府的中央機構遷臺，並帶進了大批的逃難僧侶。這一新局面，
才是以後促成大轉變的關鍵因素。

　　一九五三年初，這些逃難僧侶，更透過臨時組成的中國佛教會，介入臺
南大仙寺的傳戒活動，從而掌握了戰後數十年來的佛教發展趨勢。

　　簡單的說，中國佛教會藉傳戒活動，排除了日治時代已在臺灣出現的僧
侶娶妻食肉的新風氣。也就是說，出家人除了落髮以外，要吃全素，而且不
能結婚。此一措施的影響極為深遠，受戒行為成了塑造僧侶出家神聖的圖騰，
並長期主導了一般佛教徒的認知模式和崇拜心理的深層結構。

　　而對其進行第一個順位挑戰的，是來自藏傳佛教在臺修法的情慾衝擊。

　　因為臺灣在戰後，特別是在解嚴之後，相繼來臺西藏的密教，有紅、白、黃各派（林雲的黑派不算），但各派在修行理論上，都涉及到，所謂兩性情慾，如何處理的問題。

　　其中，除黃派，即達賴喇嘛這一系外，在雙修法過程中，各派不只有想像的建構，而且有，實際的性器官接觸。而黃派的例外，也只是不從事真刀實槍的接觸罷了。

　　其他方面仍大同小異。因此，過去漢族著名密教上師陳健民返臺，在臺北僑光堂公開演講時，其繪聲繪影，令擔任翻譯的葉曼女士，必須左閃右躲地，才能講出口。而後來在佛教界，私下流傳的原本秘笈，讀來宛若性學手冊。

　　這說明了什麼？情慾的防堵觀念，已在藏傳密教的疏導理論之強大沖激下，開始動搖了。

　　唯一可能建立的防線，就是愛滋病的流行，及其會致死的後果，除非戴上保險套，才能避免感染。

　　可是，無上瑜珈的雙修大喜樂，會不會因戴上保險套而效果受影響呢？經常出國的，法鼓山創辦人聖嚴大和尚，就曾提到過，在歐美的一位西藏密教上師，原先很受女信徒歡迎，後來發現，染上愛滋病以後，幾十個道場，就相繼關閉了。

　　看來，愛滋病的病菌，並不是藏傳佛教的，無上瑜珈雙修大喜樂的修法仁波切（上師），所可以輕易對付的。

　　第二個挑戰佛教戒律系統的，則是來自臺灣著名的節育人口政策。為什麼這個人口政策會對佛教戒律有影響呢？

　　臺灣人口的結構在一九六八年以後，因推行「家庭計劃」減少出生子女數，於是逐漸從過去的多子多孫觀念調整為「兩個恰恰好」或「一個不嫌少」的高品質人口觀念，是臺灣社會最重要的觀念改變之一。

　　當然，人口的問題從一九六二年由蔣孟麟先生提出檢討的呼籲以來，著

眼點是要減少人口密度以便節省開銷、厚植國力，但因不同於孫中山的人口主張，曾遭到來自保守派的強烈批判。

一九六七年七月行政院國際經濟合作發展委員會人力資源小組（簡稱經合會）開會，秘書長陶聲洋在會中指出：（一）半技術工人不足。（二）高級技術人員缺乏。（三）中級技術人員嚴重欠缺。

而當時臺灣人口的密度是世界最高，並且一五歲以下的人口佔總人口數的百分之四〇；可是受教育的學生人數卻僅佔總人口數的百分之二五。

所以當時，臺灣人口的結構是年輕人的比例高，但技術訓練不足，難以符合工業發展社會的生產需要。

一九六六年一二月全臺人口普查完成，總人口接近一千三百萬，男略多於女，每戶平均人口數為五‧六人。

一九七六年為提高人口品質，斷然採行九年國民義務教育。隔年則正式推行人口節育計劃。於是政府擁有豐沛年輕的生產人口，投入經濟建設後，才有後來快速經濟成長的奇蹟出現。

但以上的人口結構改變，除了促成人口品質提高、生育率下降和社會經濟快速發展之外，對臺灣佛教的出家人口有無影響呢？自然是有的。

傳統的佛教僧尼來源和社會貧窮、家庭人口眾多、負擔過大、就業機會少、教育程度低等外在因素的強大壓力有關。雖然傳統臺灣佛寺的經濟狀況，也多半不太寬裕，但出家後，一方面疏解部份家中過多的人口，一方面可在佛寺中找到衣食來源、教育機會和社會交際的廣闊人脈，所以出家是可以解決某些家庭和個人的問題的。

由這種角度的思考延伸，即不難了解不少大陸來臺軍人，解甲後不到社會就業（年紀大、教育水平低、就業困難），反而選擇出家，作為退伍後的歸宿，道理在此。

可是，在一九七〇年以後，年輕夫婦，崇尚「兩個子女恰恰好」的家庭計劃觀念，若家中僅一男一女，一旦男的出家了，因不結婚、沒生育兒女，

這個家庭的香火繼承,就有中斷之虞了。

　　具體的效應是,除退伍老兵之外,臺灣年輕男性的出家意願,越來越薄弱了。為了解決這個問題,中國佛教會會長的白聖,在一九七七年一一月左右,重提早年建議:讓部份不願過單身生活的僧侶,可以結婚有性生活。於是釀成了,一九七八年,臺灣大眾媒體,競相刊載「和尚結婚」消息的大風波。

　　最後,雖在各方反對之下,「和尚結婚」未成定案,但臺灣人口結構改變的效應,也不難從此一事件,獲得部份的關聯線索。

　　從另一個側面來觀察,也可以看出,一些效應的後續發展:此即男性出家人,出家後在十年以內還俗的,佔一半以上;女性則大概只有四分之一還俗。

　　由於情慾所引發的爭論,在教界愈演愈烈,所以昭慧比丘尼也在解嚴以後,幾度為戒律中的「破戒」問題,以及傳統戲劇中的情慾問題:如《思凡》事件等,不論在教內教外,都有過大爭辯。

　　因此,關於臺灣的佛教倫理,或佛教文化,也是時常,隨環境的變動,而有了新的調整和適應。

陸、李春霞風格獨樹一幟的臺灣「杏壇小說」問題

一、導言

　　在當代臺灣女作家中，李春霞的小說創作可能是一個異數。因為她不只長期任教於國民小學，而且在短篇創作上，大量取材自教學生涯中所見所聞和所感到長期到教育與情感的問題，具體而微地反映了當代臺灣國民小學各色各樣的「杏壇」風貌。單就這一點而言，她在當代臺灣女作家中，即是風格獨樹一幟的。

　　當然，如就當代國民小學教員身份或教學經驗的，頗不乏其人，像葉石濤、鍾肇政、李喬、黃春明、七等生等都是，但是反映在彼等的小說上，卻僅是其中的部分個人經驗，這和當代國民小學的生活圈或教育現況，是有相當程度距離的。李春霞則不然，她雖自一九六五年即以短篇小說〈掙扎〉獲全國中上學校學生徵文第二名，而展開寫作生涯，但多年來，陸續發表的作品，絕大多數是和「杏壇小說」有關。從國內萬盛出版社在一九八一年和一九八二年為她結集的四本短篇集：《綠蔭深處》、《明月幾時有》、《光亮曾閃爍》《藍梅》及金華出版社的《張網的人》，即可以清楚地看出她對教育圈的生活觀察和個人的成長歷程。尤其是作為「女教師」的角色，更是鮮活無比地反映在許多篇章裡。因此，她的作品和和教學生涯，具有密切的關聯性，堪稱是道道地地的「杏壇小說」。在當代臺灣小說創作中，是有其個人特色的。

　　不過，在李春霞的整個現有作品中，仍以一九九三年由臺北商鼎出版社出版的短篇小說集《被綁架的校印》，最能強烈地呈現出「杏壇小說」的創作風格。這也是李春霞自一九八七年以後，個人短篇的最新集結，不但時間切近教育圈的現況，同時代表她在創作生活上又攀登的另一個高峰。可以說，在長期以國民小學「杏壇」為創作題材的嘗試中，終於出了她個人獨特風格的成熟代表作。

　　由於臺灣的教育體制中，國民小學是教育人口最多的地方，在國民道德的培養和知識的傳播上，具有極大關鍵性的地位；而臺灣自解嚴以來迄今的政治變革與社會衝擊，在國民生活的每一個層面都造成深遠的影響，究竟小學教育這一環又是受到多少波及呢？是值得我們去了解的。

　　畢竟小學的教員和學生，乃至校長和家長，都是「社會人」的一份子，他們也和其他人一樣會感受到社會的變革和影響。因此我們若能透過像李春霞最成熟的《被綁架的校印》這樣的「杏壇小說」，來觀察其中的變化和影響，應是極有助益的。

二、小說內容評述

　　李春霞這本《被綁架的校印》，共收有九篇短篇小說：

　　　一、〈譚貓奇聞〉。

　　　二、〈離〉。

　　　三、〈看到自己下場的人〉。

　　　四、〈何處是兒家〉。

　　　五、〈崩潰〉。

　　　六、〈孩子，媽與你同行〉。

　　　七、〈完美的背後〉。

八、〈老師，你的名字就是愛〉。

九、〈被綁架的校印〉。

這九篇各具特色的短篇小說，最早的一篇是一九八七年元月二十四日至二十五日發表於《中華日報副刊》的〈何處是兒家〉。最後的一篇是一九九二年十二月二十五日至二十九日發表於《青年日報副刊》的〈被綁架的校印〉。因此，我們可以說，這幾篇都是臺灣政治解嚴初期的精心作品。又由於李春霞在此期間，一方面仍擔任改制前的臺北縣永和市網溪國小的教務主任，一方面從事「杏壇小說」的系列創作，因此她的小說帶有極濃厚的寫實性質。換言之，這些小說的情節或所反映的情感與教育問題，都不難在現實中找到其類型或經驗的。

以下即按其書中各篇的編輯順序，將其中出現的情感與教育問題，加以介紹。

首先，在〈譚貓奇聞〉的這一篇既幽默又諷刺的小說中，李春霞活靈活現地描寫一位山東籍的貪婪教務主任。這位教務主任是在當時的臺北縣海邊的某一小作威作福，還經常揩學校中女老師的油，致使女老師們對他又怕又恨。她們用他的姓為他取個綽號叫「譚貓」。有一次，這位「譚貓」由於偷走女老師的整包「烏骨雞肉」，引起女老師們的公憤，設計在綠豆湯中放「瀉藥」，讓「譚貓」上當偷吃而引起激烈瀉肚，幾乎喪命。但在立刻送醫急救，僥倖挽回一命之後，「譚貓」居然敢以偷自各女老師的私人東西，像女用內褲之類，當禮物送還失主。可以說，有恃無恐到極點。雖然李春霞的筆調，始終是幽默和輕快的，但是對於教育界的諷刺，去清晰的自文字背後劉露出來，是臺灣「杏壇小說」中罕見的幽默諷刺作品。由於透過作者此一創作方式，使教育界的「譚貓」變成了新的小說類型。此一小說筆法是值得肯定的。

其次，在〈離〉的這篇短篇小說中，主要是在探討教員面臨婚姻變化時的情感與處置問題。其中女主角賴秀盈是教學勤勉的小學女老師，由於戀愛七年和結婚八年的丈夫羅輝另結新歡，使她只得傷心落寞地攜著年幼的兒子

迪安，在一所山區的小學教書和居住在宿舍裡。當她和兒子鄭女路調適自己的婚變生活時，變心的丈夫又突然找到學校來；她以為要逼她簽離婚同意書，誰知道是因患了癌症想和妻子共度人生的最後時光。作者在這一情感的波折與調適中，相當細膩而柔婉地描寫了女主角的心裡感受，以及男主角和兒子在山區生活的快樂時光。因此，情節的發展，儘管在結局仍以不幸——男主角的死亡——收場，但是兩夫妻在此以前已言歸於好，所以是在嗐抽中猶存人性的溫暖，讓人有餘韻嫋嫋之感。而作者卓越的寫實能力，也在情節的舖陳和生活細膩的描寫中顯露無遺。作者實具備了優秀小說家中應有的技巧素養，相當令人嘆服！

在第三篇〈看到自己下場的人〉這篇小說中，作者是側重在教師職業道德的堅持與挫折問題。朱天富是堅持原則的教務主任，卻在校長與議員的強大壓力下，面臨是否要違規接受推銷參考書的困境。正如金議員在電話中對他的恐嚇：「擋人家財路是很嚴重的問題——。」他的堅持遵守教育法規，事實上把自己逼到與所有其他人完全作對的地步。由於他須以一己的微弱力量來對抗沉重無比的大環境壓力，結果他在惶惑與焦慮的雙重大壓力下，便出現了導致他悲慘下場的噩夢——這是他和校長被金議員邀請去跳舞，卻在舞廳枯坐時所預測到的。又因他在現實生活中，也是不善變通而遭妻子遺棄和奚落，所以他是在教員中極為令人同情的悲劇人物。作者藉此道盡了教育界少數堅持原則之士的淒涼與無助的悲哀，是一篇相當有震撼力的文學作品。

第四篇的〈何處是兒家〉，主要是在處理問題家庭的兒童處境。小說中的主角人物姍姍，是年才歲就讀國小四年級的女學生。她父親是一家大餐廳得廚師，母親是家庭主婦，一家四口居住一棟屬於自己的房子裡。這樣的生活，原可和樂美滿，但在母親離家出走而父親再娶之後，一切都改變了。姍姍在學校中變成老師頭痛的問題學生，像缺文具、未穿制服、偷吃同學的巧克力等。她的老師——何老師注意到姍姍的異常。於是她親自訪問姍姍的家，發現後母對姍姍的異常行為很不以為然，甚至在何老師親訪後，認為有辱門

風，更加苛毒地對待姍姍。學校方面，察覺事態嚴重，在獲校長同意後，由何老師帶著姍姍向警察局報案。警員出面干預的結果，反使得姍姍的雙親(父親與繼母)決定放棄姍姍，讓別人收養。警員的朋友林先生雖然已有兩個唸國中的兒子，卻仍願意認養姍姍做女兒；認養後，的確善待姍姍，使她恢復了應有的活潑和可愛。不過正當學校老師慶幸姍姍有了一個新家時，誰知她的親生父親又後悔了。據說是因姍姍被認養而使太太(繼母)遭到許多人的指責，為了避免繼續被評，所以決定領回姍姍，並送她到家扶中心去。姍姍的短暫幸福，再度成了泡影。「家」的不確定性，最後成了她的最大迷惘。

在這篇優秀的短篇小說裡，作者的著眼點，並非僅僅在批判苛待姍姍的繼母或她的雙親，毋寧是透過文學的表達形式，來凸顯出解嚴以來在臺灣社會日益頻繁出現的婚變家庭及其衍生的子女教育問題。因此，姍姍在小說中令人同情的遭遇，其實是很多類似個案的縮影。尤其作者是負責國小教務的第一線人員，應較常人更能體會類似的問題。不過，從小說的結局看，姍姍的住處和前途，是全然操在自己雙親手中的。作者對此雖然同情，卻愛莫能助。所以姍姍最後在作文簿中所吐露的迷惘心聲，在某種程度可視為作者此一無奈心境反映，讀罷有為之掩卷嘆息之感。

在第五篇〈崩潰〉的這篇小說中，作者處理的題材，和第四篇〈何處是兒家〉全然不同。前一篇的姍姍是小學生，而在〈崩潰〉裡的麥老師，卻是個不折不扣了事，才被報導出來，但實際反映在文學作品上的，可以說幾不曾聽聞。而作者在〈崩潰〉這篇精彩的小說裡，藉著來來國小為校中多位退休老師舉辦的熱鬧送別會上，麥老師所做出的異常反應，來凸顯此一問題的潛在危險性。在小說中，麥老師是服務年資剛滿二十五年，五十出頭的女人。通常在這一年資和年紀的老師，是智慧成熟、教學豐富、正當春風化雨的最佳時機。可是，在校長的抽屜卷宗裡，厚厚一疊都是麥老師「行為失當」的相關資料。她平日經常遲到、早退，上課「胡說八道」，下課批評、謾罵同事，把學校搞得雞犬不寧、烏煙瘴氣。小說的前半部生動地舉例交代了這些事實。

　　然後是，校長決定簽公文要麥老師退休。而麥老師則又叫又跳，說是社會病了，她沒有病了，她會去拿一把機關槍，把學校的「十大惡人」槍斃。結果，大家雖不知道誰是「十大惡人」，麥老師也辦了退休，卻在送別會上演出驚心動魄的一幕——麥老師在怨恨和迷茫中，拿出手中的玩具槍對大家掃射！她的預言實現了，人也崩潰了！在小說的後半部，即深刻地描繪了麥老師的心中幻象和逐漸發病的過程。整個情節非常緊湊，戲劇性的張力極強，是一篇讀來令人緊張、擔心和具有十分震撼力的小說。作者營造小說的技巧，發揮得淋漓盡致。而「問題教師」的嚴重性，也到了社會必須正視和改善的地步了。

　　第六篇〈孩子，媽與你同行〉是關於罹患「蒙古症」小孩的照顧與教育問題。作為罹患「蒙古症」小孩的母親顧心維，本身也是個小學老師，因此她是母親兼老師的雙重腳色者。但在小說中，孩子的父親雖是曾在國外受過高等教育的人，卻不能面對自己的小孩有「蒙古症」這一殘酷的事實。他起初要求妻子將校還放棄，另外再生一個健全的後代。

　　當妻子不忍捨棄時，他不但未能同甘共苦一起照顧小孩，反而遠走他邦，另結新歡。只留下擔任小學教師的妻子，一個人毅然面對婚姻破裂和須獨自照顧「蒙古症」小孩的雙重腳色問題。這是一條漫長而坎坷的路，而顧心維無怨無悔。我們可以說，這是由於母愛勝過一切，才能有這樣感人的結局。

　　但作者在選擇題材和作文學表達時，卻有其匠心獨具之處。因為這篇小說曾入選「中華民國特殊教育學會」成立二十週年徵文的優等獎。在「評審意見」裡曾提到〈孩子，媽與你同行〉的標題，很能引人入勝，且親切具有感人的力量。而描寫母子親情極為細膩，內容感人，刻劃生動，亦點出向命運挑戰的主題。這樣的評價是十分公允的。同時，在「評審意見」裡也指出：家裡有「蒙古症」的孩子，該如何自處，無論孩子和母親，都是一項值得探討的問題。就此點來說，作者可謂以文學形式來表達此問題的先驅，其銳利的眼光和細膩動人的筆法，在在令人激賞和回味。

　　在第七篇〈完美的背後〉，作者處理的是情感上出問題的小學女老師這一主題。小說女主角邱玲是個喜歡追求完美、有強烈自信的音樂老師。作者描寫他是四十多歲，容貌秀麗、身材修長，除了臀部稍大之外，臉色特有的羞澀神情，可以教人感受到她的單純和沒有心機。然而，就是這樣的人，居然結婚三次，離婚三次，理由是對方不夠完美，她寧願玉碎，也不願瓦全。三個丈夫留下三個女兒，但監護權歸她一人所有。她獨力撫養三個女兒也無問題，因為她擁有一座大廈，就在學校附近，衣食無缺，似乎過得不錯。

　　然而，她卻有一個弱點，因她過於自信，所以常喜歡自作主張為同事出主意或強力要求別人屈從她的教學觀點。就專業的立場來說，邱玲並無不能勝任之處，校中同事也不和她計較這一點。可是，她好管別人私事、喜歡亂出主意的毛病，卻讓不知情而聽信她的人，遭了殃，倒了楣。但，她不但不曾為此道歉過，還會進一步逼對方承認：問題的發生，責任不在她，否則她絕不善罷甘休。如此一來，同事都開始對她敬而遠之。

　　其中最荒唐而最後鬧成悲劇下場的，是她喜歡未婚而年輕英俊的訓導主任廖新穎。當廖新穎有未婚妻並準備結婚時，邱玲居然找機會向廖主任警告，他的未婚妻有三十六個缺點。而當廖主任不為所動時，邱玲更進而邀約他，向他表示自己才是他理想的對象，要他放棄未婚妻而娶她。後來，當邱玲獲悉廖主任根本對她無意之後，除了要他發誓絕不洩漏雙方所談的內容之外，還準備展開報復。結果邱玲利用運動會指揮大合唱時，將同在臺上幫忙搬麥克風的廖主任撞下司令臺，而被旗座的尖鐵插進後腦，當場死亡。這一幕被拍攝運動會的錄影機錄下來了，因此，謀殺者立刻被揭發了。可是死者已不能復生了。

　　像邱玲這樣的變態性格與偏激作風，也許是小學教師中的特殊例子，可是同樣令人對此悲慘結局感到不寒而慄！很顯然的，作者賦予邱玲敢愛敢恨的強烈性格，並在情節的發展過程中，儘量做到雖然行為異常，可是那種源自異常性格的篇及行為反應，還能令人覺得這在現實中是有可能的。因此就

此小說的藝術手法來說，作者相關描述確實是能使人信服和值得肯定的。

第八篇的篇名是讓人一看就覺得很溫馨的——〈老師，你的名字就是愛〉。這是由四個極短篇故事組合起來的短篇小說，在篇幅上，是全書九篇中最小的。

第一個故事，是寫一個功課不好又被家長慣壞的小孩，當老在認知為他個別教導時，反被他媽媽到校中來責罵老師一頓，以至於隔天，他的老師在為他加強注音符號練習時，還得為他準備現烤的火腿蛋三明治，讓他吃得津津有味——因為這是他媽媽前一來校中吩咐的，不照辦，老師會又挨罵。

第二個故事，是寫一個功課最差而又貪睡遲到的胖小孩，由於生活在一個「晝夜顛倒」的家庭，老師只得設法託住在他家附近的小朋友，每天去叫門，才解決遲到的問題。在功課方面，則除了儘量抽時間為他複習之外，還得陪他在校操場跑步，以降低他的超級體重——已近六十歲的劉老師，每天持續地做這件事，終於使胖小孩不遲到，體重減輕，功課進步，而且更能和同學融洽相處了。

第三個故事，是講一個從小因發燒而有學習障礙的小孩，因家裡賣草藥為生，所以有一次腳底踩了釘子發炎，三天沒來上課，他待在家裡由父親為他治療。他的老師前往探視，卻發現孩子的腳發腫，額頭是滾燙的，因此她向小孩父親建議申請平安保險，趕快送醫院治療。誰知小孩的父親居然想到小孩如果死了，可以請領多少保險金的問題。當老師察覺對方這一意圖時，只得自己揹起小孩去看醫生，折騰了一個星期，又打針又吃藥，方使小孩免於破傷風和消腫退燒。可以說，她替自己的學生撿回一條腿。

第四個故事則更簡單，是透過一個特殊教育的頒獎典禮，由一個曾患小兒麻痺症的殘障者——他因徵文得第一名而上臺致詞——道出了他對推動特殊教育者的無盡感謝。最後，作者再度點出〈老師，你的名字就是愛〉這一主題。

作者這四個極短篇所串起來的小故事系列，看起來像生活隨筆，但在輕

鬆又幽默的筆觸中，卻散發著雷霆萬鈞的感人力量，閃耀著令人肅然起敬的人性光輝。因為教師不論如何盡責，其實也是一個常人，同樣會有職業中的倦怠和煩惱，正如李春霞在第五篇〈崩潰〉裡，替十多位來來國小退休的教師，所作的退休類型歸納一樣。

但是，就是身為教師，同時也須存有教師行業的使命感，因而儘管彼等有時必須面對家長的責罵(如第一個小故事)，家長的懶散(如第二個小故事)，以及家長的貪婪(如第三個小故事)，卻依然得擔負起身為教育者的知識教導與行為導正的神聖天職。而我們的人生中或人類中，所以讓人猶存一絲希望者，正是由於還存在類似上述故事中的幾位老師那樣，能有無私的奉獻與高尚的道德情操在閃閃發光。不過，在此同時，作者也藉著這幾個小故事，曝露了社會上某些人士對於教育者處境懷偏見或無知，所以才有類似故事中幾位老師所要面對的尷尬場面。

事實上，我們不能把他人——就像故事中的幾位老師那樣——受辱或犧牲奉獻，視為理所當然。並且，只有在這樣的認知之下，我們才可以感受到作者在此小說裡除了表達對老師教育愛的推崇之外，同時也流露著當前身為教師者的職業艱辛與無奈。

再者，我們可以說，〈老師，你的名字就是愛〉這個篇名，一方面是寫實，另一方面其實是反諷。所以，小說固然是很簡潔的四個小故事系列，篇幅不大，卻有巨大的藝術效果。可以說，作者樸拙無華的寫作技巧，正是最感人的文學作品表達方式。所以此篇小說，實在值得細細品嚐！

第九篇〈被綁架的校印〉是本小說集的壓卷之作，不但篇名怪異，連結局也大出人意料之外。因為「校印」並不是人，何以能被「綁架」？作者所如此故作懸疑，是因她是擬藉偵探小說的形式，來表達發生在朝牌國小的一件「校印」被盜走的離奇故事，並藉此來諷刺小學教育中的某些嚴重弊端——如違法販賣參考書的問題。此篇小說，可視為本書第三篇小說〈看到自己下場的人〉的同類型加強版，因此情節更曲折，也更具藝術的感染力。

　　此篇小說的情節，是從朝牌國小的「校印」突然不見了開始，使得一向喜歡親自保管「校印」的左校長，面臨可能被記過的危機。左校長因此大為煩惱和恐慌。到底是誰偷走「校印」呢？左校長開始暗自猜疑起來。起初，他在教職員的朝會哩，以低調姿態宣布「校印」被偷這件事，並表示，只要能物歸原處，絕不追究偷者的責任。為此，他特地請一天假，還開了鐵櫃們，以便偷者把「校印」送回。

　　可是，一天過去了，「校印」仍沒有送回來。第二天、第三天，「校印」依然不見蹤影。於是，左校長開始在校中尋找可疑者，並試探對方是否偷了「校印」？結果，先後有：教務主任、社會科的宋老師、常出紕漏被家長告狀的徐老師、有婚外情的孫老師、喜歡對女生動手動腳的工友老師，共有五個人被校長盤問，但五個人全部否認偷走「校印」。左校長因此被教育局記了一次過，使他元氣大傷。

　　在另一方面，學校裡五、六年級老師，卻在發起聯合聚餐，為任教已滿三十年已提出申請退休的葉淑芳老師舉行歡送會。在會上，葉老師表示自己有體力和耐心，可再任交十年不成問題。大家都勸她暫緩退休。但是，她表示學校丟掉「校印」，所以她得提早退休——因為她就是那個偷走「校印」的人。葉老師的坦白自供，讓與會的同事們大吃一驚。他們因太意外而傻住了。葉老師於是道出偷走「校印」的原因，是為了向左校長表示嚴重的抗議。

　　因為葉老師教書快三十年，一直很認真，完全犧牲奉獻，不計一切名利，所以有機會被提名到「杏壇芬芳錄」。這是教育界無上榮譽，她自然欣喜無比，家人都替她高興。但當她提出資料和文稿時，校長卻不願在一張切結書上蓋章。切結書是證明提名上「杏壇芬芳錄」的老師，不曾體罰學生、沒有不當補習和沒有向學生推銷參考書。校長認為葉老師推銷過參考書，不願替她簽名蓋章。可是，這件事根本就是左校長主謀的，葉老師是在抗拒多年，才在一年前受校長脅迫，也跟著推銷參考書，使多年清譽毀於一旦。

　　由於有學生家長向縣府告狀，校長怕出紕漏，要葉老師先對學生洗腦，

要他們在督學調查時，一概否認。左校長親自問學生，全體學生齊聲回答：「沒有——。」卻有一位學生站起來說：「葉老師是向我們推銷參考書。」左校長罵那位學生，學生則回嘴說：「老師明明做了，為什麼要我們說謊？那不是成了放羊的大人嗎？」學生的話，使葉老師段感無地自容，尊嚴掃地。她知道自己犯下一生最大的污點了。所以她對左校長不肯蓋章一事，並不懷恨，但看不起他，也看不起自己了。於是他趁「校印」放在桌上，將它偷走，當天就丟進——糞坑裡。老師們聽完之後，爆出一陣笑聲，紛紛舉唄。其中有位男老師，單獨地為糞坑裡的「校印」又舉了一次酒杯，使整篇小說原有的懸疑氣氛情節急轉直下，成了完全預料之外的驚奇與歡笑的結果。

但是，我們從葉老師的自述事情的始末和老師們聽後的笑鬧反應，可以明白這種笑鬧聲其實是由於同為教師的彼等，也曾多多少少經歷過類似被人格踐踏之後，由累積已久的屈辱的內心深處被此時此事的心聲共鳴，遽然找到宣洩的缺口，於是不約而同的集體爆發出來。換言之，在這些老師們的紛紛舉杯笑鬧聲中，其實存在著集體抗議的反嘲諷意味以及閃耀著屈辱的淚水之光的！作者的戲劇才華，至此達到了高峰。因此，本篇作品應是作者平最佳的短篇小說之一，也是技巧完全臻於成熟的藝術表現。

三、讀後的省思與期待

從以上的分析中，我們可以發現李春霞的九篇小說，分別呈現了當代臺灣小學教育中的各種「杏壇」面向：從問題學生到問題老師、從病態的教師人格到受盡屈辱而無私奉獻的師道典範、乃至情感衝突和智能障礙等，都能有血有肉地活現在作者的這些短篇小說中。這幾乎涵蓋了當代臺灣小學教育圈內節大多數的「杏壇」問題。因此，本書副題為「杏壇系列小說」，可為名實相符。

　　可是從作者在小說中著力表現的重點來看，主要還是在教育與情感這兩個層面。就其著力的教育問題來說，作者其實是第一線的小學教育資深工作者，藉著小說的藝術手法，將當代臺灣教育界的小學領域中經常面對的問題，諸如婚變家庭的問題兒童如何處理？病態的小學教師有何潛在的危險？乃至外界對於教師的不當干預如強迫推銷參考書等，都能一針見血地指點出來，並相當敏銳而準確地在小說裡表達。這是所謂「內行人說內行話」，具有極大的可信度，相對地也使作品的現實性大大地提高。

　　雖說文學作品的創作，並非僅有寫實主義一途，因此也不必要求作品中的描寫都得在現實中一一找到對照。更進一步說，由於小說創作不需透過作者的藝術剪裁，而在剪裁的過程中，作者實乃透過心靈的折射，才能反映出作品的藝術構圖來，這其中的過程也自然摻雜了作者的主觀情感與願望、社會成見和本身的寫作習慣的影響，不可能全然客觀。就這意義來說，絕對的寫實主義，事實上是不可能存在的。但是，以李春霞的這一系列的「杏壇小說」來看，為什麼又具備了極大的現實性與可信度呢？

　　這是由於作者在取材的對象和教育的主題，都曾存在於現實世界，為作者所熟悉，並加以表現。因此，作品雖有作者個人主義的投射，卻仍在相當程度反映了臺灣小學教育圈的問題與事實。所以她和從事教育工作的人，具有同樣的認知背景與共識，儘管個人所採取的立場未盡相同，但不至於出現外行人講外行話的情形。就此而論，作者實具有教師代言人的資格。在當代臺灣的短篇小說裡，此種地位尤其突出。這是我們在讀本書作品時，不可以忽略的。

　　至於作者在書中的另一個重點，就是關於教師的情感問題。儘管在教育小說裡，這些情感未必全屬必要，可是正如現實中同樣會出現的狀況那樣，一旦教師出現情感問題，尤其是病態型的情感問題，就不可能不構成彼等的心寧掙扎與困擾。所以作者出了在本書的小說中的一些個案之外，仍然有其他各類的情感問題會困擾著許許多多的教師們。所以，作者其實並未窮盡這

些各類型的情感問題，因而在此領域仍有可以開發的新題材可以書寫。所以，
作者在此書出版之後，還可以有更多的新作品讓我們期待。

柒、當代新竹市眷村文學的風城感懷錄

一、導言

> 幾番春雨，一個夏天，使我一家人丁旺盛。大大小小，擁擁簇簇，擠得我臉兒發黃。我想：我該換換環境了，騰出地方給年輕的一代，讓他們更繁榮更茁壯。於是──我乘著秋風的降落傘，輕輕的滑落地面。這兒泥土的芳香，有花草為伴，並不覺得寂寞。我欣慰自己找到了歸宿，因為落葉總要歸根。

這是前新竹東門國小的資深「才女」教師鄧揚華，在退休前，於 1993 年出版其各類曾得獎或多年來陸續刊登於不同性質刊物的散文、小說、童話、詩歌、數來寶、戲劇、相聲的彙編著作《聆風軒文集》中的一首小詩〈落葉〉的創作。

鄧揚華教師是山東人，她在少女時代由於戰亂流離失所，又遭逢中共解放山東後，對山東地主鄧家展開無情清算殺戮，不得已，才靠著在國軍擔任軍官的二叔關係，千辛萬苦地與纏足的祖母、纏足的母親三人，於 1949 年，一路輾轉來到新竹市眷村落腳久居。

之後，她曾就讀新竹師範學校三年，畢業後在新竹市建功國小任教（其後轉任到新竹東門國小，直到退休），並於 1958 年的「93 軍人節」與同樣來自山東籍的陸軍上尉牟建邦結婚。從此牟、鄧這對夫妻，就在新竹市建功一路現址，住了幾十年，直到現在。她與牟建邦結婚後，生了二男二女：老大、

老二是男的，兩個女兒則是一對雙胞胎姊妹。其中，老大於大二時，不幸車禍去世，葬於新竹北埔雅各山基督墓園。因為牟、鄧結婚後，全家都開始改信的基督教，所以不但每星期日都會參與新竹勝利堂的宗教活動之外，連家中親人死亡，也都在新竹地區的基督教墓園長眠。

牟家的老二，成年後前往美國留學與長居美國，並在美國結婚生子。牟家的雙胞胎女兒，大的嫁到德國，成了德國媳婦，養兒育女，長居德國迄今。小的到高雄市教書，嫁給高雄本地人，生有二男一女，也都個個大學畢業、就業，而她本人也剛從任教 25 年的國中退休。

所以，前引鄧揚華的那首〈落葉〉小詩的全文，雖是 1993 年的作品，但仍很適合形容 2019 年 12 月的現今她那種對於終老新竹市的落葉歸根心情。只是，如今她已罹患帕金森症多年，失智失憶的情況不輕，所以我們要瞭解她，只有深讀她的生平唯一著作《聆風軒文集》。

至於她的先生牟建邦的著作，雖然平時亦有投稿的習慣，但數量遠遠不及鄧揚華的創作量之多與題材取材之廣。可是，當他在 2008 年 79 歲時，所出版的第一本生平回憶錄《回首來時路》時，初版就印 500 本，分送各界曾有往來的親朋好友或舊識新交等，立刻獲得一片好評。之後，他又印了 300 本簡體字版，分送大陸諸親友。所以，他除了於 2010 年再版《回首來時路》之外，也預備於 2012 年再出版第二本個人回憶錄。只是年老體衰，迄今仍遲遲未能定稿。

而我個人因接受其么女牟曉旼教師的委託，幫忙整理與編輯該書，所以能先睹為快。之後，我又從牟老師處，取得《回首來時路》與《聆風軒文集》兩書特此致謝。

但是，在展開以下的介紹之前，我們先看看牟建邦的《回首來時路》封面題詞。因為他也同樣流露出類似其妻在〈落葉〉小詩中的心情寫照：

　　　　如同一粒蒲公英的種子，乘命運的小傘，飄到寶島，落地生根，

開花結果，再讓下一代往外發展。

二、《聆風軒文集》所反映的新竹風情與生活樣態

我們前面提過，前新竹東門國小的資深「才女」教師鄧揚華，在退休前，於 1993 年出版各類曾得獎或多年來陸續刊登於各類刊物的散文、小說、童話、詩歌、數來寶、戲劇、相聲的彙編著作《聆風軒文集》。而這也是她生平所出版的唯一文集。如今，我們又要如何來解讀其中，所反映的新竹風情與生活樣態呢？

首先，我們必須注意作者鄧揚華教師個人的特殊生命際遇、長期的多重角色及其置身的生活環境。因為這就是她在個人唯一文集中，所要反映的親歷時代映像及其心靈曾深刻觸動後的相關生活經驗書寫。

例如，來臺之前，山東老家已無法回歸，因地主祖父被中共鬥爭死亡，父親遠走東北去向不明，只有祖孫三代單身女性相依為命，並在大動亂的時代浪潮中，到處艱難流離漂泊，惶惑無從，所幸尚有一位二叔是現役國軍軍官，勉強用軍眷投靠的身份，得以隨軍來臺，最後定居新竹。

問題是，在異地新竹定居後的祖孫三代單身女性，纏足的祖母自行到自己兒子的住處，與擔任現役軍官的二兒子一家共同生活，只留下無依無靠的鄧揚華與其母兩人，在完全陌生的臺灣新竹眷區艱難度日。在經濟沒有來源之下，其母毅然到臺北替人幫傭賺錢，以提供鄧揚華的生活費與就讀中學的相關學費。根據牟建邦的後來回憶，當時新竹一處荒廢的工廠大樓，就住著二十幾位類似的「寡婦」，所以被稱為「寡婦樓」。當時置身在這樣的複雜環境中，難免人多嘴雜，閒言閒語不斷。

因此，正值青春少女年華的鄧揚華，不但始終隔絕與任何男性交往，並選擇公費的新竹師範學校就讀，不必再愁生活費與教育費的問題。直到新竹

師專畢業，就與通訊一百多封的陸軍上尉牟建邦結婚。但是，在新竹師範學校三年期間，由學校提供每年各一套的棉布卡其學生服，她將其中最後發的一套，在婚後仍保存了幾十年，始終不忍丟棄。這樣的深層生活體驗與長期心理記憶，都透過她投稿發表的一篇散文創作〈衣服〉，很簡練又深情真摯地表達出來。

再者，她與牟建邦結婚之前，在大陸時期所遭遇時代大亂局中顛沛流離與親歷家破人亡的巨大心靈震撼，使她在臺灣戒嚴時期的反共心態近乎狂熱。特別是在大陸爆發文革動亂浩劫的十年期間（1966 年 5 月 16 日-1976 年10 月 6 日），臺灣方面也如火如荼的展開所謂《中華文化復興運動》以為因應時，她也一直持續熱情關切。

只是她當時由於在建功國小勤勉教書的同時，又要分身照顧連續出生的四位年幼兒女，據其先生牟建邦的回憶，小孩白天由岳母照顧，晚上必定親自餵奶、換尿布等，所以無法騰出時間撰寫相關論文響應。

直到 1975 年開始，雖然已接近文革的尾聲，她當時由於新房子已改建完成，子女也長大了，所以她便開始以新竹市建功國小教師的名義（八十年代之後改以新竹市東門國小教師的名義），參與由總統府資政陳立夫先生主持的「孔孟學會」年度徵文比賽，並獲「優等獎」獎狀。之後，更是屢屢得獎，次數之多，高居全新竹市國小教師之冠。以下是她各項的輝煌得獎紀錄：

一、1976 年，獲頒「中華民國孔孟學會」的小學教師組的徵文比賽「優等獎」。(當時任教新竹市建功國小)

二、1976 年，獲頒「教育部」的小學教師組的徵文比賽「佳作獎」。(當時任教新竹市建功國小)

三、1976 年，獲頒「中國語文學會」的第二十屆「語文獎章」。(當時任教新竹市建功國小)

四、1978 年，獲頒《婦女週刊》徵文比賽「第一名」。(當時任教新竹市建功國小)

五、1979 年，獲頒「美化環境防治公害」徵文比賽的「新竹市第一名」、「臺灣省佳作」。(當時任教新竹市建功國小)

六、1979 年，獲頒「國語日報社」與「臺電」合辦的徵文比賽，國小教師組「第二名」。(當時任教新竹市建功國小)

七、1979 年，獲頒「中華民國孔孟學會」的小學教師組的徵文比賽「優等獎」。(當時任教新竹市建功國小)

八、1980 年，獲頒「中華民國孔孟學會」的小學教師組的徵文比賽「優等獎」。(當時任教新竹市建功國小)

九、1986 年，獲頒「中華民國孔孟學會」的小學教師組的徵文比賽「優等獎」。(當時任教新竹市東門國小)

十、1988 年，獲頒「中華民國孔孟學會」的小學教師組的徵文比賽「特等獎」。(當時任教新竹市東門國小)

從以上各次的得獎紀錄中，還可看到她除熱心愛國與撰文弘揚孔孟傳統文化之外，她在語文教學、省電與美化環境方面，也同樣表現優異。只是，時過境遷，對於沒有經歷過鄧揚華教師那樣時代歷練與痛苦煎熬的新一代讀者來說，要讀懂《聆風軒文集》第一部分《論文》各篇，是不太會有共鳴的。她本人在序中也提到這一點，但是她自我辯護說，這些論文與得獎紀錄，原是她個人生命史的重要紀錄，所以她才將其收到《聆風軒文集》內。

但是，讀者若能有相應的時代諒解，就可以看到她在散文第 37 篇〈副業改善軍眷生活〉中，讀到她在七十年代初期，她是如何在辛勤教書之餘，還如何忙碌的兼作家庭副業，以改善軍眷生活？以下，我將此文全文轉載，一方面可以當珍貴的新竹市民社會生活史的重要紀錄來看，一方面也可藉以欣賞鄧揚華的樸實優異散文書寫藝術：

十年前，我頂著「家庭革命」的罪名，不顧長輩親人的反對，毅然嫁給一位身無分文的青年軍官。原先配的公家眷舍是丙級的，

只有一間半。乍看起來，房屋外表排列整齊，內部設備簡單樸素，小家庭倒也過得非常愜意。但是等到孩子接二連三的出世，全家六口擠得像沙丁魚一樣。廚房轉不開身，客廳又要兼飯廳。來了客人，連張像樣的椅子也擺不開。這時候不但感到住成了問題，同時生活的擔子也一天一天的加重。

身為軍官太太，一向具有固執個性的我，絕不能向現實低頭，必須和環境搏鬥，跟現實挑戰。於是利用孩子上學的時間，會同鄰居的幾位太太，到處打聽可做的副業。皇天不負苦心人，我們果然找到了一家專做繡花枕頭和繡花拖鞋的商店。在老闆娘親切的指導下，明白了繡法和配色等要領。從此以後，除了給孩子準備吃的穿的以外，整天「大門不出，二門不邁」的在家裡埋頭苦幹。起初，我心太細，動作太慢，一天忙到半夜，還賺不了十塊錢。甚至因手腳笨拙而刺得滿手鮮血淋漓，用衛生紙擦擦，拾起針來再繡。所謂「熟能生巧」，慢慢的，我一天可以繡兩雙拖鞋，賺二十元，買青菜、水果足夠了。雖然忙迫萬分，我並因此忽略了孩子的功課和身心發展，常利用假日，一家大小帶著野餐去爬山或郊遊，藉以調劑一週來的辛勞生活。

近年來，外銷的裝飾燈工業，在新竹如雨後雨後春筍般的發展起來，工廠林立，工人也由工廠分佈到各家庭中。孩子大了，無家累的主婦們都進了工廠，一般有家累的都在家裡做。有的接線，有的插燈泡。工廠把貨物送到家裡，做好了親自收取。貨物一批接一批，從不間斷，每月按時發薪一次，有時急著用錢還可向老闆預支幾百元用用，非常方便。

在暑假當中，孩子也參加工作，每一家的客廳都可稱為一個小型工廠，他們早上把功課做好，看著《國語日報》和課外讀物，下午在客廳裡，一邊吹著電風扇、看著電視，同時兩隻小手不停的動，

看來非常熟練。省得大熱天出去晒太陽,避免傳染病。到了下午四五點鐘,太陽熱度減低了,才方他們去活動活動。這樣不影響孩子們的功課和身心發展,而且還能使他們了解運用自己的雙手獲得酬勞的寶貴意義。

如此慘澹經營,每月賺個千兒八百的不成問題,鄰居搭個會互助儲蓄起來。日積月累,聚少成多,集腋成裘,終於蓋了一幢簡單的二層樓,先解決了住的問題。又過了兩年,電視機、電冰箱、機踏車等各種用品慢慢充實了。加上近年來政府對於社區建設,不遺餘力地在積極進行,使每個眷村的衛生環境也大大的改善了,而這些副業,使每一戶都成為現代化的「小康之家」。

整篇散文結構完整,描寫細膩,面面俱到,文字精煉,修辭樸實,全文一氣呵成,沒有一字的贅字。更了不起的是,若將此篇與散文第 39 篇〈建屋甘苦談〉的精細描寫,全篇洋溢著有關自建屋宅的妥善預先規劃財務開銷、先全盤預購所需建材、以及如何必須耐心持續監工等寶貴的成功經驗之談,全文幾乎可以當成自建屋的優秀教材來參考。同時這也顯示了她作為軍眷角色時, 所展現出非常精明幹練的另一面向,實非等閒之輩可比擬。

可是,一旦遇到像「美麗島事件」或「臺美斷交」巨大變局時,儘管可以預期:她將會義無反顧地強烈支持當時執政的官方抗議立場。然而,令人訝異與驚嘆的是,她在散文第 25 篇〈我家「卡特」〉一文,曾巧妙地提到兩位雙胞胎女兒喜歡親近貓狗,最後經過家中的一番爭執,終於領養了一條無主的小雜種狗,兩位雙胞胎女兒還為其命名「卡特」,並常帶到新竹市建功路的「中華基督信義教會新竹勝利堂」,一起去學英語會話。

之後,恰逢美國總統卡特與中共建交,於是這條也叫「卡特」的小雜種狗,就成了非常尷尬的與美語教師交談的敏感話題。全篇沒有任何激情與嘲諷的語氣,可是其嘲諷與抗議的強大感染力,可謂躍然紙上,堪與名作家黃

春明那篇膾炙人口的〈蘋果的滋味〉小說，互相輝映。

至於她對長居終老的新竹市本地，又有何深厚的感情呢？這可在她為新竹市升格時，所特別創作的〈新竹頌〉的著名詩歌詞看出。因為她的〈新竹頌〉是被印在新竹客運的紀念票上的，並附有〈天籟調〉的五線譜音階。此〈新竹頌〉共有三首，其全文如下：

> 1. 先民開拓竹塹埔，胼手胝足三百載。東連山麓西濱海，地靈人傑有奇才。民風淳樸勤耕耘，經濟繁榮稱安泰；迎曦門樓朝陽現，光輝燦爛鴻運開。
>
> 2. 城隍廟中香火盛，善男信女祈神來。南寮漁港收穫富，浴場弄潮悠游哉，古奇登高放眼望，群山疊翠舒胸懷；關公聖像十二丈，忠孝節義典範在。
>
> 3. 陸海空運均發達，士農工商倍勤勉。學府林立文化高，發展科技務當先。欣逢竹市升格日，薄海歡騰賽空前；人人愛鄉更愛國，迎接反攻勝利年。

這是罕見的當代新竹市頌歌的創作，除了其第三首後段的兩句，是有點過時的反攻大陸八股口號呼喊之外，其餘描述內容，都是氣象萬千的精當押韻頌詞：不但所有語詞都清麗流暢、可以琅琅上口，並能把新竹市主要地理景觀特色、以及主要現代化的新竹市各象徵標的物，幾全概括在內了，堪稱是鄧揚華生平創作的巔峰作品之一。

以上，我們大致介紹的鄧揚華在《聆風軒文集》的全書精華作品。其餘，並無值得再大篇幅介紹的必要。而且，鄧揚華退休後，主要是放在創作水墨山水畫等作品上，數量非常龐大。但，本文限於篇幅與時間，只能對此部分割愛略去不多談。以下，轉到另一類型的人生異樣書寫。亦即，有關牟建邦回憶錄的介紹。

三、《回首來時路》所反映的山東鄉愁與在臺閱歷的精華映像

這裡介紹的內容，是綜合已出版的《回首來時路》第一集和尚未出版的第二集回憶錄的主要內容。

牟建邦的回憶錄書寫風格，是開放、坦白、不避諱、直描、寬容、共享、多樣化，幾乎是他所經歷的時代變動寫實縮影。此處，我先提到他的人生觀豁達態度的直率表白：

> 六十歲衣錦返鄉，七十歲打打麻將，八十歲晒晒太陽，九十歲躺在床上，一百歲掛在牆上。(載《回首來時路・回鄉》，原書，頁100)

他接著說，這是形容老榮民的順口溜，但對他本人來說也很適用。他是藉此引言，來展開他的「回鄉」探親系列的解說。對他來說，此事非常重要，因為他是如此提到的：「『回鄉』這個單元，早在寫回憶錄之前就想寫，我這一生的大事不就是『離家』與『回鄉』嗎？如果只有離家沒有回鄉，怎算圓滿？但竟拖了十多年。如今時空已變，人事更替，當年的興奮激動之情，已逐漸模糊消失。現在提筆如何再拾當時的情懷？東翻翻、西找找，所幸發現當時的日記，把那些片段稍加整理，又回到『近鄉情怯』」的一幕幕了。」

他是剛好在六十歲（1990），首次回到山東老家探親，距他離開故鄉已過了四十三年了。當時，他的父親與前七個母親都已過世了，只剩第八位母親尚在人間。

所以他在《回首來時路》的第一篇〈被擄〉中，首先談他自己在出生才三個月時，就被山東當地土匪將他一家包括祖父、母親與幼嬰牟建邦，都擄

去當人質，以要脅他逃逸不願受土匪之聘當師爺的父親出面，最後是因土匪彼此之間互相火拚，土匪頭子被槍殺，他們才有驚無險的被釋放回家。他所敘述的這一充滿傳奇性色彩的特殊遭遇，可謂非常鮮活生動地，如實反映出1930 年代的山東地區，正處於治安敗壞、土匪趁機胡作非為的社會騷動狀況。

第二篇接著，就是談他的〈媽媽群〉。這是他的整本《回首來時路》各篇中，寫得最令人動容的精彩優異篇章。他一開始就提到，他父親是一介平民，卻有「成群」的妻子，但她們不是同時出現，而是陸續娶了八個妻子，所以他才有八位母親。他的親生母親，是他父親的第六位妻子，她的個性剛毅，待人和氣，卻敢於在半夜裸睡時與丈夫大聲爭吵，毫不相讓，令牟建邦一生難忘。但她在牟建邦四歲時，就因傷寒過世，所以能讓牟建邦記憶的往事其實不多。

而且，當他依次介紹他的八位母親時，第一位母親袁氏，在他出生時，已離世二十幾年了，卻居然有特別感應似的，能讓牟建邦隱隱覺得已故的袁氏，仍在近處注視著他，並未遠離。而因這位袁氏是他父親年輕時，奉父母之命媒妁之言而成婚的元配，地點在山東平度小牟家村。結婚後，他父親長時間在外創業，她則在家事親養育生下的三位女孩。病故後，就葬在小牟家村北二華里處。文革時，幸能未被鏟平，所以他在 2007 年那次返鄉探親時，特為其立碑，並撰祭文在墳前朗誦，深摯感人！

他敘述第二位母親時，其用詞直率的寫實程度，簡直令人讀後會瞠目結舌，不知如何形容是好？例如提到她重病逝世前，她想吃點燒肉，他父親也為她買了點燒肉，但在未嚐一口肉味之前，就被年輕守寡在家的二姑發現而到婆婆處告狀。於是，這位毫無憐惜病重兒媳之情的冷血老婦人，居然大剌剌的搬了張椅子，坐在媳婦房前，除了吃飯入廁之外，整整罵了一天。他父親則默不吭聲，致使此一人間悲劇，遲遲難以落幕。由此可見牟建邦對此人間悲劇，雖是發生於至親之間，依然將其揭發並對其強烈批判，所以才會寫得如此入木三分，毫不掩飾。

至於第三位母親趙氏，生了他的二哥之後，就分居帶著孩子他住。

第四位母親韓氏，生了他的四姐之後，就常頑強的與丈夫交惡，鬧得翻天覆地，還曾對簿公堂，最後分居，帶著女兒回娘家。

第五位母親宋氏，也是在生了他的三哥之後，不知何時病故。第六位是生母陸氏，之前已提過了。

第七位母親趙氏，其實是位有鴉片癮的妓女，由於請他父親幫忙打官司，得以離開妓女戶老鴇，卻無處可去，就自然在牟家住了下來。可是，由於他父親嚴禁這位有鴉片癮的從良母親，再度吸毒，讓她難以忍受，所以極力慫恿丈夫再娶第八房的年輕妻室之後，就悄悄離去了。

至於第八位年輕的母親葛清真，嫁到牟家時（1940），才十八歲，丈夫則是六十五歲。雖然是在牟家多方反對與抵制之下，他父親還是堅持娶了進來。所以此次沒有大陣仗迎娶，而是年輕的新娘由親人作伴，自行坐車來到牟家當繼室的。然而，自結婚後，夫婦兩人閨房美滿，相互恩愛融融，夫妻常有交談與歡笑，生活愉悅至極。所以是很登對的老夫少妻！

第三篇〈父親與我〉，是整本《回首來時路》各篇中，最精彩、最深刻、最令人趣味盎然的巔峰之作。他的父親是小地主，卻勇於在外創業獨自闖出一片天地。他的父親像典型的山東老鄉，迷信、替人看風水、放生、喜愛種花卉、勤於搜集古董字畫、又善於幫人打官司、還會當乩童、用中藥為人治病、敢冒險私下賣火藥原料給抗日游擊隊等，除了不當土匪、不當賣國賊、不吸鴉片之外，幾乎無所不能，樣樣拿手。並且，陸續娶過八位老婆，生了許多兒女。但，他最看重的還是牟建邦這位男孩。所以，這一父子深情，讓牟建邦到老都念念不忘。因而此篇〈父親與我〉，也才能寫得如此鮮活逼真，歷歷如繪，令人拍案叫絕！

至於第四篇〈頑童、童玩〉，寫幼年在故鄉常玩「鬥蟋蟀」遊戲、捉蟬、捉毒蠍等，也都非常生動有趣，令人嚮往。

第五篇〈手足情深〉，則是由於七十歲的弟弟牟中奎在 2004 年 10 月 12

日在老家病逝，因而強烈激發出他對昔日深厚兄弟情誼以及開放探親後，彼此終能久別重逢的無限欣喜與又再陰陽永隔的悲懷難遣等，就是他回憶與兄弟姊妹之間的過去美好共處時光後的深情書寫。

不過，由於大時代的親人間，遭逢離亂後的來往阻絕、之後久別重逢、卻又再度傷逝永隔的複雜心境，同樣也在其他老兵的個人經驗中屢屢出現，所以類似的深情描寫，對於陌生讀者來說，對其感受就可能有點心裡隔閡了。

再者，根據《回首來時路》中的作者自述資料，我們可以確知：他是在1948 年，18 歲時，離開原先第 17 兵戰醫院的司藥士工作，在青島沙嶺莊投考第二、第十一綏區聯合幹訓班，接受正式的艱苦軍事訓練。1949 年 2 月，先在江蘇省訓團任准尉特務長，再升排長。此時，國共第三次大規模的生死戰「淮海戰役」才剛結束不久，國軍幾十萬精銳部隊幾乎全部被共軍殲滅，少數能夠逃離的敗戰殘兵，便在一片絕望情況下，紛紛奪路奔逃。所以牟建邦排長，當時也跟著這股國軍大逃亡潮，一路從鎮江到上海，暫駐長江口的崇明島之後，再乘船到舟山群島等候撤離的運兵船，直到 1950 年才乘軍艦來到臺灣。

來臺後，立刻面臨部隊整編，他自動請調到第八軍官戰鬥團，駐在花蓮痛痛快快玩了三年。然後，他從步兵科轉到運輸科，學會駕駛各類軍車之後，再下部隊。同時也獲得一張「陸軍軍官學校第二十四期」輜重兵科畢業證書。之後，就是靠著這一證書與專長，順順利利地在臺灣國軍中任職與不斷升遷。直到上校退役，再轉到非軍方隸屬的新竹工業園區第二次就業，並且同時可以兼領全薪與上校軍官退休俸。所以，我們以下，就接著敘述他的軍中生涯回憶以及在新竹科學園區時的另一種全新的特殊體驗。

一、他在〈回首來時路〉這篇回憶的開頭，曾如是自我表白對人生中必須不斷轉換各種際遇的深層無奈感、但又像是自我嘲諷似的直率寫道：「閒來無事，清理個人資料，查看了一下兵籍表，再翻閱每張任官令、任職令，突然發現我不像一個正規軍人──從排、連、營長??沿著康莊大道，直奔前程。

我常常變換跑道，有時山窮水盡，有時柳暗花明。像個頑皮的孩子，邊走邊玩，總結一句話『不誤正業』。按說，軍人嘛！應該是『進』！衝鋒陷陣；『守』——保衛疆土。我卻時常出線，作一些不明所以的事情。一路走來，繞來繞去，與我入伍初衷並不相符。但又情非得已，像顆棋子，被命運之神擺佈，只有徒喚奈何！」

他是當到陸軍上校退伍的老兵，生活美滿，兒女成群，收入不差，照理應該是可以自足愉悅。但他至老，還是心境處於漂泊不定之中。顯然是大時代動亂所帶來各種人生際遇，讓他難以真正有認同感與歸屬感，於是他宛如是一隻候鳥，一直在按自然的四季機制，隨時都在準備：飛翔、再飛翔！

不過，他的軍中生涯，從十七歲入伍到五十七歲上校退役的總共三十七年軍旅生涯，可以劃分成：一、來臺之前。二、來臺後被整編到「戰鬥軍官團」時期。三、陸軍官校輜重兵科畢業後的各種職務與升遷。四、考入軍官外語學校學習泰語二年。五、由於原先奉派到泰國擔任特務的計畫取消，所以轉調令人聞之色變的「臺灣警備司令部」的「特檢處」任職到上校屆齡退役。

二、由於他在「特檢處」職位不低，所以可以接觸當時臺灣各種最敏感的情資。退伍後，又立刻轉到新竹工業園區電子研究所，負責「人事查核」的工作。可見，他一直是具有特殊秘密任務與身份的非尋常人士。只是他在回憶錄《回首來時路》，並未有太多的觸及。但他絕對有資格、有把握可以揭穿新竹市所出現的那些「山寨醫生」、「山寨教師」、「山寨軍官」的各種醜聞內幕。

於是，他在尚未出版的回憶錄第七篇〈山寨版〉的這一章，赤裸裸地將其黑內幕都掀開來，人、地、事都具體舉出說明，只是隱去當事人的真正姓名而已。我們此處原文轉錄他在〈山寨版〉最後部分有關「山寨軍官」的解說內容：

大陸來臺的人員，有的部隊被消滅或被打散，他的單位根本未到臺灣，個人依附其他部隊或於部隊，軍官成了士兵。來臺後只有提出有效證件，稱為「無職軍官」，政府給予三個月薪水、資遣。

我在新竹第二中心，任運輸官，有十幾個駕駛士官，平時從來沒人談起，他們在大陸曾是軍官。後來有一批五六個人是「無職軍官」，並辦理資遣退伍，令我莫名其妙。

經我慢慢調查才知道，有的部隊雖然未來臺灣，但單位的文書員或人事官，帶著單位關防來臺，只要有人介紹，給他一點好處，他就為你製造一張軍官派職令，憑此你就是「無職軍官」。

唉！軍官都有山寨版！還罵那些奸商賣假油、假醋，這就是亂世怪現象啊！

三、至於他擅長講泰語，並能直接與新竹街上的泰勞進行流暢自如的交談，不久引起工地主任的注意，並延攬他任職泰勞的管理兼翻譯工作達兩年之久。此事的肇始，是在 1998 年 8 月 12 日。因這天是泰國的母親節，工地放假一天，讓其慶祝佳節。

所以他在〈我與泰勞〉的這篇文章，就是如此開頭的：「1998 年 8 月 12 日，是泰國母親節，好多泰勞要求休假過節。不趕工的部門，就是依著他們的意思放假。伙房也加菜表示慶祝。我奇怪他們的母親節為什麼定在這一天？經詢問，才知那天是泰國皇后的生日」。「平時晚餐後，我喜歡在夜市小街蹓躂，因為光復國宅和公學新村兩個工地的泰勞，大部分都認識，總會遇到三、五成群的圍了上來，雙手合十『阿爸！阿爸』叫個不停，把手中喝了一半的飲料，非要讓我喝不可。我也常常陪他們購物、講價，散步、閒聊，或幫他們撥電話。嘰哩呱啦像一群可愛的孩子」。

在臺灣多數泰勞，可能很難遇到這樣能直接流暢溝通，又在日常生活中能如此和善親切對待泰勞的第一流管理員兼翻譯者。所以，這篇〈我與泰勞〉

的深刻真實書寫，簡直可當一篇珍貴的新竹泰勞社會史文獻來看待。

四、我們必須一提的，是他多次回山東探親，除了重敘久別後的親情喜悅、提已故親人修墳立碑之外，還完成了牟氏族譜的修訂。而他更大人生榮耀，是在 2013 年被新竹市推薦當選「臺灣省模範父親」。二年之後，他又在 2015 年 8 月 14 日，收到由馬英九總統頒發的「抗戰勝利獎章」。可以讓他大半生的軍旅生涯，有了最完滿的榮譽勳章表揚。

四、《聆風軒文集》與《回首來時路》的四種不同主題的異質人生書寫

在本文的最後，我們若將《聆風軒文集》與《回首來時路》兩者的主要內容精華特色對比，立刻可以呈現四種不同的異樣風采：

其一，鄧揚華著《聆風軒文集》全書中，幾乎都未提到她在大陸時期的種種際遇或有關自己故鄉家族親人的狀況。反之，牟建邦著的《回首來時路》全書中，主要是大談他早年在大陸時期的家鄉親人，特別是他的父親與八位母親的種種。其次，才是談他來臺後的軍旅生涯和自己在新竹市的婚姻生活、從軍中退休後在新竹工業園區的二次就業狀況等，以及六次（1990、2002、2005、2006、2007、2011）回山東老家探親、築墳、修牟氏族譜等種種經過。

其二，牟建邦有學會泰語、實際輔導新竹泰勞、到泰國旅遊的各種經驗書寫。在鄧揚華著《聆風軒文集》全書中，都未觸及這個主題。

其三，牟建邦會提到自己的老年生活安排、對於自己擁有各處房地產的處理狀況，甚至於提到後事的安排等。反之，鄧揚華著《聆風軒文集》全書中，除了有關學校的重要活動之外，主要是談各種家庭生活的細節，幾乎家庭主婦的各類題材，包括廚房烹飪的種種，她都可以就地取材。

其四，牟建邦由長期軍旅經驗的特殊豐富閱讀，使得他在回憶錄中，敢

於揭發新竹市的「山寨軍醫」如何草率產生與如何草率行醫等種種黑幕。反之，鄧揚華著《聆風軒文集》中，則完全隻字未提。

透過這樣的強烈對比之後，我們應可以對新竹市眷村這一對老年夫婦的異質閱歷及其相關書寫，有清楚的理解與進一步的人生體驗。

就像她能詳細介紹有關自建屋的種種有用經驗；反之，其夫牟建邦則主要時關心如何置產、如何買賣的問題等，對於各種建屋細節則很少提及。

捌、臺南市湛然寺傳承史及其與筆者的特殊因緣

一、導言

　　本篇所介紹的臺南寺湛然寺的傳承史，與我個人有特殊的因緣，它是我與臺灣許多佛寺住持往來之中，關係最長久也最密切的該寺第二任住持聖禾水月老和尚。此因我曾與水月長老交往有數十年之久，所以我已對他有長期的深刻了解，加以我曾在我過去出版的《臺灣佛教百年史之研究》與《臺灣佛教史》兩書，都曾長篇專章介紹過：第一任的開山住持(1968-1972)慧峰長老與臺南湛然寺在臺南的發展史；之後，我指導過的一位釋果玄尼，在她撰寫《臺灣佛教天臺宗傳播史》一書，作為她在玄奘宗教研究所的碩士學位論文時，她根據我的原有論述內容，加以摘錄改寫，並加上她的新整理內容。

　　所以根據上面所述，大家可以知道，對於臺南湛然寺的傳承史，我已有相當介紹過了，而外界的學者或讀者，也因此知道臺南湛然寺的歷史，以及它在南臺灣地區，是作為唯一有代表性的天臺宗弘法道場。

　　只是過去水月長老還在世時，我或果玄兩者，皆未對他的弘法事跡，有所詳細介紹。但在事實上，水月法師本人對此是很在乎的。甚至可以說，他一向對於所有外界涉及與湛然寺本身相關作為的描述與評價的，他都相當在乎，還特別敏感。但，為何我會在此，以如此類似誇張地提及這個問題呢？這是有很深層的歷史因素與現實的心理因素存在。

　　扼要來說，他是在理性而清楚地在捍衛著，他所出家的這個中國佛教傳統價值以及本身隸屬宗派的宗徒僧格。更詳細的理解，就必須根據他生前遺留的大量相關文獻資料，來加以細讀就能清楚我在此處所提的狀況，其實都是有根有據，毫不誇張的。

　　而水月長老生前，之所以一直對於作為僧人操守的清譽維護、或者對於所屬道場的弘法活動內容安排與效果評估、乃至對於臺灣佛教整體的觀察與反思檢討，之所以真能做到在臺灣當代佛教界僧侶中少有的清楚歸納及條列，並且往往即時的就一一有所深刻回應。

　　再加上他從小喜歡數學，長大接觸佛教因明學，並深刻受其影響，直到出家後的數十年間，都是以邏輯的理性思維方式，來進行對其所見所聞的各種反思。所以，他沒有盲從任何權威的論斷。這只要看所留下的大量因明著作，就數量之多，所致力研究與教學的功夫之深或時間之久長，堪稱當代一人而已。

　　不只如此，有關此事，我們只要看一遍，他在生命最末期，縱使在他頭疾最厲害的時刻下，仍能寫出那篇，堪稱在一流僧人中，也很罕見的清晰曉暢，又精嚴無比的〈遺囑〉長文，再稍微設身處地的想一想，就不難一清二楚，他所自評的「明淨」兩子，真是何等的貼切了。

　　除此之外，若是我們再把他那本中國與臺灣佛教史上，都絕無僅有的，特殊第一手親自觀察與體驗後的，深刻檢討紀錄筆記彙編《戒堂外錄》之全部內容，都細細看過之後，就更能洞察到水月長老的批判性與自我反思的深刻心路歷程。

　　因而，他的晚年定論，自評為「明淨」兩字，是絕無僥倖的成分在內，而是真正一步一腳印，經年累月，持志不懈地，才能自然獲致的。

二、回憶我與水月法師互相結識的因緣始末

　　一九六六年底，我在臺中水湳機場的人事室，遇到了當時官拜「空軍少校」的王俊嶺少校。那時候我的身分是「二等行政兵」，剛從虎尾新兵訓練中心結訓，被分發到臺中的水湳機場服務，由於我的字跡端正，富文書經驗，報到時，在第一站「人事室」的第一關：李耀光少校處，即被留了下來。而王俊嶺少校亦在人事室任人事官，所以成了「同事」。

　　因緣的形成需要薰習。為甚麼我和王少校的認識，會開啟了我日後研究佛教學術的契機呢？因為，那時的我，根本看不出，我有研究佛教學術的可能性。

　　因為一直到當兵為止，我正式學歷，只是初中一年肄業。而我對佛教的理解，只是在桃園縣大溪鎮老家，鄰居有人每天早晚誦經的印象，以及鎮郊東南邊蓮座山觀音亭的禮拜觀音菩薩而已。

　　幼年時期，家中正廳，貼有南海觀音坐於竹林座上，浮於大海波濤中，善財、玉女分立兩邊蓮花上向觀音菩薩禮拜的畫像。這原是本省北部農家，習見的神畫和關公、土地公、媽祖等，是畫在一起的。

　　我每天早晚都要燒香，不但成了習慣，而且，的確感到心靈中，有種安定和寧靜的力量。特別是，由於家庭變故，我有一段辛酸和淒苦的童年，當我感受不到家庭的溫暖和遭受鄰人、同學的歧視，心中徬徨無依時，我即到蓮座山觀音亭去禮拜、去聽山下的溪水波濤聲，而獲得苦悶的紓解。

　　當然像這種信仰方是，是樸素的、感性的、直覺的，雖仍具有生命力和實在的內容，卻於佛教義理的深奧知識，一無所知。關於佛經的梵夾本，在當時，只被視為神桌上的供物，神聖的象徵而已。而其中的文字障礙和傳統信仰加諸其上的崇高、神聖性，使我只能對它膜拜，而不能做知性的理解。

　　多年後，我在竹北街頭，遇到一個賣水果的婦人，她要我講她常唸的佛

經中的道理給她聽，水果免費任我吃，我才知道，在樸實的信仰背後，人類的求知本能，是會探索信仰對象的內涵，不論他是一個學者，或一個鄉下未讀過書的婦人。

但是，要跨越文字的障礙和進入抽象的哲理世界，而能優悠自在，談何容易？這個困難，相信許多開始研究佛教典籍的人，都會面臨到，我也是其中的一個。

不過，我終於還是跨進去了！這個關鍵，就是和王少校的一段相處，才正式開啟。否則，我恐怕迄今，心頭仍在懷疑：為甚麼海中的觀音菩薩不會沉下去？他不需要吃飯嗎？……這類可笑，卻百思不得其解的謎題。

王少校到底當時告訴了我甚麼樣的佛教義理呢？並沒有。我記得他那時，雖身穿空軍少校官服，卻理個大光頭，有一對濃眉，戴金邊眼鏡，白天上班，精勤治事，效率之高，堪稱室中第一。下班時，則自理伙食、吃齋，並勤奮攻讀佛典，天天記著寫日記。

他告訴我，他在研究佛教的「因明」（佛教邏輯學）。但，甚麼是「因明」？我完全不知。

我只知道，他提過陳大齊先生的名字和著作，可是我也不知誰是陳大齊，或他寫了甚麼樣的書。

不過，為甚麼他會對我提起這些呢？原因是，我好奇的問他。

當時，在基地人事部門的同事中，像我這樣的「充員兵」，有五、六個之多；例如當時擔任王少校的助手，就是其中的一。

然而，他們都不像我喜歡讀書。因為我雖已輟學多年，卻仍自修不懈。在當兵那年，我立志當法官，已自修四年的法律課程，並已通過「法院書記官」的資格檢定考試，還報名「文壇函授學校」的課程，練習寫作。

因此，我有相當的語文基礎，又是著名的「政治課」考試的高手。我寫的論文，參加軍官、士官、士兵三級的競賽（軍官、士官，以他人名義參加），全部同時入選獲獎。以這樣的顯赫資歷，使我的言行很受矚目。以後我和王

少校的談話內容，會逐漸加深，也應與這一背景有關。

但，我日後會從一個初中一年級的肄業者，居然一躍而成為臺灣大學歷史研究所的正式研究生，這當中實有太大的距離。

我想，當年軍中的那些同事，不論怎樣富於想像的人，大概也無法預測，我日後在正式學歷上，會有這樣大的變化出現吧？

說來有點不可思議，我當時和王少校的共同話題，其實是由一位著名的臺大歷史研究生——李敖的筆墨官司談起的。

當年的李敖，以他的文章熱情和淵博的知識，的確讓社會上無數的人傾倒。特別是他在《文星雜誌》撰寫，並掀起激烈筆戰的系列文章，令我初次對中西文化的問題，有了極大的興趣和思考。

由於涉及許多「五四運動」以來的成名學者，而我卻毫無所知，於是透過王少校之口，我知道了梁漱溟、熊十力、湯用彤和方東美等學者的名字和著作的名稱，並趁著假日，到臺北市的書店，購買他們的著作。

其中，梁漱溟的《東西文化及其哲學》、熊十力的《佛家名相釋要》和湯用彤的《漢魏兩晉南北朝佛教史》，以及錢穆的《國史大綱》，便是我接觸中國傳統文化和佛教史的啟蒙課本。

王少校雖曾向我介紹了一些它們的背景，但閱讀它們和理解，則靠我自己摸索。所以，我的治佛教史，並無任何的師承可言，直到今日，依然如此。

可是，若非當年這位王俊嶺少校，曾提供了一些相關的背景知識，則可以斷定：我少有可能接觸或深入地閱讀它們！這一因緣至關重要，他影響了我日後的整個治學方向。

當時，他還介紹我去聽大名鼎鼎的李炳南居士講《金剛經》，地點就在水湳機場附近，一個大稻埕上。

當時的聽眾，老少都有，人們就站在圍在四周，聽他坐著講。雖然李居士名氣甚大，王少校提及時，深懷敬意，但我並不欣賞，只聽到一半，當他開始攻擊科學如何、如何時，我就離去。次日，並對王少校表示了我的失望。

從此我就踏上自己漫長的自修佛學路途。

據說李居士是藍吉富先生，在佛學方面的啟蒙師。我和藍先生很熟，也一向欽佩他，但個人因緣不同，因此影響相異。

當時我也曾在軍中，參加隨營的中學教育，但幾個月後，參加考試及格，取得一張初中畢業的同等學力證書。

等到我從空軍的三年義務役退伍之後，雖一直在工廠作事，但在三十一歲那年，因家中的弟妹，都已成人，能自立了，我又報名教育廳辦的高中自修學力鑑定考試；及格後，再於同年考入師範大學歷史學系夜間部。從此每天半工半讀，往返奔波於竹北－臺北之間，非常辛苦，但五年在學期間，我的學業成績始終保持全班第一名，直到畢業。

我後來又考入臺灣大學的歷史研究所攻讀。由於想申請佛學獎學金，所以我從大學二年級時，開始撰寫佛教思想的論文，而其中的一篇《楞伽經研究》，被刊登在《中國佛教》（第 27 卷，第 6 期，1983 年 6 月頁 5-13），使「水月法師」發現了我的名字。到此時為止，我們已將近二十年未曾聯絡了。

但，在此之前，我其實曾寫了數封長信，到臺中的空軍水湳基地去詢問，但一無回首。我後來聽說，他在日月潭的某間佛寺出家；可是告訴我的人，也不敢確定他是否就在日月潭出家。

我也曾問別人說：有一個王少校，曾研究因明，出家為法師，法號不明，但以他的學養，應不會默默無聞才對。可是我不管如何的努力，一直都查不到他的下落。人海茫茫，如果沒有正確的尋人資料線索，縱使在像臺灣這樣資訊發達的狹小地區，想要找一個人，也是困難無比！

另一方面，「王少校」（水月法師）又是如何找我呢？在一九八七年七月十五日出版的《福田》雜誌，曾刊登過如下的一則啟事。

三、借郵──致江燦騰居士

　　燦騰居士惠鑒：臺中水湳一別，近二十年未晤，時相懷念。近
幾年想多次音問高山，惜未如願。幾年前，在《中國佛教》月刊看
到你的文章（案：即《楞伽經研究》），深慶舊友，不迷風雨，同
履佛法一轍。即去信該刊主編大德，希望查到你的地址。但未得到
片言回答。因我無藉藉名，沒有受到重視，也是很正常。以後在佛
刊上（案：即《獅子吼》），偶見你的報導或文章。怕寫信的我，
和前一次遭拒經驗，未敢再探詢尊址。今年春節，在彌勒出版社服
務的某師回南度歲，向他提起，希望協助查詢，也無消息。這幾天，
我住的茅蓬西閣樓，原存放我一些雜物，因有人要住，需清理出來。
不意發現你寫的四封長信，使我再鼓一次勇氣，向《福田》懇借一
角。你如看到，請與《福田》雜誌聯絡，好心的編輯，會把消息轉
給我。你知道我是誰吧！

　　可是，在此之前，我根本未見過《福田》雜誌，也無人轉告我，故上面
的「啟事」，毫無作用。

　　又過了幾個月，一九八七年底，一個北臺灣細雨霏霏的寒冷夜晚，我家
中的電話響起，一個陌生的聲音，從聽筒傳出：問我是否姓江？曾在臺中湳
當兵？是否認識一個王俊嶺的軍官？我一一答是。

　　然後，她告訴我：這是臺南打來的長途電話，一位法師要和我說話。我
一聽：是少校的細緻的聲音！雖隔二十多年，一無改變。

　　他告訴我：資料是從臺南妙心寺探悉的。臺南妙心寺有我的檔案，這可
能和傳道法師有關，我們曾為佛教百科全書的編輯問題，以及參加「東方宗

教討論會」第一屆年會，雙方有數面之緣。

於是，透過這一線索，使我和王少校又聯絡上了。他告訴我：他現在叫「水月法師」，居住在臺南市的湛然寺。約定雙方以後，繼續保持聯絡。而《福田》雜誌上的「啟事」，則是事後，他寄來給我，才知道的。

然而，臺南的湛然寺又是怎樣的一座佛教的叢林呢？我一直沒聽說過。

承佛光山寺的星雲法師贈我一本《臺灣佛教寺院庵堂總錄》（高雄：佛光出版社，一九七七年），在第 444 頁上，有湛然寺和「聖禾和尚」的簡介——

湛然寺的說明是：

> 湛然寺位於臺南市忠義路，緣於一九五一年春，籍隸河北灤縣的慧峯和尚，應臺南市佛教界之聘，首次啟建護國息災大法會於竹溪古寺，三日之中，蒞會參拜者，愈十萬眾，極一時之盛。勝會畢，又受聘講經於天壇諸寺，歷二載餘，法緣所成，聽眾發起捐購忠義路三十八巷十二號為宏法道場，稱「湛然精舍」。一六六八年春，拆除重建為古色古香宮殿式的三樓寺宇，更名為「湛然寺」，構築宏偉，至一九七三年完成。開山住持的慧峯和尚，即於是年十二月八日，覺滿圓寂。

聖禾和尚的說明是：

> 法號水月。自一九七四年二月八日選為該寺第二任住持，悉守舊制。覃思因明，講學各校。並經眾議決定，為追念其恩師及達成虎頭埤闢建道場之遺訓，興建「慧峯大紀念館」一座，供作研究佛學之理想道場。

四、湛然寺開山第一代慧峰法師為何會在臺南尋求發展的歷史溯源？

　　東北哈爾濱籍的慧峰法師，是一九四八年底來到臺灣的。

　　這是由於國民黨派去東北接受日本投降的幾十萬精銳大軍，已在這一年秋天的不到二個月內，全部被中共林彪所指揮的有效戰鬥所擊敗，堪稱全軍覆沒，東北喪失。

　　所以，相對於一九四九年十二月底，整個大陸的喪失，中央政府與大量難民及殘餘的黨政軍，超過百萬人以上，倉皇大舉來臺的空前難民潮，時間上早一年，人數也較少。可是，就整個政局來說，或就大陸佛教僧侶來臺的顯著巨大影響來說，還是出現在一九四九年以後。

　　換言之，二戰後影響臺灣佛教發展的最大外在因素，就是以一九四九年的大陸政局逆轉，國府大舉撤退來臺，並建立起以外省權力為中心的中央獨裁政體，最具關鍵因素。

　　在此同時，此一獨裁政治的統治型態，也促使各省逃難來臺的出家僧侶，能夠藉機重建中央級佛教組織和長期對臺灣在地佛教組織，進行干預或指導的支配系統。

　　但是，此一情勢發展的具體的演進過程，究竟是如何進行的？

　　根據我的研究經驗與方法，就是以是先以來自中國東北的慧峰法師，而非來臺人數最多的江浙兩省的僧侶中之代表性者。

　　因為來自中國東北的慧峰法師個人具有相當足夠的相關的紀載資料，能夠回溯當初他所親歷過的各階段環節，重新追蹤其發展的足跡線索。

　　另一個選中慧峰法師的理由，是因為日本在臺進行殖民統治時期(一八九五至一九四五)，日本也曾在中國大陸發動達十五年(一九二〇至一九四五)之久的大規模戰爭，最後雖以失敗投降收場，但從一九三二年代起，日本在中

國東北地區所建立的滿洲國政權(一九三二至一九四五)，卻是由日本帝國主義者在背後所一手操控和扶植的。並且，基於臺灣地區已是日本殖民地的政治關聯性，因此吸引許多臺灣民眾前往發展。其中也包括臺灣南部的名望家和部份佛教人士在內。

同樣的，在二戰後，也是由於這個背景，於是有在此段期間所建立的佛教關聯之誼的東北天臺宗僧侶慧峰法師，於一九四九年國共內戰失利之後，選擇到臺灣來重新發展之舉。所以這是非其他份的僧侶經驗所能取代的獨特性個案。

不過，一九四五年日本投降，並撤出大陸的佔領區時，留在青島的真宗「東本願寺」，初歸湛山寺接收，當時出身東北地區哈爾濱籍的慧峰法師，即奉派住入此一在市區內的日本寺院，一直到一九四八年，他逃離青島地區爲止。

慧峰法師之所以會逃離青島的原因，就如我們之前所提及的，是因國共的軍事衝突轉爲激烈，而最後佔優勢的是中共的紅軍。所以，作爲佛教僧侶的慧峰法師，雖在抗戰期間處於日軍佔領區的範圍內，他仍能在湛山寺自由求學和居住，而不須逃難——因日軍並不排斥中國佛教的一般信仰活動，除非有抗日嫌疑，否則不加干預。

但，新的大陸中國統治者新政權一旦建立，中國境內所有的出家僧侶在不久之後，必然地都要面對此一不可測的新局面，若其自問屆時本身實難以面對此一新政權，便只好早急選擇逃離一途了。於是，在一九四八年十二月下旬，慧峰法師便從青島搭船到上海，再從上海搭船到臺灣來。

至於日後與他成爲師徒之緣，並在慧峰法師遷化之後長期擔任臺南湛然寺第二任住持的水月法師，則是俗家青年王俊嶺，他是從河北逃離到上海，在上海加入軍隊，然後來到臺灣。

而在當時，所以會逃難到臺灣來的數百位外省籍僧侶，不外下列幾種情形才會來臺：① 因被抓去當兵，而隨軍隊來到臺灣；② 本身想逃離大陸，

又無特別社會關係，自願充軍來到臺灣；③ 因在大陸得罪中共或佃農（租稅衝突），爲免被報復而逃來臺灣；④ 本身有一定的社會聲望（教內或教外），不願接受中共統治，於是避難來臺；⑤ 應聘來臺辦學院者；⑥ 雖無社會聲望，只隨前輩或師友，而跟著逃難來臺者。

但，慧峰法師卻不屬於上述任何一種。因倓虛法師和門下主要幹部，是前往香港，並長期在香港發展的。故他在教界的人脈關係，來臺初期，可以說非常單薄的。日後會吃盡苦頭，也是有原因的。

不過，慧峰法師雖長期追隨倓虛法師(一八七五至一九六三)，可是在倓虛門下並未特別突出或受重用。反之，臺灣在中國佛教的傳播史上，是屬於後進地區，且正處於從日本佛教的影響下恢復過來的時期，以慧峰法師的教育條件，理論上，應較有發揮的機會。此一到臺灣爲師的心態，幾可以說貫串他在臺生活的全部期間(一九四八至一九七三)。

另一方面，由於他在青島時期，先已認識臺南地方的望族林耕宇，是否存有來臺相尋之心？不能確知，但，他日後確因這一人際關係，而能來到臺南市立足——建湛然寺和弘法，則是其後可驗證的歷史事實。

按：林耕宇是在日本扶植的傀儡政權擔任「大使」，所以藉佛教爲媒介，來化解各界的對日敵意。

從林耕宇對青島湛山寺實際奉獻的金額和專案來看，自九三七年到一九四五年之間，他不但捐出有高度藝術價值的十六幅羅漢像給湛山寺，作爲大殿兩壁的裝飾之用，還自捐和勸募達八十萬元之多，先後提供給寺方作爲建山門、乃至雇工填院子、砌臺階、油後殿等。可以說，他對美化寺方的環境，出了大力。

這一關係，雖是由倓虛法師建立起來的，但，慧峰法師既來到臺灣，所以很難說他心中沒存有再訪回鄉的林耕宇，以便早日覓得身心安頓之處的想法。

亦即，林耕宇是可以被看成，對他有可能助其發展的臺灣在地社會的支

援性資源，所以他最後才會在臺南地區落腳和長居到過世為止。

五、來臺初期的慧峰法師遭遇艱難的相關回顧

　　一九四八年十二月，在慧峰從上海搭船到臺灣來的途中，曾在船上遇到在青島即相識的趙亮杰。因此，慧峰法師初抵臺灣的艱困情形，即透過趙亮杰的回憶，被記載下來。根據趙亮杰的說法，他和慧峰法師在基隆碼頭下船後，他暫居在基隆，慧峰法師則和一位帶眷的王居士到臺北居住。

　　三天後，趙亮杰去臺北看慧峰法師，發現他和王居士的一家人，共同居住在借來的房子裏，並煮「地瓜大米飯」招待趙亮杰。這是長期生長在中國北方、吃慣麵食的慧峰法師，來臺後最不能適應卻又不得不去面對的生活問題。

　　不過，幸好基隆月眉山「靈泉禪寺」──臺灣四大法派的「月眉山派」大本山──收留了他，有一間寮房給他住。他得的是傷寒病，需要時間療養。趙亮杰的父親是中醫，即住在靈泉寺中爲他治療多日，但未見好轉。

　　趙亮杰和王居士輪流在寺中照顧，寺方爲了使慧峰法師早日痊愈，也在寺中安排趙、王的食、住，使彼等能就近照顧。但，病情依舊未見好轉，情況似乎變得很嚴重，非得送當地的大醫院治療不可。然而，誰替他出錢呢？

　　趙亮杰則提到慧峰法師是被一位在家的「十普寺」女住持送到基隆醫院，病才慢慢的好了！病癒後，把他迎進「十普寺」去供養，連那位王居士拉家帶眷，也住進了「十普寺」。但，在「十普寺」沒有住多久，就因轉售給來自上海的白聖法師(一九〇四至一九八九)。於是慧峰法師和王居士的一家人，只得離開才剛安頓下來的「十普寺」，再度面臨前途茫茫的窘境。

　　據會性法師(一九二八至二〇一〇)的回憶，慧峰法師是在一九四九年農曆三月二十日左右，前往汐止的「靜修院」。這可能是慈航法師替他安排的。

因「靜修院」的二位女住持達心和玄光，有徒弟到中壢圓光寺的「臺灣佛學院」，受教於慈航門下，對慈航法師既信賴又景仰，所以藉此機緣，安排慧峰法師前往。但是，大病初愈的慧峰法師，穿著破破爛爛的長褂子，全身髒臭，到「靜修院」拜訪，住持達心尼師一看到他的狼狽樣，即要求他脫下來換洗。

慧峰法師起初不肯換洗，因為他只有這一件夏布長褂子，沒有第二件可以換。而他在青島湛山寺求學時期，學院中的戒律學訓練相當嚴格。因此，若外出時，不穿僧衣海青，或長褂子，是和所學相違背的。他之所以長褂子雖然骯髒、雖然破爛，卻不願隨意脫下換洗者，是心理卡在這一點上。

此外，汐止「靜修院」是尼寺。在他的大陸佛教經驗裏，都是男眾和女眾分寺居住的。到臺灣時，初住月眉山靈泉山，看到男女同寺，覺得很不習慣。如今，是否要在尼寺的「靜修院」暫住，心裏也在考慮，假如他想到其他寺院去看看的話，一旦脫下來洗，衣服不易乾，要離去恐怕不方便。所以無論如何，不肯將長褂子脫下來，讓院方的人替他洗乾淨。衡之當時其他大陸來臺僧人的作法，我們不得欽佩他的堅持原則。

同時，也覺得他食古不化！總之，在現實與理想之間，他必須有一明智的抉擇。因此，當臺灣有客籍僧侶會性法師，提醒他說：「你這件長褂子穿得太久了，人家聞到氣味也不好。方便一點吧！今天不要出去，讓他們洗洗。」他才答應換洗。可是基隆一帶多雨，他的衣服洗後，晾了三天才乾，他也只好在「靜修院」住了三天。在這三天中，他曾應邀講過開示，由會性法師替他翻譯為臺語。由於同屬男眾，語言又通，兩人很談得來，從此建立了日後進一步交往的深厚友情。

在汐止「靜修院」度過三天之後，仍覺得不宜久住。於是繼續南下，再度請慈航法師幫忙。慈航法師此次將他帶到新竹和苗栗交界的獅頭山上，在開善寺簡單地辦一所「獅山佛學院」，把山上的一些年輕僧尼找來讀書。然後他將慧峰法師留在山上教書，自己回到中壢圓光寺。

　　但，這樣倉促成立的「獅山佛學院」，教育的目的，可能還在其次；安頓大陸來臺僧人，才是主要的。這對一向不重視義學教育的山中僧尼來說，面對這樣勉強開辦的「佛學院」，語言又不能直接溝通，學習的意願自然不高。加上慈航法師本人又不在山上，更缺乏一股凝聚大家求學的感召力量。於是，慈航法師在山上開辦的「獅山佛學院」，在他走後，不到一個月，就宣告解散。慧峰法師的去留，又再度成了問題。

　　他唯一能仰賴的，仍然是再下山去找慈航法師。可是，由於對岸的大陸，共軍正在大舉攻佔長江以南的各大城市，人心惶惶，不斷有逃難僧人來到圓光寺，請慈航法師幫忙；慈航法師雖有熱心、也竭力為彼等設法，

　　終究是缺乏自己的道場，不得不處處懇求別人援手。在這種自顧不暇，又要照顧他人的重大壓力下，中壢圓光寺的大老妙果法師(一八八四至一九六二)，也托辭寺中經濟困難，將原本在六個月的預備課程過後，正式要展開的「臺灣佛學院」課程，提前結束。除少數大陸籍的院生，繼續被收留在寺中之外，連慈航法師也不得不含著淚水和其他的大陸籍僧侶，一齊離開圓光寺，步上前途茫茫的流浪之旅！

　　新竹靈隱寺的無上法師，對正在流浪的慈航法師等一群大陸籍僧侶，以辦佛學院的名義，將彼等接來新竹，暫時安頓。可是，穿著南傳黃色僧服的慈航法師，帶著一群來自各省的大陸籍僧侶，出現在新竹地區，相當引人注目。不久即謠言四起，說有匪諜，混在其中。

　　當時「臺灣省主席兼警備總司令」的陳誠(一八九七至一九六五)，下令全省警察全體出動，連夜搜查來歷不明的外省籍僧尼。

　　慈航法師因身披外國袈裟，自然嫌疑最大，於是連同二十幾名的逃難來臺僧尼，以「無業遊民」的罪嫌，被押在新竹警局的看守所裏。獅頭山上的三位外省人，即：慧峰法師、龍健行和呂佛庭，也同時遭逮捕，和新竹的其他在押僧人，一齊轉送臺北候審。

　　這一次大規模的逮捕僧侶事件，震撼了所有的來臺僧侶。因這是逃難來

臺之前，根本沒有料到的事。罪名又是「無業遊民」，更是奇恥大辱。所以
有不少人因此而轉業或還俗。在臺北的白聖法師等，才決定讓「中國佛教會」
的「駐臺辦事處」，正式挂牌，辦理僧籍的登記。這一方面是爲了解決身份
和職業的歸屬問題；一方面也相應於臺灣地區開始實施戒嚴的預防措施。

因上海的撤守和大局的急劇逆轉，使得在臺灣的統治當局和難民，同感
暴風雨即將來襲的不可知命運和如何生存下去的沈重壓力。

而由於慧峰法師因一直缺乏有力背景的熟人爲他保釋，他被關了將近一
個月。相對于其他省籍僧人的受到各界的熱烈關懷，不免顯得東北籍的佛教
勢力在臺灣太過孤單。

推測可能由於面對這一現實艱困的無力感，他在釋放後，才會重返獅頭
山上蟄居了二年之久，而未到汐止「靜修院」去追隨屢次幫忙他的慈航法師。
這也是此時他和部份外省法師，稍有不同之處。

他在獅頭山的期間，是靠「元光寺住持」如淨老和尚的幫忙，才能在山
上一處橘子園的工寮──他自己將它取名叫「雲庵」──住了下來。

總之，獅頭山的兩年，可以視爲在等待機會的兩年。此後，他在臺灣的
佛教生涯，即由靜態改爲動態，並且脫離北部的佛教圈，開始在南臺灣立足
和求發展。

六、慧峰法師從苗栗縣獅頭山轉到屏東發展的歷史因緣

我們如今，從慧峰法師來臺後的行誼來看，當年他離開苗栗的獅頭山，
前往屏東的「東山禪寺」講經，是相當具關鍵性的南臺之旅。

因爲他沒有前往屏東講經，就不可能被林耕宇、謝健、李濟華、羅乃秋
等邀請到臺南講經，乃至最後在臺南市創建了「湛然寺」，爲臺南市戰後的

佛教發展，寫下了新的一頁等。

不過，慧峰法師會南下屏東，可能是當時在臺北地區的大法師缺乏意願，才有機會輪到他。

此次邀請慧峰法師到屏東「東山禪寺」弘法的圓融尼師，是一九一九年（二十四歲）出家於「龍湖庵」——同屬「大崗山派」的尼寺——，但她在一九四八年接「東山禪寺」住持職位時，仍未受大戒。

她是在一九五三年臺南縣火山「大仙寺」傳戒時，才正式受戒的。當時年齡已五十八歲了。一九四五年十月，日本佛教隨日本統治當局撤出臺灣時，「東山禪寺」保留爲佛教界所有。圓融尼師是屏東人，所以她在一九四九年受聘擔任住持後，將其變成純粹的尼寺。

但，爲什麼是邀慧峰法師，而不是邀請其他的人呢？推測可能是「中國佛教會臺灣辦事處」的推薦居多。正如煮雲法師和星雲法師的例子一樣，是因資歷淺、有才學，才剛好碰上對方的邀請。

可以確定的是：① 他以講大座的方式，講《大乘起信論》。他用帶東北腔的國語講，另找人替他翻譯爲臺語。會性法師曾兩次去看他，也臨時充當臺語翻譯一次。② 他對南臺灣的炎熱氣候不能適應。飲食習慣——吃涼菜——尤其讓他苦惱。③ 「東山禪寺」是尼寺，也不便久居。雖然如此，幸好有屏東之行，才能和臺南方面的林耕宇等搭上線。青島的昔日因緣，才藉此又再顯現作用了

七、慧峰法師從屏東轉來臺南市尋求發展機會的 相關過程

或許，我們也可以說，慧峰法師最初並無到臺南市的計劃，而是到屏東講經弘法，才受到臺南市方面仕紳的注意。這是根據煮雲法師回憶：

一九五二年的上半年，慧師在屏東東山寺講《大乘起信論》後，受竹溪寺主持護國息災法會。慧師是倓虛大師的徒孫，倓老曾在長春建有般若寺、哈爾濱建有極樂寺、青島建有湛山寺。那時，林耕宇居士是任日本偽滿大使，到過我國東北，而皈依倓老爲三寶弟子的。由此關係，慧師是很受臺南六老的擁護。

但，煮雲法師的這一段回憶，遺漏了在竹溪寺主持「護國息災法會」之前的一些活動。根據雲庵長老尼在〈孝祖慧公在臺弘化簡記〉一文，所提到的資料如下：

一九五二年三月十五日，先師循臺南謝健、李濟華、羅乃秋、趙阿南諸居士請，假臺南市參議會宣講佛法三天。

一九五二年三月間，先師駐錫竹溪寺爲寺僧講〈普門品〉。

一九五二年四月八日，先師於慎德堂主持臺南市佛教浴佛大會。

一九五二年四月十三日，先師於竹溪寺主持臺南市護國息災利生薦亡法會，甚爲轟動，每日臺南客運辟專車，接送香客，參加者有新當選市長葉廷珪先生等。

可見慧峰法師在舉辦大法會之前，已經在臺南市活動一段時間。

但我們可以說，慧峰法師在臺南市佛教界的知名度，也隨這次活動逐漸打開了。他會在臺南市立足，可能和這次法會的成功不無關係。

八、慧峰法師在臺南市從寄居到定居的曲折發展過程

慧峰法師從一九五二年三月到臺南市弘法開始，一直到一九五四年春天，由信徒購贈「湛然精舍」為止，大約有二年的時間，是「寄居」在竹溪寺的。但這兩年，可以說是他到臺南後的「黎明前黑暗」，還有許多苦頭要吃。不過，這兩年又可分為兩個階段，茲分別說明如下：

(一)第一階段：慧峰法師作為陌生外來者等候被接納的尷尬處境

第一階段是從一九五二年春季到秋季。在這一段期間，是慧峰法師作為陌生外來者，正等候被接納，因此他遭遇到尷尬處境，相當悲涼與無奈。

在當時，他除上述的弘法活動之外，一面「掛單」於臺南本的竹溪寺，一面設法擴充自己的宗教資源。講經活動，向來就是慧峰法師的專長之一，所以他盡全力於這方面的發揮。雖然竹溪寺方面，對他並不友善，但他仍竭力忍耐。

但，在這些生活上的艱難遭遇之外，臺灣佛教史上的一場大變革，其實已逐漸在形成中。此一變革的重點何在？其原因為何？

此即由「中國佛教會」所主導的組織運作，在寺院「傳戒」上造成壟斷的局面，從而達成了所謂「大陸佛教重建」的效果。有關傳戒的歷史背景及其變革的意義，稍後再說。此處要先指明的是，自一九四九年國民政府遷臺後，原先在大陸的中央組織，也都全部或局部遷到臺灣來。

一九四七年在南京「毗盧寺」召開「中國佛教會」勝利後第一屆會員代表大會，蒙古的章嘉活佛被選為第一任「中國佛教會」理事長。臺灣方面，亦派有代表與會。就「中國佛教會」的性質來講，假若無政治力的介入，那麼這個組織只是全國佛教的聯誼組織，屬於民間宗教團體，權利和義務都是

相對，沒有什麼特別強大的宰製力量。事實上自民國以來，類似「中國佛教會」的組織，都未發生對會員有強力支配的功能。

可是一九四九年，國府遷臺時，「中國佛教會理事長」的章嘉活佛跟著撤退到臺灣，雖未將印鑒一併帶來，但是「中國佛教會」的在臺復會，仍在一九四九年以後開始積極進行。

為什麼要積極進行？一、是在一九四九年夏季的那場逮捕震撼之後，必須為佛教僧侶的職業和身份作一定位；二、是來臺後，由於語言不同和信仰形態差異，以及寺產管理權歸屬的問題，急須有一妥善的解決。

而其中關鍵的問題，就是寺產如何納入「中國佛教會」統一支配的問題。況且，這個牽涉面極其複雜問題，對急須尋求來臺後如何能安頓生活下來的外省僧侶來說，尤為迫切中的最迫切大問題。

但，法律層面的適法性來說，要將臺灣本地寺院財產一律改為「十方叢林」，而由中央的「中國佛教會」統一支配，在法律上無據，只是白聖法師和東初法師等人努力鼓吹的一種新構想罷了，卻因關係寺產的命運歸屬問題，而引起本省各寺院的驚惶，害怕本身寺產自此被剝奪原有的支配權，於是轉而敵視和「中國佛教會」有關的外省僧侶。

慧峰法師和煮雲法師二人在當時所遭到的強烈排斥，有很大的原因，是由於當時讓他們掛單的本地寺院，都害怕他們的寺產管理權可能會無端的被「中國佛教會」奪走有關。但，儘管寺產的問題，最後並未形成法律，然在傳戒的舉辦權上，卻由「中國佛教會」成功地掌握了。因此「中國佛教會」的組織功能，最大的影響，主要在「傳戒」一事上。

(二)第二階段：來自慈航法師的有力奧援而初步開始突破困境

一九五二年秋季，在臺的「中國佛教會」推派代表，參加九月二十五日至十月十三日在日本舉行的「第二屆世界佛教徒聯誼會議」。由於此次會議，使「佛教」和「外交」發生關聯，因此會議結束後，蔣中正(一八八七至一九

七五)總統，親自接見出席會議的代表團團員。「臺灣省佛教會」請出席會議的代表李子寬和印順法師，到中部四縣市巡迴演講，並報告出席大會的狀況。一代佛學大師印順法師，從此長期駐留在臺灣島上弘法。

另一方面，副總統兼行政院長陳誠，也在官邸邀請甘珠爾瓦活佛、慈航法師和律航法師(一八八七至一九六〇)三人會談，要彼等向臺灣同胞宣揚佛法，使民眾大力支持政府。「三師乃於秋季遍曆全省各縣市，弘揚佛法，慰問信徒，宣揚政府宗教政策，鼓勵衛國衛教弘願」。佛教在內政上，也被視為輔政的力量之一，無形中更提高了僧侶的社會地位，以及「中國佛教會」的重要性。

對岸的中國大陸，也幾乎是在「第二屆世界佛教徒聯誼會」召開之後，在北京廣濟寺籌組成立「中國佛教協會」。圓瑛法師聲稱是：「中國佛教徒自動訂立愛國公約，參加愛國運動，自覺自動地進行愛國主義的學習，和全體人民打成一片。」

由上述的資料，可以看得出：海峽兩岸都不約而同地將佛教信仰「政治化」，脫離了教團或僧侶以尋求解脫道和度化眾生為核心的自主性。

不過，此一佛教信仰的「政治化」，卻有助於在臺南地方尋求佛教事業突破的慧峰法師和煮雲法師。

因慈航法師等三人，帶著使命，來到臺南市時，慧峰法師和煮雲法師，都到慈航法師的下塌之處訴苦，請慈航法師為彼等講話。隔天，臺南市各界假「參議會」的大禮堂開歡迎會，會中林耕宇提出佛教徒應團結弘法的問題，請教慈航法師。

慈航法師便藉題發揮地道出下列的一段話：

　　……剛才林居士的好意要外省法師與本省同胞合作團結，我現在來一個反要求，希望你們本省教徒們，可憐可憐我們大陸上逃難來的法師們，讓他們能夠安心生活下去。臺南市有二十幾萬市民，

寺廟有幾十座，外省來的兩位法師都容納不下，還能做些什麼事呢？住在臺南的兩位外省法師，一位是慧峰法師，一位是煮雲法師；慧峰法師是山東青島湛山寺來的，煮雲法師是南海普陀山來的。這兩位法師，如果不是逃避共產黨的解放，你們花錢請他們到臺灣來，他們也不肯來。現在他們逃難到臺灣，你們不但不歡迎供養，反而加以拒絕，請大家捫心想想，如果臺灣的法師們，逃難到大陸去，佛教會這樣對待你們，你們心裏又當如何？……。

這是一篇很沈痛的指控，將問題點在大庭廣眾之前赤裸裸地攤開來，可想而知，是很具震撼與說服效果的。關鍵點，在於時機掌握得恰到好處，亦即慈航法師是趁著佛教被政府重視的時刻，將不同省籍的僧侶相處問題，毫不遮蓋地鋪陳於臺南市的各界代表之前，這在輿論的同情上，自然是收效很大的，相關者很難再無動於衷。

例如臺南市佛教支會的理事長王鵬程，第二天即親自到開山路十八號去探望在「走廊下」已住了六個月的煮雲法師，並表示歉意說：「法師到臺南很久了，我們沒有盡到地主的義務，招待法師安住下來，感到遺憾！」

雖說這是遲來的關懷，但對於慧峰法師和煮雲的兩人原來尷尬處境來說，開始有了轉機，則是無疑的。也因為這樣，臺南「大仙寺」在隔年春初傳戒時，才會向兩人各寄上任羯磨和教授之職的聘書。由此可以看得出，慈航法師的臺南之行，使得慧峰法師在當地的發展，更有心理的安全感。

(三)第三節段：來自佛教界「傳戒」大變革促成的巨大發展助緣

二戰以來，臺灣本土佛教界開始「傳戒」出現的大變革，與慧峰法師在臺南佛教事業的開展，可以說是具有極大關聯性與重要性。因為日後，在臺南市區，所新出現的「湛然精舍」或「湛然寺」，不只是因為「它是來自大陸天臺宗僧人所建立的緣故，而是由於慧峰法師的東北及僧侶身分的代表

性，使其能夠在臺灣新復會的「中國佛教會」舉有選舉權、代表權與重要的
介入佛教會所完全掌控的最高「傳戒權」。

因為當時臺灣政治屬於冷戰時期的威權獨裁統治，整個臺澎金馬地區，
也在基於反共抗俄的政治宣傳與相關作為上，都以長期「戒嚴」的嚴格規範
來執行。而在臺的「中國佛教會」就是附屬的黨國統治機構的次級中央佛教
組織，對於臺灣地區的所有僧人身分的合法確認或授予，是最高級的有力裁
決單位。所以，必須到一九八七年臺灣官方正式「解嚴」之後，「中國佛教
會」所具有特殊權威性，才告崩解，而形成多元組織自由分立發展的局面。

在此之前，也就是慧峰法師當初正在臺南尋求突破發展困境的這一階
段，亦即自一九五二年秋季，慈航法師來臺南爲他和煮雲法師仗義執言後，
一直到一九五四年春季。這當中，關於臺南「大仙寺」的傳戒合法性問題，
他和煮雲法師兩人，由於曾發揮了很大的功用。所以，此後他們兩人的在南
灣佛教界發展，也就逐漸順遂起來。其經過如下：

首先，當時剛爆發的臺南縣白河「大仙寺」的傳戒是否適法性問題的爭
議，是和當時任住持的開參法師(一八九三至一九七五)有關。而開參法師其實
是高雄縣「大崗山派」開創者永定法師(一八七七至一九三九)的早期男弟子之
一，在十八歲時，他出家於「超峰寺」──「大崗山派」的根本道場。

他也是永定法師門徒中，極少數到福建鼓山湧泉寺受過大戒者。

由於開山的永定法師出家後，一直忙於建寺工程，因此有生之年，雖將
「大崗山派」發展爲南臺灣最大的法派，但本身實不精義學，也未至福建受
大戒。

因此，影響所及，在日本殖民帝國統治時期的幾十年間，「大崗山派」
的衆多僧尼，竟沒有一位有著述能力的佛教學者。

在日本殖民帝國統治時期的「四大法派」中，其他三派（月眉山派、法
雲寺派、觀音山派）皆有傳出家戒的實績，唯獨「大崗山派」未傳出家戒，
僅在一九二九年，由永定法師邀請對岸南普陀寺住持的會泉法師(一八七四至

一九四三)來臺,為「龍湖庵」的尼眾講「叢林規矩」一次。

　　而事實上,也由於「大崗山派」的門下徒眾中,累積了太多未受大戒的出家人,於是開參法師借著應聘「大仙寺」住持的便利,以及將「大仙寺」改建告一段落時,舉辦了戰後臺灣首次的傳戒活動。

　　而慧峰法師和煮雲法師兩人,在此次「大仙寺」的傳戒活動中,實扮演了陳勝、吳廣的角色,使原先缺乏著力點的「中國佛教會」,藉此次的干預,而掌握此後臺灣傳戒活動的主導權,達數十年之久。

　　若非如此,在「大仙寺」傳戒的七位「尊證」中,再怎麼樣也輪不到輩份既低、又無大陸叢林聲望的慧峰法師和煮雲法師。反觀其他五位,都是曾任住持或現任住持的教內大老。

　　從這樣的時機與關鍵性的作用,才能理解慧峰法師在臺南地區此後可以建寺院和創造新佛教潮流的真正背景因素。

　　由於慧峰法師來臺南後,正值佛教被政府視為外交和內政的輔助力量之時,慧峰借著來到臺南的地利之便,以寄居的「竹溪寺」為活動中心,除了辦過大型法會之外,也以「中國佛教會」的現任理事兼「弘法委員」身份,影響了臺南地區「大仙寺」的傳戒活動。時機和身份的轉變,使得慧峰法師得以逐漸克服省籍的隔閡和語言的障礙。

　　因為在戒嚴體制下,任何強調或過於突出對省籍的隔閡,將可能遭到政治方面的懲罰。而語言的問題,除了一般民眾可藉臺語翻釋來溝通外,知識份子或外省信徒,大體上可以藉談話或文字書信來交流。如此一來,慧峰法師在大陸時期的學院訓練,漸漸有了一展長才的機會。

　　例如一九五三年四月「竹溪寺」開辦「佛學講習會」,慧峰法師即在開學典禮中,介紹「胡適的治學方法」。但是他的演講「胡適的治學方法」,除了他個人對胡適的好感之外,沒有任何學術的意義;只是趕時麾,將臺北的名人話題,搬到臺南地區來講講罷了。這意味著他試圖扮演現任「弘法委員」的指導者角色。

同時也顯示出他在教界發言權的提升。順此發展，他個人知名度的提高和受大眾媒體的注意，也較過去更爲可能或更有機會。

九、有關「湛然精舍」與「湛然寺」在臺南市的發展歷程

我們如今可以知道，一旦慧峰法師能置身在當時那樣的有利位置，則他後來在凝聚信徒和發揮個人的影響力，也就不太難了。其中「湛然精舍」的購置，即是證明。這是他正式擁有寺產，並能在日後傳徒延續「湛然寺」臺天宗法脈的很關鍵性開始。

至於關於「湛然精舍」的購置，我們根據臺南地區臺籍商界名流吳修齊個人的經驗回憶，最能代表上述有關慧峰法師在臺南發展的歷程。吳修齊說：

> 我是遠在一九五四年間，經故宗姐吳烏香居士之引介，始拜謁法師的。想當年法師……至臺南以後，以其精擅律藏，福慧雙修，著即設壇弘法師度衆。未幾聲名大噪，聞法而皈依門下者甚衆，宗姐亦是其中之一。一日，我忽接宗姐來囑略以：法師隻身來臺迄無靜修道場，狀甚可憫，殊非佛徒恭敬僧寶之道，乃經諸信徒一同協定捐贈一所精舍以供養法師，希我一併共襄盛舉雲。宗姐乃虔誠不二之佛教徒，宅心仁厚，平時樂善好施，其敬奉三寶之誠之篤，素爲我仿慕無已者。今聞宗姐作此建議，求之不得，焉有不從之理，乃慨然滿口答應。
>
> 未幾精舍如願購成，衆信徒心中喜不在話下。該精舍名曰湛然，蓋以紀念天臺六祖荊溪湛然大師而命名者，殆以宏揚天臺爲要宗，並禮請法師出任住持。

　　這是本省著名企業家之一，由聞法，而親近，並且助成購買供養「精舍」的具體例子。吳修齊不像林耕宇，他沒有和慧峰法師，相識於大陸的舊日交情，純粹是慧峰法師到臺南發展後，所吸收的本地教友。因此上述回憶的資料，最可看出慧峰法師所代表的「大陸佛教」，在臺南地區逐漸落地生根的情形。

十、本山與分院的狀況：從「湛然精舍」到「法華精舍」的發展

　　在信徒購置給他一處安身的市內「精舍」之後，慧峰法師在一九七二年八月二五日的「寺務座談會」中，曾表示說：「湛然寺前身爲湛然精舍，初信徒買地及房屋，乃爲送我自己的。後因納稅無著，由胡偶群律師建議，成立財團法人，登記信徒一百五十人，代表十五人，成立董事會，董事七人、常務董事三人、我（慧峰）爲董事長。現董事星散，在者亦多不問事。既有名無實，想在落成後，辦理寺廟登記，取銷形同虛設的財團法人組織。」

　　按：慧峰法師在一九七三年十二月八日入滅的。亦即在他去世的前一年，「湛然寺」的改建，仍未「落成」。而「湛然精舍」自一九五五年購置以來，一直未辦「寺廟登記」，而是以「財團法人組織」的形態存在著。

　　不過，擁有了「民宅」充當的「湛然精舍」，要如何經營及展開功能呢？慧峰法師一面在「湛然精舍」內附設「群英補習班」和「群英幼稚園」，一面進行內部佛寺化的改裝工作。

　　在此同時，要讓「民宅」充當的「湛然精舍」，能夠快速「神聖化」，並爲教界人士所重視，必須藉助佛教界大老的力量提攜才行。因慧峰法師來臺後的最大支持者慈航法師，已在一九五四年五月六日入滅於臺北縣汐止鎮的「彌勒內院」關房中，所以他要在當時的教內大老中，選擇立場比較超然

和資歷深厚的來請教。

例如南亭法師在臺北市創設「華嚴蓮社」（一九五一年），宏揚華嚴思想和淨土宗崇拜，當慧峰法師購置「民宅」爲弘法之用時，曾請教南亭法師，南亭法師認爲唐代中興天臺宗的荊溪湛然(七一一至七八二)，對慧峰法師的佛教師承和來臺後的發展方向都有極大的釐定作用，所以「以『湛然』爲題，作文而書條軸以贈之」。

而當時任「中國佛教會理事長」和「總統府資政」的章嘉大師，即被邀請到臺南來，除和臺南市各機關首長會面外，也接受慧峰法師介紹的信衆皈依。隔年(一九五六)三月二十五日「湛然精舍」落成時，章嘉大師再度蒞臨主持典禮。而大殿中的釋迦佛立像，則是臺籍藝術家楊英風的早期佛像雕塑作品之一。可以看得出，慧峰法師在作法上，是保守中帶有新意。

一九五五年七月底和八月初，慧峰法師邀請煮雲法師到臺南市弘法，講題是〈佛教與基督教的比較〉。爲什麼要講這樣一個題目呢？主要是爭取信徒和反駁基督教強勢壓制佛教信仰的作風。

慧峰法師又自一九五七年八月二四日起，在高雄縣的大崗山頭，閉關於「法華精舍」，迄一九六二年十月十四日出關，計五年二個月。本來閉關是精進自修的最好機會，他在佛法上顯然無大進步，卻因在關房中，接受大批信徒的山上皈依，而成了轟動南臺灣佛教界的一件大事。

他出關房時，留了很長的髮鬚，儼然美髯公一個，頗有仙風道骨不食人間煙火的修行者模樣。這對一般信徒來講，應有新鮮感。

但煮雲法師卻批評慧峰法師說：由於從小出家的人，剃髮已剃了幾十年了，在臺灣這樣亞熱帶的地方，如果突然留長髮，不剃頭，牙齒就會掉落。

慧峰法師閉關時，沒有經驗，也沒聽前輩提示過，就留了頭髮，三年下來，頭髮留長了，牙齒也掉光了。

不過，從「湛然精舍」到「法華精舍」的這一歷程，一方面是爲了日後突破「湛然精舍」房舍太窄不便於大規模活動的限制，一方面也是面臨本身

學養的不足問題。

從他在「法華精舍」中的部份〈日記〉資料來看，他閉關三年，最後無法有大突破，反惹了一身病，很可能是缺乏現代研究佛教的方法學訓練，也不能死心專修淨土法門，以致理論和實踐都落空的緣故吧？

十一、本山與分院的問題：從「湛然精舍」到「佛隴」的發展

(一)有關「湛然寺」的功能及其傳承問題

慧峰法師出關後，即由「法華精舍」返回「湛然精舍」。而「湛然精舍」的改建工程，在一九六七年開始進行，迄一九七三年完成。慧峰法師即入滅於此年。換言之，在「湛然寺」正式落成之時，慧峰法師也撒手人寰，來不及看到它的真正功能發揮了。

可是「湛然精舍」自一九五五年購買後，一直到一九七三年改建完成。慧峰法師是想以「湛然精舍」作爲佛教教育的場所。據水月法師的回憶，慧峰法師在世時，所辦的活動及其特色如下：

> 早晚課凡是住衆皆參加，這是傳統，三十年如一日。
>
> 每月初一、十五固定集會信徒共修。長期如此，迄未改變。
>
> 「助念」和「念佛會」（此會每星期六晚間七點半至九點半舉行），是維持二、三十年的法務。
>
> 每逢每月的十四、三十兩天，皆誦《四分律比丘戒本》。
>
> 主動與信徒連絡，寫信或奔走，法誼不絕；信徒覺得受重視，有參與感。和一般社會人士，亦保持相當來往。

購置《大正藏》、《卍字續藏》各一部，《二十五史》、《百
科全書》、《大般若經》、《華嚴經》、《太虛全書》等。

其他像「禮懺」、「誦經」等活動等。

從這些活動的專案來看，「湛然寺」是相當正統的大陸佛寺信仰形態的
移植。但是，關於各種法會的舉辦，據水月法師的分析如下：

一、早期臺南市的佛教活動，集中在「湛然寺」。

二、慧峰法師為學院出身，雖致力於弘化，但對法會儀軌唱念，
非科班出身。每逢法會，多是請些職業性唱念僧，頗受鉗制。

三、由於其他道場，對「湛然寺」的那一套，已效法得更青出
於藍，因此不像早期的號召力那樣大。

可是，從「湛然寺」的長期發展來看，若不指出寺內的住眾情形，將遺
漏了關於傳承和管理的重要部分。以下即就這部分，提出若干說明。

首先，慧峰法師在晚年，最擔心的，是「湛然寺」缺乏適當的繼承者。
他一直屬意學養俱佳的水月法師，可是水月法師最初對接住持的意願不高，
使得慧峰法師在臨死前一個半月，還在病床上對前來探病的水月法師，慨歎：
「『湛然寺』無人！」為什麼會這樣呢？

其次，這必須再追溯水月法師以及其他幾位寺眾的情形。

對於「湛然寺」的住眾，水月法師曾提到：「寺址狹小，寮房不多，以
前住眾，僅上人一位。至六十年間，住眾最多時為六人，第一代一人，第二
代五人，為時很短。」可見在較早的「湛然精舍」時期，寺中只住慧峰法師
一人而已。假如就第一代的徒眾（即水月法師稱的第二代）來看的話，則在
資料上出現下列的情形：

● 慧峰法師在《覺世旬刊》讀到一則啓事，是東北籍的李夢泉（後出家爲祥雲法師）刊登的，要介紹韓成章出家。然後透過書信和到「法華精舍」拜訪，慧峰法師同意接納，於一九六○年二月二十九日出家。翌年受戒。依止三年，出外參學三年，以後長期居住在「法華精舍」。一九八八年五月，將「法華精舍」私自出售，所以是對「湛然寺」無重要貢獻者。

● 雲庵尼師，一九六八年出家。旋即到高雄壽山寺「壽山佛學院」插班就讀，畢業後，再到佛光山「東方佛教學院」攻讀，前後四年。一九七三年畢業回「湛然寺」時，離慧峰法師入滅，已不到半年了。可是，由於是本省籍出身，且在學院成績表現優秀，是慧峰法師生前至爲器重和寄以厚望者。「湛然寺」的法務和《福田》雜誌的編輯，幾全賴其負責。是慧峰法師門下，最傑出的女徒弟之一。如今，第三任住持，就是雲庵長老尼。有關她在湛然寺的相關事跡，我們在後面，還會有更詳細的解說。

● 法音尼師和海印尼師，和雲庵尼師一樣，都是在一九七三年才回「湛然寺」。法音尼師爲「佛學院畢業」的新銳，且「才氣卓邁」。可是，實際的表現如何？因缺乏具體資料，難以評估。

● 普化法師，是負責寺中清潔工作。

● 水月法師，爲第二任「湛然寺」的住持，是臺灣佛教界少數精研因明有成的專家，爲學界所推重。他約在一九五七年春，從臺中來「湛然精舍」禮慧峰法師，雖甚投契，且被寄以厚望，但因長期在空軍任職，迄一九七○年才正式在「湛然寺」出家。一九七二年冬季，由慧峰法師帶至香港，拜訪同門前輩，爲接班之準備。教內前輩曉雲尼師，也在一九七三年冬，慧峰法師入滅前，要他將「天臺法脈」傳給水月，可是仍遭拒絕。

水月法師當時曾表示他所以一再拒絕接任的原因說：

> 傳持，佛教所應重視考慮者，爲是否能留心佛法，不廢義門，
> 寂忍成就。絕不是找個會辦事者，先任職務。……基本上，出家人
> 要常懷靜志，願屛囂塵，徹悟苦空，得從閒曠。故傳持不關制度，
> 亦不在傳賢傳徒。重點在能否延續天臺教觀芳香，四悉巧意精神。
> 故傳持應擺在天臺諸祖聖言量爲選擇觀察標準，庶乎不太離譜。

此種見解，若衡之天臺宗傳統的文獻記載，是符合《國清百錄》和《四
明尊者行教錄》中，關於住持天臺道場的標準詮譯。因此，他批評缺乏實質
意義的「法卷」頒授。他的觀點如下：

> ……若「錯擧」，所傳非正法，所傳非適人，終會將道場演變
> 成蕡藜園矣。今世法卷所以未爲重視者，一由當世實教觀學者零落，
> 無接緒大德，再由法卷傳授，僅具毫無實義之形式，形實了不相關。
> 由法卷淪沒，天臺裔嗣，當速精進。

這是光明磊落的態度，毫不自欺欺人，或以佛法作人情。他本身既然志
在因明和長於因明，不冒充天臺嫡傳，可謂無愧於所學。

不過，慧峰生前從未因水月法師不接天臺「法卷」，而動搖以他爲接棒
人的想法；而從一九五七年初識，到一九七三年入滅，他一直極力促成水月
法師在因明方面的精進，可以說是水月法師生平難得的恩人兼知音。

因此水月法師在他入滅後，經營「佛龕」爲慧峰法師的紀念館；在「法
華精舍」被盜賣後，又成爲最後的墓園所在，實在是師徒間互相信賴和長期
深刻相知的結果。

(二)有關「法華精舍」幻滅與「佛隴」崛起的內情分析

「法華精舍」是慧峰法師在一九五九年八月至一九六二年十月共計三年多的閉關所在。在關房中，因俗家弟子姜宏效，勸導大批信眾到關房辦裏集體皈依，而成了南部佛教界當時的一大新聞，使慧峰法師的名聲大爲響亮。這是我們在前面的討論中，曾約略提到過的。

但是，「法華精舍」最初設立的目的之一，是爲了邀請慧峰法師的本門師祖倓虛法師到臺灣來居住之用。閉關只是其中的一種用途。不過，一九五八年九月，他向剛退伍不久，並初次到臺南來探望他的同門師弟——修證法師，表示將閉關，並請其護關之時，關房的地點，仍未確定。

當時慧峰法師正在「精舍」辦法會，等告一段落後，才開始找地點。

但是首先遇到的是地主的態度猶疑不定，幾度想收回土地。。其次是軍方的干擾，也是透過各種關係，將事情擺平。但是工程經費的短絀，使得開工不久，便告工程停擺。爲了籌募經費，必須更密集地舉辦法會。

在這一構想之下，他多方聘請熟稔唱誦的同道相助，每星期三和六，以及每月的十四、二十九兩天，固定「拜大悲懺」。初一和十五，則「拜願」。這種充滿聲光和宗教圖像所構成的道場氣氛，配合信徒的祈願和禮拜的動作，能迅速在身心內部體會到強烈地神聖性的感染效果，口碑一傳，信眾蜂擁而至，參加的人數不斷地增加。有一個時期，全臺南市的佛教活動，仿佛都集中到「湛然精舍」來了。

但是，慧峰法師過於投入宗教活動的結果，體力透支，健康大受影響。而信徒在受到慧峰法師的宗教熱忱感召之下，敬仰之心油然而生，知道他要閉關的「法華精舍」正缺乏工程款，於是紛紛捐贈建築經費。由於經費問題已告解決，再開工後進行很順利，故半年內即告落成。在當時的水準來看，房舍尚稱不錯，而背山面野，視線寬闊，具林泉之勝，是一處環境幽雅且適合修心養性的居所。

慧峰法師在入關前，先舉辦「佛七」——念佛會七天。一九五九年四月二四日，從臺北市請來「松山寺」的住持道安法師(一九○六至一九七七)主持閉關典禮，約有二、三千人參加，盛況空前。

慧峰法師在關中過了三年餘，前二年由師弟修證法師護關。最後一年餘，改由大徒弟朗蔭法師護關。而「湛然精舍」的監院則交由修證法師負責的，使舍中的法務能繼續進行，不致因慧峰法師長期閉關，即告中斷。

慧峰法師在一九六○年二月時，已有親剃度的弟子朗蔭法師，將來接事業者，自以師徒關係爲優先考量。「法華精舍」便由大徒弟朗蔭接管。

朗蔭法師是從軍中退伍，因轉業不易，才設法登廣告和透過介紹，到「法華精舍」拜慧峰法師爲師。他在大陸時期，早已有了妻兒。

但因戰亂隔離，他雖深念故鄉妻兒，卻能在出家後「持午清淨，能吃苦耐勞」。甚至將省吃儉用的一隻金戒指，都交給剃度師慧峰法師，令慧峰法師相信他爲師門奉獻的誠意。在代替修證法師爲其師護關時，因慧峰法師講了一句玩笑的話，他即無法忍受，一度離去，使得慧峰法師在關中有缺糧危機，必須靠吃餅乾、喝生水度日。一九六三年七月起，在慧峰法師剛出關，渾身是病，急待療養時，他仍不顧一切離寺在外三年餘，直到一九六六年底才回寺。

慧峰法師在晚年(一九七二)時，曾提到「法華精舍」的管理問題。他認爲「法華精舍」是因他閉關而建，仍以他爲住持，故屬「湛然寺」的財產；雖由朗蔭法師居住管理，仍須容納其他的男徒住入。但在〈寺務座談會紀錄〉上，已曾留有討論「法華精舍」接納外人入住，結果都和朗蔭不歡而散的部份資料。

水月法師則語重心長地道出他的心聲說：「同門師兄弟要互扶持，在師父慈悲領導下，團結一齊，何事皆可爲。不要因一事意見不同，一語不投，即要斫斷手足。」

在那次「寺務座談會」中，關於土地的問題，已說明部份繼續由施家耕

種，部份要加蓋房子。但談論之間，大家暗示朗蔭不能獨佔的意思，已表露得很清楚。逼得朗蔭法師表態說：「我無意獨佔『法華精舍』，甚至隨時遷出都可以。」

由於朗蔭法師和師弟們，可能一直都不融洽，所以接著討論誰是「湛然寺」上的第二任住持人選時，慧峰法師試著建議朗蔭應以首徒接掌，但他明白地表示：「『湛然寺』方面、信徒方面，因緣難洽，都不適當，決定不接受。」可見他知道局勢不利於他，乾脆拒絕接任，以保住已長期佔有的「法華精舍」，免得到頭來，兩邊都落空。

慧峰法師也清楚這點。他在朗蔭法師拒絕接任的話，一講出口，他即宣佈屬意「聖禾」──即水月法師接任。但，當時水月法師也跟著推辭。慧峰法師堅持要他接，他仍不肯。最後，才在會後達成暫不定案的結論。

不過，由於慧峰法師的健康情形持續地惡化，繼任的人選非得有一安排不可，而環顧寺中眾徒弟的學養和辦事經驗，仍非水月法師莫屬，所以他在當年(一九七二)的年底，帶水月法師到香港去和同門的前輩或師兄弟見面，以明示自己的接棒人選屬誰。

不過，水月法師從香港回來後，仍執意在外參學和教書，一度應佛光山星雲大師的聘請，在山上的佛學院講授因明課程，每周二小時，甚受禮遇。一九七三年十月下旬，慧峰法師因肝發炎兼尿毒癥，已甚病危，離入滅之期，不過月餘。同門海印尼師，一再去函佛光山，要求師兄下山，探望師父病情。

其實，信是慧峰法師要海印尼師寫的，碰面時，海印尼師坦誠告訴真相，因大家已預料慧峰法師很難過年。所以慧峰法師見面時，除一再提醒他：「『湛然寺』無人！回『湛然寺』住！」之外，甚至談起在虎頭埤土地收回時，可以建墓園之事。

此一問題，在「寺務座談會」上，慧峰法師也主動表示過，所以是舊事重提。但虎頭埤是風景區，在當地作墓園，會遭官方干預，修證法師曾提醒

過他，他卻認為：每個人都要往生，塔院的問題，也是要解決的。

水月法師則採折衷的看法，建議將來可建一小型祖師塔，及三間祖堂。他沒有料到，他在醫院時，避答「萬壽公墓」的事，在慧峰法師入滅後，變成他要設法克服的最大問題。

慧峰法師入滅後，塔墓設在「法華精舍」旁，朗蔭法師因長期居住在「法華精舍」，不但成了「法華精舍」的實質住持，也應是慧峰法師入滅後的守塔比丘才對。可是他對慧峰法師始終存有怨恨之心，在他能完全作主之後，即陸續將圍牆拆除改建，鏟平獲園，封正門，開旁門，以符風水師的建言。

後來由於政府開放大陸探親，老兵返鄉成為可能，於是朗蔭法師結合外人，將「法華精舍」變更登記為「法華寺」，排除了和「湛然寺」的產權關係；信徒代表也一概換了另一批人，接著即在一九八八年五月，將法華寺私自出售給外人，並以部份所得攜至香港，彙濟給大陸的妻兒。從私人的立場來看，這是時代的悲劇，才使得一個和家鄉妻兒離散數十年的老兵，在出家多年後，猶出此下策，將十方淨財所購的寺產，化為一己的私有物，以補償自己數十年離鄉未照顧妻兒生活的歉疚！

但是，這畢竟是嚴重違反佛教戒律和對捐資信眾背信的不良舉動，所以從香港回臺灣後，和所收的徒弟果淨反目，並先後謝世。

以上即「法華精舍」的幻滅始末，我是基於保留歷史真相，才鉤沈史料，將經過全貌寫出，但心中一直是抱著哀矜勿喜的態度來描述。我無意貶斥任何人，只是將其看做時代的悲劇罷了。

慧峰法師生前擁有的土地，除「湛然寺」、「法華精舍」兩址外，在旗山去六龜途中的「三丘田」購有土地五分七厘，委託師弟修證法師代種水獲。另外，於虎頭埤水庫南岸約有四分地，是樂果老法師在一九七〇年十月出讓的。但慧峰法師本人對虎頭埤的這塊地最有興趣開發。

而水月法師在他入滅後，將其地取名為天臺宗根本道場所在地的「佛隴」，又建成「慧峰大師紀念館」，亦可稱之為善體師志、克紹其業者！

　　有關湛然寺的此後的歷史，本文暫時不完整交代。因為我目前正在全文
重新撰述中，在此次出版《湛然道影》的一書中，也沒有載入。

玖、當代臺灣佛教史學論述及其思想詮釋衝突

一、導讀

臺灣當代漢傳佛教史學研究，在政治解嚴之後，其論述更形自由化，不但使各類主題的探討因而更為多元化，而其中由於不同詮釋視角而出現的相互衝突性，也相對激烈和影響深遠。以下即就此一深具衝突詮釋性的相關學術史發展狀況，分項扼要說明：

二、佛學研究工具書類舉例和簡介

首先，在現代佛學研究的工具書方面，若不計以翻譯為主的相關佛教辭典，則以藍吉富所主編《中華佛教百科全書(10 冊)》(臺南：妙心寺，1994)、吳汝鈞主編的《佛教思想大辭典》(臺北：商務印書館，1992)和于凌波 (1927-2006)編著的《現代佛教人物辭典上‧下》(高雄：佛光出版社，2004)，堪稱是戰後臺灣本土佛教研究相關工具書中，比較具有學術內涵與新條目的說明者。其中，尤以于凌波本人(1927-2006)所編著的《現代佛教人物辭典上‧下》是由大量相關的當代傳記資料所構成，所以是三者中，最有特色和最常被參考者。

三、國際新佛學研究潮流的引進和衝擊狀況

　　至於在引進國際現代佛學研究的新趨勢方面，雖然歸國學人傅偉勳 (1933-1996)教授大力提倡「詮釋學」的多層次研究進路，也撰寫關於日本禪師《道元》(臺北：三民書局，1996)的精彩研究。但是，傅偉勳的論述，[1]大多是奠基於二手研究資料的歸納性主題論述，所以能有鼓吹學界的新嘗試作用，但並未真正形成有效的典範性研究傳承。

　　反之，其門下高徒林鎮國的《空性與現代性》(臺北：立緒，1999)一書的出版，真在當代海峽兩岸都引起相應的學術共鳴和一定程度的後續效應。日本當代的「批判佛教」問題和歐美多角度的現代性佛教詮釋學，可以說，都是由《空性與現代性》一書的多篇主題，所提供給當代臺灣佛教學者的重要資訊來源。

　　1999 年時，由江燦騰親自主持《空性與現代性》一書的集體學界評論活動，也在臺北清大的月涵堂公開舉行：由林安梧、賴賢宗、曹志成等當代少壯派佛教學者共同參與相關主題的哲學辯駁。

　　此後，賴賢宗開始撰寫有關佛教詮釋學的多種著作；[2]而大陸的新銳佛教學者龔雋，更是延續林鎮國在其《空性與現代性》一書的相關探討課題，並以更大規模的方式，繼續推動有關歐美學者對於「批判佛教」的探討和新禪宗史研究的相關課題。此外，呂凱文、釋恆清、吳汝鈞等，也相繼探討有關「批判佛教」的問題。所以，這是有實質擴展性的現代佛學研究發展。[3]

---

[1] 傅偉勳主要的相關著作，計有：《從西方哲學到禪佛教》(臺北：東大圖書，1986)、《批判的繼承與創造的發展》(臺北：東大圖書，1986)、《從創造佛教詮釋學到大乘佛學》(臺北：東大圖書，1990)。

[2] 賴賢宗的相關著作有：《佛教詮釋學》(臺北：新文豐，2003)、《當代佛學與傳統佛學》(臺北：新文豐，2006)、《如來藏說與唯識思想的交涉》(臺北：新文豐，2006)、《海德格爾與禪道的跨文化溝通》(北京：宗教文化，2007)、《道家禪宗與海德格的交涉》(臺北：新文豐，2008)等書。

[3] 林鎮國新作，《空性與方法：跨文化佛教哲學十四講》(臺北：元照出版社，2012)，是其運用西方詮釋學研究佛教知識論的多年成果總結，出版後，深受學界肯定。

四、多樣化新佛教史學的相關論述說明

　　黃敏枝的《宋代佛教社會經濟史論集》(臺北：學生書局，1989)，是戰後臺灣史學首開宋代佛教社會經濟史系列研究的重要專書；[4]此外，這也是繼早期大陸學者何茲全(1911-2011)、陶希聖(1899-1988)等人提倡研究中國社會經濟史以來的戰後在臺新發展。

　　但是，戰後現代佛學研究的最大收穫是，有關佛教史的相關研究。在臺灣佛教史研究方面，江燦騰的十餘種著述，公認是戰後臺灣佛教史學的主要建構者和集大成的專業學者。[5]闞正宗、侯坤宏、王見川、李玉珍四位學者，也各有擅長領域。闞正宗：長於佛教史料蒐集；[6]侯坤宏：長於佛教政治史和經濟史；[7]王見川：長於齋教史料蒐集和研究；[8]李玉珍：長於佛教女性與社會

---

[4]　黃敏枝還另撰有《唐代寺院經濟的研究》(臺北：臺灣大學文學院，1974)一書。

[5]　在江燦騰的十多本著作中，有六種值得一提：(A)《臺灣佛教百年史之研究》一書（臺北：南天書局，1996），曾獲第一屆臺灣宗教學術金典獎。(B)六十四萬字的《日據時期臺灣佛教文化發展史》一書（臺北：南天書局，2001），是博士論文(2000)的改寫出版，並曾獲第二屆臺灣省傑出文獻工作獎。(C)至於《臺灣佛教史》一書（臺北：五南出版社，2009），則是歷來全面性書寫近三百多年來(1662-2009)臺灣佛教通史、並正式出版的第一本專書。(D)、2005 年，在大陸出版有關臺灣近百年現代化佛教發展經驗的第一本專書《新視野下的臺灣近現代佛教史》。(E)、2010 年由大陸官方的宗教文化出版社，出版其兩岸歷來第一本《二十世紀臺灣佛教文化史研究》。(F)、2010 年，更進一步榮獲教育部的專款補助，為建國百年讓學術詮釋歷史的宗教學門類唯一計畫專書撰寫。此書：《戰後臺灣漢傳佛教史：從雙源匯流到逆中心互動傳播的開展歷程》，在 2011 年的 4 月初，也已由五南出版社隆重出版。

[6]　見闞正宗，《重讀臺灣佛教：戰後臺灣佛教(正、續編)》（臺北：大千佛教出版社，2004）、《臺北市佛教會六十周年特刊》（臺北：臺北市佛教會，2007）、《中國佛教會在臺灣——漢傳佛教的延續與開展》（臺北：中國佛教會，2009）。其〈戰後臺灣佛教史料的查找與運用〉一文，收在其《臺灣佛教史論》一書，頁 395-417，介紹相當詳盡。

[7]　侯坤宏的重要相關論述，可參考江燦騰、侯坤宏、楊書濠著，《戰後臺灣漢傳佛教史：從雙源匯流到逆中心互動傳播的開展歷程》（臺北：五南出版社，2011）一書中，由侯坤宏執筆的各章。新著《浩劫與重生：1949 年以來的大陸佛教》（臺南：妙心出版社，2012）一書，是其最重要的代表作。

[8]　王見川，《臺灣的齋教與鸞堂》（臺北：南天書局，1996），是其開創性代表作。

研究。[9]

在明清佛教史方面，王俊中的《五世達賴教政權力的崛起》(臺北：新文豐，2001)一書，堪稱天才型的東亞漢藏佛教史最新研究論述，書中所陳述的邊地多國共治的新詮釋觀念，洋溢著當代臺灣新本土佛教學者的特殊歷史情懷與深層的未來性憂慮。新銳佛教學者廖肇亨，對於明代新禪宗文化的多重視野的大量探討與多篇現代書寫，從情慾、戲曲、詩文、傳記和相關思想等，都呈現新佛教社會文化史的鮮明風貌。

相對於廖肇亨的新禪宗文化的多重視野研究，陳玉女的《明代佛門內外僧俗交涉的場域》(臺北：稻鄉，2010)和《明代二十四衙門宦官與北京佛教》(臺北：如聞，2001)、《明代的佛教與社會》(北京：北大出版社，2010)各書，都是由明代佛教社會史的豐富史料和相關宗教人物活動層面的多篇詳細探討專文，所組構而成的堅實研究成果。其中，有關明代佛醫的新主題研究，以及提出大量相關的日文佛教研究成果評介，都是歷來有關明代佛教社會史研究中，並不多見的優秀學術成就。

不過，在陳玉女之前，劉淑芬的《中古的佛教與社會》(上海：古籍出版社，2008)一書，已是利用大量碑刻史料與從事中古佛教各類社會史主題的新探索。而這類研究的新形態之所以能夠出現，主要是二十世紀後期歷史學研究朝向歷史社會學發展的轉型反映所逐漸形成的。

在有關佛教人物的傳記研究方面，李筱峰的《臺灣革命僧林秋梧》（臺北：自立晚報社，1991）、楊惠南的〈臺灣革命僧——證峰法師（林秋梧）的「一佛」思想略探〉[10]和江燦騰的〈從大陸到臺灣：近代佛教社會運動的兩大先驅——張宗載和林秋梧〉[11]是各有突破的作品，但仍以李筱峰對林秋梧的

---

[9] 李玉珍的《唐代比丘尼》(臺北：學生書局，1989 年)一書，是戰後第一本比丘尼研究的專書。

[10] 見楊惠南，《當代思想的展望》(臺北：東大出版社，1991)，頁 45-74。楊惠南是用如來藏思想來解說林秋梧的「一佛」思想，右批評他是「空想的社會主義者」。

[11] 此文收在江燦騰，《臺灣佛教與現代社會》(臺北：東大出版社，1991)，頁 3-36。

思想研究，成就最大。[12]

此外，雖然戰後也出版了有關僧侶的個人自傳、生平報導、死後的悼文集、向社會大眾推銷宗教形象的宣傳傳記等，在數量上也相當多，卻不一定可以當作有學術研究意義的成果來探討。[13]不過，《白公上人光壽錄》（臺北：十普寺，1983），卻是少數的例外。因編者在編輯時，是能兼顧到史料的多元性、相關性和客觀性。[14]

至於釋信融有關中共佛教史著名人物《巨贊法師研究》（臺北：新文豐，2006）的相關優秀研究，不但是兩岸此一主題的開創性作品，如今在大陸地區，此書也成為兩處「巨贊紀念館」的標準版陳列物，堪稱論述一流。

五、佛教藝術史、佛教文學史和民俗佛教史的相關研究檢討

在佛教藝術史的研究方面，陳清香的《臺灣佛教美術的傳承與發展》(臺北：文津，2005)，內容雖豐富，但相關史料錯誤卻不少，又缺乏清楚的定義陳述和不具備明確有效的分析概念，所以不能成為嚴格的臺灣本土現代佛教藝術標準著作。

---

[12] 李筱峰曾先後寫了兩本專書：第一本是《革命的和尚——抗日社會運動者林秋梧》（臺北：八十年代出版社，1979）、第二本是《臺灣革命僧林秋梧》（臺北：自立晚報社文化出版部，1991）。關於環繞林秋梧周遭的佛教史研究，李著也存在著極大的不足。例如開元寺本身的內部問題、佛教知識精英的集體思想取向的問題、高執德事件的相關問題，都是可以再檢討的。

[13] 基本上，學術的傳記，應具備至少下列幾個條件：一、資料是可考證的，或可證實非是虛假的。二、資料的主要來源，不能只靠傳主身提供的。三、對有爭議性的資料，有能力判斷或考證真相。四、對佛教的環境、慣習和時代相關背景，具備一定程度的理解。五、對研究的對象，能加以檢討或批評。因此，有些僧侶的個人傳記，雖具有極大的可讀性，或在自敘生平時相當真實，都不能放在本文的此處來討論。

[14] 因此，此書雖是用來祝賀白聖法師八十歲生日的應酬著作，其中充滿了對白聖的推崇，也是顯而易見的。但這一本達九百五十多頁的「編年體」著作，列有極豐富的參考資料，每年按僧伽、教團、社教、政經四大項來編排，兼容並蓄，無異是一部近代中國佛教史的綱要，所以很值得肯定。

　　林保堯的中國中古佛教藝術史研究，長期追隨日本塚本善隆的研究模式，研究成果雖多，領域過窄，特色並不突出。但近期的《山奇大塔：門道篇》(新竹：覺風，2009)一書，是林保堯領隊親赴印度進行著名印度「山奇大塔」的精細田野紀錄，是標準本性質的田野調查教學的實用手冊。

　　至於兼具可讀性和專業性的《中國佛教美術史》(臺北：東大，2001)一書，是李玉珉(長期服務於臺北故宮博物院)的非凡力作，堪稱是臺灣本土佛教藝術史研究學者的一流作品。但，李玉珉的全書內容，完全與臺灣本土現代佛教藝術的表現無關，則是其致命的學術缺陷。

　　有關佛教文學研究方面的代表性作品，可舉丁敏的《佛教譬喻文學》(臺北：東初，1996)一書，是海峽兩岸唯一專論此一性質的優秀作品。至於有關佛教儀式的相關研究，汪娟的《唐宋古逸佛教懺儀研究》(臺北：文津，2008)專書，是善用敦煌古文獻專研過去學者很少觸及的唐宋時期古逸佛教懺儀的系列課題，堪稱當代獨步的學術表現。至於洪錦淳的《水陸法會儀軌》(臺北：文津，2006)一書，對於有關水陸法會的探討，已能一定程度的清楚解明從唐代到明代的相關變革，所以也是此領域少見有突破之作。[15]

　　在有關神異僧的特殊崇拜化研究方面，王見川的《從僧侶到神明——定光古佛、法主公、普庵之研究》(中壢：圓光佛學研究所，2007)一書和其對於民國虛雲禪師實際年齡的新探索，在史料發現和論述角度上，都有新突破。[16]

　　至於，林美容從「本土化」的立場出發，將早期臺灣佛教稱為「岩」或「巖仔」的佛教道場，加以統計，試圖建立早期「民間佛教」的歷史面貌，

---

[15] 相關的最新研究，還可參考：陳省身，《普濟幽冥：瑜伽焰口施食》(臺北：臺灣書房，2009)一書，此書的當代田野調查資料，是最權威的精確報告，但關於歷史溯源的說明，則顯有不足。

[16] 此外，王見川的〈還「虛雲」一個本來面目：他的年紀與事蹟新論〉一文，利用虛雲本人所編的《增校鼓山列祖聯芳集》、《星燈集》，以及高鶴年的《名山遊訪記》、《佛學叢報》等民國時期佛教史料，重新探討虛雲年齡後，仍然認為《虛雲年譜》《虛雲法彙》中有誇大、虛構、篡改等不實處，虛雲本人其實只「活了九十歲左右」。《圓光佛學學報》，第13期，2008年6月，頁169-186。此一對於虛雲實際年齡的新考定，與胡適先前所作同一主題的質疑研究，實可以先後輝映。

以別於後來受出家僧侶影響的「正規佛教」。[17]可惜，此種道場，並非唯一專屬「民間佛教」者，故將其抽離出來，加以統計，實無重要意義可呈現。因此，林美容的此一研究方式，大有商榷餘地。

解嚴以來的佛教兩性平權議題的倫理學研究，則釋昭慧(1957-)的《佛教倫理學》(臺北：法界，1995)和《律學今詮》(臺北：法界，1999)等各書，都是其最具代性的相關力作，故其對僧尼平權的主張，也深受各界的重視和影響重大。

六、當代佛學研究中的詮釋衝突及其最新相關發展狀況

不過，從另一方面觀察，自解嚴以來，有關當代臺灣本土人間佛教思想的形成及其社會實踐的不同路線之爭，卻又特別激烈和壁壘分明。

此因臺灣傳統佛教的信仰意識形態，在解嚴之前的仍是相當牢固和保守的。直到 1986 年時，才發生真正的大改變。所以，在持續地激盪三年之後，到 1989 年時，有關印順的人間佛教思想爭辯問題，更有印順本人於當年出版《契理契機的人間佛教》(新竹：正聞出版社)一書的有力學術背書。並且，以此書的出版進一步出現持論歧異的兩極化分水嶺。亦即從此當代臺灣佛教界所爭論的人間淨土思想問題，已被化約成為贊成或反對兩者立場，以及印順和星雲兩者的人間佛教理念，何者更具有社會的實踐性問題。

當代佛教史學者江燦騰本人，是首先將印順視為是對太虛思想的「批判性繼承」者，至於星雲所走的佛教發展路線，他認為應該較類似對太虛思想

---

[17] 林美容的此類研究，計兩篇，即：〈臺灣柱佛教的傳統與變遷：巖仔的論查研究〉，收在臺灣師範大學主編，《第一屆本土文化學術研討會論文集》(臺北：1995 年 4 月)，頁 701—22。從南部地區的「巖仔」來看臺灣的民間佛教〉，載《思與言》，卷 33 期 2 (臺北：1995 年 6 月)，頁 1—40。

的「無批判繼承」者。他還曾公開指出：印順曾對星雲人間佛教思想中的融和顯密思想，有所貶抑的情形。[18]

可是，作為印順思想的忠實追隨者的邱敏捷博士，在其博士論文中，則一反江燦騰的並列方式，而是以印順的人間佛教思想，作為其評判他人佛教思想是否正確的最後依據。所以她因此一舉將包括佛光山、慈濟功德會和法鼓山等，當代臺灣各大佛教事業場的人間佛教思想，一概判定為屬於「非了義」等級的「世俗化」人間佛教思想。[19]

事實上，邱敏捷博士的各項論點，並非屬於她獨創的新見解，而是延續其博士論文指導教授楊惠南，對慈濟功德會和法鼓山，這兩大佛教事業道場的人間佛教思想之批判觀點而來。

因為楊氏認為，不論是慈濟功德會所主張的「預約人間淨土」或法鼓山所創導的「心靈環保」，都是屬於過於「枝末性」的社會關懷和過於「唯心傾向」的淨土認知。他認為此兩大佛教事業道場，不敢根源性地針對官方和資本家的汙染源，提出徹底的批判和強力要求其改善，[20]反而要求一般的佛教信眾以《維摩詰經》中所謂「心淨則國土淨」的唯心觀點來逃避問題，[21]所以他指責這是「別度」的作法，而非「普度」的作法。[22]

所以，邱敏捷博士的持論立場，其實是將其師楊惠南教授的此一論點，

18　印順導師曾指出，臺灣推行人間佛教傾向，以目前：「現代的臺灣，「人生佛教」、「人間佛教」、「人乘佛教」，似乎漸漸興起，但適應時代方便多，契合佛法如實，本質還是「天佛一如」。「人間」、「人生」、「人乘」的宣揚者，不也有人提倡「顯密圓融」嗎？」釋印順，〈契理契機之人間佛教〉，頁65

19　邱敏捷〈印順導師人間佛教思想：臺灣當今其他人間佛教之比較〉，此篇文章早期發表於《人間佛教薪火相傳：印順導師思想理論實踐學術研討會》，之後，作者又略事修改，已收入邱敏捷，《印順導師的佛教思想》一書(臺北：法界，2000年1月)，頁133-160。

20　楊惠南，〈當代臺灣教環保理念的省思以「預約人間淨土」和「心靈環保」為例〉，《當代》，第104期(1994年12月1日)，頁40-41。

21　見楊惠南，〈當代臺灣佛教環保理念的省思以「預約人間淨土」和「心靈環保」為例〉，《當代》，第104期，頁40-41。

22　楊惠南，〈臺灣佛教現代化的省思〉《臺灣佛教的歷史與文化》，頁288-289。

再擴大為，包括對佛光山星雲的人間佛教思想的理念和做法在內的，全面性強力批判。[23]

其後，在佛光山方面，雖然立刻遭到由星雲女徒慈容尼師的撰文反駁，[24]但如純就佛教義理的思維來說，慈容的反駁觀點，是無效的陳述，所以同樣遭到來自邱敏捷博士針鋒相對地論述強力回擊。[25]因此，其最後的發展是，雙方既沒有交集，也各自仍然堅持原有的觀點，[26]不曾有任何改變。

至於有關「在家教團」的研究，則是江燦騰對於有關戰後臺灣佛教「在家佛教團體」所探索的最核心、也是最具代表性的主題和問題。

因為不論我們如何進行討論戰後臺灣在家佛教的信仰或各類居士佛教團體的組織和活動，假如沒有將其分析的概念提升到「在家教團」（這是在家佛教發展到最高峰的宗教產物），以及將解嚴後的兩個最重要的「在家教團」：維鬘與現代禪納入對象與問題的探討[27]，則很難完整理解戰後甚至近百年來臺灣在家佛教的發展。[28]

此外，最新的教團史論述，是「慈濟宗」與「法鼓宗」在"印順流"的「人間佛教思想」強烈衝擊下的相對反應——印順圓寂後的「去印順化」行動。此因解嚴以來，當代臺灣佛教界最具思想影響力的「人間佛教思想」，在其歷經從 1986 年到 1989 年的激烈辯論之後，於 1989 年時，已被當代臺灣佛教界所普遍肯定，並蔚為各大道場（除中臺禪寺之外），用來詮釋彼等本身

---

[23] 邱敏捷，〈印順導師人間佛教思想：與當今臺灣其他人間佛教之比較〉，曾發表於 1999 年弘誓文教基金會主辦，【第二屆「人間佛教薪火相傳」學術研討會】(臺北：南港中研院國際會議室)，其後收入邱敏捷，《印順導師的佛教思想》(臺北：法界出版社，2000)，頁 133-160。

[24] 慈容，〈人間佛教的真義——駁斥邱敏捷女仕的謬論〉，《普門》第 243 期(1999 年 12 月)，頁 2-3。

[25] 邱敏捷，〈答《普門》發行人之評論：「人間佛教的真義」〉，《普門》第 245 期(2000 年 2 月)，頁 16-19。

[26] 見邱敏捷，〈當代「人間佛教」的諍辯——記數年前的一場大風暴始末〉，《當代》復刊 97 期(2005 年 7 月號)，。頁 54-61。

[27] 此因彼等是，呈現出最具典範性的發展經驗，所以本文暫不討論「新雨」、「正覺同修會」和「印心禪學會」等在家佛教團體。

[28] 江燦騰，〈解嚴後臺灣佛教「在家教團」崛起與頓挫：研究史回顧與檢討〉，《思與言》第 48 卷第 1 期(2010，03)，頁 191-238。

佛教事業的立論思想根據，和彼等涉入社會關懷的行動指導原則。

所以，當代最多元和最歧異的「人間佛教思想」，便宛如一股混濁地滾滾洪流，開始橫溢於各道場的文宣或口語傳播上，其來勢之洶湧和強勁，甚至連大陸對岸的許多佛教學者，都深受衝擊和影響。[29]

而其中，尤以太虛的「人生佛教」和印順的「人間佛教」之別，[30]構成了彼此溯源時的思想依據。

但是，以印順的「人間佛教」思想作為批評標準的詮釋觀點，也被楊惠南教授和邱敏捷博士相繼提出和展開對與其相異者的強烈批判。所以，包括慈濟在內所推展的「預約人間淨土」和聖嚴所極力宣揚的所謂「心靈環保」之說，都一概被楊、邱兩人，貶抑為「不了義」的「世俗諦」佛教思想，連帶其所作所為，也是同樣屬於未能正本清源的「別度」思想。[31]

這雖非當時的臺灣佛教界，所願普遍承認的合理批判，甚至於也一度曾激起如石法師、現代禪教理部主任溫金柯[32]和佛光山慈容尼師等人的激烈反駁。[33]

但從當時的發展趨勢來看，彼等所持的反批判聲浪，在印順導師尚健在的有生之年，顯然都被其既淵博又崇高的佛教大師聲望和其一批有力的追隨者，所淹蓋了。彼等在此一時間內，便只能暫時屈鬱地，繼續等待適當的時機來臨，再進行全力反撲的行動。

因此，自從印順導師在 2005 年 6 月 4 日過世之後，由於彼等過去所不易

---

[29] 見釋禪林，《心淨與國土淨的辯證：印順導師與人間佛教大辯論》（臺北：南天書局，2006），頁 1-14。

[30] 江燦騰，〈論太虛大師與印順導師對人間佛教詮釋各異的原因〉，《當代臺灣人間佛教思想家：以印順導師為中心的薪火相傳研究論文集》頁 106。

[31] 所以，包括慈濟在內所推展的「預約人間淨土」和聖嚴極力宣揚的所謂「心靈環保」之說，都一概被楊、邱兩人，貶抑為「不了義」的「世俗諦」佛教思想，連帶其所作所為，也是同樣屬於未能正本清源的「別度」思想。

[32] 見溫金柯，《繼承與批判印順人間佛教思想》（臺北：現代禪出版社，2001）。

[33] 見釋禪林，《心淨與國土淨的辯證：印順導師與人間佛教大辯論》，頁 83-145。

對抗的佛教思想巨人[34]——印順導師——既已消失於人間,則彼等當時除了在寫悼念文之時,仍會礙於情面,而不得不對印順導師的佛學巨大成就,表示一點欽慕和讚嘆。

而佛光山的星雲法師,在作法上,是全力推廣其本身「星雲法師的人間佛教模式」[35]到無以復加的氾濫程度,並與聖嚴法師一樣,也宣稱他自己是繼承異於印順思想的「太虛人生佛教思想」。

至於曾被楊、邱兩人猛批、但仍長期尷尬地保持沉默的慈濟方面,則是在太虛和印順的思想之外,當其剃度師——印順導師於 2005 年 6 月 4 日過世後不久,便更加強調其早期所宗奉的《無量義經》思想之深刻影響和其長久相關之思想淵源的說明;[36]其後她甚至於 2006 年 12 月,據此,而正式宣佈成立了「慈濟宗」。

所以,江燦騰在其《戰後臺灣漢傳佛教史:從雙源匯流到逆中心互動傳播的開展歷程》一書的第 11 章〈追憶漫漫來時路(1895-2011)〉的主要內容,就是說明:當代臺灣人間佛教思想的相互衝突、各大佛教事業團體發展的資源爭取(如慈濟與法鼓山之間)和「去印順化」新趨勢的反向發展,才是 2006 年新的「慈濟宗」,之所以會建立的真正原因。而這也是最新的相關發展。

---

[34] 印順本人曾直接指出,臺灣推行人間佛教傾向,以目前:「現代的臺灣,『人生佛教』、『人間佛教』、『人乘佛教』,似乎漸漸興起,但適應時代方便多,契合佛法如實,本質還是『天佛一如』。『人間』、『人生』、『人乘』的宣揚者,不也有人提倡『顯密圓融』嗎?」釋印順,〈契理契機之人間佛教〉,頁 65。這是對星雲當時作為的非指名批判,讓星雲相當為難。

[35] 星雲曾於 1989 年以「如何建設人間佛教」為議題,在 1990 年,舉行一場國際性學術會議,表明他對人間佛教的看法,並以佛教現代化為主題,作為改善佛教的準繩,強調佛教『現代語言化』、『現代科技化』、『現代生活化』、『現代學校化』等四項。為走入時代,將佛法散播各角落,可見星雲有意將人間佛教引領到現代化

[36] 鄭凱文,〈從證嚴法師對《無量義經》之詮釋探究其「人間菩薩」思想意涵〉,慈濟大學宗教與文化研究所碩士論文,頁 41-42、

七、結論

　　1949 年以來的臺灣本土的現代佛學研究環境，雖曾歷經長達 38 年
(1949-1987)之久的戒嚴體制，但是因其能與現代性社會的發展接近同步，因
而，解嚴後的當代臺灣地區，雖無再度出現如：胡適或印順等這樣的研究巨
人，但卻有區域性佛教現代史或斷代佛教社會文化史各類優秀的著作相繼出
現。

　　所以，以 1949 年為界的前後期學術研究的兩代繼承過程中，不只沒有完
全斷裂過，反而是更善於轉型和多元化。

　　宛如長期在學術的瓦礫堆中，逐漸能掃平相關的研究障礙，並開始以嶄
新思維角度來建構具有批判性思想內涵的現代性專業新佛教史，就是本文觀
察自 1949 年迄今發展與變革檢討的貼近譬喻和堪稱切近實情的最後論斷。

　　因而，本文所採取的詮釋史觀，就是以戰後臺灣本土「漢傳佛教」為探
討的主要對象，盡全力說明它在一九四九年的「雙源匯流」之下，逐漸朝向
「在地轉型」發展，及其所呈現出來的各種與現代佛學研究和其思想變革與
詮釋體系建構的相關問題。

附錄一、當代臺灣漢傳佛教轉型史學的詮釋建構者：江燦騰的研究特色及其方法學的相關檢討

前國史觀修纂處長　侯坤宏

一、導言：本文論述的緣起與相關問題的提出

　　江燦騰教授於 2012 年 5 月，在臺灣商務印書館出版了《認識臺灣本土佛教：解嚴以來的轉型與多元新貌》（以下稱「本書」）一書，承蒙他惠贈一冊，展讀之後頗有所感，因思及他對當代臺灣佛教史之研究，以及在學術界引發之種種學術議題論爭，也是值得留意的一種現象，而有本文之作。

　　江燦騰過去已在海峽兩岸出版過十多本專業性佛教史著作，在本書〈自序〉上說：「我所出版的這一本，在本質上，當然就是一本我曾實際經由宗教歷史社會學長期觀察所得的知識精華，以及據以撰出的簡明當代性臺灣本土佛教史多元新貌的轉型綱要解說書。」由此可知他出版本書之主要用意與目地。本書正文共十章，分別是：第一章導論〈凝視跨世紀下的在地轉型與多元新貌〉，第二章〈海峽兩岸現代性佛學研究的百年薪火相傳：新佛教史的體系性建構與批判性佛教思想詮釋的辯證開展〉，第三章〈戰後本土佛教四大事業道場的崛起與轉型新論〉，第四章〈解嚴之後現代佛教藝術創作的

在地轉型新貌〉，第五章〈解嚴後兩岸恢復交流的新現象〉，第六章〈佛教界的特殊習俗和人物速描〉，第七章〈新佛教多元組織側寫和歷史新論概述〉，第八章〈二十世紀第一本新女性主義的現代臺灣佛教小說〉，第九章〈二十世紀臺灣本土佛教的史料與研究：以近百年來(1895－1995)的發展為視角〉，第十章〈臺灣本土宗教研究百年經驗的反思與商榷：人類學與宗教歷史社會學的方法學跨學科的對話〉，此外，本書附錄四篇：〈臺灣近現代佛教史的研究經驗與批判意識答客問、〈關於「印順學派」與「人間佛教思想」的答問錄〉、〈當代大陸佛教畸形發展的反思與商榷：來自臺灣佛教學者的觀察和批評〉、〈佛教傳媒的臺灣生存文：答大陸《南風窗》雜誌記者的訪問提綱〉。綜觀全書內容，涉及層面十分寬廣，對讀者瞭解戰後臺灣佛教無疑是一本很好的著作。

江燦騰曾在〈傳統新義：近代臺灣本土佛教史料的搜集與研究〉一文中說：「有關近代臺灣本土佛教的史料與研究，作為一個學術專題來有系統地處理，在臺灣史學界出現甚晚，在其他學科中亦然。」[1]而他本人，正是近代臺灣佛教史研究的主要奠基者。本書書名為「認識臺灣本土佛教」，我們不禁想要問：甚麼是「臺灣本土」？「本土」是相對於「外來」，就臺灣佛教史發展來看，歷經明鄭、清朝、日本、中華民國等不同政權之統治，在每一階段中，都含有「外來」的成分，但在經過一段相交互融的過程之後，逐漸沉潛奠基，成為臺灣佛教的一部分，慢慢染有「臺灣本土」的特色。臺灣佛教自明鄭以降，有近四百年的歷史，本書重點在二戰後，尤著重在 1987 年臺灣解除戒嚴以後佛教發展的多元面貌。本書內容對我們反省臺灣佛教的過去，展望未來發展，均有一定之參考價值。

---

[1] 江燦騰：〈傳統新義：近代臺灣本土佛教史料的蒐集與研究〉，網址：
http://webcache.googleusercontent.com/search?q=cache:WYHNShRhzvMJ:www.hongshi.org.tw/dissertation.aspx，下載日期：2012 年 4 月 27 日。

　　江燦騰的學術研究成果如何？衡量學術著作的標準，可以從其是否具有
理性懷疑的精神和批判性的研究態度上來看，這關係到研究者在研究過程中
在探求真與推理上的敏銳洞見與自我要求。[2]就此而言，江燦騰的「敏銳洞見」
是值得肯定的。大陸某佛教學者，曾「誤認」江燦騰是「主張臺獨的本土佛
教學者」，[3]這是個誤解；也有學界友人向我表示，「江燦騰的文筆不佳」，
其實江燦騰之「文如其人」，其文頗能配合其思路運行，有一定的運行「軌
跡」。江燦騰是一位批判性和反思性極強的佛教史專業研究者，也是學界具
有爭議性的「話題人物」，本文不想僅就《認識臺灣本土佛教》一書做出評
論，而是想站在更高、更廣的角度，來談論我所理解的江燦騰以及他所從事
的臺灣佛教史研究。

　　以下擬從：江燦騰與現代臺灣佛教史學門的確立、江氏的漢傳佛教史學
特色解說，以及他如何建構臺灣現代佛教史的新詮釋體系，這幾個方面來敘
述。

二、江燦騰與現代臺灣佛教史學門的確立

　　在亞洲，沒有一個區域的佛教，會有像臺灣如此複雜的背景和歷史，而
背景和歷史越是複雜，需要的歷史知識就越多，對研究者來說就越具有挑戰
性，也越具有誘惑力，[4]而這正是現代臺灣佛教史之所以值得投入進行深度研
究的重要原因。據佛教史家藍吉富觀察，當代臺灣現代佛教史研究，主要奠

2　黃啟江：〈從佛教研究法談佛教史研究書目資料庫之建立〉，黃啟江著：《因果、淨土與往生：透
　　視中國佛教史上的幾個面向》（臺北：學生書局，2004 年 5 月，初版），頁 241。

3　江燦騰著：《聖域踏尋：近因漢傳佛教史的考察》（臺北：博揚文化，2008 年 12 月，初版 1 刷），
　　江燦騰：〈關於本書〉，頁 1。

4　江燦騰著：《日據時期臺灣佛教文化發展史》，（臺北：南天書局，2001 年元月，初版 1 刷），
　　葛兆光：〈江燦騰《日據時期臺灣佛教文化發展史》小引〉，頁 vi。

基在如下三類研究人員：一、日治時代中業後逐漸出現的研究者：以林秋梧、林德林、李添春、曾景來、王進瑞等人為代表，也包括戰後崛起的李孝本、李岳勳、李世傑、釋慧岳、楊白衣、林傳芳等人；他們均能以歷史態度處理佛學問題，對學術有求真熱忱。二、戰後來臺的大陸籍研究者：又可分兩類：1、傳統依文解義者，缺乏適應新時代的新見解。2、受釋太虛革新派影響的研究者，較能有突出的新觀點，其中最具有代表性的是釋印順。三、戰後孕育出來的研究者：大多是高等學府培養出來的，有很好的專業訓練。[5]江燦騰是屬於第三類中的主要代表人物，這由他近 20 年來對佛教史之研究成果可以確知，而其研究成果尤其表現在臺灣佛教史之研究上。

　　臺灣現代佛教史研究，從過去研究人數少，出版作品不多，難以引人注意，到目前可以成為一個學術研究的學門（領域），江燦騰的著作所產生之學術效應（影響力），是值得吾人重視的。可以說：臺灣現代佛教史做為一學術領域的確立，與江燦騰在此領域的研究成果息息相關。

　　江燦騰在《20 世紀臺灣佛教的轉型與發展》一書自序中說：「我深切地體會到臺灣佛教史重建的艱難，例如各寺廟不重視本身歷史文物的保存，對佛教史的重要性缺乏理解，以致要從事田野資料的調查，乃至舊有寺志文獻的收集等，都面臨幾乎一片空白的難以下手之苦。」[6]史料是史學的基礎，對於一位開拓性研究者言，更需面對這一問題。但相對而言，因為在此之前缺乏相關嚴謹的研究成果，研究者反而容易取得學術先機；經過多年累積，江燦騰于臺灣佛教史研究，在許多議題上都能取得一定的成果，例如：〈戰後臺灣傳統佛教的教派發展與現代社會〉，開創了當代臺灣佛教「教團史研究」的新議題，〈戰後臺灣禪宗史研究的爭辯與發展：從胡適到印順〉，從「新

5　藍吉富：〈當代臺灣的佛教研究〉，藍吉富著：《聽雨僧廬佛學雜集》（臺北：現代禪出版社，2003
　　年 11 月），頁 286－288。

6　江燦騰：《20 世紀臺灣佛教的轉型與發展》（高雄：財團法人淨心文教基金會，1995 年 4 月），
　　自序，頁 1。

視野」為臺灣禪宗史提出新解說，作了有系統的詮釋。[7]而江燦騰對林德林之
研究，更是投入。與釋印順之欣賞富於創新具有勇銳批判意識的佛教界人士
如釋道生、釋守培相似，江燦騰也很重視這些人士，尤其表現在對「臺灣佛
教馬丁路德」──林德林的個案研究，他認為林德林在戰後臺灣佛教界雖背
負「野和尚」知罵名，但作為一位有抱負的職業僧侶，「直到晚年，他仍能
素志不改，且勤於精進和度眾，可謂無愧於所學和所信。」[8]

　　江燦騰根據釋印順的大量著作，歸納其精髓，將「人間佛教」的命題當
做是他整個佛教思想的主軸，並經得釋印順認同，隨後才有《契理契機的人
間佛教》之出版，再經臺灣佛教界多年共同努力，成為佛教思想之主流。[9]在
釋印順圓寂後不久，對「慈濟宗」與「法鼓宗」之所以成立也提出他的觀察
（頁 116 - 139）。以上所言及有關江燦騰在臺灣佛教史的開拓性研究，其中
有些文章在發表時，曾引起熱烈迴響，也曾引來不少非議，這正是江燦騰治
學的一大特點──能夠適時提出讓人注目的「新議題」，而此正是我們想理
解江燦騰的佛教史研究應注意之處。

　　早在 1993 年 3 月，江燦騰在他寫的《臺灣佛教與現代社會》一書自序中
說：「作為一個中國近世佛教史和臺灣佛教發展史的研究者，在本書中，我
只是本著一個學者的良知和專業精神，來探討我所知道的佛教史領域，並以
本書這樣的內涵，作為對臺灣本土宗教學術的關懷與回饋。」[10]對「臺灣本土
宗教學術的關懷」，是他從事臺灣佛教史研究的主要原動力，因為他是戰後

7　張珣、江燦騰合編：《臺灣本土宗教研究的新視野和新思維》（臺北：南天書局，2003 年 6 月，
　　初版 1 刷），張珣、江燦騰：〈編者序〉，頁 xx - xxi。

8　江燦騰曾表示，他對釋印順治佛教史的理念，「頗能起共鳴」。江燦騰：〈近代臺灣本土新佛教運
　　動的先驅──「臺灣佛教馬丁路德」林德林的個案研究〉，江燦騰著：《臺灣近代佛教的變革與反
　　思──去殖民化與臺灣佛教主體性確立的新探索》，頁 117；江燦騰：《現代中國佛教史新論》（高
　　雄：財團法人淨心文教基金會，民國 83 年 4 月），自序，頁 4。

9　江燦騰：〈當代臺灣佛教撕毀「八敬法」與「人間佛教」思想的爭辯始末〉，江燦騰著：《聖域踏
　　尋：近因漢傳佛教史的考察》，頁 227 - 228。

10　江燦騰著：《臺灣佛教與現代社會》（臺北：東大圖書公司，民國 81 年 3 月，初版），〈自序〉，
　　頁 2。

臺灣孕育出來的研究者，生於臺灣，成長於臺灣，對臺灣不能說沒有情感。
江燦騰說：「當代臺灣本土的佛教學者，大都缺乏追求真相的勇氣，有的人
且成為某些道場的附庸者；其實，學佛者本應該學習佛陀的理智，卻普遍過
於盲從。」[11]江燦騰欣賞釋印順這型的僧人，對於廣欽和尚、李炳南居士，則
視為具有「反智」傾向較不認同。釋印順將自己歸入重知識的甲型，是傾向
于客觀的研究者。[12]有客觀傾向的甲型佛學，是屬於「智增上者」，江燦騰是
屬於這一類型的學者，他的臺灣佛教史研究是理智思考活動下的產物，與信
仰型的研究者大有差別。

三、江氏佛教史學特色的簡明解說

　　早在 1991 年，當傅偉勳在讀過江燦騰寫的《人間淨土的追尋：中國近世
佛思想研究》、《現代中國佛教思想論集（一）》、《晚明佛教叢林改革與
佛學諍辯之研究》三本書後，就預言：「只要給他一個安定的學術環境，不
出十年，必能證明他將是第一流佛教研究史家」。[13]曹永和對江燦騰的評語是，
他「平素用心于臺灣佛教史的資料收集和史料消化，幾已達狂熱的地步了。
他的全部時間，金錢和精力，都一股腦兒地投入其中，宜其目前的成就如是
之大。」[14]可以說，以嚴謹的學術態度從事近代佛教史研究，是江燦騰的生命
重心，也是他從事學術研究的基本態度。

　　江燦騰如何取得其學術地位？筆者以為，這與他的「學術攻堅」策略有

---

[11] 江燦騰：〈從喜歡歷史到研究宗教史：我的學思歷程〉，江燦騰著：《聖域踏尋：近代漢傳佛教史
的考察》，頁 14。

[12] 印順：〈談入世與佛學〉，妙雲集下編之七，《無諍之辯》，頁 208－210、225、227－228。

[13] 傅偉勳：〈我對燦騰君的佛學評價與推薦〉，江燦騰：《臺灣佛教文化的新動向》（臺北：東大圖
書公司，民國 82 年 5 月，初版），頁 215-217。

[14] 江燦騰著：《臺灣佛教百年史之研究》（臺北：南天書局，1997 年 3 月，初版 2 刷），曹永和序。

關，早在臺灣大學求學階段，江燦騰常常就是討論課上的「大師兄」，出面領導討論課的進行，也能不斷「創造話題」，帶動討論氣氛。[15]通過在東方宗教研討會的經驗，他很重視與知名學者（或研究者）保持良好的互動，如與傅偉勳、藍吉富、釋印順、呂大吉、張新鷹、王雷泉、葛兆光、張珣等人在學術上的交流。[16]

曹永和說，江燦騰「對人熱誠，對事執著，所以在論述之際，常赤裸裸地將內心的感受，形之于文或出之於口，因此不知不覺中，也遭某些人的猜忌」。[17]釋昭慧也提到，江燦騰「敦厚、率真、熱誠，善體人情事理，有大精進力，而且安貧樂道」，但「直率而狂傲的一面，令他在教界、學界廣樹敵人」。[18]江燦騰自己承認說：「我自己雖多年來一直從事研究佛教史或思想史，也的確對相關文獻下了很深的功夫，稱得上是會讀書、有優秀學術表現的一個人。不過，就個人的禮儀方面來講，則很缺乏教養，習氣也很深。」[19]又說：「我不慣於社交，也學不會彬彬有禮，或擅講客套話。有話直說，一針見血，就是我一向的表達形式。」[20]江燦騰著作中有「一股篤實的學風和蓬勃的銳氣」，在學術論辯的公開場合，常會因「鋒芒畢露」、「不通人情」，讓「舉座尷尬」。[21]他的鋒芒畢露而被挪揄為「殺手學者」（或「學界狂人」）。[22]因

---

15 江燦騰：〈快樂的求學歲月：記一位沒有牆籬的臺大老師曹永和院士〉及〈薪盡火傳：談我所認識的臺大張忠棟教授兼論其傳記問題〉，江燦騰著：《江燦騰自學回憶錄——從失學少年到臺大文學博士之路》（臺北：秀威資訊科技，2009 年 3 月，BOD1 版），頁 68、74。

16 上列學者都曾為他的書寫過序、書評或就相關問題進行對話。

17 江燦騰：《臺灣佛教文化的新動向》，曹永和：〈序〉，頁 2。

18 江燦騰著：《當代臺灣人間佛教思想家——以印順導師為中心的薪火相傳研究論文集》（臺北：新文豐出版公司，2001 年 3 月，臺 1 版），釋昭慧序：〈閻羅面 菩薩新〉，頁 1-2。

19 江燦騰著：《當代臺灣人間佛教思想家——以印順導師為中心的薪火相傳研究論文集》，自序，頁 5。

20 江燦騰著：《聖域踏尋：近代漢傳佛教史的考察》，自序，頁 2。

21 張新鷹說：「隨著和燦騰教授越來越熟悉，我越來越喜歡他的狷介和率真，不少當初『不適應』他那脾氣勁頭的大陸學者也都和他成了朋友。」江燦騰著：《二十世紀臺灣佛教文化史研究》，（北京：宗教文化出版社，2010 年 5 月，1 版 1 印），張新鷹序，頁 1-2。

22 江燦騰：〈從喜歡歷史到研究宗教史：我的學思歷程〉，江燦騰著：《聖域踏尋：近代漢傳佛教史的考察》，頁 8；江燦騰：《二十世紀臺灣佛教文化史研究》，（北京：宗教文化出版社，2010

為這種性格，「樹立了不少敵人」，也因此嘗到不少苦果。

江燦騰的著作中，時時表現出一種「批判精神」，[23]葛兆光認為江燦騰，「有敏銳的問題意識，常常從歷史的縫隙處切入，找到新的問題」，[24]呂大吉分析江燦騰的為學與做人說：「犀利如刀的的言詞反映了他觀察的敏銳，嚴苛的評價反映其思考的深度，快人快語可見其天性的單純與赤誠，不善交際可見其不媚於俗的赤子之心。」[25]江燦騰自己分析，在學術上的「過於認真，有時對於別人反而是一種無形的壓力和難堪的對照」，[26]這種壓力和難堪，會讓當事人非常不愉快，這就是他在佛教界及學術界樹敵的根本原因，當然其後果也得由他自己去承擔。

江燦騰的佛教史研究，深具「學術辯證性格」與現實關懷，這種特質可以從他著作的題名上看出，如《臺灣佛教與現代社會》、《臺灣佛教文化的新動向》、《二十世紀臺灣佛教的轉型與發展》、《臺灣近代佛教的變革與反思》，[27]更可以從其著作中的內容得知。辯證性思考者的注意力導向具有隨時間演化的辯證本質，因此新的形式可能從既有的形式湧現而出，這正是創造力歷程中普遍存在的特徵。批判性思考若能持續維持，則質疑、反省的心靈活動將更為彰顯，如此，也愈能彰顯辯證性思維之發展性、持續性和變動性之特質。江燦騰常將辯證性的批判，針對當前的佛教現狀發表他的看法，展現出他「堅持就事論事的坦率批判作風」，所以很容易招來不滿與微詞。[28]

江燦騰的學術研究有一項特點，即對當代現實的極度關懷，這也是他將

年5月，1版1印），張新鷹序，頁2。

23 江燦騰著：《二十世紀臺灣佛教文化史研究》，張新鷹序，頁5。

24 江燦騰著：《日據時期臺灣佛教文化發展史》，葛兆光：〈江燦騰《日據時期臺灣佛教文化發展史》小引〉，頁vi。

25 江燦騰著：《日據時期臺灣佛教文化發展史》，呂大吉序，頁vii。

26 江燦騰著：《日據時期臺灣佛教文化發展史》，〈後記：感激與期待〉，頁638。

27 江燦騰提供：〈江燦騰相關研究著作與主編書籍目錄〉（電子檔）。

28 江燦騰著：《臺灣近代佛教的變革與反思——去殖民化與臺灣佛教主體性確立的新探索》，自序，頁3。

主要精力花在研究近代佛教史的原因，也是其學術動力之所在。江燦騰在〈我
的自學歷程：從喜歡歷史到研究東亞宗教史〉一文的最後說：「對於當代兩
岸漢傳佛教的現實關懷，將會是我有生之年，一直致力探索的研究物件和主
要關注的研究領域。」[29]小說家莫言在提到他自己的寫作時強調：作家不能忘
記自己的歷史，寫歷史小說的時候一定要有現代的觀點，不能把歷史寫成一
個舊東西，所有關於歷史題材的作品，都應該讓讀者聯想到現實，這樣的作
品才具有現（當）代性，才算得上是一部新作品。[30]這樣的態度，與江燦騰對
佛教史研究的態度相通。江燦騰關心當代臺灣佛教的發展，每當具有爭議性的
議題發生時，常受媒體邀訪，發表相關看法。如 1998 年 3 至 5 月間有關「佛牙
舍利真偽之辯」，江燦騰強調他是佛教史學者，不能接受以信仰為尊的反智看
法，被釋星雲批評是「壞學者」、「壞心腸」。[31]研究當代臺灣佛教史，不論
是對人或事，讚美或批評，都可能招來許多閒話，常會使研究陷入非常尷尬的
地位，搞得裡外不是人，[32]而這也是甲型學術工作者自己要面對的一種宿命。

四、江氏如何建構其現代臺灣漢傳佛教史的新詮釋體系？

臺灣佛教史這一學科之建立，除了需要有各項專題之研究成果外，對於
臺灣佛教發展之詮釋概念與理論之建立，也是其中一個不容偏廢的環節。就

---

[29] 江燦騰：〈我的自學歷程：從喜歡歷史到研究東亞宗教史〉，江燦騰著：《江燦騰自學回憶錄——從失學少年到臺大文學博士之路》，頁 53。

[30] 〈莫言談文革等話題：每個人內心深處都是「看客」〉，網址：http://culture.people.com.cn/GB/87423/10430065.html，下載日期：2012 年 12 月 8 日。

[31] 江燦騰：〈關於佛牙舍利真偽之辯：內幕、證據與方法學〉，江燦騰著：《聖域踏尋：近因漢傳佛教史的考察》，頁 217 - 222。

[32] 佛教維鬘文化教育協進會：〈談臺灣佛教史的研究現況與教團發展路線的評估——訪清大講師江燦騰先生〉，江燦騰：《臺灣佛教文化的新動向》，頁 230。

前者言，除前文談及之研究外，江燦騰也發表了許多相關的研究。就後者言，
「臺灣佛教史」這學科之所以能夠成立，與如下幾個因素有關：

　　一、江燦騰說：「我既是一位當代臺灣資深的佛教歷史觀察者和佛教事
件的參與者，同時也是新臺灣佛教詮釋史的重要建構者之一。」[33]他在臺灣佛
教史研究中，曾提出「日治時期臺灣佛教四大法脈（觀音山凌雲寺、月眉山
靈泉寺、大湖法雲寺、大崗山超峰寺）說」、「戰後臺灣佛教四大事業道場
（佛光山、慈濟、法鼓山、中臺山）說」。臺灣佛教史研究之困難，是要透
過對史料的釐清與疏解，形成一個個具有說服力的「系統」。思想上之所以
混亂，因缺乏「系統」，如何建立一套健全的系統，與臺灣佛教史這一學門
是否能夠成立息息相關，但要構建一新系統並不容易，首先要有深沉的學術
功力為底子，再透過深刻的反思與歸納，才能構成一套具有說服力的解釋體
系與架構。

　　當然，解釋系統提出後，需經不斷檢驗。范純武就認為，日治時期或戰
後的四大道場論述，都是後設的，是研究者所完成的論述，研究者對於這種
迷思，應該有所警覺。[34]對臺灣佛教史在日治時期及戰後臺灣幾個重要教團（或
法脈上）的分析與研究，或許需要考慮由不同的方式（途徑）來重新解釋。

　　二、就哲學研究言，越是抽象的問題，越要作具體的瞭解，具體瞭解後，
再考慮抽象的層面。以歷史學研究論，雖所重在對具體事實之瞭解，但是對
於極為複雜的眾多事相中，有時也應該透過對史實的深入掌握，再提高到「抽
象的高度，理論的概括」，這樣才能發揮歷史解釋的的功用。關於中華民國
從大陸到臺灣百年發展，學界有提供「Y 字型歷史發展理論」者，即以 1945
年與 1949 年為分界，因在政治上，臺灣自 1945 年便納入中華民國，中華民
國又於 1949 年播遷來臺。許多史實，即依此主軸展開發展。在臺灣而言，是

---

[33] 江燦騰著：《臺灣近代佛教的變革與反思——去殖民化與臺灣佛教主體性確立的新探索》，（臺北：
　　東大圖書公司，2003 年 10 月，初版 1 刷），自序，頁 2。

[34] 范純武：〈多重脈絡下的臺灣佛教歷史書寫〉，范純武、王見川、李世偉著：《臺灣佛教的探索》，
　　（臺北：博揚文化，2005 年 2 月，初版 1 刷），序，頁 3。

兩條發展路線匯流之處。[35]此對「Y字型歷史發展理論」，只提供綱要解說，
未見有更精緻之分析。江燦騰在〈1949年以來的詮釋史檢討及其歷史溯源
——從雙元匯流到逆中心傳播的開展歷程〉一文中，對臺灣佛教史提出一種
新的詮釋方式，他認為，在戰後大變局衝擊之下，臺灣佛教確曾出現「雙源
流」、「雙繼承」的特殊「雙元匯流」，經過數十年發展，逐漸朝向「在地
轉型」開展出臺灣本土新「漢傳佛教」，同時也以「逆中心」的回饋方式，
從臺灣逐漸向對岸的中國大陸「漢傳佛教」產生具有典範性參考作用的明顯
效應。[36]

　　三、重視臺灣佛教文化研究：臺灣佛教研究，廣義上說，即是臺灣佛教
文化研究，就江燦騰歷年出版的著作來看，在書名上冠上「臺灣佛教文化」
的，有《臺灣佛教文化的新動向》（1993）、《日據時期臺灣佛教文化發展
史》（2001，臺北：南天書局）、《二十世紀臺灣佛教文化史研究》（2010，
北京：宗教出版社）等書。佛教文化是佛教發展的基礎，其內容除包括佛教
教理外，舉凡佛教文學、佛教藝術、佛教音樂、佛教雕塑、佛教小說等等都
可以包括在內。佛教文化因地域之不同，而有不同之特色，接下來我們要問：
甚麼是臺灣佛教文化？臺灣佛教的特質是甚麼？我們應以怎樣的態度來接近
瞭解它？江燦騰在臺灣佛教史研究中，特別標出「臺灣佛教文化」的名稱，
確能掌握佛教發展的重點，因臺灣佛教文化是推動當代臺灣佛教蓬勃發展的
背後最主要的原動力。[37]從事現代型新佛教文化史研究，不能忽視「深耕研究」
和「批判反思」，[38]而這正是江燦騰臺灣佛教史研究之重要特徵。

　　四、臺灣佛教主體性之建立：藍吉富認為，臺灣佛教具有多元性、複雜

---

[35] 周惠民：〈傳承與轉型：《中華民國發展史》纂修說明〉，中國近代史學會、國立政治大學人文中
　　心主辦：《「書寫民國史」兩岸座談會會議資料》（2012年5月14日），頁16。

[36] 江燦騰主編，江燦騰、侯坤宏、楊書濠合著：《戰後臺灣漢傳佛教史》（臺北：五南圖書公司，2011
　　年4月，1版1刷），頁38-42。

[37] 江燦騰著：《當代臺灣佛教》（臺北：南天書局，1997年1月，初版1刷），〈導論〉，頁4。

[38] 江燦騰著：《二十世紀臺灣佛教文化史研究》，後記，頁5。

性與枝末性，他所謂的枝末性，指臺灣過去是文化傳播路線的邊緣地帶，較難接觸到文化的根本內涵。因此，以往的臺灣佛教缺乏原創性，未能產生較成熟的佛教體系，也沒有新的宗派的產生。[39]臺灣佛教依時間先後來看，清代的臺灣佛教是以民俗佛教與齋教為主體，日治時代則以漢傳（閩南）佛教與日本佛教為主體，戰後臺灣佛教則是以漢傳佛教為主體，但自解嚴後藏傳、南傳、日本佛教等陸續傳入，原有的基礎受到某種程度上之影響，而造成主體性不穩固的原因，主要是政治力的介入。[40]其中所包括之內涵，頗值進一步探究。

這裡所謂「臺灣佛教主體性」，包括兩層涵義：其一是「臺灣佛教的主體性」，強調臺灣佛教本身，已由原先的「邊陲、枝末性格」，轉變成具有特色的臺灣佛教；其二是「臺灣佛教的研究解釋（話語）權」，經過長時期的縝密有效研究，業已得到學界普遍肯定與重視。前文述及，有大陸某學者，認為江燦騰是「主張臺獨的本土佛教學者」，其實是個大誤會；此誤會之所以產生，應從當代臺灣歷史發展脈絡來理解。臺灣在 1970 至 1980 年代，政治上歷經從戒嚴到解嚴階段，原本蘊藏在民間社會的能量一下子爆發出來，使得臺灣本土意識提升，人民對生於斯長於斯的這片土地，產生較前更多的觀注與熱情。江燦騰的臺灣佛教研究，可由此背景來理解。或許可以說，他的臺灣佛教史研究，是對「臺灣本土思潮」的一種回應。[41]

五、結論與相關討論

以上各節，分別由：江燦騰與現代臺灣佛教史學門的確立、江氏的佛教

---

[39] 江燦騰：《臺灣佛教文化的新動向》，藍吉富：〈序〉，頁 2。
[40] 藍吉富：〈臺灣佛教的歷史發展與文化特質〉，藍吉富著：《聽雨僧廬佛學雜集》，頁 253。
[41] 江燦騰著：《二十世紀臺灣佛教文化史研究》，張新鷹序，頁 3。

史學特色解說，以及他如何建構新臺灣佛教史的詮釋體系這幾個方面，討論
江燦騰和其對於現代臺灣佛教史的相關研究問題。作為「專業佛教史學者」，
江燦騰不輕易答應撰寫「推薦文」，因為這樣，就等於先確定了批評立場，
後續若有不同批評意見就不好再下筆，就有違「嚴格學術批判和檢驗」的原
則。[42] 以下謹就：江燦騰對書籍編輯的重視、佛教史研究者對當代佛教的態
度問題、佛教史研究的時代使命、有關「東亞研究視角」的檢討等問題，進
一步論述本文題旨，並發表一些個人的看法。

(一)江燦騰對書籍編輯的重視

一般學者可能專精於其研究領域，不在意書刊的編輯，在國際學術圈中，
編輯的角色較受重視，不管是一本學術期刊，或是一本學術專著，出版之前，
若能經由專業編輯的加工潤飾，將使該書更具學術性。從戰後臺灣佛教史「編
輯與研究」這一角度來看，張曼濤算是第一代，他主編的 100 冊「現代佛教
學術叢書」（臺北，大乘文化）雖已出版多年，至今仍是極好的研究參考叢
書。佛教史家藍吉富是第二代，曾主編過《現代佛學大系》、《大藏經補編》、
《世界佛學名著譯叢》、《中華佛教百科全書》等叢書。江燦騰則是屬於第
三代，他除撰有多本佛教史著作外，曾幫新文豐主編過不少佛學論著，也曾
參與編輯過《臺灣佛教的歷史與文化》（與龔鵬程合編，靈鷲山般若文教基
金會國際佛學研究中心出版，2000 年）、《當代臺灣本土宗教研究導論》、
《臺灣本土宗教研究的新視野和新思維》（後二書與張珣合編，臺北，南天
出版）等書，他對國外學術刊物的編輯技法十分留意，並將其所學，運用到
他的著作及參與編輯的書籍中。

---

[42] 一行禪師著、陳麗舟譯：《耕一畦和平的淨土》（臺北：商周出版，2006 年 4 月，初版），江燦
騰序：〈和平：來自內心的正念和喜悅〉，頁 1。

(二)佛教史研究者對當代佛教的態度問題

佛教史研究，不能忽略其「庸俗」的一面，尤其當研究者就其事相進行探討時。如果研究的物件是當今還在世的人或某教團時，研究者對其負面批評，常會引來抗議，甚至吃上官司。就臺灣佛教之信徒言，大多數是屬於某些教團「聽話又馴服的人群」，他們重視感情慰藉，「依人不依法」，也因為如此，造成教團主事者「以情帶人」的處人方式。就佛學研究者言，理想的情況是，一切以客觀學術的態度為尚，但有不少學者因「依附」某些團體，所以就很難超脫「教團意識」來客觀評價原應屬於嚴肅學術的議題。如我們瞭解上述臺灣佛教的信徒特質與學術生態，那麼，江燦騰這個人對於臺灣佛教學界「異數」現象，就顯得十分稀有了。

專欄諮詢家蘭德斯（Anne Landers）曾說過一句話：「真相同樣可以拿來傷人，甚至使人痛不欲生」，[43]拿掉眼罩是歷史學者的任務，如果做不到，偶而也要輕輕將它掀起，讓世人可以看清事物的原貌，即使過程不好受，但應該值得一試。[44]在這個社會，很多時候，都不適合說真話，好像大家都生活在互相欺騙的情境中。[45]但我們無法擺脫歷史，與過去一刀兩斷，如果不正視它，最後可能落得像駝鳥一樣，把頭埋在沙裡，承受愚昧的俘獲與懲罰。

(三)佛教史研究的時代使命

近現代佛教史研究，與現實息息相關。研究近代歷史可以是出於對現實的關懷，因歷史與現實間的距離，有時只有一線之隔。以學術態度觀注現實，

---

[43] 轉引（美）保羅‧埃克曼（Paul Ekman）著：《說謊：揭穿商業、政治與婚姻中的騙局，*Telling Lies：Clues to Deceit in the Marketplace ,Politics,and Marriage*》（北京：三聯書店，2008 年 12 月，1 版 1 刷），頁 9。

[44] 艾瑞克‧霍布斯邦（Eric J. Hobsbawm）著、黃煜文譯：《論歷史，*On History*》（臺北：麥田出版社，2002 年 7 月，初版 1 刷），頁 76。

[45] 魯迅曾說，他僅說了很少的真話，就不為人所容，他死前曾寫了一篇〈我要騙人〉的短文，突顯中國人活在互相欺騙的情境中。

難免要採取「批判的、建設性的」立場，並避免被權勢、利祿、謊言所拘束迷惑，這樣才能維持學術的尊嚴，對現實社會也才能有所貢獻。[46]在歷史與現實間，既要強調準確把握歷史本質，又要能具有鮮明的時代色彩。就研究者而言，研究現實可以是學術生命力所在；我想，這正是江燦騰所關切的。

就當下言，我們是在「歷史之外」（Outside History），但就現實言，我們是在「歷史之中」（Inside History））；不管是在「歷史之外」或「歷史之中」，歷史就在我們身旁，也可以說，歷史研究是為了「未來」，歷史與未來之間，似乎沒有明確的界線，歷史與未來不可分。[47]當史家研究自己生存的時代時，不可避免地其個人經驗也會融入其中，甚至評估、分析事件之歷史定位的方式與態度，也會受到影響。[48]未來如何展開臺灣佛教史的新探索，除了要在史料的搜集上下功夫外，對於研究時的知識上及方法論上的探討，也要進行應有的反思，更要隨即留意現實佛教界中各方面的發展動態與趨勢，才能做出合理的詮釋與判斷。

(四)有關「東亞研究視角」的檢討

江燦騰非常重視「以中日關係為中心的東亞研究視角」，何建明認為，這與臺灣近現代先有半世紀的日治時代「皇民化運動」及其後兩岸隔絕對立之臺日關係有重要關聯。[49]此說法有不足處，筆者以為，這與臺大歷史系對「東亞史研究」之重視有關，而江燦騰正是出身於此。江燦騰學術生涯成熟階段，主要在他臺灣大學歷史研究所求學期間，這段期間師從李永熾、曹永和等人，

---

46 范忠信：〈學術道德與學術尊嚴──兼談偽學術〉，鄧正來主編：《中國學術規範化討論文選（修訂版）》（北京：中國法政大學出版社，2010 年 4 月，修訂版 1 印），頁 240。

47 艾瑞克・霍布斯邦（Eric J. Hobsbawm）著、黃煜文譯：《論歷史，On History》，頁 78。

48 艾瑞克・霍布斯邦認為，這可視為是歷史研究的「灰色地帶」，是屬於歷史研究的專業問題，也可以說是歷史研究本身具有的「主體性」。艾瑞克・霍布斯邦（Eric J. Hobsbawm）著、黃煜文譯：《論歷史，On History》，頁 129、380。

49 江燦騰著：《二十世紀臺灣佛教文化史研究》，何建明序，頁 12。

也受到臺大歷史系黃俊傑主導之東亞研究風氣影響。[50]但利用「東亞史視角」來研究臺灣史或中國史應有所警覺：要知道此種研究視角的由來，與日本帝國主義對外擴張政策有關，是殖民主義表現在學術研究的一種延伸，日本國以外的學者要能有所自覺，跳脫出「日本學術角度的陷阱」才好。

---

[50] 〈臺灣大學東亞文明研究中心〉曾提出「東亞近世儒學中的經典詮釋傳統」卓越研究計劃，以「儒學」及「教育」為主要課題，希望能藉此整合校內、外優秀學者共同致力於東亞文明研究，藉以：1、通過東亞學與教育傳統之研究重新省思「傳統」與「現代」的關聯性，以推動東亞諸文明之新發展；2、以「東亞世界」之整體性觀點研究東亞儒學與教育之內涵及其發展；3、奠定二十一世紀東亞文明與其他文明對話之基礎。該中心依研究需要，設立專題研究室，目前設有以下四個研究室，即東亞儒學研究室、東亞教育研究室、東亞文獻研究室、臺灣儒學與教育文化研究室。臺灣大學東亞文明研究中心，網址：http://homepage.ntu.edu.tw/~cseacntu/intro.html，下載日期：2012 年 12 月 8 日。

附錄二、評江燦騰主編《戰後臺灣漢傳佛教史——從雙源匯流到逆中心互動傳播的開展歷程》

臺南大學國語文教育學系教授　邱敏捷

　　本書是本甫出版（2011 年 4 月初版）的大書，洋洋灑灑近八百頁，總篇幅達五十萬餘言。該書由江燦騰主編，並由他本人與侯坤宏、楊書濠合著，同時附有三篇資料說明，其作者分別是：釋性廣、林蓉芝、釋法玄。所以，就其全書總篇幅來看，應是迄目前為止，有關戰後臺灣佛教研究史各著述中，最有份量的一本巨著。

　　本書是專為《戰後臺灣漢傳佛教史》的特殊主題撰寫，並提出「從雙源匯流到逆中心互動傳播的開展歷程」新詮釋概念。此舉也堪稱是近百年來，有關本土宗教文化史論述中，具突破性的創舉。因而有任教於臺灣師範大學東亞系的張崑將教授特為此一「逆中心互動傳播」的嶄新詮釋概念所寫的〈導讀〉之文，也冠於全書篇幅之首，以助讀者了解。

　　此外，全書的另一特色，就是能以近百張頗具代表性的各類精彩歷史照片、除附上精要說明外、並分別由各階段不同主題的畫面所建構成的豐富歷史圖像和時代特徵來巧妙配合，因而能清楚地呈現出近代以來的臺灣本土漢傳佛教歷史的變革風貌，並讓讀者在逐頁翻看時，宛若在穿越相關歷史時空隧道一樣，可以將古今臺灣本土漢傳佛教歷史的變革風貌，很輕易地即深印

於一己的腦海中。因此，這一特色，也可謂是本書作者群獨具慧眼的另一項超水準「圖文說史」之創意表現。

關於本書的出版背景，作為本書主編兼作者之一的江燦騰教授，曾於其所撰的〈前言〉中，清楚說明本書是教育部為紀念建國百年向全體學界徵求以學術詮釋歷史的宗教類撰述計畫中，唯一獲得審查通過者。

因而，江氏為求延續其向來堅持以歷史唯物論思維的批判性與反思之研究方法學，來建構和反思歷來不當的各家相關詮釋主張，所以江氏在第一章〈導論：一九四九年以來的詮釋史檢討及其歷史溯源——從雙源匯流到逆中心互動傳播的開展歷程〉一文中，除了首先闡明其詮釋概念中，在一九四九年起所出現的特殊「雙源匯流」歷史現象的這一部分，曾受清大中文系楊儒賓教授的啟發之外，更強調其本身特別致力於對：「在地轉型史觀」、「多元創新」和「逆中心互動傳播」等的新詮釋概念體系的建構與相關各章內容摘要的現代書寫，並因而還於其書中公然宣稱：「本書撰述的最大用意，就是提出具有當代典範性的佛教實例和說明其中各項燦然佛教文化結晶的指標性作用」；但是，「本書撰述全文內容可以說，既是對其早年生涯事業偉大成就的多方禮讚或高度崇敬，同時也是對其歷史作用的無情批判與深刻反思」(頁697-8)。

事實上，若環視當代整體臺灣戰後學術史的研究，由於兩岸環境氛圍的差異，政治體制、教育制度與經濟發展各自不同。所以，對於所謂臺灣自我主體性的開展其實一直都在進行。尤其在佛教史學界的研究方面，更是強調具有臺灣佛教史特色和主體性詮釋的建構要求。因而，江氏基於這種信念，對於一九四九年以來的詮釋史檢討及其歷史溯源的論述中，強烈展開對於如張曼濤「大陸佛教的重建」、李尚全「江浙佛教」、何綿山「福建佛教」與闞正宗「人間佛教」四者的偏頗觀點，提出嚴厲但仍精準的批判性檢討，然後再據以從「建立臺灣主體性的詮釋」觀點出發，來論述其對於臺灣佛教的發

展及其對目前大陸佛教的影響的相關觀察和必要的論述歸納[1]。

毫無疑問，多年來，江氏一直是臺灣佛教界重要的學者之一，早在八〇中期，即從明清佛教史入手，著述頻出，並深受國內外相關學者的高度肯定，故其相關的學術影響力也因而日增。其後，約從九〇年初期開始，迄今已近二十年之間，江氏則已完全改弦易轍，轉以狂熱姿態，長期持續專注於從事有關臺灣本土漢傳佛教史的淵博探討，並迅速出版其大量新作，因而不久即一躍成為當代臺灣地區佛教史學界中，真正能引領並率先建構出各種詮釋體系和率先書寫現代臺灣本土佛教史學著述的最核心學者。所以迄今，其個人所撰寫的重要成果總計已有十五本之多，如早期的《臺灣佛教與現代社會》（臺北：東大圖書公司，1992 年）、《臺灣佛教文化的新動向》（臺北：東大圖書公司，1993 年）、《20 世紀臺灣佛教的轉型與發展》（高雄：淨心文教基金會，1993 年）等。[2]像這輝煌的關於臺灣佛教史(包括近代中國佛教思想史在內)的研究成績，質與量皆相當可觀，同時也反映出其對於臺灣佛教史論述的治學之勤和用力之深。

但也由投入心力如此之深，所以江氏於其臺灣佛教史的建構，不僅已逐步築夢而成，並在本書中，更直接以近現代幾位知名大陸佛教史家，如陳援庵（1880－1971）《明季滇黔佛教考》（1940 年完成）與《清初僧諍記》（1941年完成）、[3]湯用彤（1893－1964）《漢魏兩晉南北朝佛教史》[4]的論述為「舊

---

[1]　江燦騰主編：《戰後臺灣漢傳佛教史——從雙源匯流到逆中心互動傳播的開展歷程》（臺北：五南圖書出版有限公司，2011 年 4 月初版），頁 23－35。

[2]　其他的江氏著作，如《現代臺灣佛教史新論》（高雄：淨心文教基金會，1994 年）、《臺灣佛教百年史之研究（1895－1995）》（臺北：南天書局，1997 年）、《臺灣當代佛教》（臺北：南天書局，2000 年）、《日據時期臺灣佛教文化發展史》（臺北：南天書局，2001 年）、《當代臺灣人間佛教思想家：以印順導師為中心的薪火相傳研究論文集》（臺北：新文豐出版公司，2001 年）、《臺灣近代佛教的變革與反思》（臺北：東大圖書公司，2003 年）、《新視野下的臺灣近現代佛教史》（北京：中國社會科學出版社，2006 年）、《聖域踏尋：近代漢傳佛教史的考察》（臺北：博揚文化事業有限公司，2009 年）、《臺灣佛教史》（臺北：五南圖書出版股份有限公司，2009年），以及《戰後臺灣漢傳佛教史——從雙源匯流到逆中心互動傳播的開展歷程》等。

[3]　陳援庵《明季滇黔佛教考》一書之成就，同為史家的陳寅恪（1890－1969）在〈序〉文中云：「是書徵引之資料，所未見者殆十之七八，其搜羅之勤，聞見之博若是。至識斷之精，體製之善，亦

典範」，他開始試圖加以超越前述兩者，並因而完成其締造「新典範」的畢生心願。迄今，吾人雖不知其最後的成功率有多少？但吾人對於江氏長期以來迄今所敢於懷抱的這種強大企圖心與過人努力之處，都應對其喝彩和嚴肅看待，才是正確的認知態度。

其實，海峽兩岸的相關學界，早有不少人素知：江氏在有關臺灣本土佛教史的論述上，一向擅於對相關議題提出新詮釋角度、並繼之以持續性的深層探究，例如其對於「佛教道場轉型的問題」、「新宗教節慶文化」、「現代性宗教倫理新思維」、「臺灣漢傳佛教藝術創作」、「臺灣本土人間佛教思想」、「尼眾教育」、「佛教新文學創作」、「去印順化」等都是早已廣為流傳的學術詮釋新名詞。如今，這些特色，也同樣反應在該書的第十二章中；而這些也都是其身為當代臺灣佛教史家，以其個人對社會歷史現象的敏感度，所率先提出的精闢討論。因此，其能長期持有此種研究之罕見熱情、超人識見與非凡研究成績，在國內當代佛教史學界，迄今似乎尚無人能出其右者。

此種思考的背景因素，誠如江氏在其〈導論：一九四九年以來的詮釋史檢討及其歷史溯源——從雙源匯流到逆中心傳播的開展歷程〉一文中所言：「自二戰後以來，當代臺灣本土的各宗教中，以在「雙源匯流」下，逐漸朝「在地轉型」開展的臺灣本土新「漢傳佛教」，在目前才能達到其最具社會傳播和急難救助的巨大影響力之高原期階段。所以，當代的兩岸佛教學者，都對此表示了極大的正面肯定，同時也以「逆中心」的回饋方式，開始從臺灣的各傳播中心，逐漸向對岸的大陸「漢傳佛教」發展現狀，產生具有典範性參

同先生前此考釋宗教諸文，是又讀是書者所共知。」見陳援庵：《明季滇黔佛教考》（臺北：彙文堂出版社，1987 年臺一版），頁 1。

4　湯用彤：《漢魏兩晉南北朝佛教史》（臺北：駱駝出版社，1987 年），頁 1。湯用彤該書達四十萬餘言，受到高度的評價，至今仍是該領域的喬楚。胡適曾讚言：「錫予的訓練極精，工具也好，方法又細密，故此書為最有權威之作。」見胡適著，曹伯言整理：《胡適日記全集》第七冊（臺北：聯經出版公司，2004 年 5 初版），頁 372。

考作用的明顯效應。」[5]

但是，此處所提到的「逆中心互動傳播」新詮釋概念意涵又是什麼？為何它是可以用來建構兩岸佛教發展新情境的「互動交流式」傳播狀況呢？江氏在其文中提到：「現代性臺灣本土的「漢傳佛教」，從其早期只是處於「邊陲性的被動接納（無主體性的依賴）」階段開始，其間由於政權的多次鼎革，曾經歷不同型態的「在地轉型」之相關變革歷程後，再逐漸又開展為屬於我們「當代階段（解嚴以來）」的已然「多元創新」局面。於是，此一具有現代性社會傳播特徵的臺灣本土「漢傳佛教」中，蘊蓄已久的豐厚文化資源，在其已然形成「新傳播中心」之同時，又逆轉其本身原先所處位於大陸東海波濤中之「邊陲性的被動接受」狀況，並反向朝著原先傳入途徑另一頭「舊中心（大陸地區）」各地，開始主動地漸次發揮其回饋式的傳播影響力。[6]

因此，吾人可以說，「雙源匯流到逆中心互動」是江氏經多年研究所揭櫫的該書建構的理論基礎。至於該書所討論的議題層面，即江氏在其第十三章的結論中之五點概括：「1.在「逆中心互動傳播」的新視野下，有關戰後兩岸佛教新交流模式及其影響的討論。2.日治時代的佛教現代化啟蒙運動與解嚴之後人間佛教化的思想關聯性討論。3.對於戰後僧尼戒律規範性思想及其相關作為的商榷與反思。4.解嚴前後的政經因素對解嚴以來佛教文化開展的持續性影響。5.當代臺灣本土漢傳佛教歷史的未來走向？」[7]——顯然的，這五大議題的述論，就是該書主要論點的一個精要集合。

可是，吾人更想要問的是：這些議題是否涵蓋了戰後臺灣漢傳佛教「各種出色的社會表現」？[8]其方法論的應用是否充分、如實而貼切的扣緊這些議題？尤其是「逆中心互動傳播」如何多方面的討論，以呈顯其歷史的真相？

於是透過詳盡的檢識過全書的內容之後，吾人便可以看到緊扣該書「從

---

[5] 江燦騰主編：《戰後臺灣漢傳佛教史——從雙源匯流到逆中心互動傳播的開展歷程》，頁38。

[6] 同上，頁635–636。

[7] 同上，頁686。

[8] 同上，頁38。

雙源匯流到逆中心互動傳播的開展歷程」全新觀念之篇章，分別是被安排在前後的兩章，即正確地被放在第一章〈導論〉和第十二章〈解嚴以來臺灣本土漢傳佛教的多元創新與逆中心互動傳播〉中，分別加以論述，使前後的思考架構和論述主軸兩者，因而能具有一貫性的脈絡性發展。

至於其餘的各章議題，如第二章〈跨海東渡前的騷動年代（1945－1949）——二戰後處於多年國共激烈內戰下的大陸各地佛教之悲慘遭遇的艱難歷程回顧〉、第三章〈雙源匯流下的新局開展（1949－2010）——戰後臺灣本土新「漢傳佛教」的在地轉型與多元創新開展〉、第四章〈互動與互惠（1945－2010）——戰後臺灣「漢傳佛教」與政治間的複雜糾葛〉、第五章〈潮起與潮落（1945－2010）——以戰後「中國佛教會」的在臺沿革及其轉型為中心〉、第六章〈新話語詮釋霸權下的內臺佛教多途傳譯模式（1949－2010）〉、第七章〈捍衛自教立場？抑或維護信仰自由？（1949－2010）——戰後臺灣佛教「護法運動」相繼出現的內外動因及其現代意涵的再檢討〉、第八章〈幕後奧援大量善款的眾家金主透視（1945－2010）——促成戰後臺灣寺院經濟高度繁榮和快速成長的各種資金募集與運用及其相關社會來源〉、第九章〈現代性宗教學術研究典範的薪火相傳（1925－2010）——近八十年來從大陸到臺灣胡適禪學研究的開展與爭辯史再檢討〉、第十章〈現代性在家教團的崛起和頓挫（1976－2010）——解嚴後臺灣漢傳佛教「在家教團」的研究史回顧與當代實際發展經驗之著名個案的檢討〉、第十一章〈追憶漫漫來時路（1895－2010）——獨步當代東亞佛教圈的臺灣本土現代化佛教女性教團的百年發展滄桑史之歷程觀察與相關反思〉等，主要從「雙源匯流」角度而論述之。

因此，就其全書的整體論述成就來說，無論在內容之豐富或議題之新穎這兩方面，都應是可令人高度肯定的非凡成就，也堪稱是歷來此一領域的最高水準集大成之作。

不過吾人覺得還可以再議的地方，約有下述幾點：

　　其一，在「重要的議題設定」上，如全書的第二章中，有關大陸內戰底下的佛教悲慘狀況，不但引述資料豐富，論述詳盡，並具有相當的可讀性。但，除非作者有意以此，針對地的凸顯出當時兩岸僧尼際遇的相對反差性，否則書寫如此大篇幅的內容，就可能有「是否必要」？的商榷餘地。

　　其二，在其特有的「逆中心互動傳播」詮釋新概念的實際運用上，嚴格說來，也僅僅在第十二章中，有所著墨；至於其餘的各章，主要還在「雙源匯流」現象的論述。

　　誠如江氏所說，臺灣本土佛教的近代發展，從過去「雙源匯流」、而「在地轉型」、到如今已能建立起自我創新的「主體性」，並對目前中國大陸佛教產生一定的影響力，也就是江氏所提出的「逆中心互動傳播」。然而，此一所謂的「逆中心互動傳播」，畢竟迄今還是個進行式，故江文也僅以以大約八、九百字：「近年來，臺灣慈濟功德會首次獲准在大陸合法登記和進行相關活動；《印順導師全集》也透過北京的中華書局，在大陸地區開始全面發行；慈航在臺金身複製木刻漆金像更被迎回對岸福建祖庭供奉；臺灣佛教首先激起的人間佛教思想大爭辯，同樣也在海峽對岸形成不同詮釋型態的新學術熱潮。」[9]加以概述之而已。

　　然而，對於這四件大事之來龍去脈及其目前對大陸佛教之影響如何仍上未能有專章來討論，所以也無法更凸顯其卓越方法論的背後，所該有的、可以支撐的歷史實況，殊為可惜，例如：

　　首先，我們想知道的是慈濟功德會多年來如何與大陸互動，成就多少的慈善事業？大陸當局又為何允許慈濟合法登記並進行相關活動。這些都是可以大篇幅論述之處，讀者也希望透過該書而得知。

　　再者，《印順導師全集》透過北京的中華書局，在大陸地區開始全面發行，可以延伸討論的不少。如目前大陸佛教學者有關印順導師著作的研究成果如何？印順導師著作如何被理解？有多少道場或學術單位默默的在弘揚印

---

[9]　同上，頁635。

順導師的思想？中國大陸學界如何看待太虛大師與印順導師思想的異同及其
地位、影響。

又者，慈航在臺金身複製木刻漆金像，更被迎回對岸福建祖庭供奉之事，
也許是臺灣佛教道場重回大陸重建祖庭的重要訊息之一。其他與此相輝映的
道場，總是有些耳聞，然真實狀況，有待江氏等史家以如椽之筆述論之，以
為歷史記錄。

後者，臺灣佛教首先激起的人間佛教思想大爭辯，同樣也在海峽對岸形
成不同詮釋型態的新學術熱潮。中國大陸學者如何看待臺灣佛教人間佛教思
想？他們有關「人間佛教」的論述如何？與臺灣本土學者觀點之差距何在？
這都是可以討論的。筆者以為，以江氏該書放眼東亞佛教、並從臺灣漢傳佛
教之立場出發，再加上「逆中心互動傳播」的方法論，自然會大大不同於大
陸學者的觀點。[10]

由於缺乏這些議題的討論，整部書在「從雙源匯流到逆中心互動傳播的
開展歷程」中，只照顧到「雙源匯流」的相關議題，實在有不成比例之嫌。
當然，無可諱言地，如何論述這些議題，其困難度是存在的。不過，這些新
議題也是該書可以脫穎而出的地方。

其三，在「相片與內容的配合」方面，雖然相片既寶貴又精彩，誠屬難
得，然與內容的充分配合度上，也許還有些許值得再斟酌的空間。

其四，礙於計畫完成的時程僅為一年，又該書乃合著而成，在論述中無
法完全呈現江氏一人的思維，有些遺憾。

不過，儘管有上述這幾點，似乎還可商榷和值得再改進之處，但總結全

---

[10] 以大陸學者鄧子美等所著《當代人間佛教思潮》（感謝臺南妙心寺住持傳道法師提供該書）為例。
該書〈緒論：人間佛教釋疑〉引了趙樸初（1907－2000）的一段話說：「趙樸初早在 15 年前就指
出：『在當今的時代，中國佛教向何處去？我以為在我們信奉的教義中應提倡人間佛教思想。』當
今人間佛教的詮釋更加豐富，反映了人間佛教思想體系的進一步發展。」（蘭州：甘肅人民出版社，
2009 年 3 月初版，頁 1）。鄧氏從東亞佛教觀點出發，然以大陸佛教為主體，臺灣佛教被萎縮在其
中。在這種臺灣佛教是中國佛教之一部分的觀點下，自然而然地臺灣人間佛教之特色也就彰顯不出
來了。

書而言，此書的三位作者：江氏、侯氏與楊氏，都相當能發揮彼等作為歷史
研究者的本色，並能在史料、史觀與史學方法兼具的涵養下，簡擇、分析與
討論近百年的臺灣不同政治氛圍影響下的佛教發展。因此，其成書時間雖短，
然其成果卻極其豐碩，實堪稱其為「戰後臺灣漢傳佛教史」最具代表性的相關
論著。

第 二 輯

當代臺灣小說中的日常宗教書寫

林慶文◎著

導　讀

　　本精選集介紹臺灣當代小說家共六篇，前五篇深入評論個別小說家有關宗教主題的作品。最後一篇，則是通論多位小說家，探討「瘋癲」主題在他們作品中的形成背景與修辭意義，這些小說家中有多位同時也創作與宗教有關的作品，似乎也印證宗教、文學與特殊經驗意識有關。可以說，這些作品廣涉各類型臺灣宗教，同時有特殊生活經驗的精彩描述，可以作為認識當代臺灣大眾精神文化的基礎。

　　重要的當代臺灣小說作家，當然不只此處所舉做為代表的這幾位而已，本集目的也不在泛論臺灣小說，而是關注與信仰體驗有關的文學表達。在臺灣的日常生活中，一般社會大眾已經習慣接受傳統宗教禮俗所指示的生活，這並不難理解，因為宗教信仰就是人賴以生存的一種世界觀，在生活上，具有超越出世的性質，又與大眾世俗價值互相作用。普遍現象譬如：上教堂做禮拜，入道場打禪七，求神問卜，燒香祈福，而且地方宗教組織每逢選舉，常常或是樁腳與信仰的政教關係，又配合民俗節日舉辦例行性宗教活動、陣頭繞境禳災、甚至開發各類宗教消費的文創商品等等。因而，在現代傳播媒體與商業行銷技術的運作下，宗教在「大眾文化」(the culture of the masses)的認知中，逐漸成為可提供個人多元選擇的精神性消費對象。信仰多元而自由，好處是至少避免如近代日本因為遂行國家神道思想的意志控制，將國族與信仰結合作為戰爭的集體動員指導，但是個人信仰的思想顫慄與內在提升被平凡的休閒歡樂取代，原來對治精神庸俗的藥，糖衣裡面包裹的更是討人高興的糖果。

　　常見對大眾文化解讀為只見大眾不見文化的批評，這些批評領域也常擴大涉及工作之餘的休閒活動，也就是從這些日益複雜的生活層面來觀察現代人的活動及意義，如果宗教是與日常平凡相對的神聖生活，那麼神聖性質有逐漸淪為世俗娛樂匯流的傾向，強調宗教帶來心靈的歡愉，反映現代精神追尋開明與個人的享樂，大概趨勢是逐漸轉變原本宗教範疇的神聖神秘與崇高，或是強調身體苦行與沉思的各種內在體驗。在西方思想史上，這股趨勢的源頭，要追溯自文藝復興以下逐漸脫離中世紀思想而起的人文主義(Humanism)，尤其是啟蒙思想的重點，技術層面則特別是隨著印刷術廣泛的傳播效應，使人文主義運動支流的「基督教人文運動」，也在 15 世紀末造成包括荷蘭、瑞士等北方諸邦進行社會及宗教等改革。

　　這些社會制度的改造涉及宗教和哲學的思考，比如人意志的自由選擇，最大限度在哪裡？最有名的思想論辯是〔荷蘭〕伊拉斯謨（Desiderius Erasmus Roterodamus，1466－1536）於 1524 年所發表的〈論自由意志〉(Discourse on Freedom of the Will)，代表寬容的路線；對比的是站在教義立場，改革態度激烈的〔德〕馬丁・路德（Martin Luther，1483－1546），隔年以〈論意志的綑綁〉(On the Enslaved Will) 加以回應，強調人對其生活的日常所需有選擇的自由，但是，依據聖經教義從上帝而來的救恩等絕對權力，人是無從得有的。因為當時歐洲還籠罩在濃厚神學思考指導的時代，基督教信仰滲透在生活的很多事務上，對照當代，在全球化趨勢下，不論東西方的各種宗教，因為宗教除魅使虔誠信仰的生活氣味消散後，人的自由意志只展現在對市場提供的多元消費選擇上，在臺灣甚至是對宗教文創商品也逐漸失去批判的能力，這是宗教組織得以媚俗的原因，崇高與平凡無所差別，不只宗教，今日臺灣教育問題有人提出以荷蘭教育改革為借鏡，殊不知荷蘭教育改革是其整體社會改革的一部分，而其改革動力與源頭就與前述〔荷蘭〕伊拉斯謨的人文思想有關。

　　所以當我們觀察日常宗教現象的內容與變遷時，可以看出其中的思想傳

承或斷裂轉變的作用。並且，由於透過集體的宗教活動來表現，所以各種節日禮俗的信仰行為，往往就是古禮與現代思潮的共同作用，也因為傳承而來的思想內化，常使信仰者習焉而不察。事實上，在集體儀式中的熱情和孤獨心靈的冷靜沉思，是大眾實踐信仰時，非常獨特的，冷熱的兩種宗教心理體驗。

　　換言之，信仰行為促成我們對生活的抉擇出現精神境界的躍升與轉變的可能，更關涉個人整體意義的追尋。宗教雖超越但不離日常生活，透過閱讀宗教文學，尤其是涵蓋各種文類的小說文本，其中有細緻的描述、如詩的隱喻及心理刻畫，可以大致理解宗教思想的社會現象和信仰者深刻的心理趨向。臺灣當代小說的宗教書寫，就是因為小說家的社會觀察與其自我意識的對話，可以印證人對超越義的認識，這些小說家以其作品言說獨特的宗教經驗與社會生活，書寫一種當代臺灣意識中「敬虔的想像」，因為其中帶有超越或預言性質的特殊言說方式。通常各類型的宗教修行者，並不必然書寫或根本就採取不立文字、非書寫的修行功夫，另一方面，宗教社會學、宗教型態學、宗教人類學研究者也不必然曾有特殊的宗教經驗。反之，本集所選相關宗教小說作品，就是結合社會觀察與宗教心理的反省，表現作者的「宗教性關懷」（the religious concern）。所謂「宗教性關懷」不是別的，其實就是指小說作者具有明確的信仰自覺（faith awareness），或朝向超越性（transcendent）的企求，表現為宗教修辭。這些作品特徵，有較多哲學、思想、宗教等問題的議論，這些敘述形式，可以視為一種類似告白（confess）的心理意識，其中也包含各種信仰歷程的複雜心理，我們從中可以看出他們朝向超越途徑上的異同及主題。

　　當代臺灣社會，正處在全球化劇烈變革的時代，人際網路互動方式複雜、多元族群信仰，環境資源、物質科技與技術的變革，本質和形上理念的語用思考逐漸被揚棄。因而，當代臺灣文學中，作為超越義探求的宗教書寫還未普遍，就此方向加以思考，或許可以探究臺灣精神主體性或個人超越向度的

未來領域，藉以理解一般臺灣宗教思想的深厚如何。

總之，本集內容，就是透過當代臺灣小說家的精神內視之眼，書寫他們在宗教信仰上的體驗，也呈現社會現象的觀察，這些作品對傳承的信仰都有心理轉折與生動鮮明的表現，以文學藝術告訴人們對宗教的接受態度，如同叩問一口古老年代鑄成的鐘，在當代必須經受撞擊，也要能發出醒人的聲音。

以下各篇說明，可以幫助讀者略窺各家小說宗教書寫的特色，至於更進一步的深入體會，則要期待讀者閱讀文字過程的個人印證。

一、庶民的宗教生活體驗——李榮春（1914～1994）

李榮春如隱士般獨身，靠打零工維生，勤於寫作，筆下有宜蘭地方宗教風俗的互動描述，特別的是他留下個人信仰心理意識的反省，顯示內在豐盈而平和的信仰歷程。

二、從「苦諦」到「苦難神學」的信仰轉折——李喬（1934～）

李喬以教師作家身分批判臺灣社會文化，凸顯主體精神，個人信仰歷程從佛教改宗基督教，寫作面向多心理問題的發揮及社會議題。從他個人信仰的轉變與小說書寫，可以作為「個體」在信仰與文學兩個領域實踐上，互相影響的解讀範例。以宗教來說，「苦諦」是佛教四聖諦的第一體會；而「苦難神學」在基督教是指人因罪受磨難並從中認識苦難的意義，展現超越苦難祈求救贖。從對苦難認識上的轉變，可以看出他宗教心理上的流轉歷程，這

項改宗的過程，在信仰辯證上蛻成堅決的社會政治批評，進而將信仰與臺灣意識結合，形成個人政治神學的社會關懷。

三、孤獨怪誕的膜拜者──七等生（1939～）

七等生的文字風格是臺灣本土文學現代化的先行，從分類概念來說是現代主義文學思潮下，臺灣文學的特有種，不是境外文學思想品種的移入或嫁接，或如學院式的模仿學習與理論先行，比較屬於他個人心靈面臨時代文化環境變遷下的自發反應，這種特殊經驗在宗教思考與藝術語言上顯得直樸與怪異，其實暗合人在現代社會環境中的心理特徵。

四、神祕體驗和社會異象的預言者──宋澤萊（1953～）

宋澤萊具有複雜的宗教性格，在佛教上他堅持原始佛教，提倡以臺語弘法，這兩項因素結合起來形成既激烈地批判臺灣大乘佛教並突出個性鮮明的政治立場，以主編《臺灣新文藝》擴大影響領域。在基督教義的體會上趨於靈恩或神祕經驗的省察，從宗教型態上來說，他珍視個人的神祕經驗，並用來會通各種宗教間的區隔，回歸宗教的主體自我，有宗教混合型態的特徵，這與他早期心理自剖有個人生活經驗上的關聯。而積極的社會參與和個人宗教經驗的互相滲透，使小說中的主要人物具有強烈「宗教性格領袖」的特徵，這點也形成他基於宗教力量而從事各種社會批判。他未來小說中這兩股力量是否平衡，或者傾向宗教經驗與社會批判的某一方，是值得關注的書寫議題。

五、罪惡沼澤的永生者——王幼華（1956～）

　　王幼華以社會集體的精神病態作為罪性的象徵，指出病因除了是社會問題外，還有人的原罪問題，這是人在形上學或神學意義上的惡性遺傳，沒有人可以避免，因此，小說是讓罪惡彰顯的手段，激烈詰問人在病態下生存，是否還能有蒙救的生機？小說人物常處在一種等待拯救的瘋狂或被棄狀態，呈現臺灣社會集體瘋狂現象，藉此突出「罪性」問題，其中還涉及兩個主題：第一是：對臺灣總體文化的觀察，提出「沼澤型」文化形態觀。沼澤地處海陸交會，比擬臺灣歷史上，經歷多種文化對話、衝突或融合，是「大陸型」與「海洋型」兩種文化形態之外，一項極佳的形象比喻。第二是：沼澤的污濁渾沌是孕育生機的地母意象，人依此得到生養，卻也注定要遺傳污穢罪性。所以他的原罪觀念有自然與社會雙重命定的意味，人的生存意義必須要斷裂這種限制以彰顯價值。

六、當代臺灣小說的言語失序：「非愚即狂」的修辭問題

　　討論幾位以瘋癲作為寫作主題的小說家，說明這些非理性修辭所要表達的各種問題，特別的是，部份小說家的其他創作中也常有宗教主題的發揮，或許宗教信仰或文學藝術中的瘋癲語言，可視為精神上顫慄的自省或是朝向超越的震盪，這種理性的跳躍，表現為語言的形式常被視為瘋癲現象，從中可以觀察現代性書寫的意義。瘋癲修辭正如預言或隱喻，不是正常語序的對立，是一種策略運用，現代人都應該有瘋狂的同理心，具備聽預言的能力。

林慶文

壹、庶民的宗教生活體驗——李榮春（1914～1994）

一、導言——單純的信仰

李榮春的宗教書寫反映的是信仰的生活常態，如果信仰是生命歷程的內在冒險，他在作品《魏神父》中紀錄了受洗前後所表現的特殊心理變化，朝向超越者縱身一躍之前的悸動不安與信仰之後的寧靜，為當代臺灣書寫宗教經驗之罕見，其信仰態度在與其他宗教人物間的互動對話，呈現的是庶民生活寬容雋永的智慧。

彭瑞金曾以「文學隱士」來形容李榮春（以下簡稱「李」）的性格。有關生平事蹟的描述，說他終身未娶（或可說是以修士精神為文學守貞）以打零工糊口，處於孤絕的狀態下創作，所以「李榮春文學的本質是孤獨的」云云[1]。當然，幾乎所有的創作都可以說是孤獨處境中的自我凝視[2]，所以對其文學本質的描述一孤獨，其實是對照從日治以來，臺灣文學的一般屬性，在以凸顯社會性格的主流價值而言[3]。「李」的窮愁身影甘於澹泊，在他筆下是宜

1 參彭瑞金，〈走出孤獨——讀李榮春短篇小說集《烏石帆影》〉，為《烏石帆影》一書序，（臺中：晨星出版社，1998）。

2 有關孤獨與創作能力的關係可參考〔英〕．史脫爾（Anthony Storr）著，張嚶嚶譯，《孤獨》，（臺北：知英文化事業有限公司，1999）。

3 在〈日本人到底幹過那一樁好事？〉的短篇中，對殘酷暴虐的日本警察形象予以生動的描寫，主要還探討了造成日人趾高氣昂的褊狹民族主義精神內化的現象，同時更重要的是，在文中透過「黃順成」、「余老萬」、「吳阿呆」、「鐵釘仔祥」等人的街談巷議，盱衡了清治與日治的政治良窳與社會風氣，結論是日人唯一的好處在革除「纏腳留辮」的規矩，在詼諧滑稽中有沈鬱的批判，但在

蘭地方誌一般的采風，其中的鄉里或親族間的酬答，有生活上天真隨興的語言，而沒有幽闇晦澀的心理剖析，描繪過往生活的片段，常帶給我們一抹懷古的淡彩。另一方面，「李」的自修與飽讀，表現在文字上絲毫沒有一般知識分子慣有的懷疑與炫學的技法，倒毋寧是「野有遺賢」，一派甘於清貧自得的真隱士風格。在《烏石帆影》中的幾則短篇與〈魏神父〉裡的宗教主題，除了個人信仰心理的迂迴轉折外，都帶有常民儀式慶典與信仰的樸質美感。

〈魏神父〉[4]縷析自己受洗之前的心理周折與矛盾意識。在另一長篇《懷母》中以一己的初信與心靈得享平安作為首尾章節的安排，彷彿說明了宗教皈向對「李」的重要性，根據「李」的姪兒李鏡明對《懷母》首尾的分析是：

在第一章，先生的刀斧非常自然地從他那激盪不安的心理開始刻劃，而這種不安，緣由於先生看到了母親日復一日的年邁體衰，不可避免的終必有永別的一天。先生無法忍受這種情況發生，恐懼著，擔憂著，不知怎麼辦才好，幸好頭城天主堂的魏神父，這位善於釣人的漁夫，從長期的觀察中，知道了先生內心的不安，所以要求先生有空到天主堂參加聚會聽聽道理。然而先生早年接受近代文明思想的洗禮，雖然知道信仰對一個人的重要，但要他信教卻也勉強不來。可是又拗不過神父熱情的相待，為此他矛盾地徘徊在黑夜

制度文化的簡單對照中，持平的論理，無形中也削弱了反日的憤怒與聲音。文收入李榮春，《烏石帆影》，（臺中：晨星出版社，1998）。

[4] 此文見《文學臺灣》分三期連載，分別為：20 期，1996 年 10 月 5 日，頁 250～279；21 期，1997 年 1 月 5 日，頁 221～245；22 期，1997 年 4 月 5 日，頁 170～200。在三期的連載中，前兩期均題作「魏神父」，唯下期標題作「衛神父」，同一作而兩名，此現象經 2001 年 5 月 24 日，以電話請益李榮春先生文稿整理者「李鏡明」醫師時，得到說明，應當統一作「魏神父」才是，篇名前後不一，是刊印之誤。又文中原有「魏神父」（魏德惠）及「衛神父」（經向天主教總會及宜蘭頭城天主堂附設聖方濟安養院查詢，衛神父中文名作衛宗賢），均實有其人，對蘭陽宣教奉獻頗多，名不該掩，在此說明篇名異寫的情形，也表示「李」作品的寫實。

下，小說的第一樂章在此低吟詠唱著。[5]

《懷母》表達人子孺慕天性，充分流露「李」的風木之悲與不忍讀〈蓼莪〉的浩歎，對慈恩將捨的憂懼或許來自幼年時期對「死亡」的意識的早熟，在〈祖曆〉[6] 一篇中，「他」曾有被死亡陰影宰制的經驗：

> 「我怎麼也想不到每一個人活到老，自然就會死，死了就不能再活，永遠不能在一起了。」他曉得之後，想得就一直想哭起來了。（頁 73）
>
> 「難道人活在世間不是永遠的嗎？回去？要回那裡去呢？難道我不是母親生的嗎？我是從什麼地方來的，自開天地，本來我就一直活在這世間呀。我祇有這一個世間，我不會是從什麼地方來的吧。難道世間之外，另外還有一個世界嗎？」（頁 74）
>
> 他想著，真設法說出自己這一刻的心情，那是一種陷在極端空虛中，一種渴求互相悲憐慰藉的淒涼。（頁 75）

這一段永恆的「天問」對一位幼童來講是過早的負擔，在〈中秋夜〉[7] 裡，也有著類似的刻劃：

> 當他第一次發覺人會死，那時他非常悲觀、苦惱，對世間的看法便完全改變，從此常常會獨自沈思亂想，後來發願要成佛，第一個救度的目標，當然是母親。七歲那時便吃長齊（衍字）齋，約莫有一年不沾渾（當作葷）腥。有一天過節，看到大魚大肉，結果破

---

[5] 〈懷母—人子的告白〉，見《懷母》，書序頁 12～13，（臺中：晨星出版社，1997）。

[6] 收入《鳥石帆影》，（臺中：晨星出版社，1998）。

[7] 收入《鳥石帆影》，（臺中：晨星出版社，1998）。

戒了，佛也做不成了。（頁195）

　　當然不會有人去苛責他的犯戒，也不會有人理解那位七歲幼童的動機，但是「李」在許多年後，卻沒有模糊淡忘當時的心境，這令人深思，而李鏡明對終章的說明是：

　　　　先生謙遜地坐在教堂不起眼的角落裡，隨著悠揚的聖歌聲，將那懷母的情思，隱沒融和在宇宙無窮的懷抱。（《懷母》書序，頁 13）

　　至此李鏡明雖未直述，但或許已暗合「李」的用意（不管是否自覺），這宛如一首安魂曲，在文字的聖樂中懷念母親也安撫自己的心靈。

二、受洗者的悸動

　　「李」的寫實精神也反映在他以神職人員為題目的〈魏神父〉中篇，由〈魏神父〉的篇名很容易使我們想起張系國的《皮牧師正傳》，「張」以「皮牧師」為主軸針砭嘲諷 1950 年代的臺灣小鎮，從教會的生活，具體而微的展現出一幅小鎮的咫尺山水，以象徵靈性充滿的教會對照反映教友間的互相傾軋和人性的敗壞，它的基調是批判的。相形之下，〈魏神父〉的主旨顯得善良溫柔，特地用來記念荷蘭籍的「魏德惠神父」在地方上草萊初闢建立聖堂的功績，不論是凝聚教友的牧人事工或地方事務的參與，都符合純潔正直的神職人員形象，但最重要的是他在宗教上對「李」的啟蒙與影響，同時出現在筆下的每一位教友，幾乎都是敦厚的市井小民，「李」的觀察當然是出於知識分子的角度，但卻無絲毫冷硬與虛矯，我們尤其重視的是他在個人受洗前後心境上的真實紀錄，至於對知識分子或世俗價值的批評縱然有，卻也是

語氣溫順：

> 這裡的一般教友，他們的生活狀況都說不上寬裕，知識程度也
> 不很夠得上水準，都是些樸素的鄉下人罷了，卻有一顆善良的心靈。
> 至於那些有地位的，或怕影響了選票，因天主教在這裡還說不上有
> 什麼潛力，還遠不及一般世俗的力量及其他信仰哩。所以即使他們
> 有心歸向主，不免也是裹足不前。至於那些自以為聰明過人的知識
> 分子，要他們拋棄成見，虛心謙誠的跪在天主臺前，更非一朝所能為
> 功。(《文學臺灣》20 期，頁 253)

而對自己在信教前的靦腆與矜持也有鮮活的刻劃，

> 因他從沒有這樣跪拜過，他時常看見那些善男信女跪拜著廟裡
> 的泥菩薩，總是覺得極為可笑。看到他們那麼年輕摩登；男的西裝
> 革履，女的高跟鞋，燙著波狀的髮型，精神卻仍停留在原始狀態。
> 想到這他如跪針氈，不免自覺滑稽。(《文學臺灣》21 期，頁 229)

所謂「精神卻仍停留在原始狀態」當然是貶語，不過距離聖誕日領洗的
日子愈近，卻使他的內心深處惴慄不安，好像即將要面對一陣暴風，自覺迷
惘而苦悶，甚至有臨陣脫逃的打算，但等到自己領洗儀式完成之後，

> 他感覺自己，已完全融合在一個偉大無窮的愛的整體裡了，不
> 由陶醉在一種和諧而密切的友愛的喜樂中。這莫非便是天堂，便是
> 性命最大的安慰和快樂。這更不止是一時的情緒快感，這種感受許
> 是無窮的，或將永遠存留在他生命裡。(《文學臺灣》22 期，頁 177)

在大幅度的情感波動中更有奧妙的體驗，

　　他仰頭向著高空，作更深的凝視，更看出許多從前一直未曾發
現的星光，好像也更深一層接觸到了宇宙的神祕。（《文學臺灣》
22 期，頁 177）

　　這層感受很可視為內在體驗的言說，於平凡的日常生活或事物中驚悚於
存在的不同感受，最後除敘述自己逃避傳道學校的入學而投入營建發電廠的
粗活外，歸結於自己在母親墓旁的沈思。從這點我們似乎得出一個巧合，在
《懷母》的結構上，以自己的宗教信仰為首尾，而在〈衛神父〉的宗教主題
上，卻以對母親的追思作為開頭與終結，似乎說明了「李」常年對母親的看
護，逼使自己一再面對生命與死亡的思考，從而轉向宗教領域追問生命底蘊。

三、宗教心靈互動

　　一位作者處理小說中不同人物、不同宗教互動，是寬容互待或激烈對立，
在某種層面上，也可窺出作者面對不同宗教的態度。〈頭城仙公廟廟公呂炎
嶽〉[8] 藉「我」來敘述曾是兒時玩伴呂炎嶽的一段行徑，批評現今宗教世俗化、
商業色彩濃厚的風氣。「呂」經營布店失敗，遂至仙公廟任廟公，但他的失
敗不在經營不得法，而在常年一筆筆公益活動的善款支出，從這點可以看出
「呂」的特立獨行，迥異於一般謀利之徒的用心，而他的行善發心與任廟公
的志業加以結合，就為原本香火寥落的小廟帶來更新的契機。此外也藉著身
份之便，闡述了自己的宗教理念，比如不贊成年輕小姐購買紙箔，因為：

---

[8]　《烏石帆影》，（臺中：晨星出版社，1998）。

　　他的紙箔是賣給那些老頭兒老太婆，以及已經改不掉觀念，腦筋都死了，思想硬化，再起不了什麼作用的人。至於那些年輕小姐，他認為應該更新他們的觀念：她們的思想是可加以善誘改進的。（頁113～114）

　　更甚者，他也拒絕年輕的國中女教師的香油錢，認為她們應該將錢寄回家中給母親，而他所婉拒的這些金錢，卻是一般地方寺廟的主要收入。篇中一段戲劇性插曲是離經叛道的「我」，冒著與「呂」翻臉的危險，一時興起朝著廟神「呂先祖」雕像摔了兩記耳光，「呂」非但不以為迕，反而附合著叫道：「打得好，打得好！」這簡直是呵佛罵祖的狂禪風格，卻點出「呂」帶有批評世俗的態度，而且當天主教衛神父、黃傳道和修女造訪仙公廟，「呂」則予以熱切款待，彼此暢談甚歡，流露出民俗宗教裡的寬容，也可能是側記天主教本土深耕的功績。另一方面「李」對「呂」的服事動機，其實也帶有臆測性的批評，比如他以為：

　　　　仙公廟的主神就是呂洞賓。他（指「呂」）認呂洞賓為祖先，可能是有根據的。至少他們是同宗，那麼，認同宗為祖先，照說也無不可。

　　　　子孫賢良，那當然是祖先有靈，保佑幫忙，所以是該感激的。那末，他在仙公廟當廟公，可能在意識上，會覺得像在祖厝服侍祖先一般吧。（頁109）

　　這對「呂」選擇當仙公廟廟公的動機作出揣測，卻也暗示常民信仰在氏族血緣認同上優先於個人救贖或單純敬虔心理的褊狹心態，當然，「呂」能夠在此將二者結合，實消除了個人內在意識上所可能帶來的緊張關係。

〈劉成與我〉[9]像是紀錄一對好友的情誼，不過將二者的人物性格合起來看，卻可視作是「李」對宗教、哲學與文學追求的辛苦歷程。全文充滿對宗教、哲學與文學在世俗觀點中不切於用的嘲諷，雖有些微自憐卻無憤懣叫囂，反落得幾分獨立蒼茫與世皆迕的落寞。文中的「劉成」是個懶漫疏狂的先覺者，他以為「沒有一個人肯認真追求真實生命，沒有一個人知道自己的生命究竟在那裡。」（頁 133）所以他誓願「要救人類，不從靈魂根本救起是沒有辦法的。」（頁 134）而從「劉成」文學美感的賞會，也側寫了其氣質之所偏，比如他所耽詠的日本明治時代高山樗牛的詩句「奈良之都荒極了……美人的髑髏，偶爾觸著犁頭，被翻出土，誰還認得當年的花容月貌……」（頁 134）這顯然是佛教不淨觀的況味，所以「雖然他曾經十分服膺康德的純粹理性批判，把他的著作當成一部絕世的偉大經典，終日抱卷不釋。最後卻是在佛學經典中，才真正找到自己終生安心立命的所在。」（頁 135）雖有可能，不過我們也不想過度引伸：他著實意識到康德的理性限制，對他宗教上或形而上的直觀根本無法相契。這層徹悟似在說明「劉成」已然了解到「哲學」與「宗教」在人生安頓上的分際不同，但從「劉成」逢友便問「何所來？何所去？」的口頭禪，要世人洞悉世間「現象」的不可執實、辨清名實之間的權假方便，都已滑入荒唐滑稽，尤其支撐他終日玄想的，其實是他妻子「玉蘭」鎮日經營布莊、照料家中幼老的操勞。當太平洋戰爭結束，海外基督教、天主教宣教團體紛紛來臺之後，「劉成」也組織了唸佛會——「募善堂」與之頡頏，還親自登壇演法，不過其居士身份未能符合「佛法僧」的圓滿制度，只得另迎法師駐錫，「劉成」與法師之間的矛盾於焉展開，「李」暗諷法師的學德俱缺，講經說法昏人耳目，而女弟子為法師冬溫夏清甚至侍其洗澡擦背，讓「劉成」悔其悟道之伊始，未能堅心棄俗，蹉跎再之，悔之已晚，終至與唸佛會脫離，蓄髮而拍浮酒池。某天晚上「劉成」還招待「我」去欣賞脫衣舞：

9　《烏石帆影》，（臺中：晨星出版社，1998）。

我們這樣一直熬到終場，好像祇是各自在對自己心靈，作著一種玩弄的挑戰，我怎樣也無法置信劉成竟會對這種事發生如此濃厚的興趣。但不管如何，這與他當時剃光頭，站在法壇上講經的情景，確是令人怎麼也無法連想一處的一種驚人強烈對照。（頁146）

昔日要救人靈魂者，今日正試著去撩動「誘惑的毒牙」，或許這也是靈性操練的一種，但不求遠離試探，更何況道心未堅，最後恐怕也祇是玩弄光景。每當酒闌發狂，他便不住地叫喊：

「我再不進地獄，誰會進地獄！」好像自認罪大惡極，又像是願作第二個為舉世靈魂代罪的羔羊。（頁 147）

相對於「劉成」狂亂衝撞的生命型態，「我」的木訥寡言，其實是某種意義上的互補，而彼此的激辯自然是免不了的，雖然那並不只是個性的差異。當「我」獲得文藝獎回鄉後，「劉成」在接風席上的一番話，可看作「劉成與我」的精神結合，或作者個人的意見：

現在你已經成功了，不過，文學祇是屬於一種世俗的學問，所探討的對象，不出於一般現象界的事物。現象不過是些幻影，不是什麼不變的實體，沒有絕對的生命。

好了，從現在開始你該積極追求絕對不生滅的超時空的本體了，這樣將來你才有無窮的發揮，這樣的發揮才是無可限量，這才是你終究必須努力的目標，畢生應走的，究竟的方向。這除了從事研究宗教之外，再沒有其他任何路徑了，祇有宗教可證實靈魂的絕對存在。

不過，研究宗教實在是太困難了，不像文學那樣單純，那樣容

易，文學和宗教比較起來，實在還差太遠了。文學不過是一種遊戲，一種消遣，唯有宗教才有辦法徹底救人類，宗教才有這種力量。所以我希望你無論如何，將來對宗教要有一番大發揮，大作為，大貢獻。（頁 152～153）

作為友誼之愛的叮嚀，或是理念上的影響，其實是「劉成」、「我」或「李榮春」之間， 出入作者、敘述者與小說人物的理念對話，在舖陳這段話的三人宴飲中（「劉成」，「玉蘭」、「我」），更獨出的刻劃了「我」的內在窘境—雖獲頒獎金，但其實可預知為期不久便將清貧如昔；「劉成」則立志將其信仰投入寫作，信誓旦旦，決不會出賣自己的信仰，而這或許又是如當初組成念佛會時的衝動；另一方面，「玉蘭」則從「我」的得獎，彷彿看到她丈夫寫作上的光明遠景，她代表的或是功成名就的價值；「劉成」與「我」則是在分別宗教與文學領域中苦索的心靈。

四、結論——寬容的庶民信仰

「李」的宗教態度一如他的文學體驗，雖多磨難，卻很少質疑與批評，相反地還常流露出一般人少有的天真。彭瑞金說他：「活在一個宗教信仰含糊籠統的社會裡，他不像秉持現實主義信仰的作家，直接以抨擊迷信為文學創作的目的，反而不拘形式—不分教派地直接追索宗教帶來了怎樣的人間福祉。」[10] 我們不見得贊同「含糊籠統」這個形容，不過以「李」的信仰來講，他並未在作品中揭示出自己對信仰課題的專注或以此作為批評的立場，而只是在類似自傳式的寫實敘述中，呈現自己的宗教生活，並描繪地方信仰風俗，

---

[10] 彭瑞金為《烏石帆影》書序，頁 5，（臺中：晨星出版社，1998）。

一些生活上的細節,雖有信仰上的重大意義,但卻三言兩語勾勒得那麼自然,比如:

> 母親篤信佛教,吃了幾十年長齋,從那時起,沒一天不念佛,天一亮就拿起唸珠,雖然開著收音機,好像也並沒影響她的念佛,當時他正在跟高神父聽道理,母親時而卻又鼓勵他說:
>
> 「聽道理很好,你去吧,跟他們信教很好。」
>
> 這幾年,他都不曾去過聖堂,除了天主經、聖母經、聖三光榮經,其他的經,他差不多都背不出來,但自年底回來以後,他經常都來參加主日彌撒。[11]

「李」的信仰顯然也來自母親的影響,雖在佛教與天主教之教義上不曾有神學旨趣上的說明,但卻表現了民間信仰上「寬容」的態度,小說敘述可以補充田野調查的觀察型態,或許就在於人的心靈與意識的活動呈顯。在民俗儀式方面,比如〈看搶孤〉[12]一篇,就在「看」(近似於報導)「搶孤」儀式的源由、禁忌(曾有參賽者進了坐月子老婆的房間,犯了不潔,以致摔下孤棚),同時運用意識描寫,出入爬上孤棚的選手與圍觀群眾的心理,把民俗慶典的集體意識作了深入有趣的敘述。又比如在〈和平街〉[13]中,描寫清秋早晨,老人家看著出殯的熱鬧行列,感歎欽羨逝者的哀榮,高齡又五代同堂,陪觀者還把這陣式比做正月初六的城隍爺出境,老人家心裡卻有了繁華落盡的體悟:「再熱鬧,一世人也是過去,給抬著躲進地下去了。想起來,世間沒有一樣事情是實在的,什麼都像夢一樣。」(頁 220～221)以「李」的年齡與對母親的長年看護,使他對老死最親切有味,好像在說他人卻又像在說

---

[11] 《文學臺灣》,22 期,1997 年 4 月 5 日,頁 199。

[12] 《烏石帆影》,(臺中:晨星出版社,1998)。

[13] 《烏石帆影》,(臺中:晨星出版社,1998)。

自己，同時也藉母親的念佛習慣說明宗教與藝術的終極指歸：

> 這麼多年來，她一心都在唸佛，這都歸於往生西方極樂國之一
> 願。她一刻也不稍鬆懈，心靈一直勇猛地在精進追求，精神越顯得
> 充滿法喜，彷彿眼前隨時都顯現出西方極樂國土，甚至已經活在西
> 方極樂國土了；彷彿有說不盡的喜慰地，已經實現了她這種心靈的
> 永恆世界。這與一位藝術家在完成一個不朽傑作時的心態，顯然是
> 殊途同歸的。[14]

把自我作為藝術對象來苦心經營，更同時追求宗教上的境界攀昇，讓我
們看見在樸直的語言裡，閃動最敬虔的靈性光芒。

---

[14] 《烏石帆影》，（臺中：晨星出版社，1998），頁 221。

貳、從「苦諦」到「苦難神學」的信仰轉折──李喬（1934～）

一、導言──流淚撒種收割痛苦

　　李喬（以下簡稱「喬」）的信仰轉變與小說書寫可以作為「個體」在小說中，引發複雜解讀的範例。以宗教言之：苦諦是佛教四聖諦的第一體會，苦難神學在基督教的意義上是指人因罪受磨難並從中認識苦難的價值，展現超越苦難祈求救贖，從對苦難意義體會上的轉變，看出「喬」宗教心理上的流轉歷程，他清楚縷析改宗的過程及思想上的艱難破繭，在信仰辯證得到較澄朗的方向後，不是一種解脫的豁然，卻蛻成更堅決的社會政治批評，進而將基督教信仰與臺灣意識結合，形塑他個人政治神學取向的書寫。

　　在解構思潮狂飆的年代，談人的本質、談生命的「終極意義」這些命題，在近代哲學轉向後都變成只是語言的問題。人的存在如果要找一個同義詞，用以說明人的生存樣態，則如「喬」所拈出，人是「痛苦的符號」，喻指人最深沈悲鬱的處境[1]，

　　　　生而為人，本來就難免痛苦。人人都祈望遠離痛苦，但痛苦仍

---

[1]　此處乃指近代哲學問題轉向語言研究的「語言中心論」主流，文學的語用無疑表現語言之最大可能，李喬此語巧妙點出人與符號等同這個概念的句式，並作出其定義。

在。許多明明是痛苦的事況，奇怪的是，人往往要在這事況上擠點兒快樂。飛蛾撲燈，是人間的某些寫照；人是先天鄉愁地樂於經歷痛苦嗎？痛苦本身竟然是魅力十足吧？痛苦的某個形式。好像是生命的振奮劑吧？人，有時候是為痛苦而活著的，往更深一層看：生命的起點與原始特徵是『動』，這個『動』──『顫動』不就是『痛苦』的形式嗎？[2]

一般評論者都會動容於這個喻示所直截道出的力量，其中葉石濤的論點格外顯得精闢：

李喬以為人就是「痛苦的符號」，有痛苦才有生命，生命就是痛苦動的（dynamic）表現，痛苦的結束就是死亡，人唯有死亡來臨才能解脫痛苦，死亡是永遠的靜止。……然而，死亡真的能擺脫痛苦嗎？[3]

這番言論的警句當屬「生命就是痛苦動的表現」，雖然在兩相對照下，「喬」的觀點裡，原慾的生之動，是生命開始於人之媾合，陰陽交歡大樂的暗喻，含蓄而神聖莊嚴，至於葉老的說法則是把「痛苦的符號」予以能指的動態說明，這不能不說是詮釋上的轉轍，但卻能更深邃地指出：人與痛苦其實是異名而同義，所以人一生的活動不過是去符合痛苦的符號的意旨，悲夫！當然，若知曉「喬」本耽於佛理，勤披貝葉，所謂「痛苦的符號」，闡述的就是佛陀在鹿野苑初轉法輪時所宣講的四聖諦中的「苦諦」（Dukkna），這也是「喬」小說哲理的第一預設[4]。

---

[2] 李喬，《痛苦的符號》自序，（高雄：三信出版社，1974）。

[3] 見〈論李喬小說裏的「佛教意識」〉。此文已收入前衛版《李喬集》附錄，見頁 329。

[4] 與此呼應的觀點，譬如〔英〕‧關大眼（Damien Keown）在一部簡論佛教的書裡提到：「美國心理醫生 M.S. 佩克在他的暢銷書《人述罕至的道路》開宗明義第一句就是『生即苦』。他所說的其

　　要溯源「喬」對人生本質是苦難的觀點，根據「喬」的生平自敘同時參照其 60 年代〈山女〉「蕃仔林故事集」系列的反映，似乎很難避免從土地與貧窮的角度去思考，只是若持此觀點去看待則未免淪於皮相之見。他對人與土地的書寫，遠非「鄉土」一詞可以輕易的概括，他的土地觀宛如西班牙畫家哥雅（Goya）「農神噬子圖」所控訴的主題：人從土地所生又為土地所噬，宛如人是自薦於天的芻狗又似天地自媚的玩寵。彭瑞金在〈悲苦大地泉甘土香〉文中夾議夾敘，藉著突顯「喬」的土地觀，順勢批判一般對鄉土觀念的誤解，也提醒追隨鄉土筆調者，不要因「抗意」的路線（用「抗意」而非「抗議」可見其有意拓展鄉土內涵避免僵化其價值） 而淪於窄化鄉土可能蘊涵的豐富內容，他洞若觀火般的確論以為：

　　　　李喬直追人和土地之間相與的真正關係，而明確的指出土地是苦難的根源，指出土地是生命的象徵，說明人與苦難的不可分離性。……在李喬看來，土地上人群的諸多現象──異族的迫害、飢餓、貧窮、恐懼……只是人生苦難的外貌，而所謂苦難的本質還在生命的本身──生受即苦。[5]

　　在剖析苦難的層次上，彭瑞金更指出：「人為的苦難」、「天地之不仁」這兩項苦難的肇因，尤其是：

實就是四聖諦中的第一條，他接著說道，『這是一條偉大真理，是最偉大的真理之一』。這條佛家說來即『苦諦』的真理是佛教教義的基礎。」關大眠著，鄭柏銘譯，《佛學》，（香港：牛津大學出版社，1998）。

[5]　《臺灣文藝》57 期，1978 年 1 月，頁 104。此外，李喬小說中的土地意象據日人三木直大以為《寒夜三部曲》是描寫外來移民如何將「土地」轉變為「鄉土」的過程。換言之，是移民對土地的地質利用，因為生產過程及其伴隨的勞動記憶與情感聯繫產生鄉土意識。見〔日〕三木直大著，陳玫君譯，〈試論《孤燈》──李喬小說的歷史敘述與文學虛構〉，收入封德屏總策畫，彭瑞金編選，《臺灣現當代作家研究資料彙編──李喬》，（臺南：臺灣文學館，2012），頁 234。

　　　　我們發現李喬對苦難的認識有一極為特殊的地方，似乎他只全
　心意發掘人世的苦難，但並不十分在意苦難的發動體。[6]

　　這是敏銳的觀察，「喬」這個特殊的觀點或是依從佛理而悟得，換言之，
苦難是本質，由誰去扮演並不重要，人只不過是去註解苦難罷了，甚而人間
苦難的發動者，則是無明人心的表現，居火宅之生靈，即使施暴者的下場又
何嘗有他們料想中的勝利，於是在超越的普遍的苦難觀點下，善惡是無差別
平等的地位，它的代價是，如果有人承受社會的壓迫，但是公義價值可能會
被忽視。

　　造成苦難的大地是無言而不仁，操生殺予奪大權的表徵，它的性格似乎
是非意志的、多變而完全宰制的神祕力量，這種非神格亦非完全自然主義的
比擬，使得人既不能向天地控訴、祈求，也不能盡人力去勝過而改造，在進
退失據的窘境下，人的苦難便多少帶有非外在因素壓迫所造成的意味——「生
即苦」，所以若從社會決定論的角度來看，他其實主要也不在反映某一制度
的不公義或腐敗，這便使得他小說中的人物在行動上常未能有超越現實的實
踐力量，但是人之生而苦難相隨是一普遍的經驗，人既秉有此自我意識又當
何以自處？由此似乎可以斷定，「喬」早期藉書寫而闡揚的苦難觀念，既不
在強烈表揚反抗現實的英雄主義，再者，彷彿也未能完全服膺佛理的解脫法
門，所以當其中人物面臨苦難時，依稀可聞的是他們所發出的輕微歎息了。

二、佛理／心理的感通

　　「喬」曾屢屢言及佛理對他思考與創作上的影響，此外心理學、哲學、

---

[6]　《臺灣文藝》，第 57 期，1978 年 1 月，頁 109。

精神醫學也統攝在他自我詢問的知識背景中[7]，就此意義而言，小說主題命意之豐富多樣，所要表現的眾生「相」，其實是「相隨心轉」的「相」，披露人在心理層面的不可究詰與繁複，其實正相應於外在社會的複雜詭譎，但要說明的是，他的佛理與心理等關係並沒有脫離所謂世間法而滑入形上理趣中，所以他是非常戀世的，筆下再匪夷所思的情節，或都能有事實為之張本，這特性也形成他技法上的自覺：

> 在人間，事實往往比小說還奇怪，虛構是：把人間無數個事實的點，以虛構杜撰的線（故事情節）貫串起來，形成更真實的人間面目。[8]

而敘述的觀點自然是依於佛理、心理等基礎，當寫實主義路線流行的時候，他的敘述風格並未曾動搖，所以當黃武忠詢及有否朝寫實轉向時，他可以堅決地回答：

> 不可能，我從哲學宗教開始，轉入心理上的探索然後回到宗教與哲學方面，因此我的作品會愈來愈趨向一種思維性的東西，或者對人性作更深刻的探討。[9]

所以對他而言，敘述的風格其實不是文學技法的事，書寫內容與對象才是他心底最敬虔的信仰，誠如在《李喬自選集》書前手跡〈我想〉一篇所言：

---

[7] 除了佛理、哲學外，在〈人球〉、〈恐男症〉、〈昨日水蛭〉等篇中，都是退化或性慾、畏懼等精神醫學主題的書寫。

[8] 林瑞明〈愛恨分明的大地之子〉一文所引，收入《李喬集》為前序，（臺北：前衛出版社，1996），頁 13。

[9] 見〈人性的探討者—李喬印象〉一文，收入《臺灣作家印象記》，（臺北：眾文圖書股份有限公司，1984），頁 142。

我個人接近佛理多年之後，不論是社會的、自然的、生命的諸現象，或科學問題，在我能瞭解的部分，都可以用佛理的角度看，都可以解釋得通。所以說，佛理統一了我的一切看法。[10]

從底下所分析的一些短篇更可看出這些傾向。

〈蜘蛛〉裡雖寫的是中年男子的心因性性功能障礙——面對妻子時的性無能，落得要藉嫖妓以自我肯定，連這種題裁也要出現一番佛理的哲思：

人生果真不是苦海嗎？生命的始終站間，誠然是一片慾海；我在苦海裏浮沈，我在慾海裡掙扎，於是「我」才好可憐好可憐地給襯托出來……

痛苦本身居然是魅力十足的吧？痛苦的某個形式，好像是生命的振奮劑吧？人，有時候，是為痛苦而活著的……[11]

此處說情慾如苦海，人在其中翻騰，不像有些作者，譬如東年在《愛的饗宴》書中討論柏拉圖式的情愛及佛典《大藏律部》中的性軼聞[12]；也不必像是去討論舊約〈撒母耳記〉裡的大衛王雖犯姦淫，卻能與原是烏利亞的妻子拔示巴，生下所羅門王這等事的奧祕，也就是情慾可能生出智慧？他捉住中年男子性能力衰退，半由於焦慮所致的情況，加以反映情慾的弊端，只不過這位主角變成似乎是用理性在嫖妓，這種苦難的象徵，間接弱化慾海中的生物性罪行。又如〈昨日水蛭〉中的醫學院解剖學教授「施道憐」，在對抗「水蛭恐懼症」（一種單純性畏懼「Simple phobia」導因於年輕時任實習醫生，卻在一次出遊中酒後亂性企圖強暴女同學未遂，掉進水塘中被水蛭爬滿身軀，

---

[10] 《李喬自選集》，（臺北：黎明文化事業股份有限公司，1975）。

[11] 此兩段文字分見《李喬集》，（臺北：前衛出版社，1996），頁 85、88。

[12] 東年，《愛的饗宴》序〈饗宴組曲〉，（臺北：聯經出版事業公司，2000）。

而後遭警方拘捕又被學校退學，此種不愉快的經驗與水蛭強制聯想故有此症）逐步成功後，卻出現幻境般一位全身紫衣閃著亮光的人——水蛭的主人，「施道憐」毫不猶豫地迎上前去面對他的恐懼，這時象徵恐懼的形體卻不斷退去縮小，小說最終則以《金剛經》中的六如偈：「一切有為法，如夢幻泡影，如露亦如電，應作如是觀。」作結。在這篇敘述中，可以清楚見到「喬」依於佛理及心理的認識作用，主角對抗自我恐懼對象的方法是符合心理學上的「曝露療法」（exposure）[13]；而用《金剛經》的六如偈作結，藉以說明除怖的原理在先識恐懼對象本質的非實有性，這樣便可以將佛理心理歸在「喬」所謂的統一觀點中，不過生命中最大的恐懼在於死亡，只唸六如偈如何能破之？

〈修羅祭〉[14]一篇雖非作意好奇，但除了宿命的悲觀色彩外還摻有一層奇特的體悟。小說中的全知觀點人物「我」，在無可如何的情況下，吃下了從校園捉回豢養卻一再闖禍，最後被鄰居打殺烹煮的野狗，由狗身的命定到自身的性格反省，他了然生命就是一種無可奈何，誰也無法改變，所以只好藉著吃它而合一，從某層面看，帶有莊子「物化觀」的曠達，從變態心理而言則不免聳人，所以洪醒夫曾特別好奇地詢問此篇立意的由來，「喬」則道出其中本事，小說中的狗實為家裡豢養的街犬，且一開始，「喬」似能預感它的悲慘下場，後來事果如驗[15]，所以哀憫狗未能離於修羅道及必然結局，其實又何異於自悼人類處境而作哀詞，正如六朝時顏之推自擬〈終制〉所慨歎：「死者，人之常分，不可免也。」[16]

此外，敘事情節悠謬奇崛的還有〈孟婆湯〉，寫妓女「閻婆惜」被外國

---

[13] 醫療範例及技巧可見李明濱、李宇宙著，《精神官能症之行為治療》一書，第二、三兩章，李明濱、李宇宙合著，（臺北：健康世界雜誌社，1989）。

[14] 收入《李喬短篇小說精選集》，（臺北：聯經出版事業公司，2000）。

[15] 這段奇特創作經驗見〈生命的追求與關懷——李喬作品討論會記錄〉，《臺灣文藝》第 57 期，頁 51～52，1978 年 1 月。

[16] 〔北齊〕・顏之推著，王利器集解，《顏氏家訓集解》，（臺北：明文書局，1984），頁 533。

籍的恩客加以性虐待而慘遭勒斃，經過陰司審理判決，轉入畜牲道濕生，化
為蛇類輪迴，在投胎前不飲孟婆湯而縱身輪迴大化中，據「喬」起初構想，
主題原在逆轉人死後必飲忘川之水以重新投胎的結局，後來因讀到一則社會
新聞，描述一位妓女遭嫖客勒斃的報導，遂依民俗宗教傳說之骨架，填充社
會新聞的肌理，此即林柏燕的評價以為「利用東方宗教之背景，寫出有現代
感的小說」，以此作為此篇選入爾雅版《六十二年短篇小說選》的理由[17]。若
照民俗傳說，人死後投胎之先，必須先飲奈何橋下的忘川水，好遺忘一世的
作為，所以每一次輪迴皆是新生，這本是用以解釋：設若輪迴為真，人為何
不能記取前生的經驗？（或有人以為事有例外，比如利用催眠以獲取前世經
驗）但「喬」的用意顯然並不在於此，他要更深刻地反省一個命題：

> 人都很怕痛苦，沒有人不怕痛苦，但是有一天這個痛苦如果可
> 以讓你忘記的話，你願不願忘記？你願不願讓這個痛苦的記憶消
> 失？人是不願讓這些記憶消失的，我是這麼想。這也是人性裏邊的
> 一個悲哀處──一個特性。[18]

　　人對記憶的無法揀選，在於形成記憶之事件非我所能逆料與掌握，一旦
記憶形成，它已然成為我的一部分，割捨記憶便是自我連續的斷裂，如前所
述，人是「痛苦的記號」，所以人世種種作為都在為痛苦下定義，人便是痛苦的同
義詞，選擇遺忘痛苦便是遺忘自我，是取消自我，這或許不違反佛理強調解
脫之要道吧！只是此處「喬」選擇讓「閻婆惜」這個角色帶著痛苦屈辱的記
憶輪迴，豈是悲壯足以形容，此意念之萌動或可視為後來 85 年標誌「喬」
個人「反抗哲學」的理念宣示，而有《藍彩霞的春天》一書的出版，或許是

---

[17] 林柏燕此文分見於小說選後之意見及《書評書目》，第 10 期，1974 年 2 月。
[18] 洪醒夫，〈偉大的同情與大地的鄉愁──李喬訪問記〉，《書評書目》，第 18 期，頁 18，1974 年
10 月。

其創作的遠因之一,至於其中以陰司制度的乖離影射陽世的人謀不臧雖失之陳腐,卻也為後來趨向總體社會結構及文化評論作伏筆。

三、情理／天理的弔詭

信仰是個人內在精神上最大的冒險,「喬」蘊積多年的宗教理會,在 83 年的《情天無恨——白蛇新傳》裡,藉中國話本故事中的白蛇／法海的對立,逼顯個人信仰中對絕對理念互斥現象的疑惑,在「喬」創作歷程中的兩大風格分期:前期的鄉土意識與社會意識批評／近期的生命苦難與生命情調內省,此書明顯是後者的系列代表,所以彭瑞金以為:

> 對李喬來說,寫作這部作品時,他正力圖從歷史素材小說的泥淖中脫困出來,也正力圖創造出新的寫作形式來,但選擇流傳極廣,而且想從在俗文學、戲劇或俗世大眾早有「定見」的白蛇成精嫁人、大戰法海和尚的傳說,作為新階段的寫作嘗試和轉型,仍然是逆風駛船的挑戰性寫作「行為」,《情天無恨》真正要提醒人思考的,可能正是這種言外之意。[19]

這同時喻示,「喬」從個體的社會屬性轉向生命內省的情理探究,兼有舒緩寫作《寒夜》三部曲時,「涉入」浩浩大河激湍下的沈重歷史負荷,而將形上的哲理思考,賦予話本「人、物(白蛇)」的高度象徵功能,雖是宗教思想的闡揚辯證,其實也帶有神話的素樸思維。此外,宋澤萊曾以他對歷史宗教小說寫作的體會提出說明:

---

[19] 見〈人、妖交纏,佛法解不開的人間情慾——解讀李喬的《情天無恨》〉,收入林水福、林燿德主編,《當代臺灣情色文學論——蕾絲與鞭子的交歡》,(臺北:時報文化出版社,1997),頁 170。

　　《白蛇新傳》和原來的白蛇傳是有差別的，本來的白蛇傳相當粗糙淺薄，主要是原來的作者沒有深刻的宗教經驗，更大的問題是它反映一般人對佛教的誤解，我們很難在白蛇傳找出深刻的人性體認，它只是代表中國家庭倫常對出世思想的反映。李喬不落原小說的窠臼，他把出世、入世，菩提、無明，人類、畜類，情感、教條的對立性攤開，企圖在這場鬥爭中將它們的對立性徹底敉平。顯然李喬想借小說直探宇宙的第一義，這種嘗試如果不是對宗教有見解的人是不敢做的。我們容易看出來，假如原先的白蛇傳只是小乘的出入世間的錯誤觀念，李喬的《白蛇新傳》就是企圖糾正它，使之成為大乘的正確觀念。[20]

　　其實「喬」已不只是依從佛理演變之觀點去看待這些部分，日後信仰之轉變，此書作為澄清辯證內在理念厥為契機，是此書可視為「喬」在信仰里程上的重要豐碑。至於此書之創作緣起曾具體交代於《小說入門》一書中，舉凡「起意」、「動機」、「謀篇」縷陳全書成形之過程，值得諦審的是動機上的自剖：

　　　　由於因緣際會，我早年即和佛書佛理有些「瓜葛」，二十多年來，始終維持若即若離的牽連。我發現，我們沒有一本稱得上純粹宗教思想的小說，然則，區區何不一試？[21]

　　誠如前述 74 年洪醒夫對「喬」的訪問中，已見出「喬」經由佛理而能對世間觀照有更統一的理會，箇中曲折除由作品無得臆測，但大抵說明彼時

---

[20] 見《情天無恨——白蛇新傳》書前序〈李喬宗教思想撲象—為李喬《白蛇新傳》點眼〉，（臺北：草根出版事業有限公司，1996），頁 16。
[21] 見《小說入門》，〈「白蛇」如何新傳？〉一則，（臺北：大安出版社，1996）頁 201。

對佛典研習不輟是可知的，如 72 年以筆名「壹闡提」[22]所寫〈簡介《金剛經》〉一文，也提出對當時文學作品欠缺宗教、哲學質素所導致的淺薄進行反省：

> 中國文化的內涵，除固有儒道墨法等源流外，佛教已和固有文化血溶水合而為一。理論上說，我們的文學作品，應該俯拾即得表現這些文化特質，生活內容，思想型態的才是，然而事實上我們作家們很少作這方面的努力。目前除一些篇什能看出表現基督教的蛛絲馬跡外，大抵都是令人失望的。我們的作家缺乏哲學的沈思，作品缺乏哲學的深度是不爭的事實。區區以為設若不趕時髦，不邯鄲學步的話，深入社會的底層，民族的血脈裏，佛、道的痕跡應該是濃深於近百年才逾近彌繁的基督教的。而文學，正是需要深入社會底層民族血脈的工作，所以區區以為從事文學批評與創作的人，都應該拿出相當時間精力來研究佛理和佛教。[23]

在這篇簡論中的宣言，其用心可謂弘深，雖然在諸子思想、佛、道或哲學與宗教等範疇間看似未曾細辨，混同而冶於一爐，但綰合而觀，再三致意於小說內容在哲學與宗教範疇的深入，有其根本之祈向，也是他運轉史識成智的工夫。

從此書之原名《白素貞逸傳》一直到新版的副標題——「白蛇新傳」，可以看出他揚棄舊觀念自出機杼鎔鑄偉詞的決心，不過若從舊本《警世通言》中〈白娘子永鎮雷峰塔〉的話本情節來看[24]，原來的敘述結構完整勻襯，足以

---

[22] 關於以佛教專有名詞「壹闡提」為筆名的來由，始於和印順法師的因緣，李喬自述 18、9 歲時差點出家，60 歲受洗後，停用這筆名。見施淑清記錄整理，〈平原之女與山林之子——季季對談李喬〉，《印刻文學生活誌》，第 1 卷第 2 期，（新北市：印刻文學生活雜誌社，2004），頁 33。

[23] 見《書評書目》，1 期，1972 年 9 月。而由「壹闡提」這筆名的佛性觀所透露「喬」的體會可見前註 15《臺灣文藝》，57 期，〈生命的追求與關懷——李喬作品討論會記錄〉一文。

[24] 版本參考〔明〕·馮孟龍著，嚴敦易校注本，《警世通言》下，（臺北：里仁出版社，1991）。

說服讀者並達到警世的功效，而《情天無恨》的綱架與故事的情節推移，在進行上並沒有更新的布局，而所以名之為「新傳」，就在其義理之深化或倫理價值之轉化，尤其是導入「喬」所體悟的佛法。

底下分從數點論述「喬」依佛理更新舊有故事的主旨。首先，根據新傳，「喬」立意將白蛇的身份躋登菩薩位階，若據「Bodhisattva」之諸多音譯，其中「覺有情」之譯法在此恰好是覺悟與情感的一詞雙關，而純潔無瑕的軀體，使她異於原來話本中之新寡身份轉成處子的形象，且萬物皆有佛性及輪迴業報的觀念，肯定白蛇從卵生而踐人形之努力，降低了物怪變異的志怪風格；再者，白蛇與許宣之締結原因，於白蛇固是銜草以報，然亦是情或欲之無明發動，還時難止攝，若說情欲是生之原欲，則無所謂善惡判斷取捨的問題，因為在話本或新傳中均無敗壞人倫禮法之困境，再說，話本之結語不論是法海或出家為僧之許宣留詩，均旨在諷人戒淫色之害，是指女人為異類（相對於男性中心的他者）而有伐性之大弊，而今傳卻執守白蛇為物怪，縱然其修練成人形在無敗壞人倫的情況下，依然不得與許宣締成耦好，其實有違勉人（物類）精進與輪迴之理，又情欲之難禁在佛教義理上，常造成比丘修行上的緊張關係，今白蛇以女身示現，突顯女性修行之窘境亦值得注意；其三，全書最精要處在白蛇／法海的對決，演成情／法衝突的普遍象徵，如其中所闡述：

　　這是一場情天法海之戰：一是為滿懷真性純情而拚，一是為一心律法大道而鬥；白素貞如果敗了，那就一千六百年苦修換來的鍾情，化成劫灰；法海萬一輸掉，便是天墜地崩，日月逆轉；前者秉持的是，性體原始以來的根本動力——保護自身的求生本能。後者仗恃的是，天地運行的法則——無始不虧，永遠完全的力勢。性體的真正滅絕是不可能的，縱使是滅絕，仍然還是一種性體；律法是不容破逆的，縱然是破逆，依舊還是一種律法。這是兩個「有」

的對決，兩種「有」的爭霸。「有」，來自「無」；而「無」畢竟還是一種「有」。[25]

說「無」畢竟還是一種「有」，此說於文中無進一步申論，就佛理「有」、「無」皆權假而不二的觀念視之，實殊未諦，此處最主要之癥結還在舊有話本中二者的對立是人、妖殊途不可稍有踰越，如今則演為情法對立，但情法是否果真對立到足以將二者作為一種象徵的層次？或者情畢竟還是一種法。而法海在新傳中被塑造成一隻精修千年以上的蟾蜍，因緣乃是皈依律宗道宣法師而修成人形，用這點來證成其捍衛律法之正當目的，其實法所以自律，不論是宗教或倫理層面均可以如是觀，孰能是替天行法之人？至於法海與白蛇對決時，因被窺出其蟾蜍前身，遂頓時退轉成白與暗綠相間之巨石，這層表達倒別出新意，於守律持戒之法師而言是一記棒喝，亦可視為要識真我之工夫實屬不易，在生疑間直墮下乘。結局的安排上，白蛇被鎮雷峰塔，塔底宛如地宮，庋藏八萬四千經卷，恰好資以閉關潛修《陀羅尼》、《華嚴經》而證菩薩果地，甚而以先覺者身份去開悟法海，從而曲終留得一偈：

眾生情法牽　業轉造三千
夜上須彌頂　天風月孤圓

喻指了情法衝突的合解。

「喬」曾自述在書中過濾了許多佛學之外的思想，甚而有「反佛理」的部分，所謂「反佛理」其確指不甚明朗，但可以肯定的是，他對成佛之先必得經「人」之階段之說法相當不滿，因不滿而存疑，所以他要形塑一位未經習染的「新人」，白素貞正是此一典範，由異類而踐人形甚而登菩薩果位，

---

25 《情天無恨──白蛇新傳》，（臺北：草根出版事業有限公司，1996），頁 362～363。

> 修鍊成人形至難，擺脫人的無形桎梏尤其難，最後捨棄人形人識，又是太難太難。（頁 264）

從小說中一再強調人與異類之對立來看，敘述重點突出她「非人」性質的不曉世事，尤其是對照侍女小青而言，所以當她可以證菩薩地時，這份圓滿是來自於終能勘破「我」與蛇之對立，由破「蛇／我」之分，再顯人蛇（異類）同源之理，當她識得人的七情六慾再予以消解時，她才算是成功，也因此，當她證悟時，原本腹中孕於凡人精血的胎肉便化於無形，這是一招妙法，一則免除腹中骨肉的歸類問題，（民間說法，有白娘子產下一子，日後此子毀塔救母，輾轉流傳或是混以目蓮救母之事）再則可視為既已非凡人，則己之遺蛻不管有無自然不同於凡俗。

「喬」為尋求一位純潔無瑕的「人」，苦心孤詣的從「非人」中去鍛造，殊不知人身難得，離開人又何需佛法，捨「人」而求「新人」如何可能？依基督教義，人之尊貴在於乃是神依己之形像而創造，舊約〈創世紀〉‧一章 27 節：「神就照著自己的形像造人，乃是照著他的形像造男造女。」所以若依佛理，人的重習舊染，使「喬」想從「非人」、「超人」中去理會「新人」的可能，但若依基督教義，則只能從認清人的罪這個事實去作更新，使之與神再聯結和好，這其中的重大分歧，隱伏「喬」日後信仰上一番轉折的兆機。至於考量以白素貞的女性（陰性）角色作為宗教書寫的論述重心，出以最崇高的期望，形塑她的無垢典範，用以襯映許宣男性的粗鄙好色懦弱善疑諸德性，顛覆慣常地，以男性作為宗教議題之主要人物，似乎已屬餘事。當然這箇中緣由也並非全無痕跡可尋，比如在〈恐男症〉中，那位婚後因受銀行未婚條款致遭解聘而患有男性性器官妄想症的「她」，就以男性的「他者」的身份，訴盡女性集體意識裡在男性社會中的苦況，王德威以為：

> 女主角就此可視為一覺醒後的女性「讀者」，因其看透了所有

社會政教文化機構後那些無所不在的男性勢力。本文的高潮發生在當女主角於幻覺作祟中衝入了教堂及佛殿中，竟然也看到了基督及佛陀的「那話兒」向她示意。李喬宗教的褻瀆勢必要引起許多讀者抗議，但對激進派的女性主義學者，這自是件一針見血的神來之筆。

王德威甚至將此篇與魯迅的〈狂人日記〉視作書寫顛狂的雙璧，從而肯定其文學史上之價值[26]。只不過若深究起來，原來女性的曖昧狂態與聖潔的重塑金身，原都出於男性書寫者的代擬，雖然白娘子的行動多了幾分女性神學的意味[27]。

四、反抗意識與信仰的轉向

在信仰道路上，1993 年是「喬」的天路初程，雖然在過往的迤邐行蹤有蝸涎留痕的堅苦，箇中在《情天無恨──白蛇新傳》新版序中曾經明晰的托出：

> 寫作《情天無恨》時，個人斷續接觸佛理已有三十年。心中對佛學既敬畏又疑惑。……年輕時期個人就深服業力之說，卻又抵抗原罪論三十年，十分可笑，而於耳順之歲受洗為基督徒。現在回想起來，是佛說佛心平等而又特別確認人的位格的特殊性，啟引我對中國文化以人為中心論的不滿，還是後者的文化學研究導我離開佛教越來越遠──已經很難查考。多年來對於「天人五衰」，又回到

---

[26] 王德威，〈尋找女主角的男作家──茅盾、朱西甯、黃春明、李喬〉，《中外文學》，第 14 卷 10 期，頁 36，1986 年 3 月。

[27] 關於《情天無恨》全書之討論可略見《新書月刊》，第 15 期所載討論會紀錄，1984 年 12 月。

人的位格，而人之外的生界成佛又得先成為人，個人一直十分不滿。
（頁 21～22）

故而藉著此書暴露個人信仰理智上的矛盾，

> 個人深深體會到寫作是自我教育，是成長成熟重要法門的奧
> 妙。這本書的完成徹底「教育」了個人的有兩點：一、人間情法並
> 存而對立的必然與必須；人對於世間法與超世間法的領會與自處之
> 道。二、白素貞與法海的對決，最後兩者都運用「怖一切為障者印」
> 相抗——真理（法）唯一，唯一何以對抗唯一？真理祇有一啊！這是
> 絕對本身的對抗、不通，因為絕對唯一。唯一自身不可能對抗，何
> 以而今對決？那是運用唯一的傢伙的問題，至此人，存在所有的有
> 限性煌煌亮亮呈現出來。個人寫到此，確實一身是汗。至此，敬畏
> 謙卑的全然領受完成。十年後個人含淚垂首接受洗禮，想來那場情
> 法海天之戰，應該是契機，因緣之妙，不可說。（頁 22～23）

從這段自道，嘗試發其已萌而未顯之數端。首先，它依從佛學而思及中
國文化內蘊的人的優先性（我們不要忘記「喬」他多年中學國文教師的身份），
此二者均突出人之地位，雖然佛理在求解脫而肯定「彼在」；中國主流文化
的現實性格取向在安頓而禮樂教化人的「此在」，二者實有內在義理之扞捯，
且一為無神論；一則為對超越義多抱持存而不論的態度，（中國自周朝後的
天道、上帝觀均已質變，即如後世之宋代理學所言「對越在天」的超越義與
周時所言儻能相契？而「喬」似乎對所謂理學則持卑之無甚高論的態度。）[28]

---

[28] 周人之宗教觀可參李杜，《中西哲學思想中的天道與上帝》一書之二、三章，（臺北：聯經出版事
業公司，1991）。而「喬」之理學所造深淺如何不可知，此係就其態度而言，他在〈臺灣人的「後
進國」意識〉一文中，批評政治人物以某些學問作為外交辭令，「理學果真這樣迷人？在學問瀚海
裡，理學如此『巨大』？李先生（按：此指李登輝）真正『熱愛』？或可致用？老實說，筆者不相

但在其宗教屬性上，「喬」的學習與體會均將二者歸為「內在性」宗教，而與「超越性」宗教，諸如猶太、基督及回教作對揚[29]，此處當然不在涉及比較宗教問題，而旨在說明，或許由其苦難觀念出發，在對人作沈重思考之後，意識到人的極限，意即這極限是由人的普遍苦難所逼顯，但在佛理中似乎只能就苦難之因緣問題去作自證與解脫；至於在基督教中，除了苦難由罪性甚而是無端受苦的解釋外，還可討論其意義，更進而言之，依苦諦之解釋，無我即無苦即解脫；若依「苦難神學」之意義，正是苦難得以將人與神做再一次的連結[30]。

至於造成他內在信仰上跳躍的動力，或即在於一個極鮮明的特質即「反抗意識」的提出，其反抗的本質亦在面對人生苦難或極限時的自覺，從而構築了「反抗哲學」的言說，且具體表徵在《藍彩霞的春天》這部文學作品，誠然，它看似社會娼妓問題的尖銳披露，道盡色情工業整體共犯結構上的不良，但是它竟可以被詮釋而上昇到國家定位的格局問題，書前彭瑞金的序裡將它視作尋求國家獨立意識的啟蒙與實踐，當然以女性身份作為殖民地性格或命運的象徵早已非新意，不過引人側目的卻是「反抗哲學」的主張：

> 惡不會自滅，得救必需靠自己，自己不救沒人救你，任何受難者不行動的理由都是懦弱的藉口，而反抗手段沒有可否而且沒有上

信，只要略涉東（印度）西方思想學問的人，筆者不相信七老八十的人還會一心去理那些理學。」文收《文化心燈——李喬文化評論選粹》，（臺北：望春風文化事業股份有限公司，2000），頁 46。

[29] 見〈亂世的信號〉，《文化心燈——李喬文化評論選粹》，（臺北：望春風文化事業股份有限公司，2000），頁 84。

[30] 有關「苦難神學」一詞之意涵在於它是一門特殊的經驗神學，由人的苦難的普遍事實去逼顯人存在的實況及其意義，從這個角度也可以使我們認清各個宗教的本質及特徵。較詳細的論述可見唐佑之《苦難神學》一書，至於人在受苦中可以有未來榮耀的時候，這是〈羅馬書〉，八章 17~18 兩節之主旨，虞格仁在《羅馬書註釋》中特別提到在 17 節裡共用了三個助語辭「同」字，強調人是神之後嗣，與基督同苦同得榮耀，正說明人在苦難中並不孤獨。〔瑞典〕·虞格仁（Anders Nygren）著，鍾емент榮譯，《羅馬書註釋》（Commentary on Romans），基督教神學教育叢書，（香港：道聲出版社，1966）。

限。反抗是人性中最高美德。[31]

所以在整部小說朝向妓女藍彩霞手刃色情業者的戲劇化演出中，彭瑞金可以演繹出這段說法，他以為被生父後母推入火坑的藍家小姊妹無力反抗這樣的命運之後：

> 先割絕的便是「父」的意念，她是在意識裏除去了「父」的意念才去做妓女的。當了「妓女」之後，便自認是一個無「父」的人，沒有依傍，也就沒有牽累，她從而再造了自己。……也唯有能如此堅定地擺脫「父」的、「大人」的巨像黑影的，才有能力去開創自己的命運。[32]

或許以捍衛妓女自主意識的諍辭，作為他「去中國化」思想的指導原則，聽起來難免使人不堪，但多少可以視為是「喬」某種程度上「宗教人格」（homo religious）的反映，浸淫佛理卻沒有鎮日兀坐似老僧般地講口頭禪，相反地敢轉法輪甚而與它對決；另一方面，多年的中國文化研究，造就的不是閒情偶致的士大夫優雅，而是脛無胈腿無毛地倉皇奔走於文化評論之間。

---

[31] 「喬」在〈自殺，是「最後的創作」〉文中，把藝術創作亦視為對生命形式的一種反叛。見《文化心燈——李喬文化評論選粹》，（臺北：望春風文化事業股份有限公司，2000），頁 173～174。

[32] 見彭瑞金為此書之序〈打開天窗說亮話〉，一文，頁 5。「彭」在書前以「去中國化」影響來作為全書理論導讀，可是細讀全書終會發現絕無理念先行之弊，原因在於「喬」泛性觀念下偏於「性暴虐」（Sado-Masochism）的辛辣，纖毫畢露的書寫，極可能阻斷絕大數閱讀者從中意會其微言大義的苦衷，從而在崇高的反抗理論與近乎風月實錄間有其難以會通的詮釋鴻溝。

五、結論──文化批判與臺灣神學的期望

　　受洗後的「喬」仍持續多元的文化評論，從《文化心燈──李喬文化評論選粹》裡所收，一系列登在教會刊物上的文字來看，似乎出於宗教觀點的發言立場會更堅定而頻繁，如〈「臺灣新文化」的基礎〉[33]一文所揭舉：

　　　　臺灣神學的主題：人民、土地、權力與上帝。[34]

當然他也沒忘記對另一宗教的期許：

　　　　臺灣另一大宗教──佛教，同樣屬於歷史與人民所有， 以慈悲為願的佛陀，當也能提出與基督教「名異質同」的臺灣神學主張，同為臺灣新文化的磐石。[35]

　　從這份帶有政治與社會的神學祈向來看，或許也反映他未來創作的方向，99 年〈耶穌的淚珠〉[36]可能是一篇範例，在小說中以「呂摩東」（李登輝？）、「辛山圓」（陳水扁？）、「麻鷹鳩」（馬英九？）等人名諧音去暗指這些政治人物的政治演出。時空背景落在 1998 年 12 月 5 日，臺北市長選舉揭曉，由「鍋眠黨」的「麻鷹鳩」當選，是夜，「呂摩東」獨自到教堂中跪伏上帝座前，求其明示心中統獨理念之掙扎，結果耶穌像自是無語，只是淚如星點般紛然而落，這個情節自然使我們想起四福音中那位「歷史的」

---

[33] 《新使者雜誌》，第 43 期，1997 年 12 月。

[34] 有關臺灣神學論述的主題，參看《新使者雜誌》，第 43 期，莊雅棠，〈臺灣鄉土神學的開拓者王憲治牧師〉一文，1997 年 12 月。

[35] 《新使者雜誌》，第 43 期，1997 年 12 月。

[36] 刊載《文學臺灣》，第 31 期，1999 年 7 月。

耶穌的兩度落淚，一是因拉撒路的死，而哀傷人世的苦痛與不幸（約翰十一章·三十五節）；再次則是為了耶路撒冷未來將被交在敵人之手而哀哭（路加十九章，四十一節），若從此角度看，顯然是殷憂於統獨意識對臺灣前途之變數，所可能帶來的災害，而更於其中加以嘲諷及譏刺的是對長期執政者處理國家定位的模糊政策，這些論點其實也多已分見於其「臺灣意識」下的各項文化評論中。至於在敘述的技法方面，由於論事的焦慮心態，使寓意凝重的憂世嘲諷時帶有粗豪的口吻，而小說結尾的後記應被視作小說的一部分：

> 這是一篇《聯合文學》的退稿。在事先受邀撰稿，並先講明「寫什麼」，竟以「內容敏感」被擲回。按：前此在臺灣舉行過毛澤東紀念會；小說家以長篇小說影射「領袖」為大說謊家。然則請讀者「猜一猜」：本篇「何事敏感」？臺灣的社會盤據著什麼東西？[37]

這篇後記就點出了「文學」、「政治」、「宗教」、「媒體」間的複雜與曖昧，在這些棼雜的文化面向中，我們最期待「喬」的應是他紮根於臺灣文化歷史；聳幹於臺灣神學；葉茂於一己獨特的宗教歷程，最後則榮華成既批判又具有超越性的宗教文學。

---

[37] 這篇小說後記原刊載《文學臺灣》，第 31 期，頁 184，1999 年 7 月，收入《李喬短篇小說精選集》中，後記卻已刪除替換。（臺北：聯經出版事業公司，2000）。

參、孤獨怪誕的膜拜者──七等生（1939～）

一、導言──時代的例外

　　七等生的宗教性表現在他的自我覺醒與不斷超越的探究，他要發現的是擱置一切價值判斷之後，層層剝除之餘所呈現的自我。在這個過程中表現出存在主義式的孤獨面貌，所用的方法則近似於現象學的原理，雖然於他不必然有方法論上的自覺。而處在未被客體化對象化的自我則享有最高程度的自由，一般從道德層面對他加以非議或逕予撻伐者，其實多半是依從道德的世俗化觀點，換言之，只取倫理上的應然問題，而這些觀點多少是未被價值重估的習俗，與七等生所強調的完整的心靈自由有層次上的差距，但他最使人誤解的原因在於：將道德與群體中的誡律作相似性的聯結，因而若指摘他是敗德或表現惡德的狡猾，其實是不實罪名的指控；但若說他是超越道德或非道德論者，那麼他將面臨窘境，因為根據前者，以有神論者而言，適成一種僭越，自生律法而成全律法者只有上帝克堪匹配；以無神論者而言則是自大。若就後者，以有神論者而言則是神義論的否定，以無神論者言，恰成自然主義式的虛無，如何得解？還是要回到宗教的範疇。七等生的特徵是我們時代的例外（借用對祁克果的稱呼），很多人從其極端的孤獨中讀出濃鬱的宗教氣息。

　　1999 年 3 月 19 日起一連三天，由官方的文建會與聯合報主辦票選所

謂「臺灣文學經典」活動，由於主辦單位的官方及政治立場的色彩，加以「經典」的尊榮頭銜，在活動進行伊始及過程中曾招致多方的關切與非議，諸如臺灣筆會會長李喬，作家王永福、鍾肇政、杜潘芳格、陳千武等[1]，其中的意識對立與「官方／民間」的觀念折衝，實可視為近半世紀來，臺灣在「文學文化學」上的重要課題。至於票選終結所呈現的這份沒有共識的文學經典名單中，有些作者是早歷爭議與喧騰，可謂身冒言語之矢石不知凡幾者，在小說類中七等生（以下簡稱「七」）其人其書便是一例。

環繞「七」之作品所引發的爭議，綜觀絕大部分的評論均指向「道德」與「文體」兩大範疇。招致道德非議的主要是〈我愛黑眼珠〉一篇中，李龍第面對晴子與妓女的道義抉擇，或以為縱使洪水漫天，何以李龍第能熱心遂行他拯救偶遇妓女的義行，卻鮮少眷戀甚或心中亦無絲毫不捨那一水之隔的妻子——晴子，這種強大而體貼的拯救意志落實在實踐行動上，卻正好與心中對晴子的意識上的冷淡甚至無情成為極大對比，這裡不說修辭上造成張力的目的，我們不想淺化這個議題，而將它歸結到技巧之運用。以感情論，可視為寡情與不義；以理性論，可知李龍第的行為實出於自由之抉擇，因為洪水在小說中並未造成要李龍第二者擇一的道德衝突（moral conflict），因而持道德批判之立場加以撻伐者可以振振有辭，當然我們也不要忘了耶穌說「你們中間誰是沒有罪的，誰就可以先拿石頭打他。」（約翰·八章 7 節）這項訓誡，所以另外有人為圓轉這種批評窘境而提出：作品中可以有道德的灰色地帶，此誠如楊牧之意見，他以為雖然最終要顧慮到道德問題，但「在文學批評這門學問裡，『道德』與否最無關宏旨。」[2] 的主張，此番見解當然是深刻而耐人尋味，不過也透露出：在目睹眾人對「七」之作品加以道德控訴時，作為評論者兼友人的身份在相應之餘的尷尬與些許無力，從而試圖扭轉旁人正視其中的現實感受與其「文學性」（「七」最喜言其作品特色之名詞，

1　見《中國時報》，1999 年 3 月 20 日，星期六第 11 版。

2　見〈七等生小說的幻與真〉，附於《銀波翅膀》，（臺北：遠景出版社，1986），頁 195。

雖然他並未加以言語上清晰地陳述，而期望讀者能以心印心地體會其中勝
義。）在道德的口誅筆伐聲浪中，陳炳良則作了詮釋上的視野轉化，試圖把
「洪水」的情節視為類於宗教儀式[3]，還把李龍第不認晴子的舉措與福音書中
彼得三次不認耶穌作比附，強調藉由獻祭滌除罪惡的心理及宗教功能，是李
龍第藉此得以去除自己依附妻子為生，不容於社會普遍價值時的心理焦慮，
所以：「從宗教角度來詮釋，比糾纏在道德標準（甚或甚麼存在主義）來得
清晰明瞭。一言以蔽之，從神話學來看，那是代罪羔羊的獻祭……對李龍
第的行為的解釋，捨宗教、心理兩者，很難找到另一個令人愜意的了。」（頁
370）依照這個角度來看，李龍第於洪水來臨時所懷抱拯救的妓女，則變成了
集體社會價值皆去除之後，最純粹的情愛理念化身。此外又如黃克全試圖
從神學的角度加以審視，希望從小說人物的行為演繹出超越的存在問題，
不過在其依黑格爾的精神展現以說明李龍第之行為時，一則有絕對化或說
觀念化李龍第之嫌[4]，因為在「七」的修辭中我們很難得出有助於此詮釋路
徑的證據，甚或是閱讀時的心理氛圍有朝向此境地的意識流向，此外，放在
整個「七」的作品的更宏觀的詮釋領域來加以細究，更能證明「七」其實根
本是反黑格爾的，此外，〔澳〕·凱文·巴略特（Kevin Bartlett）的論文中提
到了「七」的存在主義的趨向，雖寥寥數語，但很有啟發，他說：

> 某些層面，七等生較近似齊克果，他嫌惡集體主義和偽善的既
> 有道德。他厭惡某些作家自以為是某種特定社會階級的代言人，歷
> 史會證明這類型的作家別有野心。顯然，在他個人主義與存在主義

---

3 見陳炳良，〈當代小說中的洪水母題〉一文，收入黃子平主編《中國小說與宗教》，（香港：中
　華書局，1998），頁 363～371。

4 〈七等生小說中的自然、自由、神〉，《文訊》，30 期，1987 年 6 月，頁 148。

　　裡，七等生找到了另一種型式的社會主義和集體主義。[5]

　　後面兩句，可以認為是較含蓄地點出，「七」帶有一種戲謔的惡意來指證：人類除「不忍人」之心以外，在廣袤的人心的不可知地帶，還存在惡的普遍形式。此外，黃克全在〈恐懼與顫怖〉中，先於此的也以齊克果的孤獨探索人類內在深沈的宗教心靈之冒險，來解釋李龍第的行為所可能有的合理解釋[6]。這些都能照室之一隅，但如果我們把觀察的角度，由同是展現存在課題的齊克果轉向沙特，那就似乎更能貼近其作品的氛圍了，因為依從沙特就人存在上的虛無感而言，勞思光曾論道：「沙特代表這樣一個漸漸失去幻想的時代，在這個時代中，人們所受到的主要是挫折、喪失和痛苦。這是一個脆薄的時代，而且這個時代的人們想要把這種脆薄性當作屬於本質結構一面的東西而體驗。」所以他引到沙特的體悟說：「人只能從絕對內在地運行的否定活動裡面，找尋一切的基礎；即是，在瞬間之『我』的純粹主體性中，我們要發現一種最根本的活動，由於這種活動，人對他自己成為他自己的『無』。」不論是從「七」的文學況味或態度，沙特式的存在思想都更能滿足這種比附[7]。

　　而在「文體」方面，則劉紹銘以「小兒痲痺文體」稱他是最使人印象深刻的譏彈[8]，且「劉」也是秉道德教條對「七」加以撻伐者之一，比較詭譎的是，「劉」所編的《本地作家小說選集》（此書內題為《臺灣本地作家短篇小說選》，封面省略「臺灣」二字係避敏感問題。）中亦收有「七」之〈我愛

5　〔澳〕‧凱文‧巴略特（Kevin Bartlett）著，青春譯，〈七等生早期短篇小說中的哲學、神學與文學理論〉，收入《我愛黑眼珠續記》附錄二，《我愛黑眼珠續記》，（臺北：漢藝色研文化事業有限公司，1998），頁131。

6　黃克全，〈恐懼與顫怖──論七等生「我愛黑眼珠」中李龍第生命信仰之辨證性〉，《中外文學》，8卷2期，1979年，7月。

7　勞思光著，張燦輝編，《存在主義哲學新編》，（香港：中文大學出版社，1998），頁87~88。

8　說見劉紹銘，〈七等生小兒痲痺的「文體」〉，收入《靈臺書簡》，（臺北：三民書局有限公司，1972），頁42。又見張恆豪編，《火獄的自焚》，（臺北：遠行出版社，1977），頁39。

黑眼珠〉，劉紹銘在序中以為「七等生寫的是寓言，不是小說，他的人物是怪誕的，國籍不分的……，他的中文句子也是飄飄忽忽的，吊兒郎當的，好像患了小兒痲痺一樣，不能單獨站起來。……可是這樣一個『不守章法』，不守規矩的作家顯然很受讀者歡迎。……這樣看來，七等生對目前中國讀者的『功用』，與卡夫卡對歐美讀者的『功用』差不多。他代我們受罪，替我們作犧牲，也因此減少了受夢魘壓迫時的痛苦。」[9] 這是文學社會功能上的揶揄，而「七」在《譚郎的書信》中曾回應到：「我接到威斯康辛大學 SM‧劉的信，他想再翻譯一部分臺灣作家的作品出版，他要我同意他翻我的作品，並問了許多問題，他有許多錯誤，顯然並不認真，尤其自早他是貶責我最甚的人，我準備擱置不理會他，我根本不想要那份榮譽，我到底算不算臺灣的現代作家，我已經不在乎這些了。」[10] 依選文之例，凡所選當符選家之文學主張，若以其爭議影響之大而入選，則偏離文學中心之旨意，此中緣由或是誰也不願徒負錯看「七」之作品，而貽後人謂以不辨珠玉之羞。至於傾力於「七」之文體者則以廖淑芳《七等生文體研究》為早[11]，此所謂「文體」迥非一般的「風格論」，而側重於「七」之獨特「構詞」與「語法」層面，對其「意義的生成與演化」等敘述層面著墨較少，由於「七」的語法或構詞常偏離一般的法則，能在閱讀上帶來新的閱讀感受，可以說：閱讀時的心理抗拒大於順應的機制反應，對這種「拗句」自然會有不習慣的感受，「廖」則在文中舉俄國形式主義之「結構主義學派」為其辯護，其實「七」的行文不合語法，未必措意於翻空出奇的意匠之造，倒不如說是對內心意識採取直接的呈現，雖然純粹意識的呈顯其實有所不可能，但最直觀的語言有時的確可以對抗「語言的墮落」因為：

9　劉紹銘，《本地作家小說選集‧序》，（臺北：大地出版社，1976），頁 7。
10　七等生，《譚郎的書信——獻給黛安娜女神》，（臺北：圓神出版社，〔1985〕1986），頁 225。
11　成功大學歷史語言研究所碩士論文，78 學年度。

陳腔濫調，老舊的比喻，懶惰的書寫，都是語言墜落（the decay of lang-uage）的事例。語言具有超級市場背景的效用，當語言沖洗人的意識，誘使它被動地接受未經檢驗的觀念和情緒時，結果便是心靈的麻木與被動。[12]

　　這裡指的是被語言所馴化而無批判地性接受的某些觀念，一旦人能正視這種語言的宰制，便會在思及自身的存在感中創出新的言語體驗，當然，別出機杼地刻意雕鏤，顯然也不是「七」的原意，他只是在品嘗孤獨時吐語成絲並作繭自縛，「七」曾自訴這種繭式困頓的經過，並有一段類似宗教體悟的境界描繪：

　　突然我意外地發覺我能思想，那是三月，我能知道我長期的禁錮和憂鬱，我像有另一對眼睛看到我過去的形體，它在時間的流動裡行走，我清楚地窺見到那行走的陰沈姿態；然後我又驚奇地發覺我能夠說出與別人不同意思的語言，也許我一直就如此，在這之前，我沒有知覺我能語言，但現在我十分驚喜地聽到我自己的聲音。我像在夢景中看見了這樣荒謬的事，我像一個做夢者，除了意識一個睡眠的自我形體外，還有一個在那夢景中活動的相同人物存在，我看見他行動，他說話。當我醒來時，我不知道我是那夢中的人或是原來的我，但我的清新意識有如一個包裹在絲繭裡睡眠的蛹，它成為一隻蛾突破了那層包繞的殼，然後拍翅顛簸地走出來下蛋。[13]

---

[12] 〔美〕‧艾德華‧薩依德（Edward W. Said）著，單德興譯，《知識分子論》，（臺北：麥田出版社，1998），頁 65。

[13] 七等生，《散步去黑橋》，（臺北：遠景出版社，1986），頁 246～247。

　　這段為人注意的文字，後半部似是夢蝶的莊生之悟，旨在闡釋意識朝向自我時，作為意識主體的我與被思及的我的理解過程，至於「我又驚奇地發覺我能夠說出與別人不同意思的語言」，除了解釋他孤獨的封閉性格外，也在說明「七」環繞自身的各種敘述情境，其實趨向一種類於「私人語言」的封閉狀況[14]，王德威說：「七等生這些年來一直是臺灣文壇的一景，包括筆者在內。我們多不了解他，但是卻必須常提到他，以示想了解他。」[15]與此「疑則闕疑」的保留態度相對立的則有呂正惠，他曾對「七」的小說甚至於擁護「七」的小眾讀者提出嚴厲的譏訕，以一位評論者的角色在對作品進行嚴苛的詮釋之餘，對持不同態度的讀者也進行批判，這恰好是「讀者反應」的絕佳範例[16]。而特殊的道德與文體之成因，又來自「七」之詩質、異質與私密性言說，「七」認為他忠實地呈顯了自我，這種態度與動機的自信，使他對待文字時彷彿不曾意識到與思想間的縫隙，或者我們反過來說這種「寧拙勿巧」的言說方式才能刻劃他內在的糾葛與鬱結，所以當呂正惠以「明朗」作為標準，來稱道他某些小說篇章時，其實也是「七」獨特風格喪失的作品[17]。

---

[14] 相關討論見〔美〕‧A.P. 馬蒂尼奇（A. P. Martinich）編，牟博等譯，《語言哲學》第八部分「私人語言」，（北京：商務印書館，1998）。

[15] 見王德威，〈里程碑下的沉思──當代臺灣小說的神話性與歷史感〉一文，收入劉紹銘、馬漢茂編輯，《世界中文小說選》（上），（臺北：時報文化出版社，1987），頁 11。

[16] 「呂」以為：「對很多人來說，七等生的作品是 nonsense，絲毫沒有閱讀的價值。但對另外一群人來講，七等生卻是某種『精神上的救星』（劉紹銘語）。七等生的讀者群是一個私密性的小團體，是沒有組織但卻具有強烈共同『信念』的一群人。他們對於自己的救星與信念，極為嚴肅而堅定的護衛著，不容他人加以批評，加以侵犯」又「七等生是下層知識分子的『極端發展』，他成為這些知識分子沒有出路之中的一種『出路』。他是他們主觀的代言人，是他們主觀世界的『精神領航人』。這是我所了解的，七等生和他的讀者的『秘密』。」這是「呂」對七等生及其欣賞者所形成的類似次文化現象的解釋，但與其從現實角度加以分析，不如探討特殊文學語言及其生成語境的辯證關係。見〈自卑、自憐與自負──七等生「現象」〉一文，《小說與社會》，（臺北：聯經出版事業公司，1992），頁 95～97。

[17] 比如說〈沙河悲歌〉、〈阿水的黃金稻穗〉、〈結婚〉等篇，見劉紹銘、馬漢茂編輯，《世界中文小說選》（上），（臺北：時報文化出版社，1987），頁 108～109。此種旨趣好像也反映在林海音所編《純文學好小說》（臺北：純文學出版社，1988）、隱地所編《這一代的小說》（臺北：爾雅出版社，1967）中，他們都選了〈結婚〉一篇。

「七」之獨特的小說語言是他違俗之極致表現，一方面忠實於自我的心理情境，但在語法上並不遵循或採取讓更多人可以理解的表達，所以難免在情節與結構上受到詰難，當然如衡以小說史的研究或「現代小說」的觀察，也許「七」就不致於顯得那麼突兀，不論是內心意識的呈顯、偶然性的契機、無開端與結局（展示性的情節）等文體[18]，均顛覆了所謂現實上的真實，但論及真實，還會有比內在心理意識更真實的嗎[19]？雖說潛在的自我深層心理機制，有可能是出於心理學上的假設，從而追求剖析內在，也有淪入另一「內在形上學」的危機，但面對「七」這種異樣的實存感受，人與現存環境的格格不入，或許〔匈牙利〕‧盧卡契（Gorge Lukács）的意見可以說明，他以為「小說是對開放社會裡的個人問題的獨特解答——或者看作是與涉及一個充滿偶然性的世界的那個問題有聯繫」的論證過程[20]，尤其是這句名言：「小說是一個被上帝拋棄的世界的史詩。」[21]個人在這之中的活動是「去發現自我的靈魂的故事，靈魂尋求冒險，為的是得到冒險活動的證明和考驗，並通過證明自我而找到它自己的本質。」[22]這個

---

[18] 申丹在《敘述學與小說文體學研究》中指出：「在弗洛伊德精神分析學等現代思潮影響下，不少作家把注意力完全轉向人物的內心世界。他們往往只展現人物日常生活中的一個片斷（既無開端、高潮，也無結局），其中事件僅僅是引發人物心理反應和意識運動的偶然契機。」她同時引結構主義敘事家查特曼（S. Chatman）「展示性情節」的觀念，說明：「意識流等現代作品中的情節則屬於展示性的情節，它的特點是無變化和偶然性。這種情節以展示人物為目的，不構成任何演變；作者僅用人物生活中一些偶然發生的瑣事來引發人物的內心活動以及展示人物的性格。」，（北京：北京大學出版社，1998），頁 54～55。

[19] 在《銀波翅膀‧聊聊藝術》中「七」曾說明：「創作家的作品，詮釋生命事實時，並不依時間秩序發表，因為人類的思想並不只有單一路線，……在小說的發展史中，意識流是近代普為倡行的一種形式，它的發明完全是參照人生和個體思想作用的本質，從開展到結局，跳接十分頻繁，而由這樣的情狀來勾勒事物的真實存在，非常的合理和自然，令人讀之如臨其境。由這種形式我們更知生命軀體和生命思想兩者導源於一的存在事實。」由此可知「七」所心許的創作理念。《銀波翅膀》，（臺北：遠景出版社，1986），頁 168～169。

[20] 〔英〕‧克莫德（Frank Kermode）著，劉建華譯，《終結的意義——虛構理論研究》，（香港：牛津大學出版社，1998），頁 119。

[21] 〔匈牙利〕‧盧卡契（Gorge Lukács）著，楊恆達譯，丘為君校，《小說理論》，（臺北：唐山出版社，1997），頁 61～62。

[22] 〔匈牙利〕‧盧卡契（Gorge Lukács）著，楊恆達譯，丘為君校，《小說理論》，（臺北：唐山

見解剛好巧妙地縮合了社會與個人心理間的裂隙，所以我們也能在更寬容的心態上來正視「七」的異質寫作。

若說偶然性、不完整等性質是一種普遍的實存情境，那麼「七」短篇小說間某些情節單元複現的錯綜，只要遍讀便不難發現，特殊意象或事件在其生命中的「銘記」地位，因著它們執拗且異常地複現，使人懷疑為何它們特別受到作者類似強迫性書寫而不時要加以反芻，不管這些事件或經驗是愉悅或者絕大部分是引人不快甚至是痛苦的，有沒有可能是為了試圖正視，同時深掘其他蘊含的意義；或只是沈浸在特殊的經驗斷片中再一次感歎：現存的自我受制於往昔的經驗有多深刻，從而引發個人尋求自我超越的努力。我們可以稍微整理部分小說複現的情節[23]：

A. 男女相擁而眠，聆聽屋外聖誕夜報佳音。

　　1.〈迷失的蝶〉中彭宗達／林麗雪；2.〈放生鼠〉中羅武格／女學生。

B. 素妹的兩女為海所噬。

　　1.〈逝去的街景〉；2.〈散步去黑橋〉。

C. 少女之死。

　　1.〈黃昏再見〉；2.〈回響〉；3.《兩種文體》（有關情節以此書中敘述最詳細，雖此書最晚出，彷彿作者已克服某些心理意義上的牽絆。）

出版社，1997），頁 62。

[23] 從某些試圖結合社會與個人並予以整體性（totality）考察的批評家如〔法〕‧郭德曼（Lucien Goldmann）而言，作品內部重複出現的主題（theme）與作者心理的聯結所形成的主題研究法，只能具有作者自傳的功能，無法看出它在社會結構下起源上的特殊意涵；再者，從作品整體結構的觀點而言，主題的不變與其它的變異項只是作為結構內部差異（difference）的正常表現，在整體意涵的解釋闡明下，它的重要性自然會被消除，這種質疑並不影響此處的主題說明，因為「七」的書寫的確是帶有某種程度的心理自傳意味，而與結構相對的解構意義而言，其關注的重心反而是內部的「差異」，因為任一結構主義者都無法說明為何系統本身不可或缺內在的差異對立，故而略為說明作為差異對照的某些主題並不構成方法上的謬誤。有關郭德曼的文學批評方法可參見何金蘭，《文學社會學》第五章〈文學的辯證社會學—高德曼的「發生論結構主義」〉，（臺北：桂冠圖書股份有限公司，1989）。更詳細的方法檢討則見〔英〕‧瑪麗‧伊凡絲（Mary Evans）著，廖仁義譯，《郭德曼的文學社會學》（Lucien Goldmann: An Introduction），第二章〈郭德曼的方法論〉，（臺北：桂冠圖書股份有限公司，1990）。

D.　西藥房女老板與外務員之姦情為其入贅丈夫揭發的街頭鬧劇。

　　1.〈精神病患〉；2.〈碉堡〉。

E.　與往昔女同學晤面卻感人事已非的惘然。

　　1.〈在霧社〉；2.〈天使〉。

F.　父親之死。

　　1.〈父親之死〉；2.〈來到小鎮的亞茲別〉；3.〈午後的男孩〉；4.《沙河悲歌》；5.《跳出學園的圍牆》。

G.　妹妹被人收養。

　　1.〈諾言〉；2.〈慚愧〉；3.〈散步去黑橋〉。

　　此外有些情節是彼此相關卻又分屬不同的篇目，如〈散步去黑橋〉（全集第 9 冊，頁 189）中的一段敘述：「邁叟有如使徒這樣告訴我……」，結果這段又被植為〈使徒〉的前端引語，而情節則又出現在〈隱遁者〉（全集第七冊，頁 32～33）篇中；〈蘇君夢鳳〉中引〈禪的學徒〉（全集第七冊，頁 185～188）的敘述加以說明；〈阿水的黃金稻穗〉寫農人殺妻的主題，而〈漫遊者〉篇中則有農人在服完殺妻的刑罰後獨居的描寫；全集冊四的〈讚賞〉比冊二同名篇章中多出後面一大段，諸如此類情節錯綜與敘述段落的齟齬牴牾，其實不是以「通讀其全部作品才可能對他有全面的理解」的說法可以解釋，如果不從文章的結構來討論這種隨機與偶然的拼貼，而強調書寫的隨機與意識的自然湧現[24]，但不同篇次裡同樣文字段落敘述難道可能嗎？這或許恐怕難辭破碎與雜亂之咎，又如果這是「七」所刻意造成的閱讀感受，這一步恐怕是跨得太遠了。對這種失序，「七」其實是自覺地，《譚郎的書信》中有一段彷彿可視為其自供：

　　　　雖然我寫的是自己，卻像有一個代筆者在那裡觀察和操作，像

---

[24] 在〈環墟〉的後記中，他自敘經過蘊釀之後，因應內心的呼求，在一夕間寫就的這種處理短作的風格。見《老婦人》，（臺北：洪範出版社，〔1984〕1990），頁 191。

是探索著一個迷宮，闖東闖西，有一點哲學體系的迷亂，傳達的訊
息隱喻在某些晦暗之處，必須靠讀者的機敏和不懈怠的探尋。（頁
178）

他要乞靈於「機敏和不懈怠」的詮釋者，正因為其文字與內在的感受是
如此強烈地脈動合拍，（雖於理而言，實有所不可能）從而透顯出作為書寫
者自身後設上的盲點，誠如亞歷山大・居魯在一篇對〔丹麥〕・齊克果（Søren
Kierkegaard）的研究中說道：

「生命只能向前生活，但須向後了解」（祁克果語），因而絕
對不能有一個完全的、廣包的及系統的對生命的解釋，因為人不能
站立在它的運行之外以便了解並解釋生命。[25]

但對自我生命的深刻認識與剖析是目的還是手段呢？是書空咄咄地自遭
悲懷抑或是從中能體驗到人類遭受苦難的永恆形式？這或許從〔俄〕・杜斯
妥也夫斯基（Fyodor Mikhailovich Dostoyevsky）《地下室手記》裡那位心懷
惡意者的自剖可以稍得解釋：「每個人都有一些舊談是他不會隨便吐露的，
他只向朋友吐露；另有一些事情在他心裡，是連朋友也不吐露，他只對自己
說，並且是秘密的說；但是還有一些事情他連對自己都不敢說起。每一個正
正派派的人都有一堆這種事情在心裡面藏得隱隱密密。他越是正派，心裡這
種事情越多。」[26]

當「七」耽溺於孤獨的情境而招致他人對此心態的非議時，他的反應是

---

[25] 〔丹麥〕・齊克果（Søren Kierkegaard）著，孟祥森譯，《齊克果日記》，（臺北：萬象圖書公司，
1992），頁 20。

[26] 〔俄〕・杜斯妥也夫斯基（Fyodor Mikhailovich Dostoyevsky）著，孟祥森譯，《地下室手記》，
（臺北：桂冠圖書股份有限公司，1994），頁 64。

激烈地訴道：

> 許多人批評我是逃避現實的作家，自戀狂者，我自樂於我個人
> 的想法和表現有什麼不可呢？那些批評都不能構成對我的威脅，只
> 說明他們是什麼傢伙而事實上並不了解我。我不想讓人完全的了
> 解，雖然我的文字語句如此清晰條理，但他們不知那裡面所說的到
> 底包含著何事；因為讓人完全了解在現勢上便易於被人利用。（《譚
> 郎的書信》頁 115）

他自認為「清晰條理」的文學卻不為人識，這種恨無人賞的苦楚，並沒
有驅使他採取媚俗地馴化自己的語言，但冀求抒發卻又恐為人洞悉，終於心
態上無法平衡而略求退保，尤其不安的成長經驗是：

> 我從小就受到生活環境的磨難，受到同學的猜忌，受師長的愚
> 弄和誣衊而充滿痛苦，現在我知道如何保護和藏匿自己。（《譚郎
> 的書信》頁 116）

因此，他向我們呈顯的是他「心靈的災難史」，他彰顯了人的幽闇意識，
這是他最大的功效，使人的罪性得以呈顯而加多，只不過我們很難從中領受
到「提昇」或「超越」的鼓舞。而「七」選擇孤獨與逃避群眾的堅持，就更
暴露其中的弔詭，他的自剖與吶喊難道不在訴向群眾冀得安慰與理解嗎？所
以單純地宣洩而不帶絲毫理想期待的作品勢必不可能，縱使存在也絕不足
取，讓我們順著「七」的心路，理解其中人的幾個價值面向，作為整體宗教
關懷的觀察：一、情愛辯證；二、原始與自由的道德觀；三、對超越者的態
度。

二、情愛辯證

王長史登茅山，大慟笑曰：瑯瑯王伯輿，終當為情死。——《世
說新語‧任誕》

1999 年 3 月號的《普來博》（《花花公子》PLAYBOY）國際中文版
上刊載了〈七等生帶你上酒家——通霄陶醉通宵〉一文，介紹「七」所熟稔的
通霄酒家文化之沿革，頗有孽海滄桑之歎，「七」以指點問津者的身份，帶
領採訪及撰文攝影人員，完成無絲竹寫憂而有行酒尋歡的北里之行，多幅寫
真洇關風月，實有駭俗之嫌，不過我們只要思及 60 年代的《時代》（TIME）
及《花花公子》（PLAYBOY）都曾刊載「新神學」的論述，便可知「世俗化」
的價值觀念滲透力有多強[27]，聖俗的對立界線可以輕輕擦拭。「七」的酒家
之行，實可視為作者「傳記的特殊型式」，又若加以討源，從《思慕微微》
（頁 30）、〈放生鼠〉（頁 102～103）中的童年片段，可知其過早萌發的
性意識（約五、六歲），可證與小說中的兩性關係情節有所影響，

我恐懼死亡又卑視生命；渴望愛慾，卻又因害怕而遠離它。
——〈隱遁的小角色〉（頁 49）

透過小說中成年的亞茲別的口吻仿佛作了生命和情慾的告白。
若說「七」是一位「愛的揮霍者」可能並不為過，但對其汲汲於愛的營
求，我們最好不要採柏拉圖式的解釋，僅將愛視為是對某種缺乏尋求滿足，
然後附益以「七」之生平（幼時的貧困恥辱與成長後，工作上的困蹇不得志）

---

[27] 〔英〕‧約翰‧麥奎利（John Macquarrie）著，何光滬、高師寧譯，曾慶豹校閱，《二十世紀宗
教思潮—1900～1980 年的哲學與神學之邊緣》，（臺北：桂冠出版社，1994），頁 530。

加以偽心理的聯想，而且對「七」愛的觀念加以審視，終會發現他多透過兩性間的關係來加以證悟，本來這也是人倫之始的主要課題。

在此我們先就其「愛的陳述」加以討論，根據《譚郎的書信——獻給黛安娜女神》全書所載，彷彿是一位婚姻生活中事多不諧的丈夫，渴慕理想女人的一段歷程，在書信體的九封告白中，傾吐摯愛與尋常瑣事的對象宛然在目，雖然於附錄〈致答譚郎的書信讀者的信函〉裡，輕微地辯解這對象只是如柏拉圖式的理型，但書中那一位對其妻頗多微詞的男性書寫者卻道出：

> 談到我的妻子，這二十年來相守的貧賤生活，（據全集創作年表，1965 年與許玉燕小姐結婚，而《譚郎的書信》發表於 1985 年，恰符二十年之數。）總是爭吵著，只為了我所謂的理想的戀人的事體，她吵的越兇，我就越渴欲呼求理想的戀人，而我就越寫得順手和發光。這真是一件頗為奇妙的事，一個像我這樣的作家竟然有著這種頗難解釋的生活環境，這豈不是造物的愚弄和安排？（頁 249）

和此書文體相仿的是《思慕微微》中所收輯的〈思慕微微〉及〈一紙相思〉，差別在於《譚郎的書信》充滿焦躁生活的憤懣宣洩；《思慕微微》則為語帶溫柔以對理想的情人——菱仙子，且兼哲理式的自剖：

> 從人類的本身來看，每個人都有他個別的憂患和病痛，常需藉助於愛情或藝術創作來紓解那份拋離不去的苦悶。宗教上的修練也常常被視為消弭這種痛苦的必勝秘方。（頁 27～28）

這是以愛療傷或藝術治療的方法。此外，《思慕微微》中〈讀《寫給永恆的戀人》手記〉，是讀 Jennifer 曹（曹又方）的書所作的簡札掇拾成篇，屬隨性抒發，同書另一篇〈愛樂斯的傳說〉是演繹柏拉圖的《饗宴》詩為散

文，（此篇前已收入《兩種文體－阿平之死》，除補一前言，及更正諸如混沌 "chaos" 的拼字外其餘皆同。）此亦可視為其理想的情愛觀，古典素樸的柏拉圖情愛觀，摻雜原始自然的性愛主張，恰與自中世紀以來的宗教愛之觀念成對比，不禁使人想及赫曼‧赫塞（Hermann Hesse）的坦率：「我天生不是忠實的情人，我用情不專。我愛上的不是女人，而是愛情。」[28]這份坦率像是為「七」之愛情觀作註腳。由這些論述再對照其小說中的兩性之愛，終會發現其特色在於「乖謬」的關係，說到底，愛必涉及意志的投射，及彼此關係的互動，它無法自我完成，即便是在自我沈思中，也會考慮到是否利他等問題。而「七」之小說中的愛的觀念，在人物行為上所以乖謬離實，極大的可能是來自於他性格上的蘊積炙熱的愛與道德的掙扎，（他又時常將道德視為外鑠的對自然的桎梏。）這種張力或許〔美〕‧A. 麥金泰爾（Alasdair Chalmers MacIntyre）論述齊克果的一段話中可得深刻的說明：

> 美學生活方式的核心特徵是試圖將自身沈溺於當下的直接經驗中，這種生活方式的範式是沈溺於個人激情之中的羅曼蒂克情人。與此形成對照的是：倫理生活方式的範式是婚姻，這是一種延續于時間過程中的承擔義務和責任的狀態，在這一狀態中，現在受到過去的約束並由此走向未來。這兩種生活方式由各不相同的概念，互不相同的態度及相互匹敵的前提構成。[29]

我們反對概括主義的作法，但是美學／倫理的糾葛在「七」的兩性關係上，的確有異色的況味。

---

[28] 〔德〕‧赫塞（Hermann Hesse）著，竇維儀譯，劉永木審訂，《堤契諾之歌》，（臺北：天下遠見，1999），頁 8。

[29] 〔美〕‧A. 麥金泰爾（Alasdair Chalmers MacIntyre）著，龔群、戴揚毅等譯，《德性之後》，（北京：中國社會科學出版社，1995），頁 52。

　　李瑞騰曾很聰明地運用「七」之作品篇名〈期待白馬而顯現唐倩〉的句型，寫了〈期待晴子而出現妓女——論七等生《我愛黑眼珠》〉，道出：「在『期待』（理想）與『顯現』（現實）的衝突之下，『事與願違』成了七等生重要的小說主題。」[30] 衡諸「七」小說中的兩性都不太和諧，隱藏衝突。這當然符合「七」小說的表面觀察與規律，但誠如前所述，主要的衝突原因，也來自於「七」美學與倫理間的自我對抗，當他顯現為乖違倫常時，容或是其內心美學要求得到滿足之際。

　　從〈我愛黑眼珠〉（1967）到〈我愛黑眼珠續記〉（1986）中間跨了悠悠二十星霜，在李瑞騰主要對〈我愛黑眼珠〉的分析中說：「李龍第容或感激晴子，但晴子也同時讓他哀愁，當處在洪水的境況中，晴子的一切自然表現和他的信念完全相異，他所期待於晴子是絕對的不可能。」[31] 接續二十年後《續記》[32] 中的發展，其中晴子／李龍第的關係，於《續記》中的整體營造，除了將洪水（自然）轉換成人潮（社會），象徵二人間的阻隔及晴子轉成剛強社會運動者之形象外，「七」還是在為二人的乖離作解釋，雖然能否說服「李龍第」（抑或「七」）、說服「晴子」、說服「讀者」，卻已是另一個問題了。當隔著人潮的晴子與李龍第作無聲的眼光交接而有內心的意識對話時，說道：

　　　「晴子，人的希望不因有中斷和分離而變異，尤其分開的原因是不可抗力的情勢，你應該瞭解這一層。」
　　　「我當然可以理解。但你可知道你的行為表現的真是空前絕後，你現在憑什麼理由來填補這麼大的缺憾和空洞？」（頁 20）

---

[30] 陳義芝主編，《臺灣文學經典研討會論文集》，（臺北：聯經出版事業公司，1999），頁 96。

[31] 〔德〕·赫塞（Hermann Hesse）著，寶維儀譯，劉永木審訂，《堤契諾之歌》，（臺北：天下遠見，1999），頁 97。

[32] 七等生著，《我愛黑眼珠續記》，（臺北：漢藝色研文化事業有限公司，1998）。

　　李龍第終究是難贖前愆,而經過洪水洗禮因此蛻變得挺拔堅毅的晴子,如今視李龍第不啻「酷像夢遊者不知自己身置何處,亦不知道自己是否有生命。」(頁 22)的弱者,雖然李龍第還一貫地堅持他對整體群眾的不信任,直到《續記》中,李龍第還堅定以一種哲理來說服自己在歷經多年睽違,仍能透過本質的掌握來面對晴子,因為:

　　　　愛就存在於這個個別差異裡而不僅僅選擇它的類同,就像它不是一時的權宜和婚姻,而是一種時間的痛徹瞭解,是對全生命的認知和關懷。它貫穿於各種現實行為的矛盾,有如統攝著各種色光和形狀的思考結果,它使現實寓居存在著一個恆久非現實的理念。(頁 10)

　　哥德(Goethe)曾說:「在年輕的女子身上,我愛並不(只)是愛她的智力,而是愛她的美、少壯、俏皮、爽直、性格、缺點、任性、以及其他莫可名言的種種性質的。」[33]與此相仿則是謝勒(Max Scheler)所言:「愛就是以對方獨一無二之個體位格為核心,而不是只注視對方的優美性質。」[34]這兩者的言說都很精當而包容,而「七」之說法實可表述為:愛的對象是個體的(即獨一的位格),但此個體實蘊含有某些理想的典型可以被完全體會與理解;人誠然能於對象中發現某些良善的理型,但絕不可能是良善理型的全幅開展。另一方面再縮合〈我愛黑眼珠〉與〈續記〉來看,重新審視晴子與李龍第之關係,在周寧的觀點中,曾指出李龍第具有多重人格以對應晴子與妓女,我們或者說是晴子;妓女/李龍第;亞茲別,但是他推論李龍第對妓女的感受「是混合著一種對晴子之愛和一種完人似的形象(上帝),他在這女

---

[33] 〔德〕‧愛克爾曼(Johann Peter Eckermann)著,周學普譯,《哥德對話錄》,(臺北:臺灣商務印書館,1997),頁 32。

[34] 關永中著,《愛、恨與死亡——一個現代哲學的探索》,(臺北:臺灣商務印書館,1997),頁 41。

子身上獲得面對晴子時，從來未曾擁有過的自尊和滿足。」[35] 說李龍第在妓女之前的憐憫與愛是對的，甚而說是純潔也不錯，但也不過是在晴子之前的挫折能稍微拾回男性宰制的彌補心態罷了，這與〈早晨〉裡的秀吉因得不到女友淑美家人與朋友的認同，終至分手，憤而召妓夜宿，翌日卻對這種報復的行為感到索然，可以說都是一種受挫後的慰藉，只差異在拯救與殘忍的手段不同，說李龍第拯救妓女的行為是崇高的情懷，就效益上來講並無大誤，不過當他暫時脫離李龍第的社會身份，而以亞茲別的身份出現還數次不認晴子時，其實也透露出，他業已稍稍屈服於尋常善良之風俗，當〈續記〉中類似妓女的人物不見，卻出現剛毅形象的晴子，而李龍第卻一貫地對自身處境充滿不安與不信任，因而李龍第與晴子間的鴻溝從洪水到人潮，這跨不過的罪咎應當歸誰？討論類似李龍第這般人物性格者，長篇《城之迷》是最佳文本。

《城之迷》[36] 的要角是柯克廉，以他熱愛自然鄉居的眼光來襯映城市知識份子的情愛與價值觀，全書共分二十章，與柯克廉一起發展主要情節的是斐梅，而其他人物則以斐梅為主軸次第出現，柯克廉對這些採取某種距離的觀察角度，其中「柯」的角色有「七」的氣息，但角色的定位十分自覺和清楚，作者時而跳出來對這角色加以同情與說明：

> 從開始我們透過長篇累牘的含糊的陳述，也許把他（柯克廉）視為聖徒這類特殊的人物看待，正相反的在現世已沒有這種角色存在了，我們只是在芸芸眾生中選擇了一個泛泛的無名小輩，而這個人正好有幻覺和慾求的生態特徵，他有被迷惑和事後覺醒的兩種機能，他有某種天生的耐性，以及任性的個人意志的雙層特點，凡此種種正是我們把任務交在他身上的理由，經由他來見證生活在城裡

---

[35] 周寧著，〈論七等生的〔我愛黑眼珠〕——李龍第的信念與本性〉收入張恆豪編，《火獄的自焚——七等生小說論評》，（臺北：遠行出版社，1977），頁 73。

[36] 七等生著，《城之迷》，（臺北：遠景出版社，1986）。

的一小部分知識份子潺流的情感，雖然他不免有個人偏見，這些和他交誼的幾個人亦非全體的代表，可是大體能從他們的愛情之間看出文化的特色，以及顯現出一種從未有過的精神風貌，我們可以知覺到文化多層交混的結果造成了精神的畸型，極明顯的能夠將人物畫像繪成如匹卡索的立體派特徵，情感裡有多種意識的混雜運作，夢與現實交替地顯現。柯克廉說是我們注入給他呼吸而能夠活動的木偶，這個城市因此依循其虛幻的特質而呈現出童話般的景致。（頁223～224）

如果說「書寫」就是某社會階級的權力意志的展現，那麼其所處地位的自覺便非常重要，「七」在此對柯克廉的角色定位非常透澈，他所要批判的對象類似於陳映真所自我揭櫫的「市鎮小知識份子」的社會角色，而「柯」這個人物其實與他所觀察的那一撮對象並無本質上的不同，除了多一點自社會中退隱的冷漠與疏離之外，而這也恰是知識份子的弊病之一，從來無人能自外於社會，自社會中退隱只是個人的「心態」而非他的存在事實，但是這種心態無疑地加劇他與自身實存的社會間的衝突。

至於「柯」如何目迷於城中卻依然追尋他心目中的理想情愛典型呢？這股衝動來自於：

他自認他的人生便是毫無償報地也毫無條件地要奉獻給他理想的戀人，這個意志無疑一步一步導至（致）他為人類承受情感的折磨。他為這種美感生活，也為這種美感受苦。（頁 122）

小說中的斐梅便不止一次明斥他心中所懷理想典型之不可能存在，但是「柯」卻以為「這個理想如不是以女性的形姿出現，我亦希望它能充分地表現在我的意念裡成為形上的事物。」（頁 96）受造的形下事物縱使再完美，

終究不過分享形上理型之一瞥，因此這便只能說是「柯」的執著與偏見。另一方面「柯」在對女性的觀察上，常會顯現理智的剖析再帶點無傷大雅的愛意，不管是對其他的女性如珍妮絲或佳麗，這就有點理性先於愛的作用，卻又剛好符合知識份子的蒼白特徵，這種指證在〈途經妙法寺〉（收入《銀波翅膀》）中的「他」與一位歸國女子在旅次中的對話可得到說明：

> 「愛是生命，喜不喜歡是生活。」
>
> 「我怎麼會不明白，你說的這樣清楚，但你所說的都是你的藉口。」
>
> 「妳要知道，有些人因為喜歡而去追求和愛，就像他們不喜歡時就放棄一樣，因此愛和喜歡是同義的名詞，他們的生命生活是混合為一的。而另有些人視喜歡不喜歡是一回事，將它當為一種生活世界去看待，在這外在的生活世界做選擇；但卻認為愛是一種思想，視為全部的內在靈魂，他們會愛不喜歡的人，或割捨喜歡的事物。」（頁 65）

這裡很明顯地在闡析「喜歡」與「愛」之間的價值等差，「喜歡」可以是遵循世俗價值或發自生理的慾求；而「愛」則是關乎對「對象」所產生的完全利他的作為，在直覺或理性思辯下全然不涉及私慾的關心，在理解的層面上可以如此，但是在其小說上的人性，我們看到的更多是情慾獲勝的局面。

所以順從愛的呼求要大於道德的成全，如〈我的戀人〉（收入《僵局》）寫一位畫家與一對母女間的愛戀。畫家疼惜女人所嫁非人——其夫是一位勤勞吝嗇的黑矮男人，這純然是畫家的主觀意見。在與女人情愛無法進展之餘，離鄉多年，返鄉後與女人之女兒得續情緣。而〈浪子〉（收入《僵局》）中，則以小女孩的視點，含蓄地烘托出她那浪子般的叔父與其母的叔嫂情事。此外〈某夜在鹿鎮〉（收入《僵局》）中的男性乃弟，重回鹿鎮，寄居其昔

日任人家庭教師時的家庭──錫琛與阿代夫婦家，乃弟與阿代實早有不軌，雖則已是十數年前，此番重回未必能重燃舊情，但是乃弟是善審形勢的投機者，他充分嗅出錫琛夫婦的不諧，據他的觀察，錫琛「是一個聰明有限的傻子，由於他在順帆的事業坦途中，遺落了心理成熟的訓練，是個完全不懂女性的男人。至於阿代，這位臨近暮年的婦人，有著鬼谷子般的智慧和經驗，她瞭解她擁有的法律保護下的男人以及法律擯棄不顧的男人。」（頁232～233）指的可能是乃弟或其他男人，因為乃弟能輕易知悉他人的內在，順便也能對其他諸如社會、教育與宗教議題進行恢弘讜論，雖然所論不免是偏見，這是以乃弟作為全知視角的鋪陳，最終乃弟與阿代再續十多年前的情懷，使得原先純潔的企望終歸落空，「長久時日的斷隔，自己的內在不是已恢復了純真高潔的境地了嗎？即使現在有人指摘我昔日的錯誤意圖污蔑我的人格，我將冒生命危險起來維護。既然與罪惡斷絕來往，靈魂一樣是高貴的。回來鹿鎮我沒有意思再與罪惡連結，我祈望在二、三者之間立一種純潔的友誼生活，可是這裡繼續存在的狀況，顯然已經宣佈了我理想上的絕望。」（頁240）這番說辭其實看不出乃弟在罪惡上的儆醒與敏感，他毋寧還是愛情的投機客與精算者，容或有些洞察他人的敏銳，但從他訕笑錫琛的優渥社會地位，實有幾分落拓者的嫉妒，所以他贏了愛情輸了倫理，或許也是另一種自我補償。另外，〈午後〉（收入《我愛黑眼珠》）一篇中的男女情愛關係則顯得率性與輕薄。某青年在午後赴大學校園的網球場途中，由某一女子的背影而興起想認識她的念頭，遂搭載原本步行的她到校，雖然彼此間並不了解，揣度兩人門戶亦不相當，而後男子另在球戲中，認識了一位健美活潑的女子，兩人可以率爾共宿而耽溺於肉慾。最終場景則又回到最初，那位午後巧遇的女子在男子車後編織她心中的真愛感受，這種情節宛如在說明，男子經歷純潔女子與世故開放的女子之後，得以修成情愛歷程上的正果，只是彼此關係都顯得那麼偶然隨興。

愛的對立面不是恨，而是冷漠，因為恨常是伴隨著愛的頓挫而發生，而

最終的解消彷彿只有死亡，這是愛的最後形式，雖然以宗教而言，以生命作為愛的代價有時是克服死亡這種虛無感的最好方法，否則便只好是愛的悲劇，而理性能避免這種激烈的下場。如〈黑夜的屏息〉（收入《白馬》）寫男子「杜黑」因情變而思復仇的心理，由於女友「美麗」屈從父母的世俗價值觀且己意不堅而思另謀良人，當「美麗」與新男友夜晚漫步時，「杜黑」懷刀想狙擊其男友，卻因耳聞男方的一句「我希望他正如你所說的，是一個高尚的青年。」（頁 58）而殺機頓失。另外在結構上較複雜的是〈真實〉（收入《白馬》）中所述，一對青年夫婦與丈夫之友「佐助」間的三角關係。夫婦倆來到一個偏僻的小鎮，抵達伊始即風聞不久前發生於當地的事件——農人殺妻，起因肇端於妻子之姦情，而青年之所以偕妻來此，其實也蘊藏殺妻之謀，因妻子與「佐助」有染，故而想將禍事轉嫁於佐助，但青年在向其妻及隨後來到的「佐助」托出動機，又緣於農人的醜行，致使觸發他心中的罪惡之感，了悟遂行此事並無補於事，也在此刻，其妻與「佐助」亦坦承，二人原也同謀殺夫，青年及時中止犯罪意圖，使其妻與「佐助」的罪惡得以持續，自己卻由於他人（農夫）預示了自己行為所可能招致的下場而得以倖免大錯，是一篇環環相扣的布局。

在愛的關係中引入死亡的設計，是「七」常見的手法，被葉石濤形容為鄉村鬧劇的〈結婚〉[37]（收入《來到小鎮的亞茲別》），寫「羅雲郎」與「曾美霞」戀情不果，終至「美霞」自殺，最終以「羅雲郎」娶神主的冥婚儀式作結。此篇情構完整，情節推演合理，很可視為鄉里實錄，人物性格不做作，順著各主角的性格逐步開展，預示此衝突的淒絕收筆乃無法避免，流露宿命色彩，而開端以「美霞」的出身——「這間雜貨店代表著這個小鎮的歷史：守舊、雜亂和古老。」（頁 15）作伏筆，沈重呵斥悲劇的肇因。也由於情節清晰，有別於「七」其他作品節奏以意識為主時的跳躍變動，敘述呈

---

[37] 見葉石濤〈論七等生的〔僵局〕〉，收入張恆豪編，《火獄的自焚》，（臺北：遠行出版社，1977），頁 16。

非線性發展的特徵，故而曾由陳坤厚導演，轉換藝術媒介拍成電影[38]。通篇成功處在於「美霞」強忍家中嚴母的鞭笞與大家庭中的嘴雜多舌，及至珠胎暗結卻又不得舉行婚禮，終落得精神失常；而「羅雲郎」他羞慚於女友之現狀與曾受拒於「美霞」家人的不愉快經驗，演成愛愧與殘忍的心理周折，都有觸及人性心理幽黯處。〈林洛甫〉（收入《僵局》）寫一對登山夫婦，丈夫先行留下妻子於旅舍，結果妻子執意尾隨，在半路巧遇獨行的男子挑逗，這女人在一處雪地險些失足時，被這名男子適時施以援手，而後終與女人之丈夫、嚮導會合，陌生男子告訴嚮導其名叫約翰，但女人卻給他一個「林洛甫」的名字。當夜裡歇息時，這女人從熟睡的丈夫身旁走向「林洛甫」，展開回應先前男子的情挑，最後演成二男決鬥，正危急之時，女人以登山鍬重擊了「林洛甫」。翌日，婦人「面對那個改變了的丈夫」（頁 194 中的說法）卻稱她丈夫為「林洛甫」，雖然他的原名是「太郎」，但婦人堅定地如此稱呼，為何她會如此舉措呢？尤其是此行為在接續「面對那個改變了的丈夫」之後，或許「林洛甫」一詞才是她心中丈夫的完美形象，她在那二人中，發現了符合她心中典範要求時得以如此稱之，故而略帶晦澀唐突，尤其「改變了的丈夫」是形貌或性格抑是此後關係的改變及其它，造成讀者索解上的多義。或許可說「七」是一位「唯實論」者而非「唯名論」者，他注重對象的實體感受與覺知而不在實體的賓位──名稱叫什麼其實不那麼重要，是對名稱採取輕蔑的態度。〈私奔〉（收入《僵局》）裡寫一位男子協助一位飽受丈夫「潘番」剝奪凌虐的女人逃離不幸的過程，女人無疑還緬懷往昔她曾熱戀的丈夫，而協助她的男子清楚地意識到自己的行為，因為：

　　一種來自心裡底層的聲音忠誠地告訴他的行為是瘋狂的──

---

[38] 陳坤厚以《結婚》（1985 年作品）一片，入圍第 22 屆金馬獎最佳導演。資料來源：「臺灣電影網」：http://www.taiwancinema.com/Staff/StaffContent/?ContentUrl=30930

一種類似悲天憫人的性格之驅迫下所幹的行為。他並不真愛她。他的愛由何而來呢？他無疑只是想救助她，以及憎惡上一代人所建立的一切。他憶及他的母親晚年的情況有著類同的情形，他同樣看不起那懦夫般的父親。由那一輩人所建立的觀念應該打倒，他想。可是現在（他辨出這是神的聲音）由英雄主義和戀母的心理組成了一種狼狽而污濁的現代愛情，這種愛情現代被提昇到一切行為的最高點。所以他萬分悔恨由他自己的觀念自設的陷阱。（頁 220～221）

這種尷尬的心理動機與實際行為間的落差，使他步向可以預知的結果，雖然「潘番」的死，解除了他們「私奔」上的壓力，但女人卻選擇偕丈夫「潘番」的屍體跳下黑暗的懸崖，這便取消了青年在戀母上的罪疚感，但同時也是英雄主義的踏空。

〈AB 夫婦〉（收入《僵局》）寫法較特殊，A 男子回到家中發現一隻俗稱八腳的蟲子，出於惡意的戲謔與對其他生命加以宰制的快意，A 便試著除掉它，在這除蟲的過程中穿插著 B 對 A 的夫婦間常有的叨叨絮語或日常瑣事的抱怨，最終 A 才意識到，回到家中是為了妻子逝世三週年的紀念，由此亦憬悟自己無聊而殘酷的一生，無非是天地之芻狗，自己的景況又好過那蟲子多少呢？而以「生命的本原一定是意志這樣的東西的具現，就是說為了需要才被做成的。實在是個謎。」（頁 227）這番體會道出生命意志缺乏目的時的蒼涼，篇名為〈AB 夫婦〉但從敘述看，其實只是 A 的自我意識對話。〈貓〉（收入《我愛黑眼珠》）在形式上以議論的對話方式佔主調，由「李德」與一隻受他一飯之恩的野貓所展開，當然貓不可能成為人類對話的主體，它不過是李德藉由自己強加於貓與女人「吳曼」之間，某種類似而予以意識上的聯結，再經心理投射而成的一個言談對象，比如貓的橘黃間雜細條灰紋的毛色與李德決定離開「吳曼」那天，「吳曼」身上所穿米黃有灰銀橫紋的泳衣。「李德」堅持一種「物與我本身是兩相渺茫，不互相屬」（頁

45）的觀點，所以當他與「吳曼」的交往過程在突然「覺得必須恢復孤獨的生活，因為俗尚的生活已經就要窒息他了，那種生活對他顯得無聊和虛偽，使他對情愛或友誼都產生懷疑。」（頁 35）時，他選擇離開，其實毫無理由，或許只緣於當下的某種感覺，或許也是蓄積已久的某種憤懣在瞬間生發，雖然他也曾為此道義問題展開內心的辯論，而他向那求人豢養的野貓抒發物種當自立的論調，無疑也是在向「吳曼」申辯自己所以離棄她的原因，而貓顯然無法勝他，最終他將貓給渡河遠棄了。當某夜「吳曼」扣門訪他時，「李德」將她視如貓一般地對待，開門讓她進入，卻殺了她，總頭至尾，「吳曼」幾乎無法為自己申辯，其實情節中也無任何必得落此下場的原因，所以我們只看到「李德」個人某種自私而原始野蠻的生存法則。〈在山谷〉（收入《我愛黑眼珠》）寫燒窯的夫婦，其中男人為肩托柴火不慎受傷垂死，考慮身後須有人接續此事，於是指定一位年輕人完成未竟之業，這年輕人未必與其有何牽連，當窯火煙歇，年輕人與婦人葬完男人後便離開山谷，而後年輕人也順理成章取代了原先男人的位置：

> 他們在一起沒有半點儀式，他們的快樂是完全建築在自己能負擔的痛苦上；他們所獲得的都需要付出相當代價。他們像知道地不瞭解自己，又不知道地瞭解自己。他們所經歷的事全屬命運，因此也不必去責咎任何人。（頁 70）

這宛如無懷氏與葛天氏之民的自然社會，山谷的天然背景烘托出原始的慾求，一切都是如此無爭無競，至於開發文明的社會將如何看待他們？

> 那個女人每次回鎮都陪伴著一個男人，但沒有人能憑肉眼看得出不同，因為沒有人有真正辨認形象的視覺。沒有人知道現在是什麼時間；沒有人知道過去和未來；也沒有人能真正關心別人；這世

界也許根本就沒有其他人，除了他們。（頁 70～71）

　　我們切不要被末兩句所誤導，認為是在宣揚一種戀人間旁若無人的私密心態，它毋寧在申訴：由於人際的冷漠不關心，導致行為不被注意，但是這裡也暴露出兩點意義，一、由於他們的自我疏離心態，所以會認為別人或許抱以相同的態度，雖然事實並不必然；其次，他們正期望別人不要干涉他們的自由，一種屬於兩人間的自足與自由，而在這點上也顯出些許矛盾，因為你渴求某一對象，那麼又為何能斷然割捨與此對象之外的其他人的任何形式的互動呢？任何對象於你不都是一種可能嗎？如果把最後一句改成「除了自己」，那麼一切就明顯了，一種絕對自我的虛無意識，除了自我，世界也許根本無其他人的認知謬誤。〈阿水的黃金稻穗〉寫農人殺妻。殺妻與弒夫或許是兩性衝突與對立的最極致表現與悲慘的和解，由「殺」與「弒」字當然也彰顯了兩性背後所支撐的社會或政治結構的不平等意識，不過在展現情慾糾葛的複雜面時，好像遂行暴力者常是情慾領域中的挫敗者。農人「黃阿水」深懷與土地依存的戀慕（有部分原因是為了離開曾受辱於丈人的市鎮）；而其妻「劉俗艷」在兒女漸長之後，則愈趨熱愛充滿遊樂的市廛，在彼此價值對立的衝突下，「劉俗艷」的不貞便是悲劇的主因了。

　　全篇敘述焦點在「黃阿水」，於「劉俗艷」之部分是較隱晦的修辭，使人對其下場感到過於其實，倒是「黃阿水」的陰鬱暗鷙使人悚然，這一部分較突出。〈碉堡〉（收入《我愛黑眼珠》）寫男子「森」與好「余徐月霞」在碉堡中完成對愛情的憧憬，「余徐月霞」出軌是由於丈夫無法欣賞與理解她，所以當她感受到「森」魔惑熱戀的眼神便與他有了肉體上的關係，但當「森」在街道上遇到「余徐月霞」時，她便恢復了屈於禮法的女人矜持而不認他，且依於鄉人對「森」的觀點——「瘋子森」教師的指控，結果第二天「森」便失蹤了，直到颱風過後在碉堡中發現他的屍體，但「余徐月霞」似乎由愛情而來的傳染也似乎為了贖她在愛情上的背叛（不論對丈夫或是

「森」），她越來越像個瘋婦。〈來到小鎮的亞茲別〉（收入《來到小鎮的亞茲別》）的主角「亞茲別」摻雜了「七」的成長經歷，譬如對師院的嚴苛體制及不合理管教的控訴，役畢求職與藝術追求的不順，這命運的轉變是在主角有天為一位胸擁花束、視線不便的婦人挪走地上的絆腳石，因而結識名叫「葉子」的她──一位與兒子「小龍」為生的服裝設計師， 這段偶然的機緣使他們進而同居，但「亞茲別」並未因此而有向社會妥協的念頭，「葉子」為他覓得一份運送硫酸的工作，卻因性格的不穩定而翻車失職，迫使他幹上夜盜竊徑的行為，所得有時用於買禮物獻媚於葉子，直到敗露的一天，回到小鎮上的河流中自沈，這小鎮是好友「唐」力邀他同往的所在，但對他而言「一個人回到小鎮就等於走向冬季的冷酷，走近死亡。」（頁 212）這個意念在「唐」初邀時便已形成，沒想到竟爾成讖， 所以小鎮本身毫無退隱的象徵，除非把自沈於小鎮污流視為退隱，即自取滅亡，「葉子」於他亦不過偶然歡愛，而他也可以輕易接受一個類似家庭組合的關係，當然最終還是輕棄。

〈精神病患〉（收入《精神病患》）中的「哲森」對「丘時梅」與「阿蓮」的兩種不同情愫。學校女同事「丘時梅有一種為我（哲森）熟識的風姿；她的模樣彷彿我童年時代母親的象徵，和溫柔而又堅毅的愛神典型。」（頁 32）「阿蓮」則是多年後巧遇的童年玩伴，「她與我都有一個共同的因素，雖然誕生下來的這塊土地是屬於我們的，但和她都過著流離顛沛的生活，得不到溫暖。」（頁 20）是摻雜對童年時的眷戀與相濡以沫的依賴。「丘時梅」已婚，雖然與其夫並不和諧，但對丈夫的包容也讓人訝異於母性的韌性，且她的堅貞與宗教信仰使她和「哲森」在踰矩前能止於心靈上的相契。至於和「阿蓮」的締婚則出於與「阿蓮的相愛在心裡上不免在做完互獻的儀式後，猶存在著一種孤獨的寂寞，所以為了把兩顆心綁在一起，當然就得托藉一個外在形式。」（頁 27～28）這不免是心存猶疑，所以藉由一項行動加以確認自己的決心與信念。而「哲森」的精神現象剛開始是生性狐疑、對他人的極端疏離和不信任，以及對社會的憎恨所產生的邊緣心態。而後他的高蹈與理想的

堅持，相對於「阿蓮」黽勉從事特產店的卑微工作，毋寧是虛浮，所以他頂著作家頭銜或在大學的哲學系進修之名目，使家計落在「阿蓮」身上，相信也給他帶來男性尊嚴上的焦慮，這與〈我愛黑眼珠〉中「李龍第」對「晴子」的心結有其相似性。當「阿蓮」第一次胎死腹中，為了母愛，瞞著「哲森」再度懷孕時，「哲森」也因揭發醜惡社會的小說被退稿，此時，

> 我（哲森）要永遠被摒斥做個外表頹廢的個人主義的悲觀者，無法同享人間的所有樂趣的這個命運感到極大的不平。正當這個時候，我因發覺她偷偷瞞著我懷孕一事而暴怒起來，我幾乎將所有壓積在內心的憂悶殘暴地對她傾洩，在這一刻她的反抗同樣是驚人的，她將她幾年來對我的容忍以及一個現世的女性對男人的容忍全部揭露了出來，我發覺她對男性所抱的痛恨之深不亞於男人對一個不當的社會的痛恨，我面對她這種的哭號彷空彿（當是「彷彿空前」）看見了她的心在流血，這種狀況反而使我漸漸地平靜下來。我沒有想到一個不體面如我的頹敗男子所加給一向依恃男人的女性竟會如此地深沈悲痛和羞恥，我不知那些不惜犯罪掠奪權力和金錢的男人，是不僅為了使他們的愛人感到榮耀？以及男女同流謀計不惜犧牲別人而收攬財物築起城牆是否為了貪圖榮華？假如沒有互相的諒解和體察，愛情如何存在？（頁 89）

我們是否要把他當成資本主義發達社會下出於良心的道德控訴，雖然這種情緒上的抒發，可能對許多身名俱泰者不見得公平；抑或將他與懷才不遇者的牢騷視同一物，尤其當他從醫生處得知自己身中流有充滿梅毒的病菌時，自忖並沒有染病之敗德行為，唯一的解釋便是從風流祖父所來的宿命遺傳，這無法治癒的血毒，原罪的象徵，不知是否也掩飾了他在現實生活中的無能為力，最後在極度心神錯亂與肉慾的狂歡中結束「阿蓮」的生命，割斷

他生活上的依賴卻又是男性尊嚴戳傷的來源以及她腹中的血脈，是對延續種族的強大意志的傷害。「七」曾在《譚郎的書信》中以自己的身體不適誤闖紅燈來印證「哲森」殺「阿蓮」時的失神狀態（頁 230），這是作者出入自己作品人物的有趣例證。以同是對精神狂態的寫作而言，不免使人想及魯迅的〈狂人日記〉，「七」在同書中曾作出：「〈狂人日記〉更令人作嘔而討厭」的判斷，因為「我覺得他的作品藝術力不高，不能傳得久遠，過了這個時代，以後的人所獲更少；因為他的用意是要呼喚當時人的感性，背後有煽動的目的，而不是冷靜地探索物事，缺乏現實和本體世界的剖解，文學性很渺小，不是和他同時代的人便無法贊同他的理解或思想的觸悟，他的諷刺性格，更覺得他並不正派。」（頁 192）顯然這個論斷可能無法說服人心，但卻也點出魯迅作品之意圖，在作為淑世者面對新舊中西文化落差時的憂心致狂，與「七」的極端為我的狂姿（雖然社會的作用力於他是隱而不現），二者是同歌不同調，所以〈狂人日記〉的結尾：「救救孩子」的名句，換成「七」的語法便成「救救自己」。

通過對「七」從愛的心理意識與愛的展現及愛的關係之幻滅的逐步觀察，我們會發現「愛」於他而言並不是一種主體間的「對話」，而是他內心對愛之渴慕的升沉周旋的焦慮，以慾望倫理學而言，悲觀者可以認為：慾求者對慾望對象的企及中間，永遠有道無法踰越的鴻溝，使他永遠在達不到中痛苦，而且我們也會發現如果「七」不再執著他那柏拉圖式的真實與形上理型的追求，且一再窄化愛的版圖只剩下情慾或淫慾，雖然這在愛中有其合法地位，從而能領略愛其實是從互為愛的主體間創造出來的，當然，創造愛的對象多少是帶有神性的光輝，它象徵或意味著自我能力及無窮愛之力量的展現，說明沒有不可以愛的對象——「人無棄人」，因為我們在之中體會到轉化與超越的可敬。厭惡或冷漠以對是因為存在於他身上的惡的質素引起人的見棄，但一旦我們自絕於人，就無非表示他人是不可能更新和改變的，在此無異是承認罪轄制人的巨大、殘暴的威力，從而使自己與對象一同落入惡的箝制，

所以創造愛的對象便成了一種義務，避免自我也成了被棄之人，所以「七」對愛的言說與自剖越多，卻只成了一種反諷，不過還應肯定他使我們照見罪性加多的那些植基於其個人苦悶的象徵。

三、原始與自由的道德觀

「七」的自由觀是極端為我的無政府主義式的個人美感追求，從現代社會、政治學說上對自由之假定，用來觀察其小說，會發現他對自由之渴望的焦慮的特殊性，對「七」所透出的自由思想型態加以考察，會發現他不是此蘊義的第一位立法者，至少〔法〕·居友（M. J. Guyau）在其《無義務無制裁的道德概論》中所宣講的「生命哲學」這種倫理觀，很可作為這種觀念在系譜上遙契的一瓣心香[39]。「七」的自由旨在捍衛族眾之中個人互不相屬的特立狀態，而這股強烈地追求又來自於他對「群眾」的厭惡與不信任，在《老婦人》中的〈印象〉主角「我」便以為：

> 我們會說去愛大多數人，去擁抱群眾，這是多麼明顯的空言和泛論，因為再想一想就不難知道，所謂群眾是一種沒有形體的存在，如果真要給它一種形相的話，那麼它是一種沒有靈魂的禽獸，可以加以煽動和利用，那麼它就是一股無可形容的破壞力量，因此去愛它是不可能的。真正的愛是有明確的對象，必須找到一個，然後再找到另一個，一個一個逐一的去施給。（頁 20）

---

[39] 〔法〕·居友（M. T. Guyan）的生命哲學倫理觀首先在去除一切道德制裁（包括宗教制裁）的先驗預設，指出，生命本身在擴散自我生理生殖及智力生殖。主要見該書導論及第二卷。〔法〕·居友（M. T. Guyan）著，余涌譯，《無義務無制裁的道德概論》，（北京：中國社會科學，1997）。

這使我們想起《卡拉馬助夫兄弟們》[40]裡，曹西瑪長老引述一位醫生對他的真誠告白：

> 我愛人類，但自己覺得奇怪的是，我愛全體人類愈深，便愛單獨的人們愈少，那便是說個別的、離開來的人們。……然而永遠會發生的，是我對於個別的人們越恨得深，那麼我對於全體人類的愛便越見熾熱。（頁 75）

「七」否定人作為「類」的觀念，而願意去接納每一個實存客體——如果這是可能的話，曹西瑪長老的引述中則表示面對不完美的個別真實存在者的厭棄心理，而趨向於圓滿的人的抽象理型的追求，說倒底這些修辭無非在表明，為何像「愛你的鄰居」這種看似尋常的話語，竟然會成為基督教的誡命之一，但合攏來說，愛群眾與愛鄰人並無本質上的差異，要說人有恢弘之心量去愛群眾但時感力有不逮，這是可以理解或寬宥，但卻不一定要對群眾懷有敵意，比如〈某夜在鹿鎮〉中「乃弟」目睹「錫琛」與「阿代」的家庭矛盾，便產生一番詭譎而悲觀的推論：

> 每一個家庭是一個空的美的形式，這個社會是由許多這樣的空殼組成，那麼這個社會不就是等於一個大的空的式形（形式）嗎？就是這個世界亦然，整個地球畢竟是一個大蛋，這個大蛋終有一天會界（藉）統治它的人粉碎的。（頁 246）

很明顯地，這是邏輯前提的謬誤，當然，另一種詮釋路徑是可以認為這個論調不過只用來表示「乃弟」的偏見，我們若將對群眾敵視的觀點置入對

---

[40] 〔俄〕·杜斯妥也夫斯基（Fyodor Mikhailovich Dostoyevsky）著，耿濟之譯，《卡拉馬助夫兄弟們》，（臺北：志文出版社，1961）。

「七」的詮釋脈絡來看，倒是符合他一致的「群眾觀」。我們或許也可以簡單地將群眾理解為一概念，因此極端地痛恨群眾、或如政治人物時刻不離口地擁抱群眾，無非各自代表一種偏見與虛偽，剛好是擺盪在對群眾認識的兩個極端，廖淑芳曾對「七」之群眾觀的生成作出解釋[41]，但所依憑的還是用「七」之生長背景的苦痛經驗作依據，這種解釋對「七」的小說而言，當然是方便而有效，不過只能將「七」之群眾觀作為其自由觀之生成因素之一，因為生活上的困頓不必然會有精神上求解脫與自足的必然保證，相反地，更可能會趨向世俗物質追求的認同。此處我們依其小說中對自由的簡單論述與自由的象徵這兩部分加以討論，同時指出伴隨自由觀念出現的往往是對「原始自然」的肯定與讚揚，因為他對原始自然的頌揚也不是來自對現代文明弊病的反省，而只能說是對群眾反感所引起的退縮，希望達到人我互不相涉的狀態，〈跳遠選手退休了〉（收入《僵局》）這一篇最能說明這種關係，其中敘述一位孤獨的年輕人在白日工作之餘，斷絕了一切的友誼與戀愛等人際互動，投入自身所設定的跳遠目標，當他的成績被人肯定之後，希望由他代表出賽以為鄉土爭光的人情便開始包圍他，無奈他的緘默卻惹惱了他們，終於導致被迫遷出該城市，他自思道：「至此為止，文明的象徵就是總體制啊！」（頁 255）這事件或許在反映：個人自由與體制間的矛盾，人要互相效力，才能有沒有藏於己之權利，個人是國家資源的一部分，以中國古代法家立場而言，類似隱逸之士的「不令之民」的下場，歷來取決於統治者的寬嚴態度或尊或殺而不一，而「七」所欲爭取的是人在無所逃於天地之間的社會網絡中的那一點自我的實存感，但是當小說中的年輕人，在旅舍前被追查

---

41 「廖」文在說明「七」之個人觀及群體觀之形成過程，從方法上而言，偏於作者論，但依作品所提供之資料論述作者，顯然會輕忽作品的虛構部份，雖然「廖」文在前言中已意識到這點，但或許「七」之「自傳」性格過於強烈，使敘述者與作者及主角的焦點變換不易劃分，不說到「群體觀」，我們似乎可以認為「七」對群體的認識只能停留在個人不愉快的經驗上的敵視，尚未提升到理性認識的層次。〈七等生作品中的個人觀、群體觀及其形成過程〉，原刊《文學臺灣》，第 3 期，1992 年，6 月。又收入張恆豪，《認識七等生》，（苗栗市：苗栗縣立文化中心，1993）。

者尋到後，他顯然還是妥協了。

> 　　諸位先生，禮貌一點，請放手。在任何一種意義講，我都是一
> 個不折不扣的跳遠選手，你們要的是我為你們爭得榮譽，以便在歷
> 史上可以記錄；我會使你們滿意，但我個人所要的是絕對的自由意
> 志。當我已為你們盡力，　也祈望你們放手不再干預我。我們條件
> 談妥了，你們回去，也告訴所有的人，要他們不再干預私人的事。
> （頁　259）

當運動會過去後，跳遠選手並沒有獲得平靜，因為「掙脫束縛後的結果
是孤獨──無意義的孤獨。」（頁 260）在外在的壓迫頓解之後為什麼不能有
片刻的寧靜呢？或許正由於：

> 　　假如沒有責任的意志自由是一種虛無。（頁　260）

這句單獨成句的假設句夾在文中顯得有些突兀，但也展現他一貫地思考
跳躍，迸發瞬間意象壓縮後的特性，如果加以展演可能便是：「假如不帶責
任的話，那麼意志自由將是一種虛無。」所謂責任是牽涉到對他人的承擔，
所以卸除承擔照道理是讓人更輕鬆才對，但事實上並不然，因為人的意志在
選擇上可以是有自由，只不過要是選擇無責任的話，就必須負起孤獨虛無的
結果，這或許是這句話的蘊義所在。而年輕人最終選擇了與一盲啞女子無聲
地度過那個難挨的黃昏，直到某天城市裡的人才乍然發覺他已悄然而逝，這
個蒼涼闇澹的況味彷彿印證另一短篇〈木塊〉（收入《白馬》）前的引言：
「一切都準備好了，想贏得自由，在這座城市是斷不能實現的。」（頁 135）
故而從城中絕跡，演出又一次塵囂中的遁逃，顯現他翹首白馬樂園卻失望頻
頻的落寞。

有論者將「七」對自然的嚮往加以道家思想的比附[42]，我們發現在「七」的自然觀中，常出現對「原始」：懷有芬漠鴻濛的想望，尤其是「解衣磅礴」的「赤裸」象徵，〈精神病患〉中的「哲森」在意識到自己鑄下大錯，殺死愛人「阿蓮」後，有一段出神的退化心態，

> 茫茫意識中我想回到森林，草原，山谷或河岸那樣的地方，回到幾萬年前我的原身的環境中去，讓偉大而神祕的自然決定我的生與死，供給我飲食，也供給我遊歷，遷徙和自由的愛慾。（頁 85）

除了失神的退化恍惚外，即便理智的時刻也無不謳歌之，甚而以赤裸隱喻擺脫人世羈絆，《兩種文體——阿平之死》中辯道：

> 擺脫掉文化累積的油污，才能透視潔淨的本體……所以我愛的是自由和自然的赤裸，這一點我們並不妨礙任何人，我們是在自己擁有的天地裡這樣做。（頁 4～5）

甚而在《譚郎的書信》中還有類似經偈般的證悟，所謂：

> 「一絲不掛」是為指摘我們在現實生活的空間裡身心牽掛許多東西，不止是指衣服而已，所以一絲不掛是指卸掉了一切俗物，比赤裸的意義具體。（頁 173）

偶爾還會結合海的意象，這或許不必然附會於「七」的家鄉——通霄的海邊景緻，或佛洛依德關於回歸母體或童年戀慕的象徵，雖然也可能不無

---

[42] 如黃浩濃〈隱遁者的心態〉一文，收入張恆豪編，《火獄的自焚》，（臺北：遠行出版社，1977）。

關係。在短篇〈真實〉（收入《白馬》）中的女子夾在丈夫與情人「佐助」之間，三人在海邊的碉堡有一番奇特的場景設計，女子首先暗示：「這樣的地方能做些什麼事？」「佐助」提議：「這是一個天體營的好場所」，女子也以為「裸露是一種奇妙的感覺」，隨後她的丈夫也快快然地附議：「毫無疑問地，束縛到今天，心理無不嚮往純真和原始。」（以上對話見頁 130）而後由丈夫先褪去衣衫，其他二人也依序如此，重要的是底下的議論：

> 此時三個人都無話可說了，語言已經失效，離開堆放衣物的碉堡，開始他們幾千萬年前在混沌的大地同樣的漫遊。
>
> 所不同的是現在他們能對這種情況加以設計，有別於無知的年代。幾千年來人類在智力的表現就是為繞了一圈再回來原始？之間經無數的制度，努力和犧牲。今天人類要那樣表現他自己，是經過一番大努力探究了真象。人即使再怎麼自我稱讚他自己具有神性和靈魂，他仍不過是動物的一種。實際上真正推動它生命的仍然是各種簡陋的本能，理想跟盼望只是一種修飾。（頁 132）

對人類神性、智性的卑視與對生物原始本能的推崇在此同時進行，其實僅就人能使自身的存在處境成為思考的對象這一能力而言，便已註定他無法遵從一般生物的法則，人類文明上的法律與道德誠然是智性的設計且時常有錯，但道德的分殊現象其實也不容與道德感的要求加以混淆[43]。從另一方面言之，這種對原始的無科條律法的回歸嚮往，其實應該還有兩重意義：一、是人類天性即集體意識之機制的反映；二、是對現實社會的批判。「七」自

---

[43] 比如〔德〕·西美爾（G. Simmel）對宗教性（Religiosität）和宗教（Religion）的區別，前者意謂人的自發的情緒狀態，後者則是獨特的建制實體和教義旨趣，是一種類於藝術、科學的文化形式，見〔德〕·西美爾（G. Simmel）著，曹衛東等譯，《現代人與宗教》，書前劉小楓導言，Pxix，（香港：香港漢語基督教文化研究所，1997）。

己也深刻體會到內心的轉變過程，他在《散步去黑橋》的自序中自剖道：

> 有一種人在成長階段中，一直受到自卑與自傲兩種極端的情感
> 所折磨，他成為一個生活的浪子，外表和言行極端地反抗社會的一
> 切架構，反抗人性的虛偽，他的衝動外表永遠像是在往前奔跑，同
> 時也像是永遠往後逃避。然後有一個機緣，他駐足停步，他驚愕了，
> 像從夢中醒來，開始從習慣的人造社會回返到自然的世界。許多情
> 況說明了心靈內轉的真實，簡單地說，這是宗教上的了悟（雖然他
> 並不在形式上皈依某一種宗教），在存活的人類裡，大都都有這種
> 掌握生命契機的智慧。（頁 3～4）

從這段自剖中可以領略他與世界的不諧中，採取心靈上的自我澄化與調
適，從而體驗回返「自然的世界」這種類似宗教上的「冥契經驗」（mystical）
[44]，不過在心態上，這種對自然原始的崇奉還是從他所謂的「人造社會」回
返而來，而他也本非棲遲岩穴者流，所以更常流露的是對社會的攻訐與控訴，
幾乎不曾對公共事務改革有絲毫信心，所以他的自由只呈現一己，在無任何
道德律法之外或前道德法律的原始生存狀態，與此理念差似的亦見於類乎寓
言的〈環虛〉（收入《老婦人》）一篇，其中所描繪的人與獸交的荒島或沙
洲之原始迷離幻境，也展現萬物一體的思維，其景致刻劃為：

> 不同的人，不同的獸，誠然是原始的相處方式，而他們彷彿不
> 感覺彼此之不同，那荒淫離奇的行徑卻泛溢著一種和平寧謐的氣
> 氛。（頁 185）

---

[44] 關於此譯法，請參考〔美〕‧史泰司（W. T. Stance）著，《冥契主義與哲學》，楊儒賓之譯序，
（臺北：正中書局，1998）。

這篇由蘇永安的原作〈求道〉改寫而成的作品，據後記所言無疑原作中有佛教體悟的興味，只是經「七」之精神改寫只能彷彿其義，而東方民族精神的萬物同流思維與「七」的自然原始觀念得以契合[45]。

至於依從原始本能是否構成犯罪的道德問題，這其中顯然有所糾葛，這點「七」也曾意識到，只是不見得能加以釐清，在〈「八又二分之一」的觸探〉（收入《情與思》）這篇電影短論中，他曾捍衛了藝術家的特權：

> 人類是一種具有複雜本能的動物，當藝術家思想企圖把人類從許多束縛中再度驅趕回到本能時，由人類建立起來的空洞的規範，要人類無條件遵守這些規範已經令人難以忍受。偉大的思想家是容許亂倫的特例以及背叛存在的，歸納起來唯一的兩個罪惡是不忠實自己和無辜侵犯別人，那些寫母子相愛或通姦的故事的作家的用意何在？因為故事的結局是悲劇（人生還不是在悲劇和喜劇中選擇其一）說告訴我們不能做這一件事嗎？還是想解放我們內心的苦悶，喚醒我們的本能呢？我們真的為犯罪而犯罪嗎？（頁 176）

有人以為在小說中可以拓展人的道德領域[46]，衝撞出新的道德觀，預見人的精神新天地，以最敏感的心靈先嚐人在這些方面的苦果，從而彷彿先知般地預言了道德的遠景，直到它被當成一般可遵循的律法一樣[47]，「七」曾

---

[45] 〈環虛後記〉，見《老婦人》，（臺北：洪範出版社，〔1984〕1990），頁 190～192。

[46] 在〈兩面性小說：康拉德、穆西爾、卡夫卡、曼〉一文中，弗朗茲‧庫納，以尼采的道德譜系中，涉及非理性及無政府等流行觀念，影響了二十紀末的心態，他用這種對抗感，感知現代科技與知識文明背後深藏的自我提升的力量，是一種新的野蠻狀態。收入〔英〕‧馬柯姆‧布雷得伯里（Malcolm Bradbury）、詹姆士‧麥克法蘭（James McFarlan）編，胡家巒譯，《現代主義》，（上海：上海外語教育出版社，1997）。

[47] 在這觀點上，小說中帶有預知啟示的功能，直到這種認識普遍被社會所接受，見〔加〕‧諾思洛普‧弗萊（Northrop Frye）著，吳持哲編，《諾思洛普‧弗萊選集》，（北京：中國社會科學出版社，1997），頁 12。與此相關則是如洪銘水在〈七等生「我愛黑眼珠」的道德挑戰〉裡所指出，七等生在道德層面所彰顯的道德重估的意義（收入《臺灣文學散論──傳統與現代》，（臺北：

引柏格森（Henri Bergson）的「封閉的道德」與「開放的道德」也是類似地自我辯解[48]，但是在這段評論中，最精當地還是在於：「我們真的為犯罪而犯罪嗎？」這句疑問[49]，這當然也是他的苦悶，其實已點出人受制於罪性上的不安，再由此對照他對原始的、從人為文明中解放的嚮往，尋求忠於自我與不侵害他人（這點表現在對愛慾的自我真誠上卻顯得特別容易傷害他人），且提高人的本能地位，或許都指向是依自我對事物的直覺感受，但是驚覺自我罪性的蠢動，難道只是律法教條內化或純粹是宗教倫理的馴化所致？當然不是，他反而應該從苦悶和受難中察知一己的有限，正是這種有限使自由成為不純粹，而回歸原始本能互不侵犯並不是獲得自由的方法，因為人是無法自我完成與圓滿的，所以「七」要貫徹自己愛的意志，成就愛的理念，見一個愛一個（非指其移情別戀），不蹈空地去實踐，有時只落得些微純真與自大，所以〔加〕・凱・尼爾生（Kai Nielsen）對杜斯妥也夫斯基（Fyodor Mikhailovich Dostoyevsky）非理性主義的評論似乎也適用於「七」：「即使事實上我們並不是自由的，但只要我們確信自己是自由的，則此一價值就遠勝於真，真固然是一種非常崇高的價值，但是缺乏對自由的信，我們的生命終究是無意義的。所以我們寧可犧牲真本身的價值，也要保住那「拯救生命」的自由的信。」[50]只是杜翁以自由嘲諷決定論，而「七」以「自由」隔離文

文津出版社，1999），頁 247~256）。此處我們要進一步扣問的是作為能夠批評道德的最終預設是什麼？賈詩勒（N. L. Geisler）在《宗教哲學》（PHILOSOPHY OF RELIGION）中引祁克果對亞伯拉罕獻上兒子以撒的事作為討論最使人深思：「倫理經驗回應於道德律；宗教經驗則回應於頒佈道德律的主宰。道德律說：『不可殺人』；神卻對亞伯拉罕說：『獻上你的兒子以撒。』在這種情況下，若不是宗教駕馭了道德，就是亞伯拉罕還未成為信心英雄前便成了謀殺犯。」在這個最尖銳極端的例子中，看出七等生內在的難題。參〔美〕・賈詩勒（N. L. Geisler）著，吳宗文譯，《宗教哲學》，（香港：種籽出版社，1983），頁 10。

[48] 《隱遁者》，（臺北：遠景出版社，1986），頁 39。

[49] 這番慨歎道出人受制於「惡」的狀態，是與自由意志直接抵牾的詭祕，參《論惡、自我與自由的辯證關係：呂格爾（Paul Ricoeur）前期（1950～1969）主體存有學之研究》，特別是第三章（惡的實在性），柯志明，中國文化大學哲學研究所博士論文，1997 年 4 月。

[50] 〔加〕・凱・尼爾生（Kai Nielsen）著，鄭曉村譯，《自由與決定論》，（臺北：金楓出版社，1987），頁 50。

明與群眾，他的小說尤其像是走在道德與非道德的高空鋼索上的冒險者，無
非是預測我們在懸崖撒手後的落點，但結局相同。

四、對超越者的態度

「七」的內省與對宗教的興趣在於他意會到：「一個現代人，不論其知
識智慧如何高等，如果沒有他個人認可的宗教意識和宗教生活，我不會相信
他的所作所為是有價值。」[51]所謂「個人認可的宗教意識」或指的是對某一
宗教的教義或神學主張的理會，雖然「七」自認並沒有特定的宗教信仰，或
者說他對宗教的興趣與反省多屬知識的方面，但即使是出於知識的興趣，他
卻也未必真正考慮到宗教典籍的解經傳統與方法，以《耶穌的藝術》為例，
這本類似談論基督教的筆記就充分說明這種現象，當然他在前言中交代了自
己的方法與態度：

> 我不是基督徒，亦未深切研究過宗教神學，僅以一個平庸的現
> 代人的有限知識做瞭解，其筆記的文字並不是純粹詮釋經文的工
> 作，只希望從我的瞭解中，揭露我個人的無知。
> 我亦不在偽裝信仰，卻希望在生活的諸樣煩雜的理念之外，找
> 尋一個榜樣，再做一次虔誠和有益的學習，盼能在懷疑的思想中，
> 尋獲內心的信仰。（前言頁 2）

這樣的自白，可以免去讀者對此書認作是解經作品的期待及誤解，雖然
書名還是令人費解，不知耶穌如何置於藝術的範疇加以討論，但我們可將它

51　七等生，《耶穌的藝術》，（臺北：洪範出版社，〔1979〕1988），頁 58。

的貢獻看成在於呈現個人面對宗教信仰的思辯過程，以別於單純護教或攻擊他教的作法。

除了對四福音的研讀而筆札成書外，在《譚郎的書信》中亦多次提到研經的感想[52]，所採的方法依舊是隨意抒發或是印證時事的特性，一直到《思慕微微》中，還有他對新紀元宗教人物的批評，比如說；

> 奧修這個自大又自負的人，倒是對耶穌有些推崇，還有對蘇格拉底也有敬意，把佛教和西方的某種精神連接了起來。關於這一點，與我一生的學習和生活有不謀而合之處。但像這樣的一位被世界公認的大師，依然不免有輕率之處，淺露出這麼一部絕無僅有的經典（《般若心經》）教義的遊戲性，也因為他過分的表演性質而降低了哲學精神。（頁 6）

從此可以看出他的宗教趣味及態度，而「七」偶爾也有民俗信仰的祭祀行為[53]，當然他自己認為只是從眾而行並無特別的用意，其實已透露出他在思想與行為上寬嚴不一的矛盾，即他對某些宗教內涵可能有所體會，但卻可以在不認同該宗教義理的情況下行某些祭祀行為，雖於他並不賦予這些行為有任何信仰上的意義，即從中體會到宗教象徵的超越意義，且在其小說中，

---

[52] 關於聖經對「七」在思想及創作上的影響，馬森在《燦爛的星空》中述道：「我以前在一篇評論七等生的文章中，曾稱七等生的文體為『聖經體』，因為當時直覺他的文體不論在形式、韻味和意涵上都頗接近聖經的譯文。現在讀了七等生的《耶穌的藝術》一書後，才知當日的直覺竟是正確的。七等生不但在文體上受了聖經的影響，在思想和心靈上也深深地烙上了聖經的印記。沒有讀過聖經的人，沒有深刻地體會到耶穌的行止的人，是沒有能力來談論七等生的道德的架構的。在讀過了七等生幾乎所有已出版的作品之後，我深深地感到七等生的心靈隱隱中與二千年前的那個偉大的心靈有互通聲息之處。」（頁 188）這大概是討論七等生作品宗教性中，對其最高的評價。（臺北：聯合文學出版社，1997）。馬森此言，意味深遠，卻也使人想及周作人以為聖經譯文對中國新文學發展之影響，見張賢勇〈《譯經溯源》中兩條引文評議〉一文，《道風》漢語神學學刊，4 期，1996 春。

[53] 例如《譚郎的書信》中的紀錄：「今天（是中秋節）放假在家裡，只簡單地用水果和月餅作例行的拜拜。」，（臺北：圓神出版社，〔1985〕1986），頁 149。

宗教的修辭也率多作為議論的話題，而甚少作為敬虔與投身的實踐，甚而某些宗教人物不過是他懷疑與嘲弄的對象，如果說懷疑是哲學反思的利器，在宗教這一部分，我們看到「七」寧忍孤獨或甘於獨處的身姿，正在高唱他善於洗淨的悲歌，只是這種力量是來自他自信與猜疑的自我救贖，而非採取對某一超越力量的委身，使他在趨向信仰的道路上，處於有神／無神兩極擺盪間而成為不可知論者，而不可知論者與無神論者差別幾希矣。

〈某夜在鹿鎮〉（收入《僵局》）的「我」（「乃弟」）經歷十年的勞頓之後，重新回到昔日的家教家庭，（位於鹿鎮的高貴人家）再度介入「錫琛」與「阿代」夫婦之間，雖是懷舊與溫習過往的意識居多，但昔日的學生卻已逝去，由於這對夫婦貌合神離的處境，且對小孩各自堅持不同的教育觀念，小孩之母「阿代」為了期望「我」能附和自己的理念，所以「我」以為：

> 為了爭奪（小利），「阿代」不計她的手段是如何的險惡；是的，她使用誘惑來使我站在她的一邊，我當時卻僅看到了我的慾望──我的不可饒恕的肉慾。（頁 241）

這是「乃第」坦承自己往日肉慾的罪行。而小孩之死更暴露「錫琛」與「阿代」之間的矛盾，「錫琛」說：

> 我發誓未曾做過害人的事，上天這樣懲罰我，那可能是家庭裡有一個不敬拜祖宗的異教徒，這是我想到的要絕代的原因。（頁243）

「阿代」以基督教的理智做了這樣的一件事：「小利」的屍體入棺的時候一定要那隻死貓也一同放進去；「阿代」說：「小利」和貓的精神是相通的。人和動物的精神會相通是我第一次聽她胡

言，而且是發生在我孩子身上，她說這種形式有一種安魂的作用，
她就這樣堅持著。我敢說，受教育越高表現的越迷信，……至於臺
灣人拜偶像，她反認為毫無一點意義。（頁 244）

「阿代」反唇譏諷道：

你一生的準則就是避免被人恥笑，你一生都想做眾人的王，甚
至不計使用殘酷的手段。你倡導供奉偶像，其實是想愚昧大眾，其
實你何曾相信那種類繁多的神呢？（頁 245）

爭論在「乃弟」的一句「妳不也是表示你對妳的上帝虔誠嗎？」（頁 246）
的調和中結束，「乃弟」持平地以為「他們的爭端是異常複雜久遠的，凡是
一種堅持己見的方式下辯論是永遠沒有和平可言的，真理不可能在極端的一
方」（頁 246），由於「乃弟」正沈迷於慾望之中，卻又要維持表面的和諧，
使他以和平理性近似無神論的觀點作出仲裁。「阿代」以寵物為小孩殉葬，
或許是出於母愛的顧懷以遂小孩心願，另一方面卻又雜染原始的野蠻風俗，
再者人與動物的會通，或許於理（基督教理）無據，卻偏向萬物合流的思維
方式，至於對「錫琛」宗教行為的批判，主要在批評他身為國代，卻對社會
資源豪奪與欺騙人民，他所倡行的宗教無非在表現自己的媚俗以求選票。

〈回鄉的人〉（收入《僵局》）分為四小節，寫太平洋戰爭末期被徵召
的臺籍日本兵，魂魄歸返故里的鄉野傳奇。第一、三段寫鎮上消防隊員遭鬼
魂所祟，繼而為虐其他隊員，鄉長決定請道士安魂祭煞；二、四段，寫一青
年陪同其母造訪鄉間廟祝，詢問其父赴南洋的死生下落，廟祝答以其父靈魂
已偕其他遭難之友返歸故里，所以希望作法請神明能安頓游魂，故事主軸借
此兩條情節更迭出現，以宗教儀式安慰受祟者與遭失親之痛者內心招魂的祈
望，除宗教修辭外，風格類於《老婦人》系列。

　　〈爭執〉（收入《僵局》）中的「戴」因入廟尋人，目睹鼎盛的香火與出於人手精工雕刻的莊嚴佛像，由心生虔敬而終於在心理意識上克服對偶像的威嚇，所以爭執就在顯露「戴」內心意識的自我衝突與解消的過程。從心理意識的後設認知而言，可以清楚看見「戴」的內在活動，即「神／人（戴）」的意識對話，相對地，「戴」的外在活動，除了尋人的情節外，沒有其他的故事間的因果關係，甚而最後也是一個開放的結局。主要的對話有三段，分別由「戴」在廟內無方向目標的尋人活動隔開，「戴」見佛像時，心理意識呈現如此的波動：

> 你太巨大了，而且太威嚴。(頁18)
>
> 會懲罰我嗎？
>
> 戴恢複了鎮靜，而且漸漸有一種侮瀆的心思。……
>
> 你裝扮成這樣是威嚇。
>
> 威嚇是一個起點；一切的起點。戴從理念中升起對祂的批評。
>
> 我非常抱歉，我的意思是指雕刻師。
>
> 我知道他們盲目信仰你，但他們也獲得報驗。
>
> 她在那裡？告訴我。
>
> 你知道她在那裡？祂說。
>
> 我？我知道，你豈不在開玩笑。
>
> 戴看祂又歸為沈默有點惱怒，他瞪著祂，想把自己心中僅剩的那一點忌慮也排擠出去。
>
> 你敢情就是一椿欺騙。
>
> 願不願被欺決定在你，老戴。祂又說話。
>
> 我非常抱歉，當然，決定是在我。
>
> 他們對祂的崇拜不是戴所能干預的事。我是這樣的可笑和自大，戴自己這樣想著。決定在我，祂說的的確很公平和合理，

決定在我，這一點我要牢記在心。（頁 19～20）

有你就沒有我，有我就沒有你，對嗎？

的確是這樣的，老戴。祂說。

你和我是同等高。

但把你交給我，你就省得煩心。

把我交給你，也許，但我對他們的卑視這怎樣說？

你也是他們中的一個。

戴回頭望望庭院的人們。

這一點我不願，我不是他們之中的一個。

那就沒有什麼可爭辯的了，老戴，不過我要提醒你，自己料理
自己有多大的不便啊，現今不比往日。

的確，你的話有道理，但還是讓我試試我的辦法。隨你的便，
老戴。（頁 20～21）

當「戴」離去前又回頭望向偉大的神像時，對話又於斯展開：

喂，老戴，怎麼不多停留一會？我必須去找她，你知道。

假如你願意多注視我一分鐘……我知道你的詭計，你想懾服
我。你只不過是他們中的一個，老戴。這點你說的太多了。（頁
21～22）

從「戴」初見雕像，驚怖之心生而為之神奪，到恢復鎮靜，生出褻瀆之
心思，似乎也暗示了理性的抬頭[54]。對話中有些是敘述者的聲音介入，並不
難加以區別，值得注意的是，或許在此除了清晰的呈顯敬畏的意識與理性觀

---

[54] 在《耶穌的藝術》，第十三章有一段對童年懼怕，對廟堂神像注視及對鬼神恐懼的經驗描述。

念之間的對立外，不必然有意將「戴」的信仰或說對神的體悟與認識，提昇到另一層宗教體驗與神學的探討，從結果看，「戴」的自義與尊大，已破除對偶像尊崇的粗淺體認，也克服宗教起於敬畏的簡單認識，但是不能超出對偶像崇拜而加以論述，使這場意識間的對話（或說是神人的角力）就只淪為人與其所虛設對象的對話[55]，只見人性不見神性，當然，如果要免除這種責難，也可以說，它只求人的意識在瞬間真實地呈顯，那當下不必然要引入其他論述，但是在敘述者的聲音中也聽到了他的判斷，最終帶給我們的印象是「戴」的不放心託付於崇拜對象間的掙扎———一種信心的危機，而「戴」的自尊，其實又來自於他不願盲從，或是他（是「戴」、是敘述者、是七等生？）對「群眾」意識的抗拒或鄙夷，殊不知與神的溝通，不必然與群眾意識有關，自我與神的對話或超驗的經歷或許是私人的，但對其他心靈採取卑視的態度，顯然違背了絕大部分的宗教教義——愛人，更何況只因目睹他人的所謂低等的宗教行為而自絕於神，這中間是否思及反面的命題：人是否可能因神（宗教）而改變對人的觀點[56]？

〈天使〉（收入《僵局》）中的主角為了好友——在軍中的「席米」辦理研究所入學而奔波[57]，包括向貧苦的「席米」雙親解釋「席米」的入學動機與狀況，在一得知「席米」雙親已將「席米」之證件託付「湯君」後，他又趕往路徑不熟的「湯君」處，尋訪的路上，因目睹一座教堂而有短暫的出神與凝想：

---

[55] 運用內心意識對話手法篇目甚夥，比如〈AB 夫婦〉、〈散步去黑橋〉裡（彼在「年輕的自己」與此在「此時的自己」）技法運用均流暢可觀。

[56] 〔英〕·懷德海（A. N. Whitehead）在《宗教的創生》中有一段優美的說法：「宗教，就它依賴人本身以及事物本性中的永恆而言，它是人類內在生活的藝術和理論。這個說法直接否定了，宗教基本上是一件社會事實的理論。社會事實對於宗教乃是很重要的，因為沒有絕對獨立存在的東西。你無法從人本身抽象出社會；大多數的心理學乃是群眾心理學（herd-psychology）。但集體的情感對於這件可怕的終極事實毫髮未損，就是人類的存在，它只意識到自己，並且只為了自己的緣故。宗教是個人與他自己孤獨相處的東西。」，蔡坤鴻譯，（臺北：桂冠圖書股份有限公司，1997），頁 3。就這個層面而言，「戴」初見神像的驚怖是一種最原始直接的經驗。

[57] 關於此事，雷驤在《黑暗中的風景·恩寵》裡可為此事箋注，（臺北：爾雅出版社，1996），頁 75。

他抬頭看見分岔口的上方佈滿著樹木和草叢，一座小教堂塌落的屋頂露出樹梢。這座空洞的屋子模樣像骷髏頭，好像還留著死者最後一刻痛苦悲憤的表相。他停步望著還留在前門牆壁尖點的十字架。這座落在此位置給他不勝詫異的感覺。它不是一種向天空祈求和哀告的表情嗎？（頁 37）

他從洞開的門進去，裡面空洞一無所有，有一面牆壁已經倒塌，許多磚瓦堆積在角落。他一直走，走到所謂放置聖體的面前。他開始被一種荒漠所包圍，四周靜寂得像深淵。抬頭仰望天空，像身在天井裡，觀看掠過的晚秋的飛雲有著驚心動魄的行姿。漸漸那有限的天空在旋轉，他漸漸感到恐懼和戰慄，腳步不自覺地浮動起來。

當他奔出屋宇外面，一切幻像才告消失。回到石階路上，他的心還在抖顫。（頁 37、38）

全篇共分為七段，就以幫助「席米」而奔走的主題牽動段落間微弱的聯結，第六段甚而引入懷著往日情愫造訪昔日的女友，重逢之下，發現徒留過去清純的影像，此時她的風韻及與新朋友間嫻熟周旋的技巧，使他理解到對昔日懷抱童話般的幻想是何其荒謬；第七段也略為逸出主題，在辦理完學籍事務而離開 A 城時，郵寄給朋友「老唐」，以作為對「老唐」所謂「理想主義」論文的回應，信中共臚列了七點意見。最終則以接到「席米」的訃文，感嘆在 A 城另一好友「阿隆」與己，終將成為從前美好友誼間的最後見證。篇名取為「天使」，意義並不顯豁，天使是訊息的傳遞者，或許在此僅止於彰顯一己是美好友誼的宣講者與理念的化身，或說整個事件就只表現人間良善友誼關係的薄弱，與時間對友誼的改變，前引主角目睹殘破傾圯的教堂，帶來瞬間「恐懼與戰慄」的感受，很明顯地，它縮合教會凋弊的建築形象與耶穌受難身體被打破的意象，十字架的尖頂向天，彷彿耶穌最後七言飄向天

國,雖然這一段可看成是本篇「整體」架構上的逸出,只是作為主角在過程中,一段印象深邃的銘記,不然就只好將他與天使的隱喻作結合,從教堂的頹敗風貌,轉喻友誼如果也是一種神聖的企求,那麼人世流轉倉皇多變,所以牆壁尖點的十字架,「它不是一種向天空祈求和哀告的表情嗎?」這一疑問,遂有了人性苦難的寫照,作為弔友傷逝,也應是祈求與哀告的獨白。

〈虔誠之日〉(收入《僵局》)明指星期日,由主角四項行動四個情節串成。

一、取回送修的相機,批判偽善與倨傲的商賈本性;二、重臨公園門口冷飲店,突然體驗到自己內心對同一女郎前後兩次間,由熱情難遏的企慕轉成冷淡疲乏的態度,這裡引出一大段對自我意識的澄清與爬梳,可以觀察出:瞬間的熱情與理性思考的混合常使他陷入苦處與矛盾之中,初逢這女子時的殷切期望與再逢時對未來生活可預見的不堪與憂慮,足以使他裹足,這種冷靜和太聰明,與不定時的乍然狂戀,都出自同一主體,使人領略到人性在常貌下隱含的背謬與多變;三、看望平日托育於公立托兒所的小孩,這種例行的探望毫無親子的親情與溫暖的互動,主角對其遺蛻悲觀地以為:「他的一切因我而生而改變,他只是我不幸的延續。這就算是延綿生命。」(頁9);四、餘興活動,主角在處理完事情後,以非教徒的身份去參與長老教會的聖詩吟唱為樂,結果發生神奇的偶遇:

> 回家時我總是走著同一路線,而且絕不搭車,由托兒所走過一條街,有一所長老會教堂的尖頂豎立在兩旁官廳建築物之間,當時我從牆邊走過,已經瞥望幽暗的教堂裡景象佈滿奇異;在講壇兩旁,並列著白色巨大的臘燭,身材魁偉的長老套著白色罩衫,詩歌的聲音比往常更加徐緩地流出,我走上臺階,立在門口中央,我像往日一樣走進,意料之外地為一位面不奇特的人阻止。
>
> 我是這所教堂忠懇的教徒之外的闖入者,我習於在此刻依附一

群人唱首聖詩為時並不久遠；真的，當我離開我兒，我需要一點慰藉和情緒，阻擋我進入的人我未曾在此地看到，當他對我搖頭和注視我時，我突然醒悟他是誰。他相貌平凡和粗糙，並非一般狂烈者所宣傳的那種修飾過的漂亮和浮傲的神態，他的衣著簡陋沾有塵土而非秀緻和潔淨，他是個削瘦有臂力的工人而非肥弱的書生。他把守在那裡看來是為了嘲諷和維護，彷彿一位小丑守在猛獸的檻門。那些在現世以名譽代表他的人，此時莊嚴地坐在高階的講壇上，瞟搖著浮幻的眼珠；象徵他的精神的燭火，在這日落的城市顯示暗澹和脆弱。他真正的神奇，乃在他善於多變，無所不在；他是突然降下擋住我走進，我一退步，他即形消失。（頁 9～10）

　　一開始，主角不將進禮拜堂視為一項宗教行為，毋寧是略帶調劑的餘興，若說有些心靈上的安撫，誠如其自白乃在於「離開我兒，我需要一些慰藉緩和情緒」，而神奇的偶遇在突然出現阻擋者，相貌平凡而前所未見，「他把守在那裡看來是為了嘲諷和維護，彷彿一位小丑守在猛獸的檻門。」主角雖說「我突然醒悟他是誰」，從正面的肯定看，像是對耶穌形像的模糊暗示，可是從上下的陳述來看，他依然是一團謎，再者從敘述的順序而言，這裡有一點時間及因果上的失序，即主角先對此人有所「醒悟」然後才及於對他形貌的描述與認識，也就是說，在敘述上，辨識的結果先於辨識的過程，要免除這種質疑，除非將主角對此人的「醒悟」，當成是一種「直覺」的掌握，而對其外在形象的描寫，不過是略去細節的補充說明罷了。至於「他是突然降下擋住我走進，我一退步，他即形消失。」這種近乎神性的魔幻形象，或解讀成「這位把關者顯然是教會（教會通常被當作人與神交會的中介。）與宗教權威的化身。」[58]既然化身，順著這個理解角度，這位把關者的諸多形象描寫，就只能是加諸「教會」或此一觀念（宗教的延伸、世俗的敬拜團

---

[58]　見〈七等生小說中的自然、自由、神〉，頁 147，黃克全，《文訊》，第 30 期，1987 年 6 月。

體、神聖的庇護……）的變形，所以真正的阻止與抗拒就只是他心中的某個理由，癱軟與虛弱，唯因如此，末段才會說：「真的，我承認微妙的詩歌也不能慰人。一切都不能，我早知如此，只是無力否認。」（頁 10）這就符合了矛盾的本來天性，想從聖詩中求得安慰，卻又一方面懷疑它的果效，就像前述中他對那女子既熱情又理智地近乎冷酷一樣，一則強調自我完滿，但深刻自省後，清楚自己天性的缺陷，想因信稱義，卻又落入委身前的各種盤算而退卻。

〈逝去的街景〉（收入《白馬》）寫寡居的富孀「吳素妹」兩位讀大學的女兒遭海噬，而猶存一位八、九歲的稚子，從此神祕而高貴的建築內就有了蜚短流長的艷談圍繞著女主人，包括已婚的畫家「鄭森」，甚而麵店的老闆之子「火生」，但由於鄉人對「吳素妹」其人及家世背景的神祕想像，故雖有其事但也都能自我節制。故事終結在一位天主教的外籍神甫的造訪而後有了戲劇的轉折，這棟豪宅被捨為教堂，但「吳素妹」則搬到智福寺去茹素事佛，敘述者的解釋是：

> 對這一點一定頗不能滿足某些人的愛好邪想的僻好，他們總喜歡把人定成一種固定的性格，也喜歡判別非善即惡，而忽疏了生命的歷程是會自然地尋求平衡與和諧。她的兒子經神父引進到基督書院去讀書了。（頁 222）

全篇正如其名「逝去的街景」猶如在觀看暗黃的舊照，「吳素妹」的經歷與隱退，面臨自己的人生抉擇與對其子的安排贏得了讚許。結構上引入兩種不同宗教思想，卻輕易地以按語的方式解消了可能引發更深一層的對立，這一點如果不認為是項缺失的話，就只能當作是「吳素妹」以宗教上的包容來贖罪。

〈放生鼠〉（收入《精神病患》）前有一段楔子，說畫家將捕得的大灰

鼠野放後，不數日卻見到它被毒死而載浮載沉於河水中，喻示畫家（人）與大灰鼠的悲運其實相同，縱使曾有短暫的自由，但那也不過是自欺的假象，最終依然無所遁逃於天地之中。小說主線從「羅武格」童年的自我意識開端，尤其以他幼年意識的萌芽與挫敗為主：

> 在那些「羅武格」漸漸成長的夜晚，他的小小的生理在他的身體的內部變化著，產生著性慾的雛型，就像一隻童雞一樣地要躍躍一試。這常常把他的疲乏的母親從僵硬的休憩中擾醒，使她早已斷慾的清淨的身心感到又羞澀又生氣。他的母親在醒來時，狠狠地打他的手和擰他的大腿，她憤怒不堪，翻轉酸痛的身軀。可是有時她縱容「羅武格」柔撫她的乳房，醒來時感覺一個嬰孩睡在她的懷裡，她像「羅武格」在嬰孩時代的吸乳，一隻小手掌握弄著另一隻乳頭時的情形。有時她感到「羅武格」的大手掌像男人一般地帶著十足的性慾戲撫著她，她憤而起身，把「羅武格」孤單地拋棄在他害怕的牆角的黑漆裡。（頁 102～103）

敘述者的口吻中，涉及了「羅武格」與其寡母的意識對話，全篇五章四十七節中，性意識的流轉與變化藉著不同的女人而彰顯，有些章節設計又特別引入宗教的議題，在此有沒有必要導入宗教議題，是值得商榷的，除非是特意在性與宗教禁忌間取得結構對立上的張力，比如當「他」與一位女學生共宿一晚，在清晨醒來聽到外頭教友報佳音時，兩人言談論及對將來的規劃，而有如下對話，

> 「我的父親，他朋友，校長，代表，議員們都認為你行為浪漫不羈。」
> 「你相信他們嗎？」

「有點相信。」

「他們從外表看我罷了，因為我學藝術的關係。」

「外表不是反應（映）內心嗎？」

「靈魂和外表的行為是不相同的。」

「你不是教徒，為什麼也談靈魂。」

「善良的靈魂，教徒和非教徒都有。」

「神父不是這樣說。」

「商人只會說自己的貨品最好。」

「教友都是好人。」

「妳不了解他們。」（頁 149～150）

由對話中可以看出女子的稚嫩，而「羅武格」的批評與行為其實也不過是用悖德與帶點世故（比起這女子而言）來攻擊他觀念中世俗的偽善罷了。在第 39 節，羅武格和另一位女子「絲蕙」在袒誠以對的連床夜話中，當她被問及為何不是處女時，「絲蕙」說：「背信，永遠的背信。」「對神背信，人在社會生活都對神背信。」（頁 201）雖然「羅武格」對她許以結婚之議，還說：「假如我們兩個也會互相背信一定十分可笑。」（頁 202）但最終他還是成為「絲蕙」所控訴的那一類型，當「羅武格」說：「我理想中的女人已經死了，像神一樣是不可祈求的，我要的是人間的女人。」（頁 204）時，多少已帶有墮落與自棄的快感，但或許是追求理想的道心不死，而只是在求道中變換不同的女人形象以證道。在「絲蕙」飲藥自盡後，「羅武格」在短暫的悲傷落淚之餘，卻能「以愛療傷」，迅速地與一位妖冶裝扮的女人進行性交易。而「羅武格」孽海浮沈的另一女人為「劉姐」，她面對「羅武格」的誘惑供出了內心的掙扎：

「憑良心，至今我一點也沒有做錯什麼，而且也不敢那樣做，

我是浸信會的教徒，我的祖父和父親都是教徒，我的家族從來沒有越過那種誡律，……」（頁 184）我實在不能了解自己。到此為止，我的身體是清白的，但我的心已經紊亂了。昨天，教會的牧師來看我，祈禱我早點康復回家。從小到現在，我都是虔誠的教徒，我的祖父拋棄了佛教改信基督教。我現在不知要怎樣對上帝禱告呢？……」（頁 197）

終於「劉姐」還是犯了淫亂，在歷經與「羅武格」的情愛之後，「劉姐」又能重回原來的宗教生活，分手的場景是「劉姐目送著羅武格乘一部計程車離去，她轉進教堂，正迎著牧師和許多教友。」（頁 213）這個蒼白的臨別一瞥，是種對「羅武格」以肉身度化情嗔的嘲諷，我們實難理解為何「羅武格」無法知曉完美理型的女人在現實上根本不存在，除非他根本誤解了完美的形上義本身具有一道無法逾越的鴻溝，雖然他在每一段情感中都絕對堅持短暫的真實與毋自欺。

而「羅武格」的宗教態度，只有一段青年時代宗教經驗的自剖，那是地方廟會舞龍活動結束後的夜晚：

> 「羅武格」站起來，走近供桌上的神像，慢慢地移動著腳步，詳細地觀察，想從神像上獲得一些珍貴的發現，以解釋他孩提至今的一切曖昧不清的觀念。
> 「羅武格」突然停在一尊神像前，看到那隻揮劍的手臂和胸前的油彩已經斑剝脫落，露出裡面木頭的顏色，這時他的敬畏心遽然因猛襲著他的莫大的失望而消失。（頁 119）

尤其是耳聞神殿中充斥著參與儀式者彼此間粗俗下流的對話，使年輕的「羅武格」「不覺發出絕望迴避的呼號，然後向冷寂而瀰漫著霧氣的空街奔

逃而去。」（頁119~120）在揭去崇敬對象的神祕帷幕後，呈顯令人不堪的
真相，使虔敬與不信在瞬息間有絕大的逆轉，即使面對不同的教派，「羅武
格」的心中似乎已橫有識盡天機的了悟，使他以為宗教原理所凝成的智珠宛
然在握，雖不免偶爾又顯得猶豫不定，在信與不信間作神人的對決。小說的
最後一節中，「羅武格」參加基督教靈糧堂的佈道會，當牧師準備為決志者
施洗時，「羅武格」戲劇性地離開座位。

> 繞過椅背，向中央走來，但是他並沒有向中央走道向前走去，
> 他向大門走出，馬上來到街道上，心中唸著：主啊！寬恕我，對於
> 我，唯有在我的心中能找到妳……。（頁 215）

決志而受洗是對宗教的追求，本來在心中有所歷練而信心略有增長，卻
說神只能於其心中方能尋得，終究還是將神圈範於個人心中，奧古斯丁
（Aurelius Augustinus）早已駁斥在禱詞中將神窄化的說法，因為：

> 凡存在的便包含你了？果真如此，我既已存在，又何必要求你
> 進入我心？因為除非你在我之內，否則我便無由存在。……所以，
> 如因不是祢，我的上帝存在我之內，我便是虛無，全然無法實存。
> 或者毋寧說，除了在你之內，我便不存在。[59]

因而「羅」的態度，與〈貓〉中「李德」的說法其實無二致：

> 在精神方面，也沒有一個現成的上帝讓你膜拜，你痛苦也好，
> 快樂也好，都是你自己的事，這樣是最公平的。（頁 43）

---

[59] 奧古斯丁（Saint Augustine）著，徐玉芹譯（按：據賴慈芸「翻譯偵探事務所」調查，本書譯者應
為耶穌會士周士良神父），《奧古斯丁懺悔錄》，（臺北：志文出版社，1991），頁23。

這就帶有天地不仁的意味，有自義而反神義的成份，而要進一步了解他的態度還可從《耶穌的藝術》中略摘數則作說明：

> 現代的人總都明白個人的命運，由自己開創和抉擇，自我是自己的神明；但對古代無知的苦難之輩，其心智十分薄弱，需要別人的扶持。（頁 59）上帝是神學認知透過哲學邏輯辯證和科學追求所普遍承認，是無形而無所不在的造物主。（頁 82）

說上帝是神學認知透過哲學辯證及科學追求檢證而得到普遍的承認，這於事實並不相符，同時也是對各學科範疇功能及預設上的誤解，更甚者他以為：

> 雖然我在別的知識裡獲得上帝的觀念，知道宇宙有個造物者，但對耶穌所說的天國的榮耀之類的景緻，還是持有懷疑的態度；不論如何，我不依憑現有的知識，或宗教信仰來處置我的行為，而是憑我的內在的感性；這種感性是內在的一種綜合的判斷，單純的知識和宗教信仰，都包括在這複雜而微妙的機體之中。（頁 37）

很明顯地，「七」對耶穌的天國象徵，很可能將它作為指涉來看待，至於他所謂內在感性的綜合判斷，表現在宗教上毋寧是遲疑與理性成份居多。

五、結論──膜拜孤獨與怪誕文字

　　不管劉紹銘說「七」的文學形式是寓言或是對他語法的譏誚[60]；抑或康
來新所持對他以「詩」寫「小說」的即興書寫的看法[61]，我們好像終於能在
「現代小說」這個對小說文體概念，模糊輪廓的描述與寬容下，調整我們的
批評角度[62]，以文學求之者，常對他的哲思的夾雜感到突兀；若求之於思想
的呈現，也會發現多屬個人常識推理的情感宣洩，尤其語法意識上的閃爍與
跳躍，也缺乏直觀的洞徹與理解，但是他的鬱悶的筆觸及獨特的道德觀，向
我們訴說他對鬱悶心理意識的直接書寫，宛如未收拾的傷口，沒有經過文字
包紮的傷痕；而獨特的道德觀，在鬆動既有的已被馴化的心靈，再一次檢驗
我們拳拳服膺的教條的合理性，或甚至暴露我們心靈角落的另一股盲動，而
這些都在他對孤獨的膜拜中產生，本來，一位小說家在處理人物的同時，他
彷彿也在逼問自己同超越者的關係，在這點上他是自由的，不論他的態度是

---

[60] 馬森在〈三論七等生〉中分別從「七」的生命型態與文體風格等部分加以評析，文多讚揚，在存
　　在的情調上說他親於齊克果而疏於沙特，「因為在七等生的小說中缺失那種無神與虛無的震撼力，
　　而多了一份頑強的但較為狹隘的道德感。」（見《燦爛的星空：現當代小說的主潮》，頁 176）
　　這一點比附與前述本文中有相當差距。至於說「七」的文體近似於聖經的翻譯文體，故名之為「聖
　　經體」，更因「七」曾有《耶穌的藝術》一書，而確信二者之關係果合一己之觀察，此說亦殊未
　　諦，關於《耶穌的藝術》一書與聖經之神學旨趣有多大關聯先不論，不同語言間之翻譯所引起之
　　語法差異又何止聖經一書，凡譯書多帶有對譯後之語法差異現象，況聖經尚有新譯諸本，若能選
　　擇，「七」是否願擇較流暢平順之語法書寫？故名之為「翻譯體」或差可，不過，馬森的意見，
　　倒與楊牧在《一首詩的完成》書裡，〈外國文學〉一篇中有類似的看法：「有時我們從外國文學
　　摘取某種新穎有效的語法，一些充滿特殊風味的辭藻和語氣，加以摹仿轉化，應用於我們的創作
　　之中，未始不產生技巧的突破，這是盡人皆知的。若非翻譯作品的刺激，今天的中國白話文絕對
　　不可能如此豐盛富饒，而且變化多端，何況我們還都知道，有些笨拙的譯品，縱使題旨對現代詩
　　無所啟迪，那匪夷所思的句法結構，有時也為我們提供了某種驚喜。」（臺北：洪範書店有限公
　　司，1991），頁 99～100。楊牧以下還引了馬太福音第十三章「撒種的比喻」作例證，這觀念雖
　　與馬森之見雷同，但是馬森的看法對「七」之「怪異」文體的解釋：究竟是刻意摹仿翻譯文體或
　　是耽讀之餘，不自覺的呈顯，都不能加以證實翻譯文體對「七」的「影響」。

[61] 〈廣角的關懷〉一文，評《老婦人》一書，見《聯合文學》，第 7 期，1985 年 5 月。

[62] 參考《原始故事與小說起源》，第一章〈小說──界定不明的文體〉，〔法〕‧瑪特‧羅勃特（Marthe
　　Robert）著，逄塵瑩、何建忠譯，（臺北：國立編譯館，1995）。

信服、猶疑或抗拒，然而內在的疏離感使他道出不完整就是我的本質，甚者
「恐懼死亡又卑視生命；渴望愛慾，卻又因害怕而遠離它。」[63]這種進退失
據的難堪，使得最終的自由，就只能是一種趨向原始的退化，一種無誡律約
束的自由，從這些範疇──愛、自由與宗教看來，「七」的小說就不純然是寓
言，因為寓言常帶些道德勸說和說教；毋寧是詩質般的預言，因為詩比歷史
更真實，況且它的預言每天都應驗，符應在每一個現代人的疏離感受中。

---

[63] 〈隱遁的小角色〉，頁 49。

肆、神祕體驗和社會異象的預言者──
宋澤萊（1953～）

一、導言──書寫與精神自療

　　宋澤萊具有複雜的宗教性格，在佛教上他堅持原始佛教，提倡以臺語弘法，這兩項因素結合起來形成既激烈地批判臺灣大乘佛教並突出個性鮮明的政治立場，以主編《臺灣新文藝》擴大影響之領域。在基督教義的體會上趨於靈恩或神祕經驗的省察，從宗教型態上觀察，他珍視個體的神祕經驗，並用以會通宗教間的畛域，回歸宗教的主體自我，有宗教混合型態的特徵，這與早期心理自剖有個人發生學上的關聯，而積極的社會參與和個體宗教信念與經驗間的互相滲透，使其小說中的主要人物具有「宗教性格的領袖」的特徵，〈變成鹽柱的作家〉、《血色蝙蝠降臨的城市》裡的人物最明顯。再者，基於宗教信仰而來的社會批判力量，使他宗教和社會的批判可以並行，但未來小說中這兩股力量是否平衡，或者會有更多靈修的修辭抑是趨於社會性批判的書寫，當予以長期關注。

　　宋澤萊（以下簡稱「宋」）在前衛版臺灣作家全集中，被劃入戰後第三代，這種以文學發展編年為次第的歸位，說明他在當前少壯陣營中的角色。事實上，他所以特別引人側目，主要在於 1978 年《打牛湳村》系列小說的發表，尤其是受到陳映真的揄揚：「不論他自己是否有意，他的《打牛湳村》

已經把爭訟紛紜的「鄉土文學」推向一個新的水平。」[1]。此外，彭瑞金更讚揚他在小說層面上推闊了書寫的時代內容，能由單一的農民或家庭，進而深刻反省農民生活的社會實況[2]。上述評析或閱讀作品的角度，無疑也反映當前「臺灣文學」的研究氛圍，偏於社會功能的專注。

施淑在〈大悲咒〉一文中指出「宋」是一位具有高度內省特質的作家[3]，這種深層的內省或自我觀照，在其作品中流露出來的是一位耽於內視深刻意識流變的形象，尤其是 70 年代在他大學時期的三部短中長小說——〈嬰孩〉、《紅樓舊事》、《惡靈》，都可見到一位臨水自照或剖腸剖腹的焦慮青年，雖然其中映見的是作者所不忍見的鬼魅夢魘及心理陰霾，而這種反身而誠的耽溺基本上是對現實的疏離，但這卻使他可以輕易擺脫文學思潮逐浪兒的尷尬。當他最富深層心理及意識流手法或存在主義色彩的這三部小說發表時，臺灣的現代主義已告退而鄉土文學運動方起，彼時，打牛湳系列卻成為鄉土文學的典範先立，又如《等待燈籠花開時》系列經張系國品題，才知道自己這些作品應貼上浪漫主義的標籤[4]，這種脫序與無知，其實恰足以說明他作品中理有暗合的多樣變化與才性。

「宋」對創作歷程及心理轉變的自述，在 91 年康原的訪問記〈拆穿騙局的人——宋澤萊的文學與宗教情懷〉[5]中，提到的主要兩篇是〈從《打牛湳村》到《蓬萊誌異》——追憶那段美麗‧淒清的歲月〔1975～1980〕〉及〈掙扎人間——寫在《禪與文學體驗》出版前〉，以上兩篇各見於該書的序，而要完整填補 1980 後的心路，則要以《血色蝙蝠降臨的城市》[6] 一書序，

---

1   〈變貌中的農村〉，《夏潮》，5 卷 4 期，1978 年 10 月。

2   〈《打牛湳村》簡介：現代農民圖〉，收入葉石濤、彭瑞金編，《一九七八臺灣小說選》，（臺北：文華出版社，1979）。

3   〈大悲咒——宋澤萊集序〉，施淑、高天生編，《宋澤萊集》，（臺北：前衛出版社，1995）。

4   〈從《打牛湳村》到《蓬萊誌異》——追憶那段美麗，淒清的歲月（一九七五～一九八〇）〉，《打牛湳村》等三書之新版序，《打牛湳村系列》，（臺北：前衛出版社，1994）。

5   《自立晚報》，1991 年，10 月 4 日。

6   大地驚雷：宋澤萊小說集Ⅳ（深情典藏紀念版）《血色蝙蝠降臨的城市》，（臺北：前衛出版社，

〈從《福爾摩莎頌歌》到《血色蝙蝠降臨的城市》──追憶那段紅塵吟唱與尋求超越的時光（1980～1996）〉這篇文章為本。自我珍重於創作流變「史」的紀錄與探討可謂亦是其特色之一，可能緣於史學訓練本是他大學所受的專業養成。這三篇文章裡，對各篇小說雖有清晰的作品繫年，但毋寧多偏重於心理意識的呈現與自我省察，而更重要的是他向讀者明示，「文學」、「宗教」如兩束葦互倚不倒而構成他的生命重心，「宋」彷彿也在他的文學歷鍊中「發現」了這條軌跡，環繞其中的主要是來自於心理及社會現實的調適，施淑在前揭文中也指出：「創作對他來說，是掙扎也是解救，這樣一來，他的作品基本上可以說是自省和探索的結果，是他個人心靈災難的記錄。這情形在他最早的現代主義階段的作品，……有著直接的表現，就是他後來以現實生活為題材的小說，仍大致維持不變。」（頁 10）依此觀點，我們似乎可以說：「宋」對現實的關注與批判其實是來自於他進行「自我拯救」（〈從《打牛湳村》到《蓬萊誌異》──追憶那段美麗‧淒清的歲月〔1975～1980〕〉一文中語）或「自我治療」的工具性運用，這也回應了前面陳映真所說：「不論他自己是否有意」那句話，如此分析其實無損於「宋」對農村社會體制運作的深刻批評的成績，但一個貫穿其各個時期小說中常流露的主題──宗教，是作者宣示其創作及個人價值的立場，這個主題在愈晚近的作品中有愈趨重要的現象。

　　「青年宋澤萊時期」（大學時代）的三篇小說──〈嬰孩〉、《紅樓舊事》、《惡靈》，據「宋」自承乃當時耽讀深層心理學及社會心理學之餘所產生的誤解，也是其心靈曾誤入歧途的見證，衡其小說的確滋蔓著戀母、性倒錯、青春期對同性的愛慕等異色氣息，深染存在主義式的荒蕪或虛無感。（為對抗虛無而力求自己的實存體驗，卻可能誇大了肉體及心靈方面的苦楚。）而意識流、獨白或對意識的溯源等運用，讓我們窺見內在的豐富，只

2013)。

是相對而言現實感及歷史感則稍弱，因為對意識的剖析及溯源，其對象本就是無時間性的，所以有人將小說中的母親及父親的形象解釋成臺灣在近代歷史上所遭受的悲運，就略顯過度詮釋[7]。

〈嬰孩〉曾被誤認為英法文學的中譯而引以為談，主角「我」是一個無法認同怯懦的父親但母親偏又早逝的青年，使得他既戀母卻又急於掙斷臍帶而自立，一方面又缺乏愛的灌輸而不能遂願，加以「我」對青春期變化中身體的敏感與焦慮，因而構成一副沈鬱內省而神經質的性格，最終因為各種挫折，在不堪負荷之下飛奔掘開母親之墳而仆倒其中，象徵對生命之源回歸的徹底絕望。其中一位人物「楊雲龍」的角色，是一具有道德潔癖及偏執性格的類型，「楊」的告白是：自小寄住在舅父家，舅父從事教會服事，但卻暗中與牧師爭權奪利，是一位口呼主名而惡事作盡的法利賽偽善者。「楊」在聖與俗對立煎熬下而有人格異常現象，這種內心衝擊引發他積極投入校園社團中的福音合唱團工作，甚而打算在校門口宣揚道德與愛，結果演成精神異常而休學。小說中的「我」因為「楊」交代他執行寫匿名信勸誡某位耽於淫亂的教授，最終也難逃被學校處罰及退學的命運。「楊」與「我」的性格在某些地方是有其同質性，在宗教上的固執、不妥協，卻又更彰顯一己的軟弱，使得陷入信仰上「律法主義」的某種偏執。

《紅樓舊事》以第一人稱「我」自敘大學歷史系學生在生活上的「私德」與「失德」，技巧上採取對意識流逝的時間追憶，以環繞「性」的問題展開序奏，由對年長的女考古學教授莫莉的情慾（知識上的考古與戀母的原慾有象徵上的關係），倒敘年幼失母以致對女性角色的認識產生困擾，更由於自身性器上的病症，對男性陽剛健美發生戀慕，至於對父親角色的認識方面，「我」的父親是一位表面敬虔的牧師，能以生動激越提昇人的靈命的語言證道，卻偏有著二十世紀人類的印記：戰爭、流亡、漂泊、痙攣、焦慮等苦難，

---

[7] 高天生，〈解剖刀與社會良心——再論宋澤萊的小說〉，附於《蓬萊誌異》，（臺北：前衛出版社，1988）。

對主角而言，其實由著血緣的遺傳或時代的習染，自己難道不也得列入此世
紀的人物誌中嗎？而父親對肉慾耽溺的敗壞（喪妻、續弦，趁妻子回娘家時
召妓），在自己無意中窺見父親狎妓行歡之餘，初識罪惡況味的他由其父身
上見證「罪行」的實存，原來抽象的罪的潛能，是可以在鮮明的事件上彰顯
的，由此，父親的敗德引發自身對遺傳上，帶有惡的血質的恐慌與焦慮就更
加深了。這種情節上的衝突設計與〈嬰孩〉中的楊雲龍舅父的偽善是相類似
的。此外，小說中安排了一段學生對佛法的對話與討論（頁 43～51），則可
以看作是一場智力活動及對生活中迷惑的釐清，不過本篇在結尾上則異於〈嬰
孩〉而採取較唯美淒絕的散場方式，小說中的「我」在經歷幾番心理周折而
決定放手一愛的女孩——吳靜蕙，終因精神病發而捨離。（精神病——或許
又是一種遺傳上的宿命。）

　　《惡靈》是此時期的長篇，原名《廢園》，在遠景版時改名，其實《廢
園》一詞很能點出異於前兩篇的旨趣，即將個人意識擴大到家族來討論，有
點從心靈意識尋根的意味，以「廢園」傾圮滄桑意象來烘托鄙視自己的血緣。
在童年的銘記方面：族中年長二姨婆之喪、長輩教導幼童遠避死亡禁忌的異
態、祭禮中的鬼怪、鄉間萬善祠的信仰及陰森氣氛均是幼時的心靈烙印。而
對生命的疑惑不安恐怕是青年「宋」思想上的「死病」。當小說中的我，面
對家教女學生——汪淑萍常久以來因兄長自殺而抑鬱且造成家庭不諧時，
「我」對其開導的長篇宣言是：

　　　　人在未察及他宿命的容顏時顯得何其的無知；而在窺得自己宿
　　命的容顏時又顯得何其衰竭；而在正視自己的宿命後又裝著無所謂
　　的態度則顯得何其虛偽；而不以此種虛偽為虛偽的人又是何其顛
　　頂；而此一顛頂再與他悟出的無所謂之道再回頭與人類的衰竭、無
　　知、宿命聯結在一起，並以麻痺來扶持它，這便是偽善啦！籠罩人
　　類千年的大幻象——宗教及其同質團體於焉誕生，那麼人類該如何

去解決這問題呢？

發表你的救世之道如何，我要談些論調，是老套：今天，說是昨天也一樣，都沒有誰能拯救你，亦無任何神能讓你依靠，往日的幻像宗教要你去當為一個神底下的人，完全是神創造出來的那種人，但今日的 necrophilia（按：指戀屍癖）先知瞭解那是千年大幻象，今日的 necrophilia 要求每一個人都成為神，唯有你成為自己的神你方得到救贖，唯有你成為神方瞭解什麼是人，唯有你成為神方才擁有內知的理智，唯有全體人類都有全知的理智，這世界才有希望，necrophilia 的大同世界才臻完成，人類們，焚毀你們的手中聖經吧！再用自己的筆調寫一本聖經！人類們，焚毀你們滿櫥的佛典吧，再用自己的語錄寫一本佛典！人類們，鼓起勇氣走入 necrophilia 的世界再走出去吧！一切都將太平！（頁163）

看！這篇出於不安靈魂的理直氣壯的闡述，是為宣揚與「生之歡悅」同樣值得尊敬的「死之權利」的理論指導，是年輕人帶著偏執與冒險去探索惡的領域所激發的快感或自以為是的神聖，結果懵懂的少女在書房中吞服安眠藥，終於步上與其兄同樣的歸途——自殺，這時「我」如何自處呢？

在我的思想裏，我總以為 necrophilia 只是虛幻底下的我的觀念而已，而不知道觀念也會變成事實的我，卻意外地收到了這個成果，一下子美麗的事實幾乎撼動得我搖晃起來。

不是嗎？你是偉大的 necrophilia 的教主啦，你現在不是擁有一位堅信的受洗者嗎？你如同基督的教訓竟也有實現的可能，這下子，你的理論不是獲得了最高的證實嗎？你不再是空泛的人啦，你變成最實際的人類未來設計家，一切都無悔恨的必要，你鐵定成為

necrophilia 的創發者，你是先知。（頁 218）

「我」眼看惡的理念能藉由宣導而有人去落實，心中實有狡獪的愉悅，但卻也難免教唆殺人或難贖前愆的驚恐。這是「宋」早期所擅長的意識的自我剖析與議論，在上引的這兩段中帶有濃厚的無神論色彩，類似的議論方式在後來的《打牛湳村系列》到《蓬萊誌異》階段已少見。

二、民間宗教的批評

〈花鼠仔立志的故事〉是《打牛湳村系列》的首篇，型式上仿古，內容則貼近農村的生活脈搏。前面有一段仿宋元白話小說的入話，「宋」則以說話人的角度見證農村社會「畸零人」花鼠仔的荒謬行徑。花鼠仔早孤，由姑母帶大，父親早年參加抗日被殺，成長後的花鼠仔一直在尋找父源，一度以為是韓信，又一度認荷蘭人為父，最後則又以為己身是彌勒佛之子，結果被法師順勢藉機利用為靈媒，當上乩童。說花鼠仔是農村社會的畸零人至少有兩層意義：一是由其對父源的尋求可以知道，在沒有經過對父親角色的模仿與學習之餘所產生的自卑與無法自振；其二，花鼠仔對自己的出身相當鄙夷，他終究是與鄉人同一風土，但卻不滿於鄉人的自足與自得，就這點而言，他其實很能洞觀未來，看出了農村的不足與匱乏，或者，也可以說花鼠仔是農村的縮影，他對社會的適應不良何嘗不是印證農村在發展過程中的具體病症，他的顛狂其實是農村社會在吸收或抗拒外來觀念時，歷經激烈震盪而形成。再者「花鼠仔」一名或許還有混血或雜種的意思，從花鼠仔所誤認的父源來看，他追尋的似乎不是血緣的認同，倒毋寧是精神或文化上的根源，所以這些父親的名字便別有意義，韓信／漢，荷蘭人／荷人據臺，生父／（被日人所殺），又對西洋神父盲目崇拜，這些父名便彷彿是曾經影響或還在影

響著臺灣文化的符號，在多方文化的淪肌浹髓作用下，花鼠仔焉能不異常，
而他最終卻選擇彌勒信仰為依歸，這又是一大諷刺，在文中「宋」帶有貶意
地描繪鄉人對一貫道的信仰現象：

　　　　原來打牛湳的村子裏許多人都暗中信了一貫道，這教原是白蓮
　　教的一支，崇拜一個彌勒佛，原也是佛裏的一個尊者，但這教剽竊
　　基督教最後審判的教理，便稱世界末日即要來到，若要得解救便只
　　有堅信一貫道，那彌勒佛早釋迦牟尼五百年出生，凡釋迦沒渡盡的
　　眾生俱由他負責渡去，若執一個敬拜的心，便是災劫到了都不畏
　　它，只會上天堂去。打牛湳一聽都信了它。（頁 152～153）

　　於是花鼠仔依附了鄉人所崇敬的宗教，實則骨子裡還是可憐又可鄙的，
而且他的立志尚未終了，這也意味著文化的抉擇所帶來的痛苦似乎無有底
日。

　　〈救世主在骨城〉在形式上，分章加上小標題頗類章回小說，故事場景
在臺灣中部名叫骨城的小鎮，時間是中美斷交後，78 年「關係正常化」和「五
項公職選舉」進行之際，政治上的詭譎氣氛藉由庶民的宗教信仰加以嘲諷戲
謔，節奏輕快， 在章節的銜接上，基本是採取基督教／民間宗教，輪旋的對
話方式，可說是各宗教的八音齊奏，喧鬧鮮活，其中各宗教的神職執事幾乎
無不唐突滑稽。

　　在基督教方面，牧師倪大身裁矮胖是神學院早期畢業生，曾幹過醬油店、
餐館伙計及屠夫，有志未伸就放下屠刀入神學院，畢業後在異鄉流浪，終而
回到小鎮牧會，是個靈性全無的神職人員。由於中美關係正常化騷動了骨城
中的信徒，這些信徒的形象多為社會裡，中上階層的分子，這種角色的安排
與設定，基本上是作者預設基督教在普遍大眾心理中的印象，包括醫師林雄、
農會總幹事陳水雷、木材廠兼小戲院老闆顏朝明、郵政局長許彪、高中教員

詹儒。因為政局看似將有一番動盪，所以在倪大的妻子作出預言後展開在教堂辦移民講座的鬧劇，還將移民行動比附為出埃及往迦南地，而主持講座的竟是個開旅行社因過度縱樂而罹患肝病重症的患者林寶，在移民的號召下吸引了一些人上教堂，這註定會是一齣鬧劇。倪大的老師王教授是一位精通中古世紀神學、宗教學、靈魂學的神職人員（其實挪揄成份居多），在教派中地位頗高，自稱已得道且將成為使徒之一，他極力宣揚新國家觀，即借助美國進行臺灣獨立運動，最後卻飽受輿論批評，教會人士不得已只好加以指斥一番，至於他的助手則一律革職，於是倪大又只好失業而幹起醬油店老闆，雖然倪大反而自以為得到解脫。

在民間信仰方面，主要是王爺信仰（朱府王爺）及一貫道等，其中有關王爺廟的香火形成，就如同描繪臺灣一般民間信仰的來歷。首先由朱姓居民偶然間拾獲枯骨，於是民眾囂然驚恐之餘，蓋了小廟加以奉祀，最後迎了外地王爺神靈且索性冠以朱姓而血祭。王爺廟裏的法師兼乩童叫李灶，是個學建築的專科畢業生，受其父影響喜愛法術，因失神遭車禍，但在醫院中卻能通鬼神，其父李穎是唐山師父嫡傳的符仔仙，在家設鸞壇，懂堪輿、畫符，但李灶頗不齒其父以法術詐財，尤其李穎與一貫教點傳師蛤蟆教主合謀，預言末日將至，鎮民信仰中心朱府王爺已出走，於是要信眾前往北部迎回王爺，借機要信徒每人捐款五千，李穎則向點傳師協議分紅兩成。小說在這些地方都安排李灶出場，由李灶的神通來批評社會的不義，他能見到王爺廟中群魔亂舞，看到鬼怪的世界運作如同人世間的勢利，最值得注意的是對一貫教有直接的批評，如：「幹！連鬼的影子都看不到，便創起教派來了，四書五經都弄不通，便講起什麼道。」（頁 26）還描寫一貫教蛤蟆教主一天要吃二十個鴨蛋，信道的年輕人不嫁不娶等，這些都是早期一貫教派予人的印象[8]。至

8　有關一貫道的教義及傳教上由查禁到解禁的政治介入過程可參考林本炫，《臺灣的政教衝突》一　　書中第二、三章，（臺北：稻鄉出版社，1994），及瞿海源著《臺灣宗教變遷的社會政治分析》，　　第十一章，（臺北：桂冠圖書股份有限公司，1997）。不過宋在禪修上也肯定一貫道的某些作法，

於技法上，最引人入戲的還是描寫李灶施法、鬥法的奇幻場景，揉合魔幻與真實，可以說這個人物的形象在「宋」的五指搬弄下，充分達到淋漓酣暢的諧謔效果，而在敘述部分作者加以嘲弄的情節如：迎神進香團的隊伍以載運豬隻的貨車作神駕，又控訴關公、李靖這些民間信仰中的神祇，凡此呵佛罵祖說盡人神間的荒唐。

〈救世主在骨城〉在結構上有先前所說的二分，基督教／民間宗教，我們似乎也從中窺出「宋」對此二者有明顯本質上的區劃，雖然他一反嚴肅的筆調而改採輕鬆謔笑的方法，且議筆不多，故事進行相當流暢，微能指瑕的是，結尾部分作者自述寫作源由，又故作輕鬆地悲憫地方父老為鬼神所惑，這種直接現身，雖沈鬱而帶滑稽，不過與全文略感不諧。

相對於《打牛湳村系列》及《等待燈籠花開時》，「宋」以為《蓬萊誌異》是其最有意經營刻劃的系列，主要在於役畢後對世事有了較深的體察，還從中了然人在現實中的有限與宿命。在這些短篇中，與宗教主題有關的有四篇。

〈許願〉中的粘三多是一位小生意人，他對關聖帝君的信仰純是功利的角度，不論是擲筊或祝禱全以己意解釋神旨，十足反映逐利小民的荒唐信仰心態，寓批評於嬉笑中。

〈小祠堂〉中敘述主角下鄉尋友李然君，李為民俗學研究者，回鄉進行家廟及宗廟祭祀的田野調查，於鄉間偶然發現萬應公祠，祠主赫然是失蹤者李獨，李獨是村長李丁山的傭工，由於村長父親死前曾允諾將土地之半過給李獨，所以世人以為李獨實為村長父親的私生子。李獨勤力耕種，但終不敵農村經濟的凋敝，村長在不得已之餘賣地往北部求發展，李獨隨後失蹤，二年後，人們發現他以身殉地，但猜不透何以能隱密地自埋於賣出之地中。全篇結尾略帶鄉野奇談，但主要還是在訴說農村經濟因產業結構變動而凋敝不堪。

見《拯救佛陀》，（高雄：派色文化出版社，1996），頁 81。

〈創痕〉記敘一群知識青年赴北港朝拜媽祖，觀看進香信眾的陣頭民藝及武乩童的儀式，其中有人對這種自殘形軀的宗教儀式頗不以為然，譏笑其缺乏高深的宗教內涵與反省[9]，由此引出許君追憶其父執輩年輕時，因太平洋戰爭遠赴南洋作戰，身體留有創痕及戰火炮烙下的印記，全篇藉由庶民信仰及父執輩的事蹟，寄以懷舊的情愫及認同。

〈婚嫁〉中的女子林芙蓉是古鎮上的大家族之後，由於迭經土地變革，門祚已衰，佳期又一再延誤，這多歸咎於她大戶禮教與已然衰頹的家勢間的不諧調，於是滿懷怨懟下嫁蓬門，遠徙都市，輾轉中加入教會，憑藉教友人脈經商販賣藝品而致富，終於宿願——「沒有成功的一天，我當然是不會回來的。」（頁 328）得償。回鄉後在教會中為女兒舉行盛大的基督教儀式的婚禮（這一部分的描寫頗為詳細），將女兒下嫁日本人田中先生。林芙蓉回鄉後細數從前，雖不無感懷，但成功的喜悅填補了對過往的遺憾，甚而是父喪不臨的遺憾。婚禮後，面對送女前往異國時，林芙蓉無疑希望女兒能有如自己從前一般決絕割捨的意志，只是女兒說出心中「被迫、被賣的感覺啊！」（頁 336）。或許這篇小說的意涵在於成功地以基督教（非本土文化）、日本（田中先生所代表，在本篇中是一個無形象、聲音的符號運用）與古鎮（傳統文化）三者間的交揉，點出在服從傳統抑或努力自主而掙扎於不同文化、宗教間的心理過程，林芙蓉之女的吶喊揭出人在異文化中不得不然的被動接受的無奈。

這些小說議筆不多，「宋」以其所謂「自然主義」的寫法，著墨人在環境中的有限，而環境對人的凌虐與殘酷是人只能坐視而無能或改的宿命。

9　乩的簡單探討可參宋光宇著〈從正宗書畫社這個案例談乩是什麼〉，收入李豐楙、朱榮貴主編，《儀式、廟會與社區——道教、民間信仰與民間文化》，（臺北：中央研究院文哲所，1996）。

三、魔幻的宗教修辭

　　《廢墟臺灣》[10] 是一部以「未來的觀點」刻劃現今臺灣的「擬紀實」。
所謂「擬紀實」是指在全文結構上，以一份曾生存在廢墟島上的人物李信夫
所撰的筆記作為「歷史」的證據，至於「未來的觀點」則意味著它的預言性
質及虛構的屬性，本來，「虛構」（fiction）一詞就是「小說」的語源，至
於作者的苦心則由此書在發表後不久便爆發蘇俄的車諾比核安事件，為書中
陳述作出符讖成真的印證，所以後來在介紹此書時便以「臺灣末日啟示錄」
作為聳動的宣傳，這種文學虛構與重大歷史事件的巧合，對於作者，尤其是
宗教文學的書寫，內在應該是莫大神秘的鼓舞。綜觀全文我們發現其中筆調
其實非常和緩，並沒有太多的激情、不安或驚悸，它彷彿只是在陳述一件過
往的事件，這種「時間距離」使得敘述者可以帶著一份從容，只是這種態度
卻也引起閱讀者不安的感受，因為被陳述的對象，廢墟中的人們正是自己，
而我們卻如此無能為力，尤其是，雖說本書是預警性質，但無疑的，它流露
著宿命的情調，彷彿指出一種歷史的必然，雖然這種斷言在哲學上是背謬，
毋寧是出於道德情感上的宣洩，可是我們只要一讀此書前面的六段有關史賓
格勒、芥川龍之介及藍波的話，就知道這些引言原來是作者預作張本或寫
作時的備忘錄，如藍波〈文字的鍊金術〉中的摘錄：

　　　　我變成一齣荒誕的歌劇：我看見所有生命都有命中註定的幸
　　福：行動並非生活，而是揮霍體力的一種方式，一種萎靡。道德是
　　腦力的衰弱。我的健康遭受威脅，恐怖降臨。我沈入一連數天的睡
　　眠，醒來後，繼續做最憂鬱的夢。我駕輕就熟應付死亡，沿著危險
　　路途，我的衰弱引領我走向世界邊緣，那是陰暗與旋風的國度。（〈引

---

[10] 《廢墟臺灣》，（臺北：前衛出版社，1995）。

言〉頁 20～21）

　　對於「宋」這種負擔沈重的虛無態度，誠如傅大為所說：「對思想上無論是複雜、混亂或單純的讀者而言，《廢墟臺灣》所呈現的西元二〇一〇年的『未來臺灣世界』，有一點很令人驚訝：無論天空中充滿了多少浮塵、廢墟風暴，無論地上充滿了多少輻射與殺人噪音渦流，這個未來世界的心靈世界卻是異常坦白、赤裸、直來直往而乾脆。」[11]（〈從廢墟世界來的挑戰與鄉愁──談《廢墟臺灣》的一種讀法〉，收入《廢墟臺灣》，頁 6）而宗教心靈的社會機制更是簡明單一，起因是各項「宗教管束法」的壓制，政治力可以輕易決定宗教生態。在宗教中，最主要的是基督教，此外，佛教在 2000 年的抑教後曾試圖振興而由「涅槃和尚」創立「無教產、無寺院、無集會」的「涅槃教」，鼓勵信眾遵行素樸原則及「提早圓寂」，最後，執政者發現這項宗旨無異是倡行自殺，便隨即加以抑制而終歸沈寂。此處「涅槃教」特色其實可以看成是基督教無教會主義，及佛教個人禪修的結合。最重要的基督教可分為三個教派：1995 年基督教由半官方的李約翰發起，吸納各小教派，李約翰猝死後由李聖智指揮統一運動，親執政的超越自由黨，更名為「太陽教會」，其實是政教合一的型態，不過是御用的團體，由政府護教。其二是「迦南教會」，由溫和開明的知識份子組成的半公開團體，否認政府宣傳的「新社會即天堂觀」，這是個小心善盡言論監督的組合，其實寓含譏諷知識份子的蒼白軟弱，暴露基督教有中產階級化的現象。其三是「幽谷教會」，由激進的改革份子組成，成員多屬下層社會，同時與「涅槃教」的殘餘份子互通聲氣，較具改革動力，但在島嶼遭受核射線外洩後，此派教友為避免二度傷害，選擇入山避禍，但這無疑是宣示對新社會的挑戰，旋即受到武力制止，主事者李灼被控叛亂而遭處死。在比較諧趣的部份是位神經質的女人辛

---

[11]　〈從廢墟世界來的挑戰與鄉愁──談《廢墟臺灣》的一種讀法〉，原文收在《知識與權力的空間》，載於《廢墟臺灣》書前。

太太向牧師求解，她見到異象，夢見自己是〈啟示錄〉十二章中的婦人，這婦人在原經文中是誕育神國選民的象徵，戾龍（撒旦的象徵）雖欲傷她，但終不敵神的大能，可是在辛太太的夢中，婦人卻被龍所噬，類似這種神經質的女教友的典型，另外一例出現在〈救世主在骨城〉中的倪大牧師的妻子。在「宋」所歸納出的幾個教派生態中，其實應當是他對實際宗教領域的社會現象，所作的演義式修辭，帶有寫實的批判立場及魔幻般詩質的預言效果。

　　95 年總統大選前張大春以魔幻寫實及虛構新聞的手法發表《撒謊的信徒》，此一應景的作品有大選的氛圍為它贏得更多閱讀消費者的青睞，書甫發表即刻攀昇為當時的暢銷小說。其實以李登輝的宗教信仰為題，切入論說臺灣當前的政治生態及其環結的作品，「宋」在 1994 年所發表的〈變成鹽柱的作家〉是一篇很有深度的作品[12]，旨在為臺灣人心靈進行除偶像儀式，全文寫作與理解架構都放在基督教教義的背景下。故事由主角因罪（不馴服於上帝異象的指示與教導）受罰變成鹽柱。共分五章，結構份量上並不均等，除第五章為結語外，前三章極短，第四章最長為故事主體，敘述主要採第三人稱（見證會復臨報主編）對事件加以評論，還包括主角全知的心理過程。主角是 T 市教育局的員工，身兼作家同時也是議長的女婿，（事實上主角的性格與特質明顯有「宋」自己的身影在）他原本是不信上帝的人，但市長本身是五旬節教派的信徒，經不起市長一再邀約，參加了某次五旬節教會的聚會，在這個以靈療為特色的新教派聚會中，當臺上講員闡述「耶穌的神蹟異能」時，主角突然被聖靈澆灌，從此具有醫病的恩賜，也就在當場還治癒了一位身罹腫瘤惡疾的婦人，此外他也能輕易說出預言，雖然這也使他與教友間的關係益形緊張，因為他總能無誤地指出其他教友在某些行為上的敗壞，不過最嚴重的對立衝突在於選舉將屆時，市長與議長的人情包圍，這兩位均有恩於他，市長是他的婚姻介紹人，而議長是他的丈人，（這本非一樁

---

[12]　《自立晚報》副刊，1994 年 3 月 26 日至 4 月 7 日的連載。此處見《變成鹽柱的作家》，（臺北：草根出版事業有限公司社，2002）。

良緣，毋寧是一場訛詐，議長之女曾離婚又育有一女，性格貪吝粗鄙，殊不
愜主角之意，不過在市長引用《聖經》多處經節訓導：人獨居不合神旨時，
終於誘主角入彀）由於選舉將屆，市長尋求連任，但主角卻清楚見到市長賄
選的異象，基於宗教上的良心，他必須揭發，但卻受到市長及議長的多重壓
力，其實他們均憚於他的預言能力，於是市長為動搖主角心意，便稱主角之
異象乃魔鬼作工，且自許得到神的應許將連任，又玩弄詭局明示主角：如果
你說異象指出我將賄選，但如果我不賄選，那麼你將落得冒耶穌之名作假見
證云云。不過最厲害的是市長得到李登輝的背書，這已是國民黨打總統牌的
選戰模式，此處「宋」特別指出李登輝作為領袖及基督徒身份的結合，（基
督徒對有相同信仰的人作為領袖，尤其在身處異教之間，更會相信或珍惜這
份神的應許，從而或許會有太高舉其人的弊病）主角終究沒能揭示自己所得
的異象，終於難逃與上帝對賭的下場，變成鹽柱。主角自述：

> 上帝給我的懲罰我很清楚。說像蛾摩拉被燬時回頭過去瞧看蛾
> 摩拉的那個女人一樣。有許多的經文家對那女人被變成鹽柱的看法
> 不一，但我一向總把它解釋成是那女人對罪惡的蛾摩拉的眷戀比對
> 神的話語的信任要多一些。（頁 47～48）

市長曾諧謔又嚴重的對主角說：「你要相信李登輝還是你那狗屁的異象
呢？」（頁 43）作為一名教徒，市長這問題可謂極其荒謬，但卻可作為一嚴
厲自我批判的設問。「宋」以基督教義批判當時所謂的「李登輝情結」，除
了「宋」本人的宗教體驗與認識，剛好針對李登輝所代表的宗教信仰。此外，
當主角在五旬節教會中獲得異能時，他表示這是一種快速證悟基督教奧祕的
方法，這裡顯然有「宋」的宗教經驗之自況，而故事中的主角離奇死後，印
證上帝懲罰他的懦弱、崇拜世俗偶像而將他變成鹽柱。主角的死，讓原先所
得的恩賜有了更深刻的涵義，即：白白得恩卻又在罪中死去，這是嚴肅主題

的涵義。「宋」的除偶像企圖雖然還有所保留而不甚顯豁，但至少已清楚意識到贖罪的代價，同時也是對民眾政治心態及社會現象的深刻反省。

96 年 5 月出版《血色蝙蝠降臨的城市》（以下簡稱《血蝙蝠》）是「宋」的另一宗教力作，關於書名中「蝙蝠」的意象在其小說中是有淵源可考的。可以說，蝙蝠的蘊義在他的小說中往往是背反傳統庶民觀念的福氣形象，反而較接近鬼魅出場的背景氣氛，在 80 年出版的《黃巢殺人八百萬》[13] 中收有〈危機鹿城詩──以這首詩來繫念抗日詩人周定山〉（寫於 76 年），其中有詩句如：

> 蝙蝠狂顛的舞姿暴漲拉長是橫行俯沖的巨靈
> 晚間他們飛臨在蓬頭垢髮的城市頂頭去築巢
> 吃去整個智慧的生機以及在更鼓中你顫顫的死訊交感在他們
> 隱形的音波間（頁 182）

蝙蝠的舞姿帶出妖氛凝重，所描繪的是日據時期鹿港的社會氣氛。其後，繼《廢墟臺灣》持續強烈現實批判色彩的是《弱小民族》一書，集中收有〈抗暴的打貓市〉（先以臺語寫就再譯成北京話，87 年），在這篇小說中，「宋」以銳利而尖刻的語言對臺奸李順天及其子李國忠、李國一兄弟進行撻伐，（對臺奸的另一篇批評是收在浪漫主義時期《等待燈籠花開時》中的〈麋城之喪〉，用來警醒人們對臺奸歷史的輕易淡忘，不過此篇語調較溫和。）「宋」以「虛構的紀實」對臺奸的發跡始末進行深刻描繪，尤其是 37 年 310 打貓港大屠殺事件中，李氏扮演告密者向陳儀所代表的政黨靠齊，李氏輕鬆地解決了李國忠的情敵簡世雄一家，隨後由於執政者的縱容與扶持，更進而掌握把持打貓市的政經資源，但李氏終究無法免去犯罪的代價，甚而李國一在一次運動會中失神地喊出：「看呀！紅蝙蝠船來了！紅蝙蝠船！」（頁 325）究竟什

---

[13] 《黃巢殺人八百萬》，（臺北：東大圖書公司，1980）。

麼是紅蝙蝠船？

> 那的確是一個神祕的現象，他們兄弟曾對別人說：「紅蝙蝠船是一隻滿身都流著血的船。」是呀，也就是那種血色的記憶、恐怖的夢使他們兄弟陷入枷鎖之中，他們不知道要怎麼去避開那個惡夢的襲擊，那是他們生命中日夜糾纏的血色之船。（頁 326）

「血色蝙蝠」在小說中數次以夜夢的形式出現，代表個人對心理意識的回溯，小說中臺奸李國一在夜夢血蝙蝠船後的告白，其實也洩露出人被罪惡宰制的軟弱。

我們似乎可以認定「血色蝙蝠」在「宋」的修辭中幾乎是罪惡的象徵，亦即蝙蝠的舞姿是罪惡的蔓延，在神聖或罪惡的領域中我們不斷交織比喻與象徵來言說我們的經驗及感受，但「宋」如此「固執」於「血色蝙蝠」的意象，又同時清楚意識到它的內涵，似乎這也是「宋」個人宗教經驗中的銘記印象吧！由此「密碼」來解讀《血蝙蝠》將會更清楚「血色蝙蝠」的意涵。

可以說，在〈抗暴的打貓城〉中「血色蝙蝠」反映了李姓臺奸「對罪惡的焦慮」，似乎李氏尚未全然泯滅天良，雖然文中「宋」幾乎是以極嚴峻的字眼來訴說臺奸的可恨，而在《血蝙蝠》中，蝙蝠的功力增強了，也就是說，蝙蝠在〈抗暴的打貓城〉中只是一個「罪惡的符號」，但是在《血蝙蝠》裡，它進化成能傷人、致命的能動物，從而它也是能與「善」相抗衡的勢力，整部小說也來自善惡二元的對立架構，最終則演成聖靈與撒旦的對抗。

96 年《血蝙蝠》基本上可以視為是 87 年〈抗暴的打貓城〉的發展，這主要是依從結構上的設計來看，這種技法如「宋」所自述是完成〈抗暴的打貓城〉後的自覺，以類似同心圓的報導方式，逐漸詳細加以敘述（見《血色蝙蝠降臨的城市・序》，頁 15），至於內容上，我們可以清楚意識到「宋」在試圖尋求惡的根源性問題。在黃涵榆〈有關災難、邪惡與救贖的一些唯物

神學的思考──讀宋澤萊的《血色蝙蝠降臨的城市》與《熱帶魔界》〉[14] 一文中也注意到與惡性根源相關的幾個面向，特別提到「靈視者與邪惡勢力的遭遇和爭鬥，並不只在個人層次上展演，也是集體的、也就是寓言層次上正邪、聖靈與撒旦原則之間的爭鬥。幾次血色蝙蝠的出現都是臺灣歷史上的重大災難（日軍侵臺、二二八事件、國民黨黑金體制的全面勝利），都與殖民暴力屠殺、政治敗壞有密切的關聯。」（頁 28）「神魔對抗不是形而上抽象的善惡兩股驅力之間的對抗，更不只是作者個人宗教修鍊體驗的投射，而是對於改造腐化的政治與文化和對臺灣人主體意識的積極介入。」（頁 34～35）個人聖靈體驗在於經歷特殊真實事件之後的生命新造與轉變，「那些體驗所牽涉到的不是認知觀點的轉變或理性啟蒙，遑論符號名相的推移。小說中與血色蝙蝠對抗的人（在法戰中敗給彭少雄的 A 市的幾位法師、唐天養與阿星）都曾遭逢重大病痛、挫敗或者被欺壓，而後多因修習法術或有神靈降臨才經歷重生、或者說是生命「事件」，即是身心靈實質的變化。」（頁 40）宋澤萊把個人信仰與經歷痛苦的歷程涵攝臺灣歷史中的苦難，於是歷史中的苦難不是歷史想像，而有切身的真實感，當然也可以說這種個體與歷史的聯結，是透過反省察覺身體以隱喻罪性與苦難的來源，這種書寫既是寓言也是預言，作者的身分扮演說故事的先知。再以身體隱喻的部分而言，其實痛苦不是人唯一的真實感受，只是因為強度較大所以銘記深刻，也就是說這種身體記憶是有選擇的，特殊體驗更不具普遍性，這也可以說明為什麼觀看歷史或他人身上的痛苦，雖然基於同理心的體會但總不十分真實，而且同理心的作用能力也因人而異，這是身體作為人是受造「物」的一種限制，在宗教除魅之後，神性失落，造物者只能是機械性思考，人與文字、文字與對象的神性聯結斷裂，作品中的指涉是作者個人病史或是集體社會的病史，會是詮釋上的分歧，把宋澤萊的書寫從政治正確或符號象徵運用的角度加以詮釋，這種

---

[14] 黃涵榆，〈有關災難、邪惡與救贖的一些唯物神學的思考──讀宋澤萊的《血色蝙蝠降臨的城市》與《熱帶魔界》〉，《中外文學》，41 卷 3 期，2012 年 9 月。

寫實批評的提出有其必要，但不能囿於粗疏的臺灣觀點，重要的是病與救
贖。

《血蝙蝠》中的主角彭少雄可以是臺灣社會問題的具體象徵：黑道、金
錢與政治腐敗共生，全書即以他為主軸，展開各側面的描述，不過彭少雄這
個角色其實並不具有明顯的人格特質，究其實只是一個符號，一個罪惡的印
記，（從這一點而言他無疑是異於人或說是非人的）他也許能為自己的行動
實踐作理念上的反省，當然絕大部分是對惡的存在作辯護，至於其惡跡包括
以暴力圍標、介入選舉暗殺選舉對手、軍火買賣等，幾乎是報紙上社會新聞
的匯集，不過最終讀者會發現彭少雄其實是「惡靈」展現其意志的工具，是
「惡靈」媚己的芻狗。

在書中的第二篇「法戰」部分，惡靈藉著彭少雄挑戰了民間信仰，表面
上是彭少雄為了社會聲譽設法打入各宗教團體，拉攏壯大自己的社會資源，
但卻變成惡靈與各民間宗教人物的鬥法，這些庶民信奉的宗教執事者包括：
世尊公墓的管理員吳厚土、海將軍廟的啟靈師父陳旺水、九天仙女廟的女醫
顏天香等，這些人物都具有某些通靈或醫治的能力，但全都不敵彭少雄的法
力[15]。第三篇「貓羅山之行」及第五篇「蝙蝠巢穴」則紀錄了基督教聖靈與
血色蝙蝠所象徵的惡靈的戰爭過程。故事中引入基督教敘述的人物是唐天
養，一位熟諳原始佛教及禪修的人士，同時他也參究中西哲學，在一次機會
中他領受了聖靈的澆灌，而後更有醫病的恩賜與見證，其能力甚至可用印有
十字徽記的手帕為國際上遙遠彼端的患者治病，這種能力則已近似於「遙視
遠距離治療（Remote Viewing/Healing）」，（書中對唐天養的敘述十分詳細，

---

[15] 陳文珊在〈談宋澤萊晚近作品中的神祕經驗〉指出宋澤萊宗教價值層級的排序是：上帝為最高存
  有，其次民間神祇，再其次為撒旦；但是靈力的大小，後兩者則民間神祇略遜於撒旦。基本上在
  《血蝙蝠》書中還是善惡二元的宇宙架構思考，民間信仰的生活背景與淑世觀在他身上的作用也
  是使其筆下常有一些庶民信仰的神祇出現的原因。人可以在各宗教上獲得神祕的宗教經驗而在靈
  界合一是「宋」的觀點，不過若問民間信仰的神力的根源問題及層級問題，恐「宋」所未意識到
  或非其主要關懷，雖然這 有其重要性。文收《曠野》，第 4 期，1997。

其中多少是「宋」的自況，這一部分也可參看〈變成鹽柱的作家〉中的主角。）
但唐天養竟不敵血色蝙蝠而身受重創，最後到貓羅山村尋找薛以利亞傳道人
而得醫治，還與其共同探尋惡靈血蝙蝠的巢穴，最後終於尋得並藉銀色醬果
的法力將巢穴剿滅。（銀色醬果由 17 世紀耶穌會教士「唐何多阿塞」傳給
羅義耳，羅於 1850 年出生於英國長老會家族，曾親到遠東傳教，年老後重
回臺灣，1947 年 228 事件後因同情而接濟上貓羅山避禍的臺灣人，同時將
教務移交薛以利亞。）第六篇「市長之死」，藉由一份署名為彭世傑所撰的 A
市地方誌的報導，追溯彭少雄的死因，揭露表面上其死因是在逃避軍警圍捕
時致死，但經多方探訪，赫然發現其實彭少雄早已死亡，前面各篇中所出現
的彭少雄不過是邪靈所控制的軀殼罷了。從寫實與魔幻的角度來看，在寫實
的部分無疑是有所本而貼近庶民生活中隨時可見的低俗、黑暗的生活紀實，
而在魔幻的部分，它的虛構卻展現了「預言的可能」，而這種朝向未來的可
能，其實也是一種警訊，尤其從彭少雄死後尚能為惡的角度來看，這其中根
本是一種很深層的悲觀心態，是對惡的宇宙性結構予以形上的肯定，本來犯
罪的重價是死亡，但如今死後卻仍能招致更大的惡行，從而揭露了對「永生」
這一觀念的逆轉：你對「永生」的信念有多大，你就要承受與其相反的可能，
在對彭少雄的描寫上，可以看到在被拯救前，人受罪惡擺弄的軟弱。

四、結論──聽預言的人

　　我說：「至高的上主啊，先知預言沒有戰爭，沒有饑荒。他們
說，你允許我們在自己的土地上享受太平。」

　　但是上主說：「那些先知假借我的名撒謊。其實，我並沒有差
他們，也沒有命令他們，或向他們說過一句話。他們的異象不是我

給的；他們的預言只是他們自己的幻想。所以，我──上主這樣告
訴你：我要對付那些不是我差派的假先知；他們假借我的名預言這
地方不會有戰爭，不會有饑荒。可是我要用戰爭和饑荒消滅他們。
那些聽他們說預言的人也要遭遇同樣的結局。」

　　　　　　　　　──耶利米書・十四章 13～16 節（現代中文譯本）

　　宗教經驗在「宋」的文學創作中一直是最重要的主題，雖然宗教經驗誠
如康德（Immanuel Kant）在《通靈者之夢》[16]中的兩點闡述，它是：獨斷的
（形上的）、歷史的（經驗的），這種性質的說明更表示宗教經驗的修辭毋
寧更趨近詩質的語言展現。「宋」對宗教的體驗很深，表現在其作品上，可
以依從兩方面去加以討論：一、有關宗教主題的修辭（包括宗教問題的探討
及小說經營上的需要）；其二，個人的宗教經驗。前一項是宗教知識的研究，
第二項是個人心靈宗教意識的剖析。據「宋」所述其對宗教修為銳意精進是
在 1980 年後，也就是《打牛湳村系列》及《變遷的牛眺灣》完成後，當時
其處境如何呢？

　　　　那時我的自我拯救仍未展開，宗教意識猶未萌芽、歷史的腳步
才剛被聽見，我的心裡仍盤著愛倫坡的幻夢，夜裡呼吸到史特林堡
的氣息，白天籠罩著芥川龍之介與莫泊桑的陰魂。[17]

　　這透露出在〈嬰孩〉到《惡靈》的三篇現代主義小說中，「宋」冷靜回
憶挖掘到，躁動焦灼的心靈圖像所給予的折磨，想藉由《打牛湳村系列》的

---

[16]　〔德〕・康德（Immanuel Kant）著，李明輝譯，《通靈者之夢》，（臺北：聯經出版事業公司，
　　　1989）。

[17]　〈從《打牛湳村》到《蓬萊誌異》──追憶那段美麗，淒清的歲月（1975～1980）〉，收入《打
　　　牛湳村》，（臺北：前衛出版社，1988），頁 6。

書寫以自我治療的作法明顯失敗了，而這兩階段的風格有很明顯的差異，在
〈嬰孩〉等三篇中，獨白與對話大量運用，長篇的論述及哲學沈思的語錄多
有，但是在《打牛湳村系列》中則改以敘述、描繪的手法為優先，至於這兩
階段的心境與態度，在選擇宗教為個人生命重心後有了進一步的結合，一方
面現代主義時期的深層心理觀照轉成個人禪修上的內省，而為彌補這種方式
所帶來的反歷史與社會疏離，則持續關心更多的社會課題，比如《廢墟臺灣》
的寫作便是因為「大概當時因打坐十分起勁，心靈異於往日的乾淨，不免就
有潔癖，對於逐漸遭受污染的環境變得不能忍受。〈《血蝙蝠·序》〉，頁 12）」
除了這類環保的公共課題外，宗教的社會課題自然也成了用心的所在，因而
《被背叛的佛陀》等強烈批判大乘佛教庸俗化的論戰，更是個人宗教修養與
社會關注的精準結合[18]。

可以說在「宋」清楚認知到宗教對自己的重要以前，這些意識早已萌芽，
從前面對這兩階段作品中所呈現的宗教主題的修辭可以得知，80 年以後隨著
宗教實踐的體悟所得，「宋」有了一些參禪上的開悟及基督聖靈澆灌的珍貴
宗教經驗，這些經驗使得他特別重視根本佛教（指西元前 530～486，即佛陀
在世時期）或原始基督教特別是四福音時期經上的一些記載，或許他覺得組
織化、教會化的宗教作為都是因應宣教上需要的社會機制，未免煩瑣，唯有
直接契入宗教體悟才能真有所得，所以才會在判教之餘將自己歸位在初始階
段，這種態度也反映在對經書文字上，而有像《禪與文學體驗》中「註解註
釋未必有用」（頁 131～134）的這一則見解，這種觀念順著禪宗的理解脈絡
當然可以成說，有趣的是對聖經的理解上，比如在《血蝙蝠》中，描寫唐天
養讀到〈創世紀〉·第一章 1～2 節的經文時立刻有靈的感動，這段情節如
果對照書的前序，可知是作者歷經佛法修行、肉體病痛後，於 1993 年在學

---

[18] 江燦騰在《臺灣佛教百年史之研究》中指出：「在臺灣佛教界中，具有政治鮮明意念的，其實為
數並不多（據我所知）。文學家宋澤萊可能是批判『中國佛教』最強烈的一位。」（頁 454）由
文學家角色對宗教進行嚴厲批判，正足以說明宗教（如果將其視為社會機制）與宗教性（個人的
宗教自覺）之差異。（臺北：南天書局，1996）。

校一間陋室讀到〈創世紀〉而被聖靈充滿的宗教經驗，從此信仰轉向（頁 20），
但是此處小說將經文載作：「太初，上帝創造宇宙，大地混沌，沒有秩序。
怒濤澎湃的海洋被黑暗籠罩著。上帝的靈運行在水面上。」（頁 119），從
經文的理解上應該無誤，只是經節的確切文句，不見於通行的「和合本」、
「現代中文譯本」等，似有可能是「宋」加以運用時的修辭，比較不符一般
的引文原則，像這種運用上的心態，非常值得玩味[19]。

將個人蒙受靈恩作為一個小說人物介入作品中，「宋」在筆調上還是相
當自制而謙虛，不論是〈變成鹽柱的作家〉中的主角或是《血蝙蝠》中的唐
天養，因為，持續的社會關注平衡了將內在視為一完整圓滿的世界，或唯一
價值標準的封閉性浪漫宗教情懷[20]，不過小說中人物的對話性格不強，常由
某一較強的觀念主導，其他人物在相形之下，顯得太過扁平而單純[21]。

96 年底，「宋」出版了《拯救佛陀》一書，此書標示為「根本佛教」的
教本，倡行歸還佛陀本來的真面目，主要闡述禪定的工夫，並示範修行日記，
在教本中也可以發現「宋」對「根本佛教」的系統認識，其中倫理觀及社會

[19] 從相關著作主題也可看出「宋」的心理與創作關係，陳建忠提到「宋」有未刊的長篇《附靈的金沙鎮》據悉亦為「靈魂學」領域之作，見《宋澤萊小說（1972～1987）研究》，頁 178，註釋 7 中所載，清華大學碩士論文，1997。

[20] 小說中主角的心靈圖像如何在浪漫抒懷與現實上平衡，可參見劉昌元，《盧卡奇及其文哲思想》第三章有關《小說理論》之部分，（臺北：聯經出版事業公司，1991）。

[21] 施叔指出：「相應於自省和探索的內在要求，在表現上，宋澤萊的小說呈現著濃厚的自我對話色彩，他經常以多視點的敘述方式，由不同角度探尋問題的真象，或者透過人物及事件的平行、對立關係，逐一把訊息和意念展現出來。」見〈大悲咒──宋澤萊集序〉，施淑、高天生編，《宋澤萊集》，（臺北：前衛出版社，1995），頁 10。在此，根據巴赫汀（Михаил Михайлович Бахтин）的主張將「自我對話」稍作修正，巴赫汀認為：「獨白是一個由單一意識支配的、統一、完整、封閉的世界觀，是作者的權威意識主導一切的一元世界，各種不同的意識和聲音都成了作者獨白意識的客體對象。」而「對話意識」則是開放、多元、多極、未完成。見劉康，《對話的喧聲──巴赫汀文化理論述評》，（臺北：麥田出版社，1995），頁 192～193。誠然，這是一個兩極的概念分法，不過「宋」的小說處理手法是比較偏向於「獨白」。與此問題相類似的與此類似的看法是高天生對「宋」在「自然主義」時期（此分法與宋的自我分法不同）小說的六點批評，其中第二點較恰當，也適合於其他時期：「人物的心態過份單純化，無法呈露人性的繁複與多樣性。」說見高天生，〈解剖刀與社會良心──再論宋澤萊的小說〉，附於《蓬萊誌異》，（臺北：前衛出版社，1988），頁 360。

觀還是他一貫注意的所在，也有部分是其「比較宗教」方面的討論，不管「宋」的宗教態度是折衷主義者、調合主義者甚或是混合的諾斯替主義者（Gnosticism）的論調[22]，從《廢墟臺灣》、《血蝙蝠》、一直到晚近的《天上卷軸》、這一系列的書寫都環繞宋澤萊的宗教體驗尤其是異象的體會，在與胡長松就《天上卷軸》創作理念的筆談中，宋自認為「我寫的魔幻寫實主義小說是一種『異象小說』，也就是接近聖經〈啟示錄〉的那種奇異視景的小說」[23]，《天上卷軸》的寫作在歷史縱深上推擴到西拉雅族的書寫，也就是把臺灣歷史推到漢化以前，而闡述歷史變遷的敘述觀點不是文化人類學或民族誌的雜揉魔幻的想像，而是接近基督教的異象觀，過去和未來在眼前卻如此清晰，一種警醒的預言方式。我們期待藉著他的信仰力量能創出更多警醒人心的作品，也但願他時常流露筆下的悲觀宿命的見識，不是先知為我們預示休咎的言辭寫定。

---

[22] 以神秘的宗教體驗作為認識宗教的方法與預設，有其根本上的危險，這種「以身證道」的獨斷方式，未免貶抑「對象」而高舉「自己」，當然，有過宗教經驗的人，會更珍視這種體驗，甚而會對現實採取捨離或輕視現實價值標準。此外，某些宗教中的文化或許也不一定將神秘的宗教經驗作為其追求的最高價值，比如新的〈哥林多前書〉第十二章中聖靈恩賜有醫病、行異能、作先知等九種恩賜，但「這一切都是這位聖靈所運行、隨己意分給各人的。」今日看來幾乎是比較難信的行異能與醫病的能力在初代教會時期並不少見，「宋」對此點自然也深知，不過聖靈「隨己意分給各人」表示這些能力非靠參禪的方式可以自救。

[23] 見〈文學筆談：宋澤萊與胡長松〉，收入《印刻文學生活誌》，第 7 卷第 3 期，（新北市：印刻文學生活雜誌社，2010），頁 101。

伍、罪惡沼澤的永生者──王幼華（1956～）

一、導言──文化病態與罪性象徵

　　王幼華以社會集體的精神病態作為罪性的象徵，指出病因除了是社會問題外，還有原罪──人在形上學或神學意義上的惡性遺傳──的不可避免，因此種使罪惡彰顯的現實手段，詰問人在病態下生存是否還能有蒙救的生機？在王幼華投入社會文化活動或暫時抽離小說作者的身份，應是出於積極用世的迫切心態，這一點與他小說中的人物常處在一種等待被拯救的瘋狂或被棄狀態有關，都是出於不忍坐視的心理。

　　王幼華（以下簡稱「王」）的小說呈現臺灣社會的集體瘋狂圖譜，由此突出了關於「罪性」的書寫，其中可以涉及兩個主題，一個是對臺灣總體文化的觀察，拈出了「沼澤型」文化的豐富象徵這個語彙[1]，沼澤地處海陸交會處，潮流拍擊陸地，崖岸犬牙交互，由此比擬臺灣歷史上，多種文化的對話、衝突或融合，使原有的「大陸型」與「海洋型」兩種文化的靜態摹寫，得到動態的極佳比喻；另一方面，沼澤的污濁渾沌卻也是孕育旺盛生機的地母意象，人依此地而得生養，吸吮斯土之乳汁，卻也注定污穢罪性遺傳之必然，

---

[1]　這個標幟性看法的提出見於劉登翰等編，《臺灣文學史》，（福州：海峽文藝出版社，1993）。最廣泛的沼澤形象的運用是在《廣澤地》一書，但在其他篇中似可尋出其意象形成的端倪，比如較早的《雨鎮演談》中，懷抱理想的丘老師遭逢妻子出走時，灰心喪志地把自己形容為陷在沼澤裡的人。

即他的原罪觀念有多少是帶著自然的、社會的命定這層意味，因此瘋狂病態
的書寫便顯得是無所遁逃的悲運了，或者可以說，深層心理中，罪性萌動的
場域，藉著沼澤的地形取得象徵上的作用，此即罪的先天觀念，當然如果僅
由環境之限制來說明人的犯罪意圖與事實，這是採用現實手法的批評方式，
但如果從宗教的角度看待，或許罪的生成有別於社會因素而要來得更深沈隱
晦。

　　彭瑞金在〈探索的、反叛的漂泊者——王幼華的小說世界〉中，將「王」
的小說分成三系，其中一系特別論道：

　　　　王幼華挺立於八〇年代臺灣小說界的另一個主要質素，應該是
　　他執著於對生命原罪的探索。這種近乎宗教家的情懷卻找不到宗教
　　信仰痕跡的執著，是頗具創意的，足以開拓臺灣小說的境界。（《王
　　幼華集》附錄，頁 267～ 268）

　　而宗教議題的書寫領域長久以來是臺灣小說版圖中的荒蕪。此外，在張
深秀對「王」的訪問所筆成〈有亂石巨川訪問記〉（1985 年）中[2]，也特別
就多位評論者注意及作品中的宗教意識加以詢問，尤其是「原罪」的觀念，
「王」的回答中，有一段饒有深意：「在犯罪前後人的狀態中，精神是畸異、
恍惚、易驚嚇、焦灼、矛盾的，那裡面有極多的、豐富的人的奧妙。」（頁
279）而這些頗能展現其作品特色的主題則主要來自生命經驗與心理學、精神
醫學的閱讀，其實，在這篇訪問記中我們可以知道，雖然多位評論者均注意
到「王」作品中的宗教主題，但「王」本人似乎並未真從宗教或神學（不論
是何種宗教、教派）的領域去加以深考，所以張深秀與「王」的問答，明顯
有著落差，比如「王」以儒家的「仁道」觀念及佛教的某些思想來闡述一己
的體會，在對照其作品之餘，便覺二者實有諸多難以彌縫會觀之處。而從這

---

[2]　見《狂者的自白》附錄，（臺中：晨星出版社，1985），頁 271～284。

篇記以後，「王」的生命歷程中，似乎在宗教領域方面有了更深入的反省與自覺，據《王幼華集》後所附自編之寫作年表，其中繫於 1988 年條下，曾有這番創作上的檢討：

> 我的作品即是我求道的過程紀錄，且是修妄念而得道者。對宗教做深入的研究。對佛道、儒、基督徒、民俗宗教有較整體的心得。（頁 310）

這段自述中，「基督徒」之「徒」字，於敘述脈絡中殊不可解，與其他宗教亦不成平行並列之文義，或是「教」之誤也，但大略觀之，不知是否偏向於佛教之信仰，又「妄念」或即瘋狂之諸意念造作也。

施淑在〈現代啟示錄──王幼華集序〉裡也特別提出「王」對「瘋狂」、「罪惡」及「怪異」等主題的堅持，而這些主題實可視為解釋現代文化現象的一些關鍵詞，同時「這樣的小說世界，於是從根本上具有否定的，批判的意義，具有廢墟臺灣的寓言的性質。」（〈現代啟示錄──王幼華集序〉，頁 10）而在另一篇序〈臺灣頻道〉裡則以卡謬對廿世紀文明的荒謬的批判比附「王」的整體文化觀[3]。尤其是由臺灣的社會現象去框定存在荒謬感受的時空背景，準此，則「王」的批判簡直是帶有末世的喑嗚，令人不忍卒聽。施淑在這兩篇文章的終尾，都抱著樂觀的期許，例如「這瘋狂不是人性的惡質化，而是在混亂多樣的現實面前，人的意識在發現和獲得更多的自由及自覺時的陣痛。」（〈現代啟示錄──王幼華集序〉，頁 11）或「臺灣的這一代，必須在內心與外界重新建立起足以使生命與死亡有點尊嚴的東西。」（見《騷動的島》推薦序〈臺灣頻道〉，頁 8）但可惜的是，在「王」的小說中似乎讀到更多的棄絕，正如葉石濤在評〈狂徒〉時所說：「每一個角色揹負了沈

---

[3] 見《騷動的島》之推薦序。

重的原罪意識。可惜沒有救贖，他描寫了悖德和精神畸型的深淵世界。」[4] 如
果說在小說裡將罪與善，正常與異常作為一種二元對立結構上的設計，被視
為是一種素樸的原始思維模式，在「王」的小說世界裡，「異常」似乎是人
存在本質的同義詞，這明顯是一種偏於「否定」的美學思考，所以小說裡面
的人物常會是「失望絕望者、失戀者，空虛者、孤獨者、困頓寂寞者、癔症
患者、精神分裂症患者、犯罪狂、報復狂、精神萎縮者、人格異化者、單相
思者、妄想症患者、懷疑論者、自毀自殺者等的心靈衝突、心理變態、人格
分裂，乃至精神的崩潰。」[5] 等，但在人的歷史視象中，瘋狂之必然存在與
其解釋，其實已不純然是醫學或生理的問題，例如在〈龍鳳海灘考古記〉[6] 篇
名諧擬文物考古的史作，出以小說則成戲筆，其實亦莊亦諧地指出「瘋顛與
文明」及「非理性對知識傳承」這般重要的課題，遙指巫者在古代族群中的
崇高地位，以及巫者必然瘋狂的部分事實，以一位大學考古系的資深工友
──「林合財」與一位地方性娛樂雜誌的業餘撰稿員合作，報導古代文物的
出土情況，用兩人的身份去顛覆正統學術的嚴謹調查報告，而「林合財」在
正常人判斷中其實是位妄想症患者，他道出在世界上「善良的人才會變成神
經病」（頁 204）這種偏激論斷，用以捍衛神經病的純潔特性，甚至以為「耶
穌和釋迦牟尼都是精神分裂症的病人。」（頁 206）因而如果古代曾經存在
看待精神病──「巫者」的讖語為天啟，那麼「林合財」以瘋狂者的姿態與
兩千年前的巫者共感，他的研究與發言豈不更為權威[7]？再者所有的異常心

---

[4] 見《雨鎮演談》前〈談王幼華的小說〉，（臺北：時報文化出版社，1984），頁 13。

[5] 見〈臺灣社會文化變遷中的心理攝像──王幼華作品論〉，朱雙一，收《王幼華集》頁 283。在《臺灣文學史》下卷中關於王幼華的瘋狂和犯罪書寫的看法不出此文之範圍。

[6] 收入《熱愛》，（臺北：遠流出版公司，1989）。

[7] 傅柯（Michel Foucanlt）在《瘋顛與文明》裡就說到：「因為瘋顛是受難的一種形式，在某種意義上是臨終前的最後形式，所以它現在對於那些正承受它的人來說，就將成為一個受尊敬和同情的對象。」他論證耶穌因顛覆既有價值的行為而被視為瘋顛，以瘋顛這種人的最低存在形式去顯揚無人不能得救 贖的道理。〔法〕．傅柯（Michel, Foucault）著，劉北成、楊遠嬰譯，《瘋顛與文明》，（臺北：桂冠圖書股份有限公司，1994），頁 69～73。而劉登翰《臺灣文學史》下卷裡也說道：「王幼華寫瘋顛的人為的是說明『這個世界是瘋顛』的事實，並對這個瘋顛的世界反將

理，其中容或不免是深刻自我凝視時偶會驚詫的部分事實，只不過出以這種觀點的指證，應都旨在逼顯出一種真實的自我體驗，所以「否定的」或懷疑都只能是手段而不能是目的，荒謬或異常的存在，只能是存在者的荒謬感受而不能以荒謬去取代存在，當「王」以瘋狂絕望的身影示現此地生活者的真實生活，如果還能有幾分「希望」，便庶幾可保靈明不滅而有一絲真光乍現，但是懷抱希望或渴求救贖的聲音在小說中卻如此希微，龔鵬程以為「王」的小說讀之使人不快的原因，在於其書寫「瘋狂」所衍生的獨特世界觀與人生觀[8]，誠然，閱讀過程中所體會的不合諧或沈重，絕不是構句或謀篇上的文體營造，毋寧是帶有絕望的況味，這正是「死病」的氣息，瘋狂在理性者眼中可以無關道德，但如果人類所自詡的理性依然使人步向更殘酷的境域，瘋狂似乎便成了存在的一種祝福，因其可以免去道德訓斥與規範，而如果這就是人類最後的希望、無怪〈救贖島〉[9] 裡的救贖竟是以殺止殺的暴虐，而這又何異於對死亡的歌誦。

　　「王」在對臺灣歷史的認識上，表現在小說中無論是縱深或氣度上都有其恢弘的體系化企圖，以其外省第二代的背景，能傾注如許悠悠意往與多情於斯島風土載紀，遂贏得葉石濤的高度評賞：「唯有王幼華，才有透視中國和臺灣未來動向的意向。而且他還能有效地從臺灣現實生活中看出時代、社會變遷的脈絡。」這是他在序《兩鎮演談》的意見[10]，從《兩鎮演談》以下的一系列對臺灣變遷的關注，另一位論者施淑看出「王」在一般的臺灣「大河小說」中所發展的獨特設計：

瘋顛的罪名強加于人提出指控。」見頁 601。小說中甚而嘲諷多位研究者的研究所得其實多得力於林合財的佐助，這是理性乞靈於瘋顛的滑稽運用。

8　見龔鵬程，〈試讀王幼華〉附於《狂者的自白》。

9　〈救贖島〉，《臺灣時報》副刊，1983 年 9 月 9 日。收入《東魚國夢華錄：王幼華作品集》，（臺北：允晨文化實業股份有限公司，2014）。

10　葉石濤在此文前部分略論外省作家的處境與文學特色，而王幼華在《廣澤地》一書的附錄上，則特別刊了一篇〈臺灣外省籍作家的文學及處境—「第四屆臺港暨海外華文文學討論會」論文〉，此文或可視為「王」的文學社會性思考兼向葉石濤致敬之作，二者時間相隔約有五年。

　　相對於大河小說之以編年式的家族史作為臺灣精神的表徵與文化符號，以悲情回應歷史加諸島嶼子民的沈重負荷與心靈創傷，從而表現了對於創世神話的，對於族群的集體凝聚力的嚮往和追求。在王幼華的作品中，我們看到的是另一番視景，除了志在為臺灣開發史立傳，因而有意無意地加入傳奇色彩的《土地與靈魂》，他的所有小說探討的始終是從臺灣的地表上，從它的文化沼澤裏滋生蔓延的一些已然形成、或等待著被確認的新生事物，它們的活動和發展大都意義未明，方向不定。[11]

　　關於以上的評論，可以從三方面去加以分析，首先是語言層面上對「混亂」社會現況的模仿；其次，從後設的角度看，現實的動態變異，使書寫對象永遠處在「開放」的階段，再者，或許更重要的在於集體的歷史及社會思考與人物的心理描寫，這二者要冶於一爐，實有敘述上之難度在，《兩鎮演談》的寫作雄心之偉岸與難逃結構上細碎、籠統、模糊之病正坐於此，但不管是歷史的或當代的社會文化的批判，全景式或百科全書式的書寫及窮奇人物心理之變化多端，已盡力兼顧二者平衡上的考慮，可見用心之所在。《兩鎮演談》的分章，各章前面的那段類似於樂章的說明，好像也反映「王」在結構上的反省，雖然這種說明可能不見得必要，又比如篇末的附錄，對全篇內容的十年內（70 年代）國內外大事記，包括經濟發展各項資料統計表，評論者如林燿德亦以為可並觀為全文之一部分[12]，凡此皆模糊了文本自身的範疇。但也由於這種迷亂的情節敘述模式的不易歸類，在這些中長篇裡，我們將嘗試依：民間信仰的批判及人物的宗教心理兩方面略作說明。

---

[11] 見《騷動的島》之推薦序〈臺灣頻道〉，頁 4。

[12] 見《熱愛》前〈意識的解放〉一文。

二、民間信仰的批判與人物的宗教心理

　　庶民信仰是社會精神價值的重要範疇，「王」在 81 年的短篇〈有應公殿下慈悲〉[13] 中，以一個年輕的敘述者，前去探視家中承租房客老趙在榮民醫院為情節，描述其他榮民榮眷的淒涼晚景，進而聯想及臺灣民間陰神裡，神格低下而路旁偶會見及的有應公祠祀：

> 　　如果你不知道祂是什麼神祇，從來不注意，那我可以向你說明。他們是開臺以來，數百年來的孤死的墾丁、戰士，倒在在路旁的無名屍體、游魂、野鬼。祂另外有個稱呼是「千人魂」「萬人塚」。……
>
> 　　有應公是不應該稱殿下的，神界還是很封建的，什麼大帝、祖師、王爺、城隍一階級一階級的很清楚，還沒有民主化。我預測將來代表沈默群眾、偉大無名戰士、孤勞墾丁的有應公神祉，在冥冥之界中，會得到他應有的地位的。（頁 124）

　　箇中主旨是很清楚的，諷喻榮民在奉獻歲月之餘只贏得一縷無主游魂的身後光景，被收編在神格的下等，除了為榮民抗議之外，也由庶民意識的抬頭批評神界封建思想的運作，這種對神界與現實脫序的說明，當然是對上層社會的諷刺，而在描述的視域上，只停留在某一階層，雖然不妨視為對後來社會全景式書寫的準備。

　　在《兩鎮演談》第一章裡，藉著理想型人物「范希淹」的導覽，介紹了地方崇祀的特色，比如居左右兩鎮中間位置的「五聖宮」所奉祀的神農大帝、鄭成功、開漳聖王、廣澤尊王、三山國王，就點出了平衡漳泉粵等人士在信

---

[13] 見《中外文學》，第 9 卷 8 期，1981 年 1 月。

仰上的社會功能；此外第三章裡詳述了左鎮的義民廟、右鎮的慈雲宮及晚近傳入的天主教、長老教會、浸信會，真耶穌教派等，「王」也觀察了宗教組織的社會運作與弊端，比如點光明燈、信眾對建廟捐款以求題壁留名、百姓的淫神濫祀與神棍斂財犯眾、寺廟董事、管理委員在宗教與政治上借神意謀特權，凡此皆浮現了地方宗教的主要問題，衍生出各種弊端及受扭曲的信眾心理，在無秩序的現實環境中，人們非理性地擁擠推攘向神明獻媚等待奇蹟，信仰中的非理性指的是崇拜對象的不可測度，而在這段批評中，說明了人對神的賭博式的挹注以媚神邀福，同樣的在《騷動的島》中對媽祖信仰的現象更是賅要的觀察，他說道「媽祖」是七、八百年來沿海人民的心靈之母，然而：

> 祂沒有神學的探討，沒有經典的訓示，沒有豐功偉績，只有口耳渲染的奇蹟。（頁 25）

揆諸目前的媽祖信仰，除開信徒的宗教經驗與意識層面外，似乎祂的政治運用顯然遠遠超出經典或神學之沈潛論述，但祂的宗教儀式在常民生活中被高度關注，儼然是一場宗教嘉年華，不明究裡會誤以為媽祖信仰是國教，但祂畢竟反映廣大庶民之信仰層面，無怪歷來頻有企求建立媽祖信仰之神學教義之呼籲[14]。

相較於敘述的綜觀的書寫，另一種方式則是特定的宗教人物，《兩鎮演談》中的「姜圖」其人，因長期營養不良衰竭而死，但臨死前數日，卻向「凌雲庵」老尼証道，自訴前身數世業歷，自星宿投世於明朝末年，轉身流寇、婢女、洪秀全，一直至今世始證自己乃天殺星投世，但已功德圓滿，當重返天位云云，此番說詞，出於營養不良將死之人，實已暗寓譏諷，但「姜圖」竟爾成神，說明因果業報之說移人甚深。此外運用同一主題且能有心理層面

14　例如《自由時報》，2000 年 7 月 23 日 15 版，就有黃德祥短文〈引領信眾逐步建立媽祖教義〉。

之描寫者在《土地與靈魂》及《廣澤地》中，兩部作品都曾突出神職人員的
悖德與心理掙扎，《土地與靈魂》中的舵手，前耶穌會教士「哈洛德」，因
性醜聞而被逐出教會，雖然淪為海上冒險商船的掌舵者，卻依然無悔，生命
中使他犯戒的女人「給他許多東西，那是修會、書本無法提供的。她的知識
能夠和他匹敵，但對肉體慾望的豐富卻令他望塵莫及。她談及經由慾望、罪
惡認識的基督，使他語塞，不經由人性試煉的教徒都是虛假的，哈洛德成為
她的追隨者。兩人之間的事爆發後，教士承擔了大部分的後果，成為海角的
逐客，離開神龐大的巨影。」（頁 51）基於這一理由，「哈洛德」被塑造成
一位雖犯姦淫卻是為了接受試煉的矛盾者，而後使他幡然醒悟的是一島上野
蠻生番所佩帶的十字架，他憬悟自己流落島上的遭遇，宛然是上帝要重新召
回他，以便開始島上宣教事工，雖然最終他在敵人酷刑下死去，但「他那殘
缺不全的手掌上，握有那曲扭的金色十字架，那枝重新啟示他尋回上帝的記
號。」（頁 262）哈洛德從某方面而言並非是縱慾者，比如他可以拒絕番人
少女的示愛，但是他無法遵循修會規範的情節設計，好像是展現個人面對誘
惑時的意志自由，後來體悟上帝之大能，卻在與敵人交涉時受傷而死，這便
帶有過度浪漫的悲壯濫情。類似的主題而加以引申的人物是《廣澤地》裡的
「李神父」，少年時期的神父常有聖靈充滿的宗教感受，但是身為大家庭中
的庶出，加以與父親間的隔閡，使他深覺婚姻的家庭結構對他卻變成淫蕩、
壓迫、不潔等罪惡感叢生的淵藪，這種青年時期會有的人格整合與認同的危
機（identity crisis）很像愛力克森（Erik H. Erikson）在《青年路德》裡對馬
丁路德的分析[15]，總之，這是形成「李神父」對原始情慾的好奇與渴望的關
鍵，而內在的情慾與道德間劇烈震盪也演成他的獨特人格：

　　　　他發現自己能在極大壓力之下，把自己分裂成三、四種不同的

---

[15] 〔美〕‧愛力克森（Erik H. Erikson）著，康綠島譯，《青年路德》（Young Man Luther），（臺
　　北：允晨文化實業股份有限公司，1989）。

我而存在，以三、四種不同的我去面對現實。那三、四種我是不同
性格、不同道德標準、不同尊嚴的我。在對付完危機之後，心靈內
的熔爐亦能將它們融合，回到一個較固定的自我。（頁 65）

林燿德說：

　　說符徵而言，神父無疑是西方基督教文明滲入臺灣的象徵，而
且神職的本身就是明示著神聖與世俗抗衡的力量。但進入符旨探
究，李神父身為漢人而接受梵帝崗教廷指揮，或者他因世俗情慾而
動搖信仰的內在困境，一一顯現出詭異的生存現場；更為有趣的是
李神父為天主爭取到的女性信徒，在小說中清一色是因為李神父個
人的男性魅力，而不是因為被神父講道的言談所說服。[16]

　　林燿德的說法明顯過度詮釋了「李神父」在全篇中的作用，神父自然可
以是西方基督教文明的象徵，但在《廣澤地》裡並不存在這層運用上的寓義，
倒是林燿德本人在其後來的《一九四七高砂百合》裡這麼用了。至於說神父
的困境在世俗情慾與內在信仰的無法共存，這是對的，只是把罪的諸多形式
集中在情慾方面，雖顯豁但也是窄化，饒是如此，其中還是有一段精彩的對
話，當李神父因情感衝擊遠離城市到山地牧會後，（在山地間他又與一女子
「瑪娜」有了關係，他視這事件為一平衡，彌補對信仰上極端與絕對的形上
追求，這當然是一種偏頗而強為之辭的掩飾。）外國老神父馬伯敬因前去勸
導而展開對話，師友間的情誼，加上馬伯敬的博碩學問，使他可以將內心中
對罪的意識與疑惑去質問有關早期馬伯敬在教會中流傳的不名譽事件，包括
金錢上的虧空、與有夫之婦的緋聞等，或許基於人的罪性的同理必然，使他

---

[16] 見書前引言〈在都市邊緣的邊緣〉一文，頁 7。

敢於如此質疑，相形之下，儘管在神學著作有其尊崇聲譽與地位，但面對如此嚴厲的逼問，馬伯敬則顯得不那麼堅決，甚至有些保守與怯懦，但事態的演變卻出人意表，李神父終於請求馬伯敬的寬饒並祈求代禱，這樣的轉變，小說敘述的理由是那些話不是犯罪者的本意，只是要試煉他心裡的困惑。「王」在此想要去處理神聖與罪性的強烈對立，透過兩位曾為罪所苦擾的神的奴僕，其中一位現在還陷溺其中，這原是極佳之主題，但是在某些議題上卻有飄移不定之憾，比如李神父提到某次聆聽馬伯敬對聖奧古斯汀的靈肉二元論的體悟與親身經歷，對於起源自中世紀以來的看法，其實可以溯至《聖經·帖撒羅尼迦前書五：二十三》關於靈、魂、身子之說法，自然，在小說中提到這個觀點，不過是要用來表現李神父的疑惑，或者說是他的堅持，即聖潔須從罪惡之中超脫，但在對話中只道及馬伯敬見上帝向其顯現的宗教經驗，再者，「王」對於罪的主題的強調與偏愛，使李神父這個人物一再企圖由人性的陷溺的必然或生命體的原始慾求去論證它們存在的合理性，在無意中也就只是強調了罪惡的存在事實。全篇的結尾落在李神父身上，當他由山上教會下到都市的市場時，見到梅子老師（滿有愛心卻又深受情慾煎熬之苦而發瘋的女人）與老大（妓女阿麻的兒子，一位不良少年）糾纏不已，他望向天，舉起右臂，（近似宗教祝禱的手勢）喃喃唸道：

　　罪惡，啊，罪惡……我來了，我來了。（頁 176）

　　接著李神父試圖將二人分開，很明顯地，從這個刻意營造帶有宗教意味的動作中，李神父走向罪惡（由梅子老師與妓女之子所象徵，使我們可以清楚逼視由瘋狂與淫亂所象徵而交錯的二個生命體），奮力一搏，想藉此斬除自己心中的牽絲攀藤與罪性之箝錮，只不過這一切卻顯得如此軟弱，於是，它的結局又指向人類命運的兩端，帶有不確定的意味：究竟李神父（或每一個體）迎向罪惡的下場是拯救犯罪的對象與自己，抑或更悲慘的是為罪惡所

吞噬？

　　至於在短篇裡，〈生活筆記〉系列中的「寓言 D」，描述「真教會」作禮拜時，李太太拉進一位陌生人，當其他教友們慣例地痛哭懺悔時，眾人也勸這位陌生人向神懺悔，逐漸地他被軟化而開始痛哭，甚至眼珠掉出，淚水汩汩從空洞的眼眶洩出，氾濫及腰，最後這名男子消失無蹤，牧師以為是魔鬼所致。此篇明顯批評偽善者的廉價淚水。〈神劍〉裡的小孩在偶然間得到強大無比的超意志能力——可供驅動的非物質性金劍於掌中，可以抵禦子彈、遮蔽陽光、使人騰空等，但這等能力卻在他背誦出一段歌詞充滿可愛、希望的世界時而自動消失，文中除了一再暗示小孩所以能具備超能力的條件在於絕不說謊外，恰好也正反諷現實世界是由虛假拼湊而成。〈教堂故事〉藉聖馬丁天主堂裡一位小學徒的成長經歷，描繪幾位教會同工執事的腐敗。小學徒稍大後，到都市謀生，社會的生存歷練，帶給他一些不良的熏習，多年以後，當小學徒隨著載雞的貨車經過從前幼年生長的教堂時，卻發現教堂頂端的十字架早已變成汽車休息站的招牌了，似乎在哀悼聖俗界線之泯然，甚至在嘲諷從前聖殿中，那些表面聖潔，其實骨子裡盡想發財之教友的必然結果。〈如來寺恐龍記〉（收入《洪福齊天》）以無神論者，一位考古知識分子「我」的眼光，闡述一件奇妙的宗教經驗。「我」家鄉的「如來寺以有著佛陀手掌的真跡而成名。」（頁 135）但考古的專業訓練及為了研究題材上的突破，使他提出以恐龍遺跡來解釋岩石上的印痕，同時拆穿庶民盲信的宗教現象，因這塊「釋迦靈岩」的醫病神效而香火鼎盛的寺廟，在恐龍遺跡與佛陀手印之間，顯然要作出不同的選擇，在經歷佛陀手印可能是恐龍遺跡的科學解釋之後，寺廟的信仰受到了質疑，香火逐漸凋零，這時的「我」卻罹患肺癌而回到廟裡靜養，伴隨著肉體上的痛苦，不禁使「我」伸手向著「佛陀手印」祈求，這曾被「我」大膽假設為恐龍遺跡的石塊，雖然隔著欄杆的「手指距離祂很遠很遠，如何用力也無法碰觸到祂。」（頁 148）但此時不可思議的事發生，「忽然，我發覺背後有一隻手掌印上來，就貼在我右手臂

的肩胛骨上。那是隻有力而溫熱的手掌。我驚詫的，緩緩地轉過眼去。那人竟然是海智和尚。他的手臂力量如此強大，虛弱的我無法反抗也無法轉過身去。更令我驚訝的事情發生了。我的右手臂從肩胛骨處好像長長了，它竟然不斷地向前伸去，向前伸去──海智的手推著它向前。我的手掌竟然貼在那佛印上了。我碰觸到祂了。」（頁 148）憑著寺中住持八旬老和尚海智的一臂之力，癌症得到奇蹟式的治癒，而佛印也在長時間的風化作用下終至漫漶不可辨識，釋迦靈岩又變成一塊平凡的石頭，如來寺則更名法雨寺，繼任董事為地方上政治人物，新住持深諳商業經營手法，將寺廟加以企業管理，請來各方神明增加娛樂設施，將宗教世俗化、娛樂化。無疑地這是出以寫實的諷刺，至於「我」則在日後選擇以遺忘的方式來面對曾作用在我身上的神蹟。這則短篇的手法奇趣，結合另篇〈龍鳳海灘考古記〉的部分技法與宗教旨趣而成，這其中，信仰與醫療當然不是重點，也不在此勸誘人起信，但實屬不易的是在這麼短的篇幅裡，卻濃縮了民間信仰的生成、演化與轉變，更特別的是道出知識探究與信仰間的相互作用，當人遇到極限時向神的自然呼求，及至康復後理性再度抬頭，這兩種內在矛盾被離奇的情節安排所道出，唯一可商榷的是海智和尚相助的作為，雖然有之似是增添了趣味，不過卻限制了原本在心理上更細膩複雜的書寫空間。

三、結論──仰望救贖的人

彭瑞金在評〈健康公寓〉時，曾透澈地指出「王」在創作上的特質是：

> 作者從頭到尾都守口如瓶，不肯透露一點這些惡德罪行的解脫超昇的途徑，這和作者一貫地主張──生命中馱負了無解的原罪觀念是一致的，因為乍看之下，這篇作品中有非常強烈的現實諷刺

　　——藏污納垢的現代都市人居所，但是現實問題卻不是他指陳的對
象，所有客觀的現實問題……都有解脫的活口，唯有生命的原罪無
解。[17]

　　這個觀點可以解釋「王」小說的深層價值，現實問題的尖銳批判，那些
心懷惡意的都市人行徑，只是他對當代生活型態的反映，所以也不好逕以「都
市文學」去看待[18]，否則恐不免流於都市心靈的皮相之見，除非我們能深刻
體驗到，他寫出了現代人對原罪的看法：承認罪的無所不在，另一方面卻又
抗拒任何救贖的可能，因為救贖涉及超驗的存有，這卻又不符合一般現代人
的思維，此外他的原罪觀還特別著重在生物性遺傳這部分，〈歡樂人生路〉
裡的第一人稱「我」是社會競爭下的劣勢者，工作轉換在推銷員、搬運工及
色情理容業皮條客之間，他的痛苦可來自母親罹患癌症的右乳：

　　　　我總認為那是隻奇醜的乳房，沒有比它更難看的，我想今天我
有這樣的腦子，魔鬼般迷亂的心，一定是吃了那隻乳房流出來的奶
水，……我有什麼罪，那是隻有病有毒的乳房，我毫無選擇的，本
能的興奮的吸吮它，快樂的享受的。（前衛版《王幼華集》頁 21）

　　由母親所泌病的乳汁的餵養，使其自認為病態也得到延續，甚而要憎怨
自己的出生：

---

[17] 見《狂者的自白》附錄〈透視現代人的生活遠景〉，（臺中：晨星出版社，1985），頁 268～269。

[18] 在《熱愛》書前〈意識的解放〉一文中，林燿德將 1981 年的〈健康公寓〉許為 80 年代都市文學的第一篇，在此，不擬將空間地域作為其小說標幟的原因，正惟恐弱化其更深層而豐富的表達，比如在〈惡徒〉的最末一段「附魔者」裡面，為了表現人物「二羊」發狂前的意識狀態，展現焦躁、恍惚、猜忌、嫉妒、仇恨等情緒，運用連續的都市風景斷片，由人物意識的急速接收反應，而採非因果、非線性的跳接情節，乍看之下，很容易從都會適應不良的角度去評論，但在「二羊」的狂笑狀態中，不忘補進一句「我這笑真像藍媽媽，再笑笑看」，這又是其一貫罪性遺傳的主旨了。

我活著，當初也不是我想出生的。我現在活著就是想拒絕，要快樂的活。我害怕死，有時又渴望死，目前很猶豫是要死或是活著，這件事最好由別人來替我解決，我懶得想那麼多啦！（前衛版《王幼華集》頁 17）

這種生死兩無趣的尷尬，最終只好以非理性的下場作結，那就是瘋狂。類似於此，在〈模糊的人〉中的人物「李村」，同樣是社會標準下的失敗者，家計全賴姊妹在舞臺上出賣色相，他無法忍受那些臺下觀看者的色慾醜態，但能夠作的也無非是對他們進行精神上的幻想式的報復，「李村」的懦弱恰好也來自父親「老李」的性格遺傳，

父親的秘密只有他知道。有次他回家，老李正在浴室中，媽媽在接臨時打來的電話，門沒關好，李村很清楚的看到他用右手掌在搓洗胯下，細小的陽具，由於過度的肥胖，或是懼怕什麼似的縮在雜亂的陰毛中。（《熱愛》頁 106）

以父親陽具的退縮來比擬自己性格之所來自，其實是詼諧又深刻的控訴，而為了避免這種不良的延續，他甚而要放棄生殖或說是厭惡生殖，「李村」這種唯生殖或肉體的決定論還可以從一樁惡作劇中看出些端倪：「大利倉庫的灰牆被教徒貼了一張宣傳紙條──『神是人最後的港口』──李村用黑柏油把神改為『肉體』，另外在旁邊畫了一個沒有乳房，臀部肥大的女人。」（《熱愛》頁 119）李村一方面肯定人的唯物質性而厭棄超越的存有，另一方面生育的象徵，他所塗抹的女體，卻是個不完整的形象，徒有豐臀而沒有乳房，這也說明了人類在剝除了任何的理想，就僅剩生物體的存在，但是生物性的存在也只不過是一種殘缺的暫時性存在罷了。

而從自身的遺傳推衍出去，便成了親族血緣的相似性，其聲勢是令人驚

悚的，〈廣澤地〉裡的「蘇清淡」出身商人的富裕家庭，但是易感的他在一向以追求情慾、生物性享樂的家庭中則顯得格外落寞，雖然他曾經嘗試以宗教領域內的愛來取代俗世的親情，卻始終無法得到滿足，經過一番內外翻騰的自我剖析，他察覺到一項深層的暗黑面：

> 對家族裡存有的淫亂種子，感到羞愧，感到恐懼，也害怕自己血液中亦流動這樣的素質。他以為自己是不同的，是可以扭斷那罪孽的鎖鍊，追求純淨的美，但結果是令人失望的。
>
> 他反省，狂想著，既驚恐又痛苦。他幻想用右臂伸進嘴裡，通過喉嚨，進入食道、胃、腸，到兩腿，然後把這肉體整個的拉出來，像翻隻皮手套般的，反過面，仔細的嚴酷的，一點一滴的折磨它。
>
> 「哈哈哈———」蘇清淡笑了起來。看到自己像隻溫馴的羔羊，慢慢的走到他龐大家族堆積成的人群中去，那兒有眾多與他面貌相似，心靈相似的族人，張開手臂熱情的歡迎他。淫慾之樂是他們愛好追求的啊。（頁 106～ 107）

從對自身棄絕，溯源到罪性血緣之遺傳，再漫延為家族的罪惡族群，聲勢浩大。誠然，若依種族繁衍的設計而言，則罪可能是一種固有與承繼的，〈詩篇·五十一篇 5 節〉：「我是在罪孽裡生的，在我母親懷胎的時候，就有了罪。」但是一味強調罪的本然與勢力而輕忽對罪的厭惡與救恩，最終就導引出一種唯生物的，或甚至有一個心懷惡意的上帝的結論，如果是一位無神論者的話，那就會變成一位虛無的厭世者，但為何人不珍惜他對罪惡感到驚恐厭棄的這份基於宗教或道德感的自我起訴？再者，此處的原罪觀偏向肉慾論及遺傳論在神學觀念史上只能視作是基督教思想受希臘哲學影響下的解釋之一，若依尼布爾（Reinhold Niebuhr）還原原始基督教罪的觀念，則罪的前提在於人類對自由的濫用及意識到自我的有限而引發企圖超越時伴隨的焦

慮所致，所以它是人類罪的本質的象徵而非歷史或生物的罪行（guilt）的解釋，如其所論：

　　基督教正統派（orthodoxy）一直試圖從原罪的不可避免性中創造出一種罪孽史而使得這一教義的概念含混不清。一切神話宗教中的嚴重錯誤都是它的解釋者們試圖將其超前史（Supra-history）貶為實際歷史。這樣，上帝創造萬物之說原本是對存在的質的描述，而卻被編入了實際的起源史。同樣，原本是描繪邪惡本質的墜落之傳說亦被歸入了邪惡起源的章節裡去了。正統派的「原罪」理論力圖將罪孽史從其起源始在人類歷史上一代代地往下延伸。因而，他成了一種「遺傳腐敗」（inherited corruption）的理論，其實質顯然從未被神學家們所發現，而常常卻被他們與伴隨繁衍過程的性慾聯繫了起來。倘若「原罪」是遺傳的腐敗的話，那麼，它的遺傳便摧毀了自由，因而也摧毀了對原罪概念至關重要的責任。所以正統派的理論是一種自我毀滅的理論。奧古斯丁正視了這一問題，但在他能假設的說法中卻無法解決它。原罪不是一種遺傳的腐敗，它是人類存在的一種不可避免的事實，此存在的不可避免性是人類精神的本質所決定的。它無時不在、無刻不有，然而卻又沒有歷史。[19]

　　由此可以見出將罪視為透過性慾而遺傳的基因延續，最大的問題在於它破壞了祈向超越的可能，使得罪原本是自由這項美德的墜落，轉變成美德的取消，同時引出罪既然是無法超克的必然限制（指非憑藉人的自由可以自我

---

[19] 〔美〕．萊因霍爾德．尼布爾（Reinhold Niebuhr）著，關勝渝／徐文博譯，《基督教倫理學詮釋》（An Interpretation of Christian Ethics），（臺北：桂冠圖書股份有限公司，1992），頁 61～62。而有關尼布爾相關的神學主張的介紹，可略參王崇堯，《雷茵霍．尼布爾》（The Thought of Reinhold Niebuhr）一書之第二、三章，（臺北：永望出版社，1993）。

拯救），則罪便不構成惡的內在矛盾，從人的有限去反思，反倒引出一個惡意的造物者的結果，這將癱瘓所有的倫理學及神學立場，適成一弔詭。與尼布爾同屬新正統神學立場的卡爾‧巴特（Karl Barth）對原罪亦持非物理及非歷史性的見解：

> 人類始祖的情況或許是這樣的：亞當攜入世界的罪在死之前，基督攜入世界的義在死之後。然而，我們連同我們的歷史認識卻無情地生活在亞當死之後和基督死之前這一範圍中。……
>
> 罪由於亞當進入世界，這也不是、在任何意義上都不是歷史和物理的過程。西方教會關於遺傳之罪的理論，即原罪說，在保羅眼裡（按指〈羅馬書〉）絕不可能是「富於魅力的假說」（里茨曼），而只是從歷史和心靈角度歪曲他的觀點的眾多不實之詞中的一種。[20]

換言也，罪就落實在每一個善於反省、對自身存在的限制感到無可如何的靈敏反應中。而從整個西方對罪的認識過程，也可以見出人類在彰顯自身存在的極限時，所使用語言性質的改變與罪惡本質的不變，它的演化是從

> 希伯來懺悔文學裡「罪」的象徵到「亞當神話」的構成，再經奧古斯丁「原罪」概念的提出，最後到康德的「根本惡」之哲學論述，正好構成一個由原始的宗教告白語言到理論哲學反思的一個「解象徵化」過程。語言的象徵性愈來愈低，明晰性愈來愈強，但惡的象徵所揭露的根本意義卻沒有改變。這不正表示惡不是哲學所能有效處理的問題嗎？不正表示由於惡的緣故，哲學必須連結於宗

---

[20] 〔德〕‧巴特（Karl Barth）著，魏育青譯，《羅馬書釋義》，（香港：漢語基督教文化研究所，1998），頁 224。

教或走向宗教的向度嗎？[21]

　　而宗教向度的企及，首先在於對自身嚴格宗教誡律甦醒的覺察，這種自覺在表面上是以朝向實踐自我整體超越為依歸，但事實上卻由於內在對罪的敏感，導致原本屬於未加反省的素樸的生物意義上的個體心靈，開始萌動不願受罪惡轄制而生存的掙扎，原先的和諧現象（假象？）被更高的理性反省所破壞，宗教自律的無上命令惹起內在的騷動與分裂，正是在這層意義上，前述巴特（Karl Barth）遂斷言：

　　做一個宗教的人意味著做一個內心矛盾、失衡、不和諧的人。[22]

　　「王」顯然在他對原罪的體認下，也沒有忽略掉表現實存個體在宗教感心理作用下的巨大壓力，這個主題人物透過〈慾與罪〉裡一場原可及時撲滅的大火──只因為房東的刻意延遲，以圖謀保費賠償來平衡他的債務，結果便燒出了租屋者各人之間的存在苦境與難題，這是〈健康公寓〉等一系列的手法。其中一位年輕人「楊傑」雖知實情，卻甘願犧牲生命代人受過，「楊傑」正是一位飽受罪惡之苦的人，當心中的罪性覺醒之後，了解內在的戒律要遠高於世上所有的刑罰標準，這是內在道德的嚴苛要求，但是他選擇承認放火而自殺，用以喚醒狡猾商人的良心、換取兩個無知小孩的幸福，殊不知自殺卻使他拯救他人的壯舉帶有幾分瑕疵，更何況他雖領悟罪惡所帶來的痛苦，

---

[21] 見柯志明，《論惡、自我與自由的辯證關係：呂格爾（Paul Ricoeur）前期（1950-1969）主體存有學之研究》，頁 198，中國文化大學哲學研究所博士論文，1997 年。

[22] 見〔德〕‧巴特（Karl Barth）著，魏育青譯，《羅馬書釋義》，（香港：漢語基督教文化研究所，1998），頁 343。巴特這地方主要申論的是〈羅馬書〉‧七章 18 至 23 節，強調主體在罪惡與良善間的痛苦掙扎。另外，值得注意的是，在 18 節中的罪惡發生載體，和合本作「肉體」；現代中文譯本則譯作「本性」，「本性」的譯法突出了罪惡的非實體性，較「肉體」的象徵說明可以較少程度上的誤解，避免靈肉極端二元對立的缺點。

卻並未將它視為勝過的起點與對象，因而他嘲諷人間的荒謬、矛盾，連帶使
自己飽受精神的折磨，因此他雖然擔負起一樁原本不須他負的責任，但這多
少是為了減輕自己存在的痛苦所作的抉擇，在這點上是對生之勇氣與希望的
負面描述。甚而最悲慘的還在於〈東魚國戰記〉篇末的那則寓言，〈東魚國
戰記〉全篇出以寓言的方式來影射臺灣的命運，篇末的那一段其實可獨立來
看。東魚國的長老訴說很多年前，曾與一群人為了解決人類互相殘殺的命運，
他們前去地底深處尋找一道血的噴泉，只要將其毀去，便可於人間止住殺戮，
在歷經險難之餘，終於找到了這道泉，但倖存的兩名同伴忍受不住它誘人的
氣味而縱身滅絕，僅存的他，深感自己的渺小與無奈，但也在此時，他發現
自己獲得了永生，只是從此每當人世殺戮一起，他也會跟著感到疼痛，寓言
裡的噴泉似是顛倒了一般常見的，作為青春不老的幸福象徵，只因為它是血
的噴泉，是惡的象徵，他說：

> 血的噴泉，由於我渺小可憐的挑戰，使我得到永生的處罰。讓
> 我不能死的，永遠的看著這樣的事情重複，再三、再四的演出……。
> 使我知道想要違反人性的罪惡……的代價。（前衛版《王幼華集》
> 頁 223）

於是永生變成不是蒙福與恩賜，而是萬劫不復的咒詛了，因為惡勢力是
如此龐大，甚而無物與之匹敵，正如《騷動的島》曲終雅奏的那四句：

> 黑暗的力量無窮
> 穢污之地更能繁花怒放
> 失敗者才談論道德和理想
> 慾望終必獲得全面勝利（頁 249～250）

　　雖然「王」本人不必然是那麼悲觀，甚至還志切於改革，比如鳩集中部好友創辦以推廣文化活動為主的「雷社」，誠如其識語：

　　　　事實上我們發現寄望於英明偉大的政治人物，起來改造社會體質，遠不如期待英明偉大的庶民來得重要和實際。庶民力量的凝聚，知識理念者的結合，才能發揮出文化的無形力量。——臺灣，充滿昏熱混亂的心靈狀態，糾葛不清的意識型態，自然我也不希望在眾聲喧嘩中再加入叫嚷的行列，也不想只是個不安驚恐的無聲大眾。在不必依賴宗教外衣蔽障下，相信一樣可以進行「淑世利他」的寧靜革命。[23]

　　殊不知他所謂的「寧靜革命」即「內在革命」，指人的內在提昇與更新，他想以所謂文化的力量去取代宗教領域內的道德訓誡，恐怕又是美育德育代替宗教的老調，他其實已窺知了人性中的罪惡深淵，也見證了罪惡轄制下，人的矛盾與苦難的實存，而這些特色都偏於宗教心靈的領會，除了從不肯略示解脫之道，而這就構成了他的主要矛盾，但誰說這不是現代人在宗教感失落之後的極佳寫照呢？於是我們大都成為前述〈東魚國戰記〉裡那則寓言中的人，要麼，受不了罪惡的誘惑，縱身躍入血之噴泉；要麼，好像自己可以永生似地冷觀罪虐加諸人世而束手無策。

---

[23] 見《騷動的島》自序，頁 14～15。

陸、當代臺灣小說的言語失序：「非愚即狂」的修辭問題

一、導言──瘋言瘋語的社會基礎

　　將瘋癲視為理性的對立思考，可以觀察精神文明的流變現象，不從精神疾病的角度來談，它或是文學藝術的創造力象徵與批判動能。現代文學中的瘋癲修辭，是現代工業生產下人的疏離感受與心理困擾，卻也是文學反諷、荒誕感呈顯的最極致運用。本文作主題論述，討論臺灣小說中的瘋癲修辭，或是個體實存生命經驗、受現代主義影響的語言表現、或是作為反理性體制建置的手段，依年代先後之作者論呈現，得出瘋癲意識書寫上的意義趨向，揭示瘋癲修辭與作者語言變異之特殊關係，瘋癲作為精神激盪的現象，不論是寫實或隱喻，都是研究當代臺灣文學思想主體的要項。

　　雖然小說作為一項文體分類，在現代小說發展的觀念上，其內容還有待商榷與辯論，箇中緣由當然與「去中心化」、「無預設」（其可能乎？）等後現代思潮有關[1]，但從世界觀的解釋角度而言，卻也難逃「小說／社會」這樣的思考邏輯，當代爭議性小說家（如七等生、王文興……等）的特殊敘述語言，想來也是對價值劇變時代的思潮所作的「摹仿」。當小說家自覺地運用寫實或自然主義手法來處理社會議題時，是否他的語用會趨近通俗的「言

---

[1]　思潮變革之簡述請參〔美〕‧弗雷德里克‧詹姆遜（Fredric Jameson）著，〈後現代主義與消費社會〉一文，收入胡業敏等譯，《文化轉向》，（北京：中國社會科學，2000）。

說」方式，而一旦他的題材接近內心意識及心理層面時，則語用會更趨近於所謂「私人語言」的風格[2]（當然我們知道似乎是不可能存在所謂「私人語言」的使用層次），此處姑且先不考慮語言與意識間的複雜辯證過程，而僅就意識至少從足以清楚辨認的標誌來看，心理意識的描繪或大量獨白的運用，幾乎已成現代主義風格的寫作或認識上的特徵，究竟從個人意識出發作為反省內容或者純粹將內在精神流變作為觀照及審美對象，其價值上的估量果真不如社會性表現的優位嗎？或者個人自我心理意識之呈顯能否具有批判精神而不只是喃喃自語的夢囈，正如懷疑主義與虛無主義之間的區別，前者可以是反思的運作而後者的代價是絕望，勞思光在〈生命悲情與「存在主義」之正面意義〉一文中[3]，點出現代哲學在帶有否定傳統的趨勢下，「存在主義」其實在說明個人心靈自覺上的自由與生命感知上所意識到的有限性，正是在有限性上顯出人的悲情，從而彰顯自我超越的嚴肅課題，此超越問題，無疑已進入宗教領域的範疇，但更令人不堪的是，與前現代的心理特徵相比較，在「信任感」的關係上，以「終極關懷」而言，現代主義的危機有多大層面是來自於個人內在的風險[4]，即當我們正處於宗教組織化及儀式的式微潮流下，自我需要去承受更多對終極問題的解釋與創造，從此一面向來思考，對個人內在的意識剖析呈現出生命的另一種凝視角度——瘋癲或相關的精神困擾，無疑是另一種寫實主義的表現法。所以對照日本時期楊守愚、朱點人、呂赫若、楊華等人作品中的瘋狂書寫，是作為反殖民控訴，其語境是政治權力作用下的不平等，當代瘋狂的書寫則成因多元[5]，只是當前各種探究最終不免多是文體及道德上的批判，此中常被當成箭垛式攻擊者，如有王文興及七等生、

---

[2] 私人語言的相關討論請參〔美〕‧馬蒂尼（A. P. Martinich）編，牟博等譯，《語言哲學》，（北京：商務印書館，1998）。

[3] 勞思光著，張燦輝編，《存在主義哲學新編》，（香港：中文大學出版社，1998），頁 153～164。

[4] 有關前現代與後現代在個人對環境信任感之轉變描述，見〔英〕‧安東尼‧吉登斯（Giddens, A.）著，田禾譯，《現代性的後果》第三部分，（南京：譯林出版社，2000）。

[5] 見李欣倫，《戰後臺灣疾病書寫研究》，頁 27，中央大學碩士論文，2003。

歐陽子諸人。王文興在《家變》中準擬對父權崩壞及弒父意識的描寫；七等生〈我愛黑眼珠〉中李龍弟對情感的冷漠及背棄；歐陽子〈秋葉〉中，兒子與繼母之情慾不倫，或者皆診斷為病，是文體及道德上的嚴重缺失，這種評論只是對「病態的書寫」及「書寫病態」的說明，都不免敧斜於人格上的指控而偏離文學多面向的可能。

關於所謂現代主義對心理意識之描寫，在跨代作家眼中或許並不陌生，以葉石濤而言，他曾節譯過〔日〕‧加賀乙作的〈文學與病跡學〉一文[6]，理解到文學與瘋狂之關係，以及瘋狂所帶來的豐沛創造力，與單純精神疾病傷害之不同，他在簡論〈杜思妥也夫斯基與癲癇〉[7] 短文中也是強調文學家從痊癒中轉化痛苦昇華為作品的自癒能力，在 1980 年出版的帶有頹廢蒼白的現代主義風格一書──《卡薩爾斯之琴》[8] 中（著錄自 1964 年到 1971 年間的短篇），也安排了瘋癲人物「小梅」──作為音樂家之女（或已有瘋狂性格之遺傳）遭父母離棄以致瘋症發作，同書附錄彭瑞金〈嘈嘈切切錯綜四十年──葉石濤的文學旅程〉一文中，彭瑞金說葉石濤的口頭禪是：「作家都帶有精神分裂症吧！」（頁 236）這當然有幾分自我嘲諷的味道，不過現代主義在臺灣的影響現象，葉石濤自有其見解，在宋澤萊提問對臺灣現代主義時期的小說看法時，他認為由白先勇開始的「現代文學」和「晨鐘」等系列引介的外國作家，其實以日本殖民時期時期的西洋文學吸收而言，根本不算陌生，甚而以為其技巧層面可以學習， 但其中思想則不值得討論[9]，現代主義的「輸入」自不以「現文」為早[10]，葉石濤的觀念主旨還是在於作為社

---

[6] 《書評書目》，78 期，（臺北：洪建全教育文化基金會發行，1979，10）。

[7] 收入葉石濤，《臺灣文學的困境》，（高雄：派色文化出版社，1992）。

[8] 葉石濤，《卡薩爾斯之琴》，（臺北：東大圖書有限公司，1980）。

[9] 葉石濤，《小說筆記》一書附錄，〈為臺灣文學找尋座標──宋澤萊訪葉石濤一夕談〉，（臺北：前衛出版社，1983），頁 188～189。

[10] 作影響起源的時間先後考慮可能無太大意義，不過也可以從不同的文類來加以思考，比如現代詩的典範更替，見李桂芳，《逆生與變奏的雙軌──現代詩語言觀的典範化與延變之研究》，淡江大學中國文學系碩士論文，1999。

會現實反映的技巧更新，自然也是體用二分的思考，本文主旨不在現代主義的描述或演繹，只是將瘋癲作為特殊的文學語言修辭現象來討論。

　　將瘋癲主題視為文學修辭，多少已將其限定在表現手法之功能考察，至於瘋癲之精神狀態與文化史上之意涵，傅柯（Michel Foucault）把他作為知識考古的特殊研究範例已為人所知，這種異常或非理性的狀態，是「健康／病態」的生理區別或內在心理統合上「自我／異我」的後設思考整合出現功能障礙，在認知與界定上可以說是曖昧而難解，而透過語言來詮解這種狀態，無疑是詮釋上的另一難題，如果我們亦連帶想及語言本身的歧義、渾沌與曖昧的話。為了避免這些歧出的困擾或許將它界定在「功能」的角度上，可以獲致比較明確的批評方法。

　　關於瘋癲的修辭多出現在與「現代主義」文學思潮影響所及的作品，這本身似乎是「現代主義」精神的某種特殊標幟或辨識特徵，換言之，當「現代主義」在言說其自身時，瘋癲是它的定義項目之一。丹尼爾·貝爾（Daniel Bell）考察西方 60 年代文化情緒中，在主體自我喪失的時代氛圍下普遍存在的書寫現象：

> 　　人們發現六○年代人們主要念念不忘的是瘋狂，當社會生活已被拋到身後時，自我，作為一個有限的題材，已經被融解了。剩下的唯一主題就是分裂的主題，而這十年的每一個重要作家都或多或少地涉及到這一主題。這些小說在方式上是迷幻型的；許多主角都是精神分裂症患者。精神錯亂，而不是精神正常，變成了檢驗現實的試金石。（頁 151）[11]

　　有關這股思潮在臺灣的流行，尤其是放在 49 年後 60 年代臺灣文壇整

---

[11] 〔美〕·丹尼爾·貝爾（Daniel Bell）著，趙一凡、蒲隆、任曉晉譯，《資本主義的文化矛盾》，（臺北：久大桂冠圖書股份有限公司，1994）。

體發展脈絡中來觀察，很容易發現它所伴隨的污名化現象——抵制或抗拒傳統甚或是改造傳統而自覺地吸收西方文學思潮，卻在異文化對位上產生不合諧，到 70 年代再與「鄉土文學」展開論述辯證，遂在 7、80 年代之後，作為兩造極端的價值對立激化下，彼此逐漸消歇轉化為概念內涵的思想接受。關於「現代主義」在不同體制（譬如臺灣、大陸）的文學思潮影響研究，原本是一項近代文化思想史的子目課題，至少它足以說明思想的「延續／斷裂」的現象，當然此處的「斷裂」只是在相對說明某些傳統價值思想有其較長時間的延續性，斷裂則是一股自發或外來力量的更新改造或強勢干擾。從當今多元的文化共時性質來看，它只是某階段的強勢主流價值遭逢詰問的歷史問題，至於其功過，很難驟下定論，不管是它與後來的前衛思想，有無作為階段性任務完成而被揚棄的效能，或是它的影響其實還在發揮，不論是否作為萬籟之一聲，也許在後現代的視野中，早已把伴隨現代主義影響的主題思考——「主流」、「主體」與「連續性」思維給解消殆盡。

當我們要解構臺灣現代主義文學的神話時[12]，不管是否要依晚清以來「中西體用」的思維模式，這中間的確存在「自我」文化及「他者」間的思考對立糾葛，文化對話擴大來說是文化結構的彼此碰撞，寬容的是異質互滲，嚴峻的是國家暴力的行使與對峙，當我們閱讀王禎和小說的國際觀時，無不取樂於其中的眾聲多音及混雜的諧謔，他刻意描寫的繁華虛浮正來自於異文化的並列效果（如《美人圖》、〈小林來臺北〉），這種淺層的文化對話，反證語言「翻譯」之難，如把國家遂行的政治及文化意識考慮進去，現代主義思潮在反傳統及反教條的樂觀激昂上，似乎與其文學主題常出現的內容取得背反上的現象，張誦聖在〈臺灣現代主義小說及本土抗爭〉中說道：

---

[12] 王潤華，〈解構《現代文學》與臺灣現代主義文學的神話〉一文已指出文化接受的共時與多樣化，可以作為線性歷史觀的駁議。見國家臺灣文學館主辦，2004 年 11 月 27 日～ 11 月 28 日「臺灣新文學發展重大事件研討會」論文。

　　現代主義作家大多顯露出對文學「深度」的執著：譬如他們專注於心理挖掘、追求詭秘風格（uncanny）、以及偏愛透過象徵手法表達真理。這些作家常因此碰觸社會禁忌，涉及性慾、亂倫道德議題的處理便受到很大肯定。這些哲學傾向特別醒目，主要因為它完全和中國傳統敘述文類的現實傾向背道而馳，其次則因為 1949 年之前的中國現代小說過於偏重社會政治作用，而這種哲學傾向正好有所補償，雖然可能矯枉過正。[13]

　　說到 1949 年以前的現代小說，我們很難忘記魯迅在 1918 年所寫的〈狂人日記〉，作為中國新文學的第一篇白話小說，恰好是他對喫人傳統的洞察心得，面對龐大的傳統幽黯勢力，空有驚覺而無淑世與招架力量的左翼知識分子性格，不免要因憂而成狂，楊澤在〈盜火者魯迅其人其文〉一篇的結語說：

　　　　盜火者魯迅嘗自言，他從域外盜得火來，正為了把自己的心肝煮給眾人吃——只要中國仍需要魯迅這類「瘋狂的先知」，那麼，中國就註定是一個愚而亂、狂而不安的中國。[14]

　　所以，作為白話小說的先聲，它依然不脫解釋社會政治的書寫目的，只不過在有意或無意間以「瘋狂的自我」為主人翁，是一種巧合嗎？此外隨著主題與書寫策略的反省所導致的另一項重要變革，就在於語言觀的轉變，張誦聖在另處評李永平的《海東青》時簡單地作結說：

---

[13] 張誦聖著，應鳳凰譯，〈臺灣現代主義小說及本土抗爭〉，收入《臺灣文學評論》，3 卷 3 期，（臺南：真理大學文學資料，2003.07），頁 63。

[14] 楊澤編，《魯迅小說集》一書序，（臺北：洪範書店，1994），頁 22。

現代主義文學的精義即在藉語言象徵創造一個與現實世界充滿張力的「另一種真實」。[15]

此處的象徵如果把它加以擴大解釋，可以鬆動原有語言觀的認識，由藝術自決的角度來看，它對政治社會的反抗，其實自有更激烈的方式，江寶釵在〈現代主義的興盛、影響與去化──當代臺灣小說現象研究〉中也點出：

現代主義與鄉土文學的交集，兩者都始於語言的背叛。值得思考的是，現代主義似乎擺落道德、政治等等思考，可是它並未脫離社會。相反地，現代主義和鄉土文學一樣也是現代化的反動（anti-modernization），是針對現代化不同反應的結果。[16]

這項觀察是把文學放在視同社會變遷的焦慮反映，引人注意的是「語言的反叛」這個有趣卻嚴肅的認識，透過對瘋癲的修辭研究，其實也在研究文學語言反叛的現象，將瘋癲視為「能指」來說，它首要反叛它所指涉的理性世界圖象，最後再反叛它對自身的指涉，凡語言未及之處只能沈默。以下按作者論方式列敘其修辭風格。

---

[15] 見張誦聖，〈嘲蔑中產品味的現代主義美學──評李永平《海東青》〉一文，收入《文學場域的變遷》，（臺北：聯合文學出版社，2001），頁 195。

[16] 江寶釵，〈現代主義的興盛、影響與去化──當代臺灣小說現象研究〉，收入陳義芝主編，《臺灣現代小說史綜論》，（臺北：聯經出版事業公司，1998），頁 126。

二、瘋癲修辭作者群

(一)施明正（1935～1988）

施明正（以下簡稱「施」）的小說是他展現個人抗議美學的一部份，與繪畫、詩歌等藝術的紙上實踐並列為個人內在衝突的表現手段，最終以絕食導致身體衰弱而死作為整個抗議行動的結束，沒有散場的群眾與鎮暴驅離，毋寧是拓展了抗議形式的可能，悲壯者在孤獨中，可以激情忘我。不管是人權小說或監獄小說的稱謂，〈喝尿者〉、〈渴死者〉[17]對密告文化的抨擊、白色恐怖的威權所產生的冤獄控訴，「施」對密告者的卑劣行為已由喝尿者的行為當中，取得另一種口誅筆伐的效果。

> 每晨喝著他自己的尿，到底是在治療他所謂的內傷，或是一種象徵著對於被他整死的人們的贖罪行為，也就不得而知了。（頁131）

這種淡然面臨苦難時的幽默口吻，也道出表面的肉體馴化，不足以說明內在的狂暴，〈渴死者〉中那位單身的外省人，戎衣下的詩人性格，因為在臺北火車站前高唱口號而入獄，最後以才及半人高的鐵門手把，利用褲管「如蹲如坐，雙腿伸直，屁股離地幾寸，執著而堅毅地把自己吊死」（頁178），更說明他所謂死的魅力，這種形象：

> 對我來講仍然是沒有名字的他，以不同於一般人的方式，塑造了另一個生存的苦難典型。追溯其源，我乃豁然發現那是一種淒美已極的苦難之火。他這個用「不為」來追「有為」的苦難同胞，雖

---

[17] 以下討論各篇收入林瑞明編，《施明正集》，（臺北：前衛出版社，1997）。

然生活在我們身邊，卻以其「不為」隱遁其形象，使我們完全漠視
其存在。（頁 175）

所以小說的社會功能，於他也是一種提醒。霍蘭德（Norman N. Holland）
曾藉由「本體主題」的心理分析概念，去統合文學作品及文學家所呈顯出的
一個統一的「自我」風格的形成，尤其是運用在對文學家的自殺看法上，他
說：

> 文學家的自殺正是通過它與這些習慣性自我風格及其經歷的
> 終極善與惡的關係來告訴我們他選擇死亡的「內部」故事。
> 通過該作家之生活與作品的結合與相互作用，特別是語言的選
> 擇，他使我們推測出一種自我風格，因而也能最終推測出他一方面
> 追求、另一方面竭力避免的善與惡。其次，他也向我們提供了一種
> 核對方法：倘若我們推測出了他的中心神話，他的生活風格，我們
> 就應當說得出，他的寫作和他作品的本質——其內容及方式——是
> 如何表達這種本體主題的。（頁 104～105）[18]

從「施」對渴死者的形象推崇，可以印證霍蘭德理論運用上的一些啟示。
更甚者，王德威透過作者之死甚至可以推論為一種文學的實踐觀：

> 施明正的創作生涯，在極大意義上見證了臺灣現代主義的特色
> 與局限。（頁 185）施明正不是——也不可能是——烈士。以「無
> 為」抵抗「有為」，他的「懦夫」姿態反而訴說了更有人味的、也
> 更艱難的抉擇。他絕食而死的意義，因此不應局限在抗議某一政權

---

[18] 〈文學家的自殺：一個風格問題〉一文，見〔美〕·霍蘭德（Norman N. Holland）著，潘國慶譯，
《後現代精神分析》，（上海：上海文藝出版社，1995）。

而已，而是以其隱晦的詩意／屍意，挪揄了政治機器神的控制──他的身體，他的文學，和他的藝術都是他「自己」的。從 1958 年到 1988 年，施明正的三十年文學生涯正好涵蓋了現代主義到臺灣的一頁始末，一場島上愛與死（按：「島上愛與死」亦為其書名）的寓言。（頁 205）[19]

　　藝術實踐的身體觀，恰好與國家體制的身體觀可以互為說明：依後者，個人是國家資源，而與極端浪漫地將自我作為審美對象加以實踐這種無所為，本身便有極大衝突，只是對於文學家的自殺，我們常出以文學修辭的想像然後再加以道德評價，說施明正的結尾（依現代主義的說法，開端與結尾和形上語詞一樣都不甚可靠，暫為方便說）暴露出現代主義的局限，劉小楓在〈詩人自殺的意義〉一文中，反覆申論自十九世紀全面科學化的現代精神下，詩人自殺行為的價值難題，這種內在事件的重大意義，在在暴露出浪漫激情和理性限制的雙重困窘，透過實證的社會學方法並不能得到妥當的詮釋，詩人對內在危機所採取的反應其實可以小心地或保守地視為時代的危機表徵或時代對人所呈顯的巨大荒謬感受所觸發的行為，尤其在「絕望感」的痛苦中，只能出以三條退路：一是自殺或發瘋；二是殺人；三是麻木或沈醉。（頁 90）依據「猶太─基督教的救贖主義」和「道家禪宗超脫主義」這兩條非理性的解救主義即：拯救與逍遙試圖解困，卻在中西方分別面臨傳統價值再詮釋的考驗[20]，換句話說，現代主義意義下的個人自由倫理體現在現代小說中那些敘述主體的形象和聲音便是孤獨和無對象的喃喃自語，無法負荷生存意義的質問，使文學的惡之華可以嗅出宗教意義的形上痛苦況味[21]，也可

---

[19] 見王德威，《歷史與怪獸──歷史，暴力，敘事》一書第三章〈詩人之死〉，有其他文學家案例分析。（臺北：國立編譯館主編，麥田出版社，2004）。

[20] 見劉小楓，《拯救與逍遙》一書第一篇，（臺北：風雲時代出版社，1990）。

[21] 關於現代小說中的倫理問題可參劉小楓，《沉重的肉身─現代倫理的敘述緯語》一書，尤其是「永不消散的生存霧靄中的小路」這一部分。（香港：牛津大學出版社，1998）。

代換地說明「一個人的宗教」注定充滿悲壯的色彩。

　　對於一位自稱是「魔性遠比神性多了三分之一」（〈我‧紅大衣與零零〉中語）的人，政治小說的寫作可能是其生命中的歧出或轉向，從〈遲來的初戀及其聯想〉、〈我‧紅大衣與零零〉、〈指導官與我〉、〈魔鬼的自畫像〉等諸篇，都可視為帶有自傳性質的書寫，尤其是家族式的記載，多少反映了一些早期南部民眾的觀念或家族發跡的經濟模式（行醫與土地買賣），「施」敢於自剖年少時的優渥生活條件所養成的輕財與放蕩行徑，對於愛欲的描述除了懺悔錄式的些許自責外，更多了點自負，唐璜式的風流艷情與超出社會倫理規範的男女互動都被他收入小說中，〈島嶼上的蟹〉「苦戀劫」一段，寫一位二十歲的少女「王順慧」，以她的初戀之火，噴向自己—缺乏年齡感的四十五歲男人，後來由友人夫婦代為解圍，才免除輿論之不容。〈白線〉中的「我」自臺東打完獵返回高雄家中，拆開一封已到三天的限時信，才知女子「汝汝」給予三天期限讓「我」思考復合的機會，於是「我」騎上機車狂赴臺南飯店，到後卻目睹與約的女人正和一年輕男人交歡，於是以獵槍喝令男人吃下自己的排洩物，最後雖知女人其實是被下藥迷昏並非出於自願，但我卻選擇離開她而不願面對善後，在回程繼續高速騎行的思考中，想返回給予受創的她關懷與憐愛，卻身體失重摔落，接著以看到一部紅色的計程車飛快向自己駛來作結，全篇以機車高速和意識流動為節奏並行，狂暴的語言和吞吃排洩的低俗情節齊奏。〈魔鬼的自畫像〉中，寫女子「玲妮」在「我」的魔性導演下，與「我」（當時已與一女人同居）及友人前後時間同一房內發生肉體關係。〈遲來的初戀及其聯想〉寫對於年少時兩人曾訂婚卻沒有結果的表姊「翠媚」，在她多年的婚姻生活後，透過一段時間的電話約會及至發生關係。對照「施」日後的壯舉，從他對愛慾的癲狂舉措來看，似乎都在對自我作極端化的演繹──愛與死的辯證，而這些觀念或者也是他對所謂藝術家生命的解讀，宋澤萊評論他的長句結構文字時說道他的作品特色是：

　　　　腦海龐大的形象累積，如被敲開的蜂巢，群峰飛集，在更多時，
　　就形成一種意識流摧破了行文的順序及時空的次序。（見集中書衣
　　折頁之簡介）

　　對於這種意見，或許不必把它視為「施」對自己文字的自覺，他的複雜
句其實是不加修飾的意識流洩，恰好用來見證藝術起源中「衝動說」的這一
派看法。

(二)郭松棻（1938～2005）

　　郭松棻（以下簡稱「郭」）的小說偏得詩人溫柔敦厚之教，說他是現代
主義中的抒情派也不為過，陰柔與代擬異性的敘述手法，可以為女性主義論
者提供曲折而對立的反向論證[22]，其實詩歌史上的閨怨不也多出男性代擬的
口吻嗎？而造成閨怨的政治權謀或戰事動盪亦多男性所為，於是閨怨之作若
出自男性適成一反省與贖罪之慈悲心態。「郭」之小說中與政治事件有關的
系列小說如〈奔跑的母親〉、〈月印〉、〈雪盲〉都可見到陰柔與包容的女
性形象，就如〈今夜星光燦爛〉中對二二八事件的禍首——陳儀的歷史論述，
都可以在將軍妻子日常生活的多情幽想中，淡化了肅殺的冷酷況味。

　　將「郭」置於現代主義之列，也在於其善用內心自剖的方式，他能細膩
刻劃人物的意識，以意識流動間的精準寫實作為小說開展的主軸，人物形象
則宛如靜物寫生，吳達芸注意到他的語言慣用將內省意識分別為「我」與「你」
而其實皆為同一人[23]，簡要來說便是語言或意識的後設現象，使人可以將內
在或實存狀態對象化加以思考，似乎「郭」在將自我意識和語言等同然後加

---

[22] 見許素蘭，〈流亡的父親，奔跑的母親——郭松棻小說中性別／烏托邦的矛盾與背離〉，收入郭
　　松棻，《奔跑的母親》書後，（臺北：麥田出版社，2002）。
[23] 見吳達芸，〈齎恨含羞的異鄉人——評郭松棻的小說世界〉，收入《郭松棻集》，（臺北：前衛
　　出版社，1997）。

以當成審美對象，這一幽微難明的心理恰巧成為〈論寫作〉[24] 篇中精神異常狀態的探討，小說之敘述者「林之雄」因幼年時無意中窺見一個窗口，那扇窗口中一個女人的尋常動作，卻成為他一生腦海中無法剔除的風景，在三重埔裱畫店中臨摹觀音的他，也可悠然神思而將女人的臉畫入觀音，他更將畫筆轉作書寫，堅持一種嚴苛的寫作態度：

> 剔除白膩的脂肪，讓文章的筋骨峋立起來。（頁 397）一個標點符號放對了位置，就會令人不寒而慄（頁 398）
>
> 他繼續削砍。任何事物，應該只有一個名詞來稱呼，一個動詞來敘述。這就足夠了。形容詞是多餘的，為了要烘托，其實它倒遮閉了真相。他要學會尊重一個逗點和一個句號。副詞和驚嘆號，則應該庫封起來。（頁 426）

這些信念完全可以對照新批評的解讀觀念，尤其讓我們想起王文興對寫作與閱讀的建議，當然態度雖一，方法有別。「林之雄」後來渡海赴美，卻精神病發，病院中的主治名醫是位採用非主流的哲學意義療法而見斥於同僚的人物，醫師自己也緣於家族的精神疾病才立志走向精神醫學，最終，在醫院的草坪上，「林之雄」緊掰住母親的臉不放，在一旁試圖加以分開的畫家友人與醫師也加入，這四人推抱成一尊雕像宛如紐約海港的自由女神。「郭」藉著看似偏執狂或窺淫的諸種精神異常去反芻「創作心理」，換句話說是以小說寫作及試圖一窺神思靈光於窗口乍現，所以在上下兩部分的小說章節前的引語，可作為創作箴言與導讀：

> 沒有牧羊人，只有一群羊！人人渴望一致，人人一致： 誰懷

---

[24] 收入林瑞明、陳萬益主編，《郭松棻集》，（臺北：前衛出版社，1997）。

有別樣的心思，誰就心甘情願走進瘋人院。

——尼采：《查拉圖斯特拉如是說》

有時我看見聖靈行走在善惡的彼岸。然而羅姆布羅梭，不知是幸還是不幸，卻發現聖靈行走在精神病患的腦髓上。

——芥川龍之介：〈西方的人〉（頁 392）

阿遼夏：「媽，我的腦子病壞了。我現在跟小孩子一樣了。現在我向神祈禱了。現在我哭了，現在我幸福了，」

——契訶夫：《札記》

一切消逝的

不過是象徵；

那不美滿的

在這裏完成；

不可言喻的

在這裏流行；

永恆的女性

引我們上升。

——歌德：《浮士德》（頁 454～455）

「郭」曾在訪談中[25]，提到自己閱讀、創作和成長經驗，尤其注意到一些文學家的心理，他說：「文學不能不說是釀造精神病患和躁鬱症的一大現場。」（頁 45）「疾病和創作幾乎是有絕對的關係，調整得好，效果是非常正面的。湯瑪斯・曼說，疾病和創作是一體的。」而「郭」自己在 48 歲時也得憂鬱症（頁 52），這些體會說明書寫時的異常精神，以文字象徵一種從日常抽離的特殊存在樣式。

25　〈不為何為誰而寫——在紐約訪談郭松棻〉，舞鶴訪談／李渝整理，《印刻文學生活誌》，第 1 卷第 11 期，2005 年 7 月。

(三)七等生（1939～）

　　如果按照「語言（Langue）／言說（Parole）」的概念來看，個人言說的多樣化並不違於文法的準則，當然，我們可以將語言視為先驗的範疇，原則上也大抵如此，但是如果強調語言的社會基礎，那麼任何對語言嘗試加以扭曲或語序上的變動，勢必招致理解上的詰難與質疑，儘管是藝術考量也不能豁免，因為語言的社會性基礎常要大過審美上的認識，所以乖離語言的社會性原則，常會被歸於使用者的個人異常因素，七等生（以下簡稱「七」）獨特的文學語言曾被劉紹銘譏誚為「小兒麻痺文體」的主因在此[26]，從 1962 年發表的〈失業、撲克、炸魷魚〉以後，只要與「文學語言」的變異有關的論述，「七」不免要被一再提起，值得玩味的是，照「七」自剖，這種語言風格，其初原非起於審美上的考量，此種原創要與刻意學習、模仿或「影響的接受」加以區別，此點只要與王文興的「字雕字琢」作對比可以清楚認識，簡要地區別之，一是獨特地文字癖好與耽溺，近乎「拜字」的狀態，將所有主觀的豐盈感受傾注在文字的特殊領會中，類於文字崇拜之境域；「七」則是起意於自我心理的探討，雖然文字與心理之關係棼雜，但不妨予以析別。1999 年由官方文建會與聯合報主辦的「臺灣文學經典」票選，「七」之作品亦名列經典之林，可以預測，在臺灣文學史上，有關文學語言與社會變遷之論述，「七」還將是眾派諸源之一。

　　「七」最招致道德非議的數〈我愛黑眼珠〉中，「李龍弟」尋找／背叛「晴子」（行為動機的背反），設想在苦難中可以偶遇一位能對其付出憐憫的弱女子，這種愛與冷漠的強烈反差及隨機不自主的情感互動模式，演為最激烈的是因精神異常而致殺妻的情節，它出現在〈精神病患〉一篇中，敘述者「我」──賴哲森，是一所偏僻學校的教員，他愛慕同校已婚的女同事──丘時梅，一位有宗教信仰，對浪蕩的丈夫持續一貫極盡包容之能耐的女

---

[26] 張恒豪編，《火獄的自焚》，（臺北：遠行出版社，1977），頁 39。

人，她的性格使「我」產生可以依賴的好感，因為丘時梅的風姿有自己童年時母親的形象，溫柔堅毅的性格也符合心中愛慕的對象。「我」渴望接近她，一方面又顧忌她已婚的事實，而丘時梅的婚姻儘管不合諧，且多少屬意於「我」，只是皆為婚姻的約束所限，於是「我」只好選擇離去以終止曖昧的關係，這種克制也反映某一層面彼此的默契。至於後來巧遇兒時童伴女子阿蓮並進而成婚，這其中的情愫多少在於放縱情慾與對童年的眷戀，再者也有實際生活上的需要，因為阿蓮雖是特產店的店員卻足以支應「我」頂著作家之名，日往大學哲學系進修，鑽研諸如法國存在主義哲學，對於一般的社會工作，因為高蹈理想而未予以太多投入，現實家計落在女人肩上，對「我」則產生尊嚴上的傷害與焦慮，當阿蓮由於第一次懷孕結果胎死腹中，為了能償為人母的殷盼，瞞著丈夫再度懷孕，與此同時，「我」的一部揭露社會弊端的小說遭退稿，終於長久積鬱的內在衝突爆發了。

　　我（哲森）要永遠被摒斥做個外表頹廢的個人主義的悲觀者，無法同享人間的所有樂趣的這個命運感到極大的不平。正當這個時候，我因發覺她偷偷瞞著我懷孕一事而暴怒起來，我幾乎將所壓積在內心的憂悶殘暴地對她傾洩，在這一刻她的反抗同樣是驚人的，她將她幾年來對我的容忍以及一個現世的女性對男人的容忍全部揭露了出來，我發覺她對男性所抱的痛恨之深不亞於男人對一個不當的社會的痛恨，我面對她這種的哭號彷空前彿（當是「彷彿空前」）看見了她的心在流血，這種狀況反而使我漸漸地平靜下來。我沒有想到一個不體面如我的頹敗男子所加給一向依恃男人的女性竟會如此地深沈悲痛和羞恥，我不知那些不惜犯罪掠奪權力和金錢的男人，是不僅為了使他們的愛人感到榮耀？以及男女同流謀計不惜犧牲別人而收攬財物築起城牆是否為了貪圖榮華？假如沒有互相的

諒解和體察，愛情如何存在？（頁 89）[27]

內心的強烈挫敗再加上由醫生處得知自己身上流有病毒的血液，反思並無敗德之惡習，遂將病因歸咎於風流的祖父遺傳，這原罪似的命定，終於演成在心神錯亂與極度的狂烈肉慾中結束阿蓮的生命，對強大的延續種族意志的割裂，應該如何來看待這種精神狀態中的「自我」書寫呢？或許他在展現原始與自由的道德觀，在心靈上他是一個無政府主義者，但情慾的糾纏繚繞卻暴露出在精神國度中依然所待甚深，使超越義未能彰顯，從〈精神病患〉這篇的情感波動，可以感受人物對愛慾與自由兩難取捨的窘境。

(四)施叔青（1945～）

施叔青早期的現代主義風格作品充滿死亡與瘋癲意象，尤其是以鹿港為取材背景的寫作，白先勇對她這一時期作品的評論，認為她把「鹿港」意涵在修辭上作為擴散延伸的象徵，他分析道：

> 「施叔青是臺灣鹿港人，她是鹿港長大的——這點非常重要，鹿港是她的根，也是她小說作品的根。」、「施叔青的小說，背景不一定都在鹿港，但必是與鹿港相似的一些『荒原』，……施叔青的小說人物都是完全孤絕的畸人，他們不可能與任何人溝通，他們只有一個一個的立在黑暗的荒原上，對著死神，喃喃自語。」、「施叔青的小說世界，是透過她自己特有的折射鏡所投射出來的一個扭曲、怪異、夢魘似的世界。」（頁 10~11）[28]

這幾點意見簡單而明瞭，不過後來施淑在〈論施叔青早期的禁錮與顛覆

---

27 七等生，《七等生作品集》11，（臺北：遠景出版社，1986）。

28 施叔青著，陳萬益編，《施叔青集·序》所引，（臺北：前衛出版社，1997）。

意識〉[29] 一文中，顯然不滿於將「鹿港」象徵作為惟一或過度的解讀，借用
《閣樓裏的瘋女人》（*The Madwoman in the Attic*）一書的分析，她進一步依
據文本中各種人物的變形、瘋狂與異象去闡釋女性書寫中常見的奇幻怪誕主
題，然後將之歸於女性藉由對「非理性」的書寫，呈現其無意識的動機乃在
顛覆父權中心，如果父權社會是理性邏輯的結構，那麼小說中人物的變形與
破碎就是反父權的策略：

　　　　在反父權的寫作策略下，女性作品中的瘋女人經常是作者的另
　　一個自我，是她焦慮憤怒形象的投影，因此瘋女人的出現，是對男
　　性沙文主義一種老謀深算的顛覆。而施叔青早期小說中瘋女人的形
　　象，及與之相對的不堪入目的男性角色，或正是對中原傳統父權文
　　化漂亮的一擊。（頁 271）

　　如果是策略運用必然牽涉到動機的探討，單純將其歸於女性的無意識並
不能得出更多說明，男性書寫怪誕可以是反集體社會結構的霸權，如果是女
性書寫就必要在批評對象上先予以性別正確，如此一來其實有可能弱化或窄
化批評力道與範疇，集體只與個人相對不與性別對立，更何況她小說中的角
色性別不限於女性，至於她的寫作策略果真是反父權的邏輯推衍，其下場如
何？施淑悲觀地認為：

　　　　施叔青幻象重重的小說世界中的異常情境，它的解決不了的衝
　　突，它的總是戛然而止的、無政府主義式的終局，除了是經常被女
　　性主義批評奉為圭臬的：「以歪斜的方式說出全部真理（Tell all the
　　Truth but tell it slant）」，或許只是對於已經沒有生命的布爾喬亞

---

[29] 施叔青著，陳萬益編，《施叔青集》附錄，（臺北：前衛出版社，1997）。

社會的形式上的顛倒，而顛之倒之之餘，它的實際意義也不過是對
她感覺中的「不毛的」布爾喬亞人文主義及其生活的妥協與順服
罷！（頁 286）

這種悲觀的語調或許來自於評論者對書寫者自覺或不自覺抱持女性主義
理論運用上過度期待的落差所致。以鹿港的使用意象來說，除了作者的生長
背景與文本中明確的地理名詞標示之外，應當也許是一種巧合，小鎮歷經繁
華到沒落的變遷，符合衰敗與瘋狂及陰鬱幽晦的現代筆觸，施叔青後來從鹿
港、紐約、臺北、香港都有明確的城市場景標誌，這可能是運文學之思成另
類方志之學的筆法，只不過寫鹿港而驚世太早，很難不將它與其後之書寫作
比較。

紀錄早期瘋癲意象的寫法，如：〈那些不毛的日子〉[30] 裏的分章：「宮
口——小社會」，以童年記憶為敘事性質的雜記，描述「天德宮」廟口兩側
民居的日常生活，其中片段比如『源嬸的死』、『跑江湖賣藝者——施劍山
的吞劍表演』、『老鴇罔腰的女兒——先天性的白癡與駢指的異常身體』；
「小學記事」裏『小學操場中的古代刑場與骨罈』、『盲丐的三弦聲』、『談
遠房親戚墮胎後的嬰靈』、『同學王玫姬患羊癲瘋妹妹的發病』、『十歲時
清明節在墓地上被嚇而無法移動的經驗』、『同學班長紀淑貞之死』等等，
不管是心理或身體多是異常狀態的描寫，這當中還記敘了一段童年記憶的印
證：

來美國以後，初次看到 Manch 的畫，我悚然於那種熟悉。有
關我童年夢魘的一頁頁風景，Manch 在他的畫面上為我展現，也
為我詮釋了。這個北歐的畫家，一再在他的作品裏輪替著恐懼、苦

---

[30] 《現代文學》，42 期，（臺北：現文出版社，1970.12）。

難、以及死亡的困擾。他把北歐人對生之焦慮的感覺實實在在的表現出來。

一幅題名為「號哭」的石版畫，冷硬對比的黑白，迂迴的曲線勾勒出因恐懼而至顛狂的主題。一個曲扭的黑衣人，分辨不出男或女，伸出無力的、白色的手掩住雙耳，縮蜷在橋上。他是在曲線無盡的天及海中間橋上號哭。記得我十歲那年，害怕被瘋狗看到，不敢走在路當中，捱著牆根從學校一路捱回家，也曾經感到 Manch 畫裏這種後退不得，也無法前進的大驚恐。（頁 193）

相對於小說中的自我體會，詹明信（Fredric Jameson）對這幅經典畫作的意義解讀成現代工業文明發展下，取代集體感受的個人疏離感與孤獨感，甚至可以涂爾幹（Emile Durkheim）的《自殺論》為背景說明：

涂爾幹的「迷惘」描寫的就是那些在城市中生活，不屬於任何集體的人的精神狀態，一種很強的疏離感，孤獨感，相互之間誰也不認識，陷於不斷的焦慮和不安中。個人現在找不到任何保護，也沒有什麼社會性共同體可以依靠，完全暴露在這種消極性、破壞性的情形面前；孟克的《叫喊》，我認為最富有象徵意義，幾乎是「迷惘」的經典性藝術表現。當然，從十九世紀五〇年代以來便一直有很多的藝術家、作家反映了個人的這種感受。

畫面上的這個人幾乎不是完整的人，沒有耳朵、沒有鼻子、也沒有性別，可以說是沒有完全進化為人的胎兒。這就是人的意識和思維，但卻剝去了一切和社會有關的東西，退化為最恐怖，最不可名狀的孤獨的自我，而這個人（如果是人的話）的唯一表情就是呼

叫。[31]

　　所以施叔青的文字寫一己的恐慌、困惑，直到看見孟克的〈吶喊〉，有了一種圖文互證的共感，是個人獨特的經驗也是時代徵候，與畫作同一創作旨趣的是，可以表現豐富飽滿內涵的象徵運用，但嚴格說來，那些雜記類的斷想可以被視為異色的主題敘述，但沒有結構章法，對瘋癲人物的描寫只是單純記載並無任何敘述軸線的交代，只能視為書寫者的心理感受，要論比較有清楚結構的篇章可以〈瓷觀音〉[32]、〈倒放的天梯〉[33]、〈約伯的末裔〉[34] 等篇為例：〈瓷觀音〉中的敘述者「我」能以自由的意識隨時出入曾在中學時期「憂鬱地瘋起來」的「李潔」心理。「李潔」長年遭受母親毒打，燦爛年華的她所許聘的未婚夫外表像是多毛的猩猩一樣肥壯的野獸，而且常舉晃著被機器軋斷的左手，她的母親還與一臉詭密的男人過往，經「李潔」的小學老師——蔡老師與其母長談後，雖然男人從此不常出現，但是她也添了一個弟弟——一個不能人言而時常發出如獸哀鳴的白癡。「李潔」心中承受青春期對美好異性渴慕的壓抑，多重心理挫敗來自於經營瓷器店的家中那「一尊尊閃射出陰冰冰的白光，且漠然著臉容的觀音瓷像的刺激。」而複雜幽微的聯想，觀音的聖潔無瑕在被人手搬運的過程中卻被除魅而解消：

　　　　堆貨的倉房裏，一個看不到臉面的搬工，（是的，是搬工，那微現出的兩隻靛藍色的綁腳，說明他底身份。）那人一隻粗厚、泛紅的大手，正捏起門邊貨車中一個瓷器觀音細細的脖子。觀音的身軀在薄霧的陽光中隨之很不安定地騰昇起來。（頁 196）

---

[31] 〔美〕・詹明信（Fredric Jameson）著，唐小兵譯，《後現代主義與文化理論》，（臺北：當代雜誌出版社，2001），頁 203。

[32] 《現代文學》，25 期，（臺北：現文出版社，1965.07）。

[33] 施叔青著，林瑞明、陳萬益編，《施叔青集》，（臺北：前衛出版社，1993）。

[34] 劉紹銘編，《本地作家小說選集》，（臺北：大地出版社，1976）。

　　觀音安祥聖潔而無言隨人擺弄，這是「李潔」對自身的心理作崇高完美
形象的投射，在現實難堪的環境中被拆解而失落，瓷觀音的象徵意涵鮮明。

　　〈倒放的天梯〉藉精神科醫療會議討論病患案例為起筆，倒述油漆工「潘
地霖」在懸空百餘公尺的鐵索吊橋上工作三日後「迷狂倒錯，間歇性痙攣抽
搐、記憶衰退、視覺障礙、有怪癖、聲帶喑啞、張嘴失聲。」（頁7）全文
章節劃分上，安排了一位情感豐沛而富聯想的熱心年輕實習醫師，這是她早
期小說中較少見的正面健康形象，由他的狂想作為進入油漆工瘋狂心理的中
介，有關「天梯」的意象是人類思想與天地通的神話思維，中國古代傳說中
的「建木」是這一類溝通天地的工具之一，也可反映為巫的時代所要展現的
主要手段之一，聖經中的「巴別塔」也可視為同一類思維，但是此處的「天
梯」顯然不作溝通天地的向上企望，因為它已倒放，說明攀昇非敢想，它只
是一座凌空的橋，而橋的現代象徵作用，依前述詹明信解讀孟克的「吶喊」
中亦道及：

　　　　現代主義文學中，橋是很有典型性的，因為橋的本身不是一個
　　地方，往往不屬於任何方向，只是連結了兩個不同的地方。雖然畫
　　面上出現的教堂可以標誌出空間，但畫面上的一切，卻似乎不是在
　　任何地方，是懸空的，是事物之間發生的事。這座橋的象徵意味是
　　很濃的，但又不能和什麼「運動感」、「聯結感」、及「方向」等具
　　體的意義聯繫起來。這是座很模糊的橋，唯一意義似乎在表示出一
　　種懸空感，也就是說，這幅畫表示藝術家不希望完全出世，去做一
　　個教徒，但同時又希望和這個世界上的任何事物都保持距離。這座
　　橋就是這一段距離。另外，這座橋既是在兩物之間，也是在一切之
　　上，橋下的土地和河流似乎都在旋轉，而且色彩都很和諧地溶合在
　　一起，這裏的旋轉感傳達出對失足跌進深淵的恐懼，因為橋下就是

無底的深淵。[35]

　　所以「潘地霖」在歷經空中擺盪的恐慌之後，曾萌生退化的回憶：

　　　　遙遠的那段日子搖過來，搖過來，記得我曾是個埋水管的掘路
　　工人。在大都市喧鬧的中心要道，車子呼嘯而來，人群呼嘯而過，
　　我拚命向下挖深，把自己容納於窄窄的土溝，真是安全呢！（頁 23）

　　其實從人名「潘地霖」的諧音「攀（盼）地臨」已與篇名〈倒放的天梯〉
相呼應，似乎已昭告上升的無望，在結尾進一步強化人物的絕望感受，

　　　　終究，我是個被人用線牽的傀儡，擺盪於深淵之上，一無依歸，
　　既然這就是我，那麼讓我把自己扮演成一個更逼真、更稱職的傀儡
　　吧！我放鬆了屈曲的雙腿，四肢僵直的垂下，然後開始打起秋千，
　　前前後後甩盪起來……（頁 24）

　　這段形象要說明的文字其實是祁克果所謂的「死病」——即絕望，不過
若由人物的外在行動去描述可能會勝過藉由心理剖析來的好，以免在鮮明清
晰的解釋後，壓縮了廣大的思考空間。
　　〈約伯的末裔〉將小說景點框定在遭白蟻蛀蝕而隨時可能坍塌的酒廠
內，透過年輕的油漆匠聆聽木匠「江榮」講述自己童年而展開，木匠的工作
是單調賣力的木桶製作，但是卻帶給他無限的安全感：

　　　　我天天躲在木桶裏，刨著，鑿著，賣力地替老板工作。另一方

35　〔美〕‧詹明信（Fredric Jameson）著，唐小兵譯，《後現代主義與文化理論》，（臺北：當代雜
　　誌出版社，2001），頁 204。

面，我再怎麼胡思亂想，也不會有被人看出的恐懼，木桶變成了安
全的所在，我可以蹲在桶內，幻想一些亂七八糟的事，快樂自己。
（頁 81）

　　這個行為有退化傾向的木匠，在講述童年記憶時無疑地也在梳理造成日
後成長上心理障礙的原因並適度地宣洩，這些經驗也在傳達悲觀的宿命思
想，木匠幼年時父親決意逃避祖父所傳的棺木行而搬離那條相關的專業街
道，卻無意中租下了一對靠掘墳粗工過活的夫婦的房子，屋主老吉的妻子曾
得狂病，而妻舅也是個瘋癲者，所以妻家是個有瘋癲遺傳的家族，老吉夜來
淒厲的叫喊泣求，彷彿為他白天所驚擾的鬼魂所糾纏，這些童年的印象顯然
桎梏了木匠的成長心靈，甚而使他過早衰老連帶抑遏了年輕時對異性的愛戀
情愫，雖然在他身邊多是一些促狹而俗氣的女子。從篇名來看，「約伯」一
名來自聖經的〈約伯記〉，經文全篇在質疑「善有善報」的價值觀，以正直
的「約伯」蒙受苦難，思索「公義」的標準，藉著「約伯」與三位友人的對
話，論述不同的聲音與預設，但在此篇小說中雖然也安排了一位對話的人物，
不過從篇旨來看只突出了「天地不仁，以萬物為芻狗」的豫定論。雖然「江
榮」可以退化回木桶中，但是整個酒廠的木構早已為蟲蝕空，套用張愛玲的
名言：「個人即使等得及，時代是倉卒的，已經在破壞中，還有更大的破壞
要來。有一天我們的文明，不論是昇華還是浮華，都要成為過去。如果我最
常用的字是『荒涼』，那是因為思想背景裏有這惘惘的威脅。」[36] 施叔青的
筆調也多這種惴惴不安的惶惑，從單純的雜記式的童年經驗描述（當然不必
是作者自身經歷），進而切入瘋癲人物的心理獨白，符合一般概念裏現代主
義的寫法，絕望的陰霾心理。

---

[36] 張愛玲，《傾城之戀——張愛玲短篇小說集之一》書前〈《傳奇》再版自序〉，（臺北：皇冠文
　　化出版有限公司，2004），頁 6。

(五)黃凡（1950～）

黃凡（以下簡稱「黃」）終於在《躁鬱的國家》[37] 中「直探了躁鬱的癥候與本質，包括人，和一個國家。」（見封底案語）從 1979 年的短篇〈賴索〉[38] 以後，政治與都市的兩條書寫路線，使他因應臺灣的政治現象與社會變化的劇盪翻騰，取得創作題材上永不枯竭的來源，莫非國家有病詩人幸。歸結「黃」的診斷所得出的社會病因大概可以視為「權力的焦慮」，既患得又患失，在都市生活方面：他寫的是由對「物化」與「拜物」的批判，轉而慢慢適應舒適便捷的現代商業生活型態——「人為物所馴化」，在這點上，當然遠超過「鄉土寫實」的時代，這絕對是「大時代」更迭的因素，所以不會有洪醒夫那樣對貧窮的咒罵與敏感，也不會是宋澤萊《打牛浦村》系列中，對整體農業經濟型態困頓的反省和嘲諷，甚或是楊青矗的勞工議題寫作，「黃」的鄉土大多是書中人物成年後對童年的不愉快回憶，這一點是很心理學式的運用，而小說中成功人物的崛起，則多來自商業行為的快速財富累積或盤根錯節的政商關係，這是都市與商業時代的寫實，但在小說中對財富與權力擁有者下場的落漠和黯淡，就又露出小說家一貫的警世口吻。

在政治書寫方面，由〈賴索〉到《躁鬱的國家》（主角「黎耀南」），書中主旨都點出「背叛」的主題，而遭受這種下場者，從旁觀者的心理而言，不致於引起太多憐憫，因為他們的窘境不過是某些想獲得權力者被比他們早一步得權者所利用而後「兔死狗烹」，《躁鬱的國家》所以衍為長篇，其實是因應「賴索」到「黎耀南」這十年間，臺灣政治生態詭譎幻變的景象，「賴索」要求見昔日組織中的領導而被棄；「黎耀南」這位總統府昔日政黨中某組織的小角色，在組織裁撤後，不斷地向各部會首長乃至副總統、總統上書，最終發現背叛他的除了掌權者之外，竟然還有昔日的好友與自己妻子間的不

---

[37] 《躁鬱的國家》，（臺北：聯合文學出版社，2003）。

[38] 〈賴索〉篇收入，施淑、高天生主編，《黃凡集》，（臺北：前衛出版社，2000）。又《賴索》，（臺北：聯合文學出版社，2006）。

倫，「賴索」和「黎耀南」不斷向權力靠齊的目的為何？尤其「黎耀南」不
斷上書指陳府院黨之策略及行政技術的疏失，其實比不上張大春〈四喜憂國〉
中，那篇愚誠老兵的〈告全國軍民同胞書〉來得更加荒唐荒謬與辛酸，因為
他的上書嗅不到思變者常有的激情或劏切陳辭，所以「黃」要說的其實是每
一個人都被背叛，即使不是現在，將來也一定會被出賣，所以形成焦慮與躁
鬱的原因在於每個人都身兼二種身份，背叛者與被叛者，誰是遊戲其中勝利
者？掌權者其實一無所有，這種沈鬱的論調似乎在說明：理論家含社會主義
小說家與革命實踐者最大的差別在於後者是苦幹的手工業者，前者卻以為他
們腦中的思想已「接觸」到群眾，同時悲觀地以為他們痛陳的社會病症永遠
無法滅除。在〈守衛者〉[39]一篇的引言說：

> 我們都是守衛者，同時也是拋棄者。當然，上帝和瘋子除外。
> （頁 39）

既然能免除守衛與拋棄者角色的只能是上帝與瘋子，上帝絕對不可僭
越，那麼除了瘋子，角色人物還能是誰？篇中的「我」是個由精神病所擔任
的夜間守衛者，試想，由所謂理性者所積聚的產業在夜間卻由瘋癲者所看守，
真不啻是一大諷刺，
　「我」在夜晚空洞的會議室中表明自己的身份，他要讀者注意的：

> 不是他的衣著，是他的思想，他的眼睛，這是一位你們稱之為
> 「局外人」的人，一位大城市的隱居者，一位在煙霧、噪音、空虛
> 中的旁觀者。（頁 49）

---

[39] 施淑、高天生主編，《黃凡集》，（臺北：前衛出版社，2000）。

從群眾中抽離的位置，使他可以瘋狂而取得看清事物的機會，特殊的靈視可以夜觀星斗而知道天降聖人的意義：

> 我抬起頭來望著天空，在黑漆漆的夜幕中鑲著無數亮晶晶的星星，這些星星億萬億萬年前就坐在那裏監視著腳下的人類，歷代的聖人、哲人、偉人都從他們那裏聽到了珍貴的做人道理。星星們告訴瑪利亞的兒子，將來要做「耶穌基督」，告訴孔子將來要受萬民尊稱為「至聖先師」，告訴許多頑皮的小孩，將來要做總統啊、將軍啊、部長啊什麼的。（頁 61～62）

所以每個人的階級與社會角色來自於天國的建設計劃，但是天上的「就業輔導處」卻謀畫不臧，導致就業機會銳減，所以急於謀事者便只能如此：

> 每個人都急急忙忙地跑去結婚、生子、受教育、上教堂、加入黨派、搞陰謀、叛亂、革命、暴動、當兵、殺人、放火、蓋集中營、建托兒所、造核子潛艇、丟原子彈。（頁 74～75）

以瘋癲者之眼，非理性的行為是一種上天安排的工作機會，這是瘋癲與理性的世界觀的翻轉，也是反烏托邦的陳述。

驅動異常心理還有挾帶怨恨的報復計謀，〈曼娜舞蹈教室〉[40] 中的「宋瑞德」和「唐曼娜」這對曾為師生的男女，兩人早就在各自的生活中喪失了原先對生命格言的信仰，卻是在怨恨的動機下使兩人聚合，他們的隱忍或時而振作都是為了尋找洩恨的出口，受到強烈的無能意識的抑遏，在各自經歷的情感中受重創而致心理扭曲，「宋瑞德」終於明白：「唐曼娜自己編織了

---

[40] 收入施淑、高天生主編，《黃凡集》，（臺北：前衛出版社，2000）。

一套『恨』的故事，然後生活在無限的恨意裏，享受無上的樂趣。」（頁 215）
自己僅是她發抒恨意與遂行報復的工具，兩人最後的和解只是將彼此缺無的
部份取得暫時的替代。與此壓抑筆調相反的男女關係是〈晚間的娛樂〉[41] 中，
妄譫伴狂的夫妻互動，信仰虔誠而生活單調的丈夫與低俗熱情的妻子，刻意
泯除聖俗的宗教區別。

　　把關懷的格局放大來談，既然國家已處於躁鬱的狀態，作為建制遂行國
家意識的理論機構──「大學」似乎於理論上亦不能倖免，2004 年的《大學
之賊》要從世俗觀點去證成大學理念之媚俗是時代潮流。全書藉由「私立成
就大學」苦於招生不足，產生經營危機，於是大發奇想利用改造哲學系為哲
學與宗教學院，引入民間宗教在校內開設大學神壇，同時還計劃兼營靈骨塔，
美名為「生命紀念中心」，取得逐步的成功後，哲學系教授與董事間便開始
展開權力鬥爭，教授「丁可凡」依憑系上僅有的一位學生「葉天送」的家世
──「古傳先天大道」堂主之力，入門拜師求法嗣印可，在取得宗教力量的
扶植後與校方抗衡，掌控權力與財富之後便恣縱於情慾的滿足，從權力和性
的原慾翻騰中，親嘗妻、子與情人背叛及死別後而最終證悟。全書雖以大學
教育為主要題材，其實還擴及政治、社會這兩方面「黃」原先擅長的主題，
比如組黨的運作、抗議行動的荒謬轉向，由抗議學費調漲轉為抗議美國出兵
伊拉克，將層級擴大成聳人聽聞的國際關係，藉以淡化民生消費調高的感受，
另外則是土地變更作為財團之利益輸送等等，其中值得注意的是他運用「實
用／非目的」、「諧謔／莊嚴」、「非理性／超理性」等手法去顛覆傳統的
大學理念，並泯除宗教的「聖／俗」對立本質，說是刻意凸顯其中荒謬或是
對當前社會的現象予以寫實反映也罷，他描寫臺灣高等教育的發展現況，經
過十幾年後，《大學之賊》這本書，讀者從原先的荒謬感轉成現實感十足，
證明小說所言可以成真，只要給它一點時間就辦得到。「黃」對浮華世界的
縱樂主義極盡挖苦諷刺之能事，用這種形下的方式去質疑形上的大學理想，

---

[41] 施淑、高天生主編，《黃凡集》，（臺北：前衛出版社，2000）。

自然可以擴大想像空間，作為一位深諳通俗意義的小說家，如果我們能期待他的社會角色與義務，他確實在做解構維護傳統以謀利的保守階級；另一方面也在試圖說明，順應實用思潮的人文學科，背離原先的哲學預設後所可能招致的弔詭，「黃」其實不輕示立場，說他游移也好，從另一種角度來看又何嘗不是靈巧如蛇的智慧，永遠保持批判動能，而不是一再演練某種批評方法。以下再試從幾方面略述書中的反省面向：

1 國家意識：從思想層級來看，「臺灣哲學正名運動」是想從理論與學說方面去架構或論述一套國家學說，可以用來說明「國別」特色的哲學體系或思想史，這種實用取向恐遭政治利用，「黃」似乎藉著挖苦正名運動中的成員——逢迎拍馬專家「張民雄」來表達某些政治立場。

2 宗教態度：對不可思議的神蹟存疑，書中的「丁可凡」說明自己的實證主義立場，自道：「我可以加入教派所推廣的『社會工作』，但是基於理性思辨及畢生哲學修養，我依然無法接受『勝義諦』這種『形上』體系。」（頁 123）

3 藝術批評：「黃」本身的書寫可以有多元的嘗試，如〈小說實驗〉42 一篇中，以同名的小說人物在文中大玩「表演藝術」，但在本書中卻輕視當代藝術的淺薄，「藝術是種渴望形上意義的動作，只不過能夠達到目的者，少之又少，詮釋者如未具備高明的形上素養，不免笑話一場。後現代主義以實驗者的姿態滲入了這時代，不明究竟的人誤以為發現了救生圈，套在身上才發現是只洩了氣的輪胎。虛擬網路將這種淺碟子思想發揮到了極致，最後錯把虛無當成虛無主義，將批評看成批判，自瀆視為自由。任性、膚淺的討論充斥世間，幼稚的、無厘頭的模仿遍及每個角落。這是個在每一方面都亟待重整的時代——我個人這麼認為。」（頁 245）重整的方式也不免是實用主義的抬頭，所以把哲學人間化就透過宗教途徑的結合，開大學神壇、生命紀

---

42 收入黃凡，《黃凡小說精選集》，（臺北：聯合文學出版社，1998）。

念中心，隨著權力財力的高漲，為了平衡內心的狂躁，「丁可凡」變成縱慾與性變態者，最終由痛失所愛的生活苦難中逐漸痊癒而有所領悟。在全書的後記上，「黃」再度演義而顛覆一段聖經上的記載，他將被釘十字架上的人子（「黃」誤為「主」）也像一旁同被釘的賊因身體的痛苦而哀號，這則寓言是否在褻瀆上帝，基於人「分享」的理論，便將罪性也歸於造物源頭，由此來證成惡的先天本質，而不僅是「歷史的」與「經驗的」事實，這也是狂妄的合理懷疑。呂正惠在書前的序中，對書中「丁可凡」的最終領悟與逐漸超拔表示不敢苟同，從小說的「結尾」來看，當然是俗套與陳舊，但綜觀而言，他能觸及並撼動代表權威意見的大學建置，好像也是說明理性結構逐漸崩潰的現實，其中隱含的非理性力量是一股創造力或破壞力呢？

(六)舞鶴（1951～）

舞鶴（以下簡稱「舞」）的小說按楊照的看法，以為其特色在「本土的現代主義」[43]，事實上其作品在「本土」（或說「鄉土」）與「現代主義」的觀念上具有內涵多層次的辯證，這個說法可分兩方面，一是，小說中諸如淡水、臺南、霧社、好茶等地，都有其實際生活經驗與歷史考察的心得，不只是借地名以為空間場景或預設人物出身屬地的階級身分；二是，語言修辭的文字變異。「舞」將寫作主體放在臺灣風土或田野，但話語權表現有原住民部落和漢人墾殖不同生活族群的敘述聲音，所以「本土」或「鄉土」一詞依照一般認識，很難概括他寫作的範圍，尤其代表「鄉土文學論戰」中的鄉土文學作品，「舞」對其中大半文學語言的藝術成就評價並不高[44]，至於他

---

[43] 說見楊照，〈「本土現代主義的展現」──解讀舞鶴小說〉一文，收入《餘生》，（臺北：麥田出版社，2000），頁 257-265。至於各家對舞鶴文學特色的說法可以參考謝筆禎，《群慾亂舞──論舞鶴小說中的性政治》，附錄四，〈舞鶴採訪紀錄〉，（時間：2002 年 4 月 19 日），頁 164-166，靜宜大學中國文學研究所，碩士論文，2002。此論文出版時書名作《群慾亂舞──舞鶴小說中的性政治》，（臺北：麥田出版社，2003）。

[44] 在〈漂女〉這篇小說中，舞鶴仿正文和注釋的結構，自嘲生平，其中談到「我的文學事業」時說道：「文學論爭之慘烈，可以讓參與的人即使旁觀者喪失一陣子記憶。六字注：譬如至今我記不

變異的文字表現，在臺灣作家部分自述個人文學啟蒙深受七等生文字的影響[45]，是臺灣文學文字變異譜系傳承有緒。

早期作品從〈牡丹秋〉、〈微細的一線香〉[46]、〈往事〉、〈祖母的死〉[47]、《餘生》[48]、《思索阿邦、卡露斯》[49]、《舞鶴淡水》[50]，不管是擬家族史或對「他族（原住民）」的高山踏查，都可見其歷史考索的用心，不過透過文學體察流變，除了制度與儀式外還需解釋或想像歷史動因，「舞」似乎直指了社會結構的深層，如果「人倫之始造端乎夫婦」這種婚媾是社會結構的表層，那麼性的原慾便是人類所有意志中的主要動能，是它驅動所有文明的演變，文字既然紀錄文明，在形式上也要找到一個趨近這種力量的模擬樣態，於焉就形成了他衝動狂洩的異質書寫。從語言上來說，所謂異質書寫在於他解構日常語法，以拆解、錯位、諧音、語末連用不同語氣的助詞等方式去變造一般語言表達，節奏上則慣用由某一名詞引發「自由聯想」，盪開當下的敘述情節，用短暫的逸出、失控以偏離主題，類於出神狀態的浮翩聯想，接著再迅速拉回主旨，形成情節設計上「偏離／回復」的想像節奏，這就是「舞」修辭上獨特的敘述法。語言文字原本有「強制性（社會性）任意聯結

得『鄉土文學論戰』的眉目如何、骨架如何、尾尻又如何，現今我記憶中只存在『鄉土文學論戰』這六個字。比如至今我記不清楚論爭當夜我睡在哪裡。我清楚記得股票小姐名言一句；股票若由你們文人來操盤，臺灣人便有出紅天的一天。」（頁 97～98），見《文學臺灣》，32 期，1999。態度十足嘲謔。對鄉土文學創作的語言形式和幾位作家的批評可見謝肇禎，《群慾亂舞—論舞鶴小說中的性政治》，附錄四，〈舞鶴採訪紀錄〉，（時間：2002 年 4 月 19 日），頁 169，靜宜大學中國文學研究所，碩士論文，2002。

[45] 謝肇禎，《群慾亂舞——論舞鶴小說中的性政治》，附錄四，〈舞鶴採訪紀錄〉，（時間：2002 年 4 月 19 日），頁 168，靜宜大學中國文學研究所，碩士論文，2002。

[46] 以上兩篇收入《拾骨》，（高雄：春暉出版社，1995）。

[47] 收入《十七歲之海》，（臺北：元尊文化企業股份有限公司，1997）。

[48] 《餘生》，（臺北：麥田出版社，2000）。本書寫 1930 年泰雅族抵抗日本殖民的「霧社事件」，此族原被視為泰雅族分支，其實為賽德克族，經族人正名運動，於 2008 年行政院原住民族委員會宣布為臺灣原住民之一族。

[49] 《思索阿邦、卡露斯》，（臺北：元尊文化企業股份有限公司，1997）。寫魯凱族好茶部落，阿邦是王有邦，卡露斯則是奧威尼・卡露斯。

[50] 《舞鶴淡水》，（臺北：麥田出版社，2002）。

（語言音響、文字線條與指涉對象的對應關係）」的性質，他擴大原來詞彙構詞上的意義，用以測試語言社會性強制限制語用的壓力，這種任意性，偏離一般語用，除了可視為對集體意識的反抗外，當然還有藝術手法上「使陌生化」（defami-liarization）的美學考慮[51]，林麗如曾舉《餘生》全書廿餘萬字為例，說他形式上「沒有段落，也沒有句點，全文一氣呵成。」其中「沒有句點」一說不正確[52]，但是通篇小說的確沒有段落，沒有常見的人物對話單行引號的使用，視覺形式就是滿版編排的敘述、議論、對話，對歷史和現實語境，語氣儘多嘲諷，愈挖苦而苦澀愈多，因為寫史，敘述所以長篇，但基本句法卻又是詩質的語義膨脹，在他基本一致的敘述筆調下，意識連續不斷其實也最接近心理意識湧動的情形，一般書面語言形式講究各類文體風格，這種文體學的精細分類其實最是刻意造作，一旦乍見無法歸類的文學形式便感覺驚異新奇，甚至視為病態書寫，已有多位研究者就是從這種形式上的觀察，擬定「舞」文學與精神現象的研究主題[53]。諧擬精神疾病的特殊語用，在小說中呈現的是讇語、焦慮、恐慌、自我封閉的各種異常狀態，語言上的真切描寫，曾經在他演講時甚至面臨提問者好奇他的精神狀態[54]，其實「舞」小說中對精神疾病的書寫，有他淡水十年（1981-1991）退隱自閉的精

---

[51] 有關舞鶴文字特色可以參看林麗如，《歷史與記憶——舞鶴小說研究》，第三章第三節「我思故我在」，中央大學中國文學系，在職專班，碩士論文，2006。

[52] 林麗如說見，《歷史與記憶——舞鶴小說研究》，頁 89。中央大學中國文學系在職專班，碩士論文，2006。《餘生》書中可見句點如：「年輕人還有我們賽德克人悍的勇氣生命直接在自毀中過……。」（頁 45）「那位阿美姑娘一直留在我內在深處的一個所在。」（頁 123）「微笑時想念我。」（頁 248）。

[53] A. 劉思坊，《解嚴後臺灣小說瘋狂敘事研究：以舞鶴、陳雪為觀察中心》，政治大學臺灣文學研究所，碩士論文，2009。B. 張純昌，《舞鶴的頹廢意識》，政治大學，臺灣文學研究所，碩士論文，2014。C. 張嘉紘，《舞鶴及其小說中的精神分析研究》，嘉義大學，中國文學系研究所，碩士論文，2015。

[54] 關於特殊的精神狀態，舞鶴在訪談中曾經自述，在朱西甯過世五周年紀念會上，道出一件個人特殊的經驗，當他寫作《舞鶴淡水》時，常在上午「看見」朱西甯從書桌前走過，自忖或許是緣於從高中時便閱讀朱西甯小說，但常疑惑為何 1972 年，朱西甯的筆鋒開始轉變，直到後來才知是年胡蘭成來臺，兩者關聯使心中疑惑稍解。見林麗如，《歷史與記憶——舞鶴小說研究》，頁 155。中央大學中國文學系在職專班，碩士論文，2006。

神反芻，也有他到療養院探望軍中同袍時的觀察以及和管理員的交談所得[55]。在反映精神異常狀態的書寫主題，特別凸顯心理獲得短暫抒解的是對性原慾的衝動無節制，在失序的語言中，透過語言斷裂縫隙去加以拚貼、重整後，可以感受到對體液氣味這種無聲騷動的耽溺況味，從「慾望倫理學」的角度來看，主體與慾望間的鴻溝何嘗理性思考與形上本質間的無法跨越[56]，當性慾本身延續種族的目的被解消後，迅速地轉為感官娛樂而被消費思考，這種觀念轉變的過程先要解構與性慾有關的神話或宗教解釋，同時伴隨性禁忌與「羞感」的消除降低[57]。〈悲傷〉[58] 一書為「舞」將瘋癲張狂與慾念四射作結合的主要作品，小說以敘述者「我」為主與另一位「你」作對話結構，相互唱和演出狂言。「我」原先蟄居淡水，與女友鹿子擬「耕讀」度日，鹿子窮研古今典籍欲成系統化知識，「我」則漫讀隨想自作警句，三年之後，鹿子見「我」僅成千餘條「碎片」，怒恨其不成才，棄之而去，「我」於是身心俱無所依而後住入精神療養院；「你」是一位海邊青年，服役傘訓時，發生意外落海自泅倖免於死，卻被診斷為精神病而提前退役，後以強壯臂膀入贅妻家，卻因性暴力時常傷妻，被親友囚禁十年再強制進療養院就醫。「我」與「你」於精神療養院的交會，是用來註解文明或野蠻原可以用瘋癲來會通，「我」雖然終日研讀耽思卻百無一用，本來哲學思考之本身即為目的，怎奈世人多無法了解，所以這層意思與〈微細的一線香〉中「我」將家傳的古書典籍載到孔廟旁去販售是一樣的主題，都是對經典化典律形成的質疑，以瘋狂之姿進行經典化過程的拆解，寓含對文明及其不滿的味道。至於「你」的

---

[55] 林麗如說見，《歷史與記憶——舞鶴小說研究》，頁 159。中央大學中國文學系在職專班，碩士論文，2006。

[56] 簡要的論述可見蔡淑惠，〈癲狂中的愛慾／鬱：詭譎幻象與主體空白〉，《哲學雜誌季刊》，33 期，（臺北：業強出版社，2000.08）。

[57] 對「羞感」的精緻分析可見馬克斯，舍勒（Max Scheler）著，〈論害羞與羞感〉，收入羅悌倫、林克、曹衛東譯，劉小楓校，《價值的顛覆》，（香港：牛津大學出版社，1996）。

[58] 收入《拾骨》，（高雄：春暉出版社，1995）。

不幸落海而提前除役，這不也是如〈逃兵二哥〉[59] 中因不滿國家機器的禁錮
而採取逃兵行動的另一種動作。伴隨「你」、「我」同住療養院後的再度脫
逃，只是印證瘋癲便是自理性掙脫的說法，「我」要助「你」逃離以便能去
看望青春年華的女兒，最後「你」卻終於回歸，只是寄住齋堂的那個夜晚：

> 我乘著夜色下到田寮到埤塘的小徑，一路滿眼是月芽暈的陰巒
> 肉溝；我潦過一長段的泥沼才發現你倒插沼泥中，全身挺直用一根
> 枯枝幹撐著，肩膀以下隱在泥沼中見那可見世界之下的巒壁肉褶。
> （頁 50）

這是無用之人彷若乍見洪荒陰陽闔合的壯舉，你我從此一歿一存，但存
者依舊餘生漂流，在公廁邊作一位看守，鎮日屎溺之間目擊道存。

王德威注意到「舞」的小說多以第一人稱出現，他們多是游手好閒、無
所事事，而且不乏精神疾病症狀，這些是餘生哲學的實踐者，不是大難倖存
的餘生者，而是在理性建置的社會裡，背離規範「努力做個無用的人」（舞
鶴語）[60]。從整篇小說來看，到底是「書寫瘋癲者」或是「瘋癲者的書寫」，
就語言設計而言，已企圖混淆這一層界限，從理性的閱讀角度視之，透過觀
察失常者或異常的行為演出，可以喚起荒誕遊戲的享樂感受，同時又因理性
作用而保持安全的距離，這與悲劇的古典功能觀一樣，似乎具有洗滌淨化的
效果，只是宣洩情感的範疇不同罷了，但是偏離一般的語言表達，在閱讀的
情感距離上，其實降低了享樂與放縱的快感，毋寧是加深荒誕與超現實的感
觸，也因此進一步達到批評的張力，值得注意的是，「舞」要批評的鄉土議
題，如國家集體意識的制約，新舊傳統價值的對立等等，並沒有超越鄉土寫

---

[59] 收入《悲傷》，（臺北：麥田出版股份有限公司，2001）。

[60] 王德威，〈拾骨者舞鶴——舞鶴論〉，收入《跨世紀風華——當代小說 20 家》，（臺北：麥田
出版社，2003 年），頁 304～305。

實文學的主要訴求，最重要的自然在於他「換一種方式說」，提昇文字上的
形式意義，由此得到「敘述學」上的文學審美價值。以「鄉土（主題）」／
「現代（語言）」的角度來看，可能已蘊涵一種共時性的形式實驗，當語言
形式改變之後，對鄉土主題的認識也同時產生意義上的變化，「舞」以其原
欲作為無政府主義式的書寫策略，衝破以往鄉土寫作偏重在社會結構和生產
方式上的批評，也源於對結構體制的不信任，所以有可能在原欲主體上做更
多方面的思考，從在封面上評為「世紀初舞鶴的〈肉慾書〉」《鬼兒與阿妖》
[61] 來看，可能在主題與語言上更趨於一致，藉同性戀的社會議題，彰顯情慾
身份與社會壓力，使身體的發聲轉成密語、奧語或狂語，雖是如此，「舞」
還是怕被「酷兒理論（queer theory）」收編，所以他在序上說：

> 鬼兒並非酷兒。在學理上，或可視為酷兒的一支，鬼兒存在酷
> 兒的核心。酷兒在現今這個體制中有許多事要做，往往炫於外在，
> 迷失本質。鬼兒只做核心之事，放棄其他。[62]

酷兒要爭取身份上的未定論，「舞」只是要拓展身體的自由，並由語言
的偏離去取得普通語序外的可能空間，是否可以預測，以這種語言策略與態
度，似乎在社會與個體的兩端，將以個體的身體為優先，「舞」自述個人沒
有信仰[63]，所以應當沒有靈肉的衝突，剩下的就是身體各種感官的言說，然
而所有言說語言都在回應社會加諸個體的作用，在探詢身體對感官世界各種
言說的可能時，也不要忘記「肉體動作不用言語」(《鬼兒與阿妖序・替鬼兒

---

[61] 《鬼兒與阿妖》，（臺北：麥田出版股份有限公司，2000）。

[62] 《鬼兒與阿妖》序言，（臺北：麥田出版股份有限公司，2000），頁 5。

[63] 「我沒有宗教信仰。沒有相信，因為沒有什麼好相信。人生有什麼『意義』呢？沒有，我的小說
中已經不再出現『意義』二字，凡是『意義』，我都改成『意思』。」見謝肇禎，《群慾亂舞─
論舞鶴小說中的性政治》，附錄四，〈舞鶴採訪紀錄〉，（時間：2002 年 4 月 19 日），頁 172，
靜宜大學中國文學研究所，碩士論文，2002。

說話》，頁 5）。

(七)宋澤萊（1953～）

宋澤萊（以下簡稱「宋」）對自己創作歷程的反省剖析非常清楚，他能將內在的心理流變作歷史整理而不流於非時間性的跳躍思考，這或許由於他具備特殊的心理及宗教體驗，逼使他不斷內省與深掘，再者也由於大學時代的史學訓練所致，但另一方面，他也不是耽於自傳性質的心理書寫，他總能將臺灣文學的發展脈動與自我意識作會觀，不致偏離寫實或現實的傳承淵源。除開社會階級的整體思考如《打牛湳村》系列，進行整體農村經濟階層的反映與批判，在個人的部份，他有時並不諱言書寫所帶給他的自我治療與內在整合這種「文字自療」的目的，2001 年的《熱帶魔界》[64] 亦然如此，全篇整體風格與文體照其自述稍有進於《血色蝙蝠降臨的城市》[65]，但整體風格並無太大變異，引起關注的是他提到寫作時的特殊心理要求在於抒洩過往服役軍旅生涯中，海防老兵的精神問題產生的死傷事件（可見《打牛湳村》序文），導致日後生活上的夢魘及調適上的困擾──恐懼。

軍中老兵的精神狀態其實可以歸咎為明顯的社會問題所致，「宋」在小說中將它處理成魔幻的精神紀實，對比如《打牛湳村系列》的首篇──〈花鼠仔立志的故事〉主角──「花鼠仔」個人則稍有不同，此瘋癲形象多少在反映農村結構面臨多元文化殖民與調適上的適應不良，可以視為象徵手法的運用。作為考察「宋」日後魔幻與超現實技法的進展，偏於宗教及預言的書寫。如《廢墟臺灣》等修辭色彩，從心理溯源來看，他大學時期三篇現代主義手法的寫作，可以為日後技巧的演變尋出些許端倪。屬「青年宋澤萊時期」的三篇小說，分別是〈嬰孩〉[66]、《紅樓舊事》[67]、《惡靈》[68]，這一時期的

---

[64] 宋澤萊，《熱帶魔界》，（臺北：草根出版事業有限公司，2001）。

[65] 宋澤萊，《血色蝙蝠降臨的城市》，（臺北：前衛出版社，1996）。

[66] 施淑、高天生主編，《宋澤萊集》，（臺北：前衛出版社，1995）。

[67] 宋澤萊，《紅樓舊事》，（臺北：聯經出版公司，1987）。

修辭可以明顯看出受深層心理學及社會心理學的影響，舉凡戀母、性倒錯、戀屍癖及亂倫的幽黯況味。〈嬰孩〉的主角「我」偏值青春期的易感，母親早亡，父親怯懦又沈湎追懷昔日戀情而續弦───一位和「我」年紀相仿的女子，面對身體與心理極度敏感變化時期的「我」，終於在不堪負荷各種挫敗心理之下，奔赴掘開母親之墳而仆倒其中，象徵對生命之源退化回歸的徹底絕望，這一個主題如果對照舞鶴的〈拾骨〉（1993）中對母親亡靈的拾骨儀式所引發的民間禮儀的荒謬感，甚至在戀母與情慾的雙重衝動下所披露的心理機制與倫理對立的寫法，可以看出自 1927 年的〈嬰孩〉到 1993 年的〈拾骨〉這二十年間，臺灣文學在現代主義表現上的「進步」。

　　「青年宋澤萊時期」（大學時代）的三篇小說──〈嬰孩〉、《紅樓舊事》、《惡靈》，據「宋」自承乃當時耽讀深層心理學及社會心理學之餘所產生的誤解，也是其心靈曾誤入歧途的見證，衡其小說的確滋蔓著戀母、性倒錯、青春期對同性的愛慕等異色氣息，深染存在主義式的荒蕪或虛無感。為對抗虛無而力求自己的實存體驗，卻可能誇大了肉體及心靈方面的苦楚，而意識流、獨白或對意識的溯源等敘述方式，讓我們窺見內在的豐富，只是相對而言現實感及歷史感則稍弱，因為對意識的剖析及溯源，其對象本就是非時間性的，所以若要將小說中的母親及父親的形象解釋成中國或臺灣在近代歷史上所遭受的悲運，就略顯過度詮釋[69]。

　　〈嬰孩〉曾被誤認為英、法文學的中譯而引以為談，主角「我」是一個無法認同怯懦的父親但母親偏又早逝的青年，使得他既戀母卻又急於掙斷臍帶而自立，一方面又缺乏愛的灌輸而不能遂願，加以「我」對青春期變化中身體的敏感與焦慮，因而構成一副沈鬱內省而神經質的性格，令人驚悚的結

---

[68] 此書原名《廢園》，（臺南：豐生出版社，1976），遠景版改為《惡靈》，（臺北：遠景出版社，1979）。

[69] 高天生，〈解剖刀與社會良心──再論宋澤萊的小說〉，收入宋澤萊著，《蓬萊誌異》，（臺北：前衛出版社，1988），頁 347。

尾是在飛奔掘開母親之墳土而仆倒其中，象徵對生命回歸的幽黯想像和絕望。

　　《紅樓舊事》以第一人稱「我」自敘大學歷史系學生在生活上的「私德」與「失德」，技巧上採取對意識流逝的時間追憶，以環繞「性」的問題展開序奏，由對年長的女考古學教授莫莉的情慾（知識上的考古與戀母的原慾有象徵上的關係），倒敘年幼失母以致對女性角色的認識產生困擾，更由於自身性器上的病症，對男性陽剛健美發生戀慕，至於對父親角色的認識方面，「我」的父親是一位表面敬虔的牧師，能以生動激越提昇信徒靈命的語言證道，卻偏有著二十世紀人類痛苦的印記：戰爭、流亡、漂泊、痙攣、焦慮等徵候，對主角而言，其實由著血緣的遺傳或時代的習染，自己早有此時代之病，而父親對肉慾耽溺的敗壞（喪妻、續弦，趁妻子回娘家時召妓），在自己無意中窺見父親狎妓行歡之餘，使初識罪惡況味的他由其父身上得到「罪行」在前的啟蒙，原來抽象的罪的潛能，是可以在鮮明的事件上彰顯的，由此，父親的敗德引發自身對遺傳上帶有惡的血質的恐慌與焦慮就更加深了。小說中的「我」在經歷幾番心理周折而決定放手去愛一位女孩──吳靜蕙，最終卻因精神病發而捨離，精神病──又是一種遺傳上的宿命。

　　《惡靈》是此時期的長篇，原名《廢園》，在遠景版時改名，其實《廢園》一詞很能點出異於前兩篇的旨趣，即將個人意識擴大到家族來討論，有點從心靈意識尋根的意味，以「廢園」傾圮滄桑意象來烘托鄙視自己血緣的企圖。在童年的銘記方面：族中年長二姨婆之喪、長輩教導幼童遠避死亡禁忌的異態、祭禮中的鬼怪、鄉間萬善祠的信仰及陰森氣氛均是幼時的心靈烙印，種種對生命的疑惑不安恐怕是青年宋澤萊思想上的「死病」[70]。

　　這些作品所流露出的心理意識似乎都在「模擬」一種心理病癥，在

---

[70] 以上主要論述見《當代臺灣小說的宗教性關懷》，頁 146～147。林慶文，東海大學中國文學系研究所博士論文，2001。

Catharina G. Schües 對「宋」所作的研究論文中[71]，也記述了「宋」曾有過接受心理治療的經驗，以文字書寫作為病跡加以自我釋放與自療，於藝術衝動及表現上似無不可，如果它可以經得起審美檢驗的話，但如果要介入其他公共議題的話，作為原先支撐藝術衝動及非理性的因素卻會成為被抨擊的把柄，黃錦樹在〈從戀屍癖大法官到救世主──論附魔者宋澤萊的自我救贖〉一文中[72]，即持此觀點加以批評，黃錦樹的質疑主要在「宋」將個人的病理作為社會罪惡結構的投射，再將自我救贖依憑在超驗的非理性預言，「宋」的價值立場當然只是諸多社會意見之一端，但若要批評「宋」在文字中立教，似乎不見得能切中其害，因為預言究竟是天啟或是假先知的聳動語言，都非關理性，因為在預言被實現之前，它永遠是一番異象的修辭，與文學想像無異。

(八)王幼華（1956～）

專注對人精神異常狀態的書寫，是王幼華（以下簡稱「王」）創作上的主題，尤其是能深入歷史縱深與社會廣度，得出總體文化現象的詮釋並加以象徵，比如以沼澤海陸交會鹹淡流聚的特殊景觀，喻指看似濁渾卻生機蘊含的多元文化，其思考取向基本上是從否定的路徑加以演繹，在此種否定的美學思考下，其小說人物多是：

> 失望絕望者、失戀者、空虛者、孤獨者、困頓寂寞者、癮症患者、精神分裂症患者、犯罪狂、報復狂、精神萎縮者、人格異化者、單相思者、妄想症患者、懷疑論者、自毀自殺者等的心靈衝突、心

---

[71] 〔德〕‧Catharina G. Schües 著，謝志偉譯，〈宋澤萊及其作品〉，收入施淑、高天生主編，《宋澤萊集》，（臺北：前衛出版社，1995）。

[72] 收入黃錦樹，《謊言或真理的技藝—當代中文小說論集》，（臺北：麥田出版社，2003）。

理變態、人格分裂、乃至精神的崩潰。[73]

這種小說臉譜的定位，可以大致勾勒筆調的氛圍，個人曾指出由於「王」對歷史之偏好及觀察，使其對人的罪性根源也多出於生物性遺傳的解釋，而將特殊的精神疾病及人物行為歸於整體社會罪性的限制再分殊成各類病癥，以其《我有一種高貴的精神病》[74] 為例，從書名來看，不脫否定之色彩而且出以不諱言疾之反諷，蘇珊·桑坦格（Susan Sontag）的名篇《疾病的隱喻》[75] 在試圖解蔽人類對疾病的詩意隱喻或解消類似非科學的神話思維，「王」的用意則以異常為尊，且以狂者之言作為顛覆教條、去傳統、去典範的利器。在〈待焚樓記〉中，「我」營造書樓以珍藏古來善本，最終目的在書樓俱焚，豁顯人對文明及其不滿的反智或對創造力的破壞。〈托塔天王〉在詮釋民間演義的深層結構，衝決父權宰制的綱常，以仙道看似悠然邈世卻是禮教森嚴，指陳父子關係無所逃於天地之間，「李靖」所托之塔已變為降伏逆子「哪吒」的法器，雖然「哪吒」肉骨還於父母，但血緣之前定終究無法改變，從驅動寶塔的十字真言「天地光明氣，五倫正四方」可知，意旨在入傳統之室而操戈，是整理改寫古籍以論述禮教吃人的精神延續。〈金光普照福臨大地〉一篇，托事於明崇禎朝的萎靡，「金光和尚」唆使曾受恩於他的弟子在《血經》前，故作褻慢碰觸經書而遭天火焚身，諷刺扮弄神蹟者與衰政之弊。〈我有一種高貴的精神病〉篇同書名[76]，第一人稱「我」是一位帶被迫害妄想症性格者，工作考試皆不順遂，暗中生疑以為受不明集團操控，還自視承受上天神聖使命，失業之餘到處表演特技：吞劍、鐵掌、吊陰功，由精神之異稟到肉體之異能，說明精神病之異於常人而「高貴」。〈三教典籍情慾箋注釋〉

---

[73] 見朱雙一，〈臺灣社會文化變遷中的心理攝像—王幼華作品論〉，收入施淑、高天生主編，王幼華著，《王幼華集》，（臺北：前衛出版社，1992），頁 283。

[74] 王幼華，《我有一種高貴的精神病》，（臺北：華成圖書，2002）。

[75] 〔美〕·蘇珊·桑坦格（Susan Sontag）著，程巍譯，《疾病的隱喻》，（上海：譯文出版社，2003）。

[76] 王幼華，《我有一種高貴的精神病》，（臺北：華成圖書，2002）。

之篇名委實繁瑣，簡稱箋或注或釋則可，此篇捃拾幾則儒道釋三教中有關情慾的解釋，以情慾為人之常理，破除經典神聖視愛欲為卑下的常民偏見，從思想史角度來看，倒不妨多加解釋歷代經典何以將情慾視為卑下的歷史因素。〈五洲聖賢教化議論判〉篇名看似闡釋世界宗教學，名為議論判總嫌多餘，其旨在說明聖賢教化乃神道設教，孔子、蘇格拉底、耶穌、穆罕默德等原初無不皆然，教派之形成靠門徒弟子，更重要者在群眾的信仰基礎，篇末一段論述足以說明作者之宗教思想：

> 噫！這世界百分之九十九的人是教徒。百分之二十的人信教很虔誠。百分之七十的人有時信的很堅定，有時忘了宗教的存在。剩下百分之九的人是靠宗教吃飯。靠宗教吃飯，當然必須很虔誠的樣子。
>
> 我不靠宗教吃飯，也不屬於那百分之九十九人中的一個。
>
> 愛好思考是件悲哀的事，也是種難以向他人說起的絕對的孤獨感。做為人這種生命形式而在存於世界，更是可悲。
>
> 我不可能信奉什麼，也不要人們信奉我，在人們心靈仍處於蠻礪的時代，我說的話不被人尊為聖者，即被以污辱神祇之名迫殺而死。
>
> 這些思考，成為我生命中最陰鬱的一部分。這蠢蠢而動的欲力，使我無法不去觸弄人們心靈的模糊地帶。從人們發明了宗教以來，祂沒有解決人類的問題，人間還是一樣混亂、悲慘和充滿鬥爭。在這麼沈悶的世界，加入我的叨叨，也許會使它更加荒誕而莊嚴吧。
>
> （頁 147～148）

不從身體義來說，人所感受到的罪和痛苦，都不是由自身作為開端，當然也不由自身作結束，只是因為人的自由意識到當中的有限，「王」透過歷

史反省，企圖去作「罪惡」的溯源，取得文學書寫上的題材和特色，但是離深刻的批評猶有不足，我們很容易將其駁議歸咎成制度與儀式之缺失，似乎未能使人瞥見惡所散發的恐懼與顫慄，因為在「惡」的闡釋上可以多深刻，相信超越的力量就能體會更深，換成審美形式則是對心靈圖像的凝視再激化為社會批評的利器，以瘋癲作為題材以騁思，在風格的延續外或許語言的變化可以是未來的期待。

以下將所論諸家作成圖譜以明其主要修辭大要及旨趣：

瘋癲修辭作者圖譜

人 名 （name）	趨 向 （inclination）					
	語 言 （language）		衝 突 （ambivalent）	批 判 （critical）	情 慾 （erotic）	排 泄 （excretive）
	普 通 （general）	個 人 （individual）				
施明正 （1935～1988）	■		■	■	■	■
郭松棻 （1938～2005）		■	■			
七等生 （1939～）		■	■	■	■	■
施叔青 （1945～）	■		■			
黃凡 （1950～）	■		■	■	■	
舞 鶴 （1951～）		■	■	■	■	■
宋澤萊 （1953～）	■		■	■	■	
王幼華 （1956～）	■			■		

三、結論——瘋癲是理性的斷線還是策略

　　當代小說常產生文體不易歸類的窘境，這現象解釋了小說的鏡像所折射出的敘述語境是人自身存在的困惑，現代主義中常見的荒謬存在感乃至於瘋癲狀態究竟是自發的心理象徵抑或是學習來的抗議手段，其實都表明了人對世界觀所作出的回應，所以瘋癲作為一種修辭，除了是切入文學流變的觀察點外，它也應當被視為是反建制化的現象思考，不過我們不採線性的簡單因果觀，而是將其所彰顯的一些意義與其他觀念放在整體的領域上去判斷，如寫實主義、現代主義或鄉土意識等等意見的說明，從表列的趨勢看來，個人用語的現象值得觀察，理查‧羅逖（Richard Rorty）就曾把現代文字的反映論作了幽默的翻轉：

　　　　改變我們如何談論也就是改變了我們是什麼（對我們的目的而言）。尼采宣稱上帝已死，等於宣稱我們不為更高的目的而服務。尼采以自我創造取代發現，其實是以飢渴的世世代代相互踐踏的圖象，取代人類一步一步接近光明的圖象。在一個尼采式隱喻已經變成本義的文化中，人們自然會承認哲學問題和詩的問題一樣，都只是短暫的；並不存在任何問題，可以把世世代代結合在一起成為單一的自然類（natural kind）——稱之為「人類」。把人類歷史視為一個接著一個隱喻的歷史，會讓我們了解到詩人——廣義而言，新字詞的創製者，新語言的構成者——乃是人類的前衛先鋒。[77]

---

[77] 〔美〕‧理查‧羅逖（Richard Rorty）著，徐文瑞譯，《偶然、反諷與團結》，（臺北：麥田出版社，1998），頁 59。

　　換言之，從近代哲學轉向以來，形式上「怎麼說」也就某種意義上決定了我們的世界，雖然我們對語言的真實還常有所保留，而這一現象如果對照當前文字書寫上個人對既有文字的重新改造與創新[78]，也可以得出對此觀點的說明。

　　在林雙不的〈黃素小編年〉中，我們看到二二八的大時代悲劇導致黃素瘋狂的歷史因素[79]，這是最典型的將人物的瘋癲但憑社會角度來解釋，今後的瘋癲書寫如何作出更多的詮釋？當瘋癲之言逼顯出足以供理性沈思之深意時，我們就坐實了瘋癲者的指控：理性與瘋癲同時存在人身上的兩種狀態，理性指摘瘋癲的非理性與意識不明；瘋癲卻彰顯理性是一種暴力，只強調方法和規範，不允許戒律之外的各種存在可能，傅柯（Michel Foucault）早已指出這是瘋癲的策略運用，讓理性產生捍衛自身立場的吊詭與難堪，從而了解，如果理性只是一種思考工具上的意義，理性就會是一種限制與存在意義的缺口，相對於狂躁的瘋癲，理性有時是冷靜的暴力與瘋狂，就存在當前人類的公共事務與日常生活的每一天。

---

[78] 邱志杰在〈漢字的力量〉一文中也舉例說明現代書法中，從藝術家到特殊個人如何變造文字，及將書寫行為作為抗議的實踐，文收王冬齡主編，《中國「現代書法」論文選》，（杭州：中國美術學院，2004）。

[79] 收入許俊雅編，《無語的春天──二二八小說選》，（臺北：玉山社出版事業股份有限公司，2003）。

國家圖書館出版品預行編目(CIP) 資料

當代臺灣本土大眾文化. 第一冊, 雙源匯流與互
動開展精選集 / 江燦騰, 林慶文著. -- 初版.
-- 臺北市：元華文創, 2020.08
面； 公分

ISBN 978-957-711-090-9 (平裝)

1.臺灣研究 2.臺灣文化 3.文集

733.07   109010054

當代臺灣本土大眾文化(第一冊)：雙源匯流與互動開展精選集

江燦騰 林慶文　　著

發 行 人：賴洋助
出 版 者：元華文創股份有限公司
公司地址：新竹縣竹北市台元一街 8 號 5 樓之 7
聯絡地址：100 臺北市中正區重慶南路二段 51 號 5 樓
電　　話：(02) 2351-1607　　傳　　真：(02) 2351-1549
網　　址：www.eculture.com.tw
E-m a i l：service@eculture.com.tw
出版年月：2020 年 08 月 初版
定　　價：新臺幣 560 元

ISBN：978-957-711-090-9 (平裝)

總經銷：聯合發行股份有限公司
地　址：231 新北市新店區寶橋路 235 巷 6 弄 6 號 4F
電 話：(02)2917-8022　　　　傳 真：(02)2915-6275